Geschichte in Köln

Zeitschrift für Stadt- und Regionalgeschichte

71 2024

Herausgegeben von
Thomas Deres – Christian Hillen – Michael Kaiser
Birgit Lambert – Stefan Lewejohann – Joachim Oepen – Anne Ostermann
Lea Raith – Wolfgang Rosen – Stefan Wunsch

in Verbindung mit
Freunde des Kölnischen Stadtmuseums e.V.

Band 71 2024

herausgegeben von
Michael Kaiser, Stefan Lewejohann, Wolfgang Rosen

BÖHLAU

Impressum

Redaktionsanschrift: Geschichte in Köln, Zeitschrift für Stadt- und Regionalgeschichte, c/o Stefan Wunsch M.A., Franz-Denhovenstraße 51, 50735 Köln, **www.geschichte-in-koeln.de**
E-Mail: info@foerderverein-geschichte-in-koeln.de

Lektorat: Stefan Wunsch; **Bildredaktion:** Birgit Lambert, Stefan Lewejohann

Zur Titelabbildung: Aquarellierte Zeichnung der Allerheiligenkapelle: Die ursprünglich freistehende Kapelle ist 1876 vollständig von Wohnhäusern umringt. Jakob Scheiner, Allerheiligenkapelle von der Maximinenstraße aus, Köln 1876, Kölnisches Stadtmuseum, Graphische Sammlung, Inv.-Nr. A I 3/1017 (Foto: Rheinisches Bildarchiv Köln, rba_c000428)

Umschlaggestaltung: Guido Klütsch, Köln **Satz:** büro mn, Bielefeld

Bibliografische Information der Deutschen Nationalbibliothek:
Die Deutsche Nationalbibliothek verzeichnet diese Publikation in der Deutschen Nationalbibliografie; detaillierte bibliografische Daten sind im Internet über http://portal.dnb.de abrufbar.

Vandenhoeck & Ruprecht Verlage | www.vandenhoeck-ruprecht-verlage.com

ISSN 0720 3659, ISBN der aktuellen Ausgabe: 978-3-412-53093-8

Gedruckt mit freundlicher Unterstützung
der Annemarie und Helmut Börner-Stiftung,
des Fördervereins Geschichte in Köln e.V.,
des Landschaftsverbandes Rheinland,
des Vereins Freunde des Kölnischen Stadtmuseums e.V.

LVR
Qualität für Menschen

Inhalt

Buchbesprechungen

Editorial: Geschichte in Köln: wächst

Es gibt gute Nachrichten zu vermelden: Die Redaktion der GiK hat neue Mitglieder gewonnen! Im Herausgeberkreis begrüßen wir sehr herzlich unsere beiden neuen Kolleginnen Dr. *Anne Ostermann* und Dr. *Lea Raith*, die im laufenden Jahr unser Team verstärkt haben. Wir sind sehr froh darüber, denn beide vertreten ihre spezifischen wissenschaftlichen Fachgebiete, so dass wir bei der redaktionellen Arbeit das angestrebte hohe Niveau für diese Zeitschrift auch in Zukunft werden halten können. So bringt Anne Ostermann ihre Expertise in der neuesten Geschichte mit, während Lea Raith mit ihrem Wissen zum Frühmittelalter die GiK bereichern wird.

Wie üblich bietet auch der vorliegende Band ein weites Spektrum an Beiträgen, welche die Stadtgeschichte vom Mittelalter bis weit ins 20. Jahrhundert hinein beleuchten. Den Auftakt macht eine Studie zu den Hospitälern im Köln des 13. und 14. Jahrhunderts. Es handelte sich dabei um Wohlfahrtseinrichtungen, die als Unterkünfte für Obdachlose, als Versorgungsstätten für Kranke und als Herbergen für Pilger fungierten. Darauf geht *Joseph P. Huffman* aber nicht ein, vielmehr lenkt er den Blick auf die institutionellen Management- und Finanzierungspraktiken dieser Einrichtungen. Da praktisch alle sozialen Schichten auf ganz unterschiedliche Art mit den Hospitälern zu tun hatten, sind sie gleichsam als Ankerinstitutionen zu begreifen, die sich über alle Bereiche der Gesellschaft erstreckten und sie zusammenführten. Im Beitrag wird dies exemplarisch anhand des in dieser Zeit wachsenden Kölner Immobilienmarkts und neuer Finanzinstrumente, die eben auch auf die Kölner Hospitäler angewandt wurden, gezeigt. Ebenso schließt die bruderschaftliche Verwaltungsführung der Hospitäler an die Sozial- und Verfassungsgeschichte des mittelalterlichen Köln an. Der Beitrag macht deutlich, dass man an den Hospitälern nicht vorbeikommt, wenn man das Stadtgefüge des spätmittelalterlichen Köln verstehen möchte. Umso erfreulicher ist diese Studie, die nach etwas mehr als 100 Jahren erscheint, nachdem sich Franz Mies zuletzt intensiver mit den Kölner Hospitälern beschäftigt hat.

Bereits im vorigen Jahr stellte GiK neue Studien zur Koelhoffschen Chronik vor, und auch in der aktuellen Ausgabe gibt es einen Beitrag zur städtischen Geschichtsschreibung Kölns. *Alina Ostrowski* präsentiert den sog. »Dornenkranz von Köln«, ein Titel, hinter dem sich ein stadtgeschichtlicher Text verbirgt, der im späten 15. Jahrhundert in der Rheinmetropole gedruckt wurde. Die Autorin stellt die Überlieferungssituation des »Dornenkranzes« vor und analysiert die zahlreichen kontextuellen und intertextuellen Bezüge des Werkes zur städtischen

Geschichtsschreibung dieser Zeit. Demzufolge kann der »Dornenkranz« entweder als eine inhaltlich bedeutende Quelle für die Koelhoffsche Chronik und die Agrippina gewertet werden. Möglich ist aber auch, dass sich alle drei Texte auf eine weitere Vorlage aus dem Bereich des Stadtlobs beziehen. Im Lichte aktueller Debatten zur Gattungsdefinition von Stadthistoriographie plädiert die Autorin dafür, den »Dornenkranz« als stadtgeschichtliches Werk zu begreifen. Gleichzeitig wird das Umfeld der Koelhoffschen Chronik näher ausgeleuchtet, jener 1499 entstandenen, ersten gedruckten Stadtchronik.

In diesem Jahr feiert die ehemalige Benediktinerabtei Brauweiler ihre Gründung vor 1000 Jahren. Gewissermaßen als Beitrag zu diesem Jubiläum widmet sich *Markus Jansen* dem Adlerwappen, das der Abtei im Jahr 1547 durch Kaiser Karl V. verliehen wurde. Dieses Wappen erweist sich, wie der Autor vorführt, als Kondensat der Brauweiler Geschichte. Es hebt die Gründerin Mathilde, Tochter Kaiser Ottos II., hervor und betont die Verbindungen des Klosters zum Kaiserhaus. Das Wappen war aber auch Objekt fortlaufender Modifikationen, die das Prestige der Institution und ihrer Äbte mehren sollten. Dabei wurde gerade die Adlerfigur zum inszenatorischen Mittel, das die Bedeutung der Abtei immer weiter erhöhen sollte. Die Analyse des Brauweiler Wappens verweist allgemein auf die Potenziale einer wissenschaftlichen Heraldik und ermutigt dazu, die Flexibilität und Ambiguität der Wappen generell stärker in den Blick zu nehmen. Auch für Brauweiler war das Wappen ein komplexer Bedeutungsträger und ein unverzichtbares Mittel der Kommunikation mit der Umwelt.

Im weiteren beschäftigten sich die Beiträge mit Themen aus dem 20. Jahrhundert, insbesondere der Zeit des nationalsozialistischen Gewaltherrschaft. So zeichnet *Rainer Hülsheger* in einer biographischen Studie exemplarisch den Lebensweg und die Karriere des aus dem Bergischen stammenden HJ-Oberbannführers Werner Kirsch nach. Er zeigt auf, wie Kirsch im Umfeld der elterlichen Familie und im Studium in den 1920er und 1930er Jahren an deutschen Universitäten in willentlicher Übereinstimmung mit dem nationalsozialistischen Zeitgeist aufwächst. Kirsch engagiert sich in verschiedenen NS-Organisationen und macht im Rahmen dieser NS-geprägten Netzwerke Karriere – Netzwerke, die auch über 1945 hinaus Bestand behalten sollen.

Wie die Aufarbeitung der NS-Zeit im Nachkriegsdeutschland vonstatten ging, dazu trägt der Beitrag von *Theresa Rose* bei. Sie untersucht eines der höchst seltenen Strafverfahren gegen Deportationen anhand des Kölner Prozesses von 1954. Die ehemaligen Gestapobeamten Dr. Emanuel Schäfer, Franz Sprinz und Kurt Matschke wurden bezüglich der Deportationen aus Köln der schweren Freiheitsberaubung im Amt mit Todesfolge angeklagt. Der Prozess stieß insbesondere bei den regionalen Tageszeitungen auf Interesse. Der Beitrag konzentriert sich auf die Berichterstattung der Kölnischen Rundschau. Im Zentrum steht die Frage: Was sagt die Presse über den Geist der damaligen Zeit bzw. die Bereitschaft, sich mit der nationalsozialistischen Vergangenheit auseinanderzusetzen, aus?

Zwei Beiträge greifen das Thema des Luftschutzes zur Zeit des Naziregimes und des Zweiten Weltkriegs auf. Wie sich die Kölner Universitäts- und Stadtbibliothek vor den Risiken des Luftkriegs geschützt hat, stellt *Heidrun Edelmann* vor. Ihr Beitrag zeigt, wie sich der damalige Bibliotheksdirektor Hermann Corsten zur Aufgabe des Luftschutzes verhalten hat. Nachdem zu Kriegsbeginn Pläne zur Auslagerung von Buchbeständen noch als defätistisch verfemt wurden, änderte sich diese Haltung später. Dem Schutz der Bücher stand jedoch als anderes Prinzip die Forderung entgegen, dass eine Bibliothek zumindest die Bestände zu als kriegswichtig erachteter Forschung nach wie vor bereithalten sollte. Als Luftangriffe auf andere deutsche Städte auch mehrfach Universitätsbestände schwer beschädigt hatten, wurden schließlich die Kölner Buchbestände außerhalb der Stadt verbracht, wobei der durchaus regimetreue Corsten keineswegs die treibende Kraft war. Nicht zuletzt aufgrund dieser Auslagerungen erlitt die Kölner Universitätsbibliothek infolge des Luftkriegs kaum Verluste in ihren Beständen und wurde auf diese Weise eine der führenden Universitätsbibliotheken in Westdeutschland.

Einen anderen Blick auf den Luftschutz wirft *Andreas Altena*, dessen Miszelle ein Baudenkmal aus dem Jahr 1935 vorstellt. Dabei handelt es sich um an einem Wohnhaus angebrachte Fassadenreliefs, welche die Betrachter vor dem Luftkrieg warnten. Dieses sog. Luftschutz-Relief ist einzuordnen in die allgemeinen Luftschutzmaßnahmen des NS-Regimes, die eben auch den zivilen Bereich miteinbezogen. Die Steinplattenreliefs wiesen auf die Gefahren des modernen Bombenkriegs hin, aber auch auf die Schutzmaßnahmen des Regimes, so dass sie zudem im Kontext der damaligen Propaganda zu sehen sind. Die Reliefs fielen jüngsten Umbaumaßnahmen zum Opfer und konnten erst kurz vor seiner Zerstörung dokumentiert werden. Insofern trägt dieser Beitrag auch zur Diskussion über die Denkmalwürdigkeit von Bauwerken bei.

Anna Pawlik führt die im vergangenen Jahr erstmals erschiene Rubrik "Neues aus dem Kölnischen Stadtmuseum" mit einer Miszelle über den Bestand der Wachsbossierungen des Museums in eine Fortsetzung. Wenngleich zahlreiche Museen diese kleinplastischen Werke aus Wachs in ihren Sammlungen beherbergen, ist die Gattung der Wachsbossierung bis heute in der Kunstwissenschaft eher ein Randthema. In Köln stehen für Wachsbossierungen aus dem späten 18. und frühen 19. Jahrhundert insbesondere die Namen von Ludwig Hagbolt und Kaspar Bernhard Hardy, deren Werke in den Museumssammlungen nachweisbar sind. Pawlik stellt einige dieser Wachsbossierungen vor, die zwar später kaum wissenschaftliche Wertschätzung erfuhren und dementsprechend nur selten eine angemessene museale Präsentation erlebten, in ihrer Zeit jedoch hochgeschätzt waren und insgesamt interessante Zeugnisse für das zeitgenössische Geistesleben und Kunstverständnis sein können.

Ebenfalls zu den kleineren Beiträgen gehört die Miszelle von *Matthias Meusch*, der den Quellenbestand der historischen Luftbilder im Landesarchiv NRW vorstellt und im besonderen auf die rund 450 Bilder eingeht, die Köln in der Zwischenkriegszeit dokumentieren und damit einmalige Zeugnisse der damals aufstrebenden Großstadt darstellen. Weiterhin berichtet *Sandro Kenda* über die Recherchen und den weitreichenden Vernetzungen, die sich im Rahmen einer Stolpersteinverlegung ergaben und damit einmal mehr den großen Wert dieser Erinnerungskultur zeigen. Schließlich bietet *Carla Meyer-Schlenkrich* einen Einblick in ein digitales Erschließungsprojekt, das Befunde aus den Kölner Schreinsbüchern des 13. und 14. Jahrhunderts der Forschung zugänglich macht.

Auch die diesjährige GiK wird abgerundet durch zahlreiche Rezensionen jüngst erschienener Buchpublikationen zur Kölner und rheinischen Geschichte.

Es wünschen namens des Herausgebergremiums eine anregende Lektüre
Michael Kaiser, Stefan Lewejohann, Wolfgang Rosen

»Caritas« und die Profitwirtschaft

Hospitalverwaltung und -stiftungspraktiken im mittelalterlichen Köln (circa 1200–1350)

von Joseph P. Huffman

Die historische Forschung zu mittelalterlichen deutschen Hospitälern folgte den gleichen Trends, die auch in anderen europäischen Nationalgeschichtsschreibungen zu finden sind. Sie hat in den letzten 60 Jahren, ebenso wie in anderen Ländern, an Umfang deutlich zugenommen. Ausgehend von bahnbrechenden Studien des 20. Jahrhunderts zur Medizin-,[1] Rechts-,[2] und Architekturgeschichte[3] wurde Hospitalgeschichte seit den 1970er Jahren zunehmend in Studien zur mittelalterlichen Armut, Wohltätigkeit, sozioökonomischen

1 Unter anderem Dieter Jetter: Geschichte des Hospitals, Band 1: Westdeutschland von den Anfängen bis 1850, Wiesbaden 1966; Ders.: Das europäische Hospital. Von der Spätantike bis 1800, Köln 1986; Christian Probst: Das Hospitalwesen im hohen und späten Mittelalter und die geistliche und gesellschaftliche Stellung der Kranken, in: Sudhoffs Archiv. Zeitschrift für Wissenschaftsgeschichte 50 (1966), S. 246–258; Jean Pourrière: Les hôpitaux d'Aix-en-Provence au Moyen Âge, XIIIe, XIVe et XVe siècle, Aix-en-Provence 1969; Jacqueline Caille: Hôpitaux et charité publique à Narbonne au Moyen Âge, de la fin du XIe à la fin du XVe siècle, Toulouse 1977; Kay Peter Jankrift: Herren, Bürger und Bedürftige in Geldern. Aspekte kleinstädtischer Hospitalgründungen im Spätmittelalter, in: Hans-Jörg Gilomen/Sébastian Guex/Brigitte Studer (Hg.): Von der Barmherzigkeit zur Sozialversicherung/De l'assistance à l'assurance social, Zürich 2002, S. 117–126; Ders.: Krankheit und Heilkunde im Mittelalter, Darmstadt 2003; Ders: Von der ›Pestilenz‹. Seuchen im späten Mittelalter und der Frühen Neuzeit, in: Thomas Deres (Hg.): Krank und Gesund. 2000 Jahre Krankheit und Gesundheit in Köln, Köln 2005, S. 114–125. Zur englischsprachigen Forschung siehe Jonathan Barry/Colin Jones (Hg.): Medicine and Charity before the Welfare State, London 1991; Barbara Bowers (Hg.): The Medieval Hospital and Medical Practice, Aldershot 2006.

2 Siegfried Reicke: Das deutsche Spital und sein Recht im Mittelalter, Stuttgart, 1932, ND Amsterdam 1970; Jürgen Sydow: Spital und Stadt in Kanonistik und Verfassungsgeschichte des 14. Jahrhunderts, in: Hans Patze (Hg.): Der deutsche Territorialstaat im 14. Jahrhundert. Band 1, 2. Aufl. Sigmaringen 1986, S. 175–195; Friedrich Merzbacher: Das Spital im kanonischen Recht bis zum Tridentinum, in: Archiv für katholisches Kirchenrecht 148 (1979), S. 72–92; Gisela Drossbach: Das Hospital – eine kirchenrechtliche Einrichtung? (ca. 1150–ca. 1350), in: ZRG KA 87 (2001), S. 510–522.

3 Ulrich Craemer: Das Hospital als Bautyp des Mittelalters, Köln 1963; Dankwart Leistikow: Hospitalbauten in Europa aus zehn Jahrhunderten, Ingelheim am Rhein 1967; Ders.: Mittelalterliche Hospitalbauten Norddeutschlands, in: Cord Meckseper (Hg.): Stadt im Wandel. Kunst und Kultur des Bürgertums in Norddeutschland 1150–1650, Bd. 3, Stuttgart 1985, S. 223–249.

Geschichte und Sozialpolitik integriert.[4] Obwohl diese umfangreiche übergreifende Forschung die zentrale Bedeutung der Hospitäler sowohl in Klein- wie auch in Großstädten prominent darstellt,[5] müssen Hospitäler als bürgerliche Institutionen noch weiter in all ihren Aspekten in die Stadtgeschichte des Mittelalters integriert werden.[6]

Im Laufe der Zeit wich die alte Geschichtsschreibung zur »Säkularisierung« und »Laizisierung« der spätmittelalterlichen Hospitalverwaltung dem Bewusstsein, dass diese These auf einer modernistischen Teleologie beruhte, die kaum mit mittelalterlichen Realitäten übereinstimmt.[7] Zunehmend zeigten neuere Studien ein differenzierteres Verständnis von Gönnerschaft, Klientel, gemeinsamer Verwaltung durch kirchliche und städtische Autoritäten und belegten das generelle Fehlen jeglicher zentralisierender Organisation mittelalterlicher Hospitäler. Die in den Hospitälern erbrachten Dienstleistungen, die körperliche Pflege, Unterbringung und Ernährung der in ihnen betreuten Menschen, wurden als

4 Siehe James W. Brodman: Hospitals in the Middle Ages, in: Carol Lansing/Edward D. English (Hg.): A Companion to The Medieval World, Malden 2009, S. 257–275; Adam J. Davis: Hospitals, Charity, and the Culture of Compassion in the Twelfth and Thirteenth Centuries, in: Sharon Farmer (Hg.): Approaches to Poverty in Medieval Europe. Complexities, Contradictions, Transformations, c. 1100–1500, Turnhout 2016, S. 23–46; Axel Hof: Der soziale Ort der Gesundheit. Topographische Bibliographie zur Sozialgeschichte des Fürsorge-, Hospital-, Medizinal- und Wohlfahrtswesen, Regensburg 2000; Klaus Militzer: Das Markgröninger Heilig-Geist-Hospital im Mittelalter. Ein Beitrag zur Wirtschaftsgeschichte des 15. Jahrhunderts, Sigmaringen 1975; Werner Moritz: Die bürgerlichen Fürsorgeanstalten der Reichsstadt Frankfurt am Main im späten Mittelalter, Frankfurt am Main 1981; Ulrich Knefelkamp: Das Gesundheits- und Fürsorgewesen der Stadt Freiburg im Breisgau im Mittelalter, Freiburg im Breisgau 1981; Marie-Luise Windemuth: Das Hospital als Träger der Armenfürsorge im Mittelalter, Wiesbaden 1995; Hermann Queckenstedt: Die Armen und die Toten. Sozialfürsorge und Totengedenken im spätmittelalterlich-frühneuzeitlichen Osnabrück, Osnabrück 1997; Pierre de Spiegeler: Les Hôpitaux et l'assistance à Liège (Xe–XVe siècles): Aspects institutionnels et sociaux, Paris 1987); Neithard Bulst/Karl-Heinz Spiess (Hg): Sozialgeschichte mittelalterlicher Hospitäler, Ostfildern 2007.

5 Michel Pauly: Peregrinorum, pauperum ac aliorum transeuntium receptaculum: Hospitäler zwischen Maas und Rhein im Mittelalter, Stuttgart 2007; Artur Dirmeier (Hg): Organisierte Barmherzigkeit. Armenpflege und Hospitalwesen in Mittelalter und Früher Neuzeit, Regensburg 2010.

6 Wie es in Veröffentlichungen zur mittelalterlichen Stadtgeschichte immer noch üblich ist, findet sich kein Eintrag zu Hospitälern in John M. Jeep (Hg.): Medieval Germany: An Encyclopedia, ND New York 2001 und Felicitas Schmieder: Die mittelalterliche Stadt, 2. Aufl. Darmstadt 2009. Dennoch zählt Eberhard Isenmann Hospitäler (und gemeinnützige soziale Einrichtungen im Allgemeinen) zu den weiteren kommunalen Institutionen einer mittelalterlichen deutschen Stadt (das heißt neben Stadtrat und seinen Regierungsämtern sowie Finanz-, Verteidigungs-, Polizei-, Gerichts- und Bildungsinstitutionen); Eberhard Isenmann: Die Deutsche Stadt im Mittelalter 1150–1550, 2. Aufl. Köln 2014.

7 Diese wichtige Interpretationsverschiebung lässt sich am besten erkennen, wenn man Victor von Woikowsky-Biedaus Säkularisierungsthese aus dem 19. Jahrhundert in: Das Armenwesen des mittelalterlichen Köln in seiner Beziehung zur wirtschaftlichen und politischen Geschichte der Stadt, Breslau 1891 mit Augustine Thompson: Cities of God: The Religion of the Italian Commune, 1125–1325, University Park 2005 vergleicht.

körperlicher Akt der Barmherzigkeit verstanden, der durch den spirituellen Aufruf des Evangeliums zur Nächstenliebe (»caritas«) motiviert war.

Die meisten Hospitäler im mittelalterlichen Deutschland erhielten das Recht auf eine Kapelle, einige auf einen Friedhof, und andere sogar auf Ablässe als Anreiz für Spender,[8] und alle boten eine »cura animarum«, die für den Patienten oft bedeutsamer war als jede medizinische »cura corporum«. Gründer dieser Hospitäler konnten Laienpatrone (das heißt Bürger und Adlige) ebenso sein wie kirchliche Gemeinschaften, in seltenen Fällen auch die Stadtverwaltungen. Unabhängig von der Identität ihrer Gründer wurden mittelalterliche deutsche Hospitäler oft gemeinsam von Geistlichen und Laienprokuratoren verwaltet, wobei diese Personen die Hospitäler auch »pro remedio animarum suarum« mit Ressourcen ausstatteten. Religiöse Bruderschaften aus Laien und Geistlichen bestanden oft nur zum einzigen Zweck, ein Hospital zu unterstützen.[9]

Vor diesem Hintergrund können spirituelle und physische, sakrale und profane, klerikale und weltliche, kirchliche und kommunale Sphäre nicht voneinander getrennt werden, weder als unterschiedliche Akteure noch als konkurrierende Autoritäten. Tatsächlich war es häufig die tiefgreifende Verflechtung dieser Bereiche, der handelnden Personen und Behörden, die Verhandlungen zur Beilegung administrativer Meinungsverschiedenheiten über die Pflege von Kranken und Bedürftigen erschwerte.[10]

8 In Köln hatten Kapellen (der Schutzpatron der Kapelle ist hier in Klammern angegeben): Lupus (St. Lupus), Margaretha (St. Margaretha), Agnes (St. Agnes), Pantaleon (St. Quirinus), Deutz (St. Laurenz), Andreas (St. Heribert), Gereon (St. Maria Magdalena), Maria in Capitolio (St. Jodocus), Heilig Kreuz, Allerheiligen/Grünewald (St. Johannes der Täufer und St. Johannes der Evangelist), Melaten (St. Lazarus-St. Maria/St. Dionysius) und Heilig-Geist-Hospitäler. Die Hospitäler Melaten, Allerheiligen-Grünewald, St. Apern, und Heilig Kreuz (kurzlebig) verfügten über Friedhöfe, während die Pfarrhospitäler Zugang zu den Friedhöfen der Pfarrkirchen hatten. In den Fällen, in denen Kapläne ernannt wurden, wurden die Pfarrer mit einem Anteil sowohl an den Opfergaben als auch an den Beerdigungsgebühren entschädigt. Ablassgewährungen erfolgten entweder von den Kölner Erzbischöfen oder von den Päpsten an Wohltäter von Melaten (1247), Heilig-Geist-Hospital (1254), Allerheiligen-Grünewald (1308), St. Agnes (1309), St. Andreas (1314 and 1328) und St. Maria in Capitolio (1351), während das St. Gereon-Hospital die Schirmherrschaft des Erzbischofs und die Gewährung von Immunität gegen Stadtbeamte erhielt (1245).

9 Benjamin Laqua: Bruderschaften und Hospitäler während des hohen Mittelalters: Kölner Befunde in westeuropäisch-vergleichender Perspektive, Stuttgart 2011; Klaus Militzer (Hg): Quellen zur Geschichte der Kölner Laienbruderschaften vom 12. Jahrhundert bis 1562/63, Düsseldorf 1997–2000; Oliver Auge: »… ne pauperes et debiles in … domo detentes divinis careant.« – Sakral-religiöse Aspekte der mittelalterlichen Hospitalgeschichte, in: Bulst/Spiess (Hg.): Sozialgeschichte (Anm. 4), S. 77–123.

10 Joseph P. Huffman: *Potens et Pauper*: Charity and Authority in Jurisdictional Disputes over the Poor in Medieval Cologne, in: Robert Figueria (Hg.): Plenitude of Power: The Doctrines and Exercise of Authority in the Middle Ages. Essays in Memory of Robert L. Benson, Abingdon 2006, S. 107–124.

1. *»Pauperes, Meliores et Patricii«: Die Finanzierung Der Kölner Hospitäler*

Die Forschung stellt diese Verwaltungspraxis in den Kontext der Kommunalisierung, ein Prozess, in dessen Verlauf die städtischen Verwaltungen nach und nach im Laufe des 13. und 14. Jahrhunderts die Verantwortung für einige, aber keineswegs für alle größeren Hospitäler in ihrem städtischen Zuständigkeitsbereich übernahmen. Man könnte den Prozess der kommunalen Übernahme der Hospitalverwaltung eher im Spektrum der Kommunalisierung verorten, da viele kirchliche Hospitäler und private Bürgerhospitäler weiterhin unabhängig von der Stadtverwaltung in gemeinschaftlicher Verantwortung von Geistlichen und Laienprokuratoren funktionierten und selbst die kommunalen Hospitäler fast nie direkt durch den Stadtrat verwaltet wurden.[11]

Doch angesichts des unterschiedlichen Ausmaßes an administrativer und finanzieller Verantwortung, welche die bürgerlichen Laieneliten für jeden Hospitaltyp (das heißt kirchlich, privat, bürgerlich, kommunal) übernahmen, entwickelten sich im 13. Jahrhundert Hospitäler zu einer von mehreren städtischen Institutionen, die in das System der entstehenden Selbstverwaltung mittelalterlicher deutscher Bürgereliten eingebunden waren. Daher sollten städtische Hospitäler im mittelalterlichen Deutschland in der Mitte des 13. Jahrhunderts neben dem Stadtrat und seinen Verwaltungsämtern für Bürgerfinanzen, Verteidigung, Polizei, Gerichte, Bildung und Pfarr- beziehungsweise Sondergemeindeverwaltung als Organe der kommunalen Selbstverwaltung verstanden werden. Sie wurden von einer zunehmend autonomen Bürgerelite verwaltet, die sich selbst als die »meliores« der Gesellschaft bezeichnete und von einem Kern städtischer Patrizierfamilien geführt wurde.

Die Stadt Köln ist das beste Beispiel für die Entstehung einer mittelalterlichen deutschen städtischen Oligarchie, die rechtliche und administrative Autonomie von ihrem oft abwesenden Stadtherrn anstrebte, nachdem sie diesem Erzbischof zunächst ihre rechtlichen und administrativen Dienste angeboten hatte. Tatsächlich entstanden die elitären Bürgerfamilien Kölns früher als in anderen deutschen Städten und stellen so einen Präzedenzfall für die entstehende städtische Selbstverwaltung dar, noch bevor eine typische kommunale

11 Ebenso wie kirchliche Hospitäler und private Bürgerhospitäler wurden stadtweite Hospitäler von genossenschaftlichen Gremien aus Prokuratoren oder Provisoren verwaltet, die sich um die täglichen Verwaltungs- und Finanzgeschäfte der Hospitäler kümmerten. Wilhelm Janssen: Das Erzbistum Köln im Späten Mittelalter 1191–1515. Zweiter Teil, Köln 2003, S. 408: »Hinter diese ›Kommunalisierung‹ des Armenwesens verbarg sich keine antikirchliche Tendenz, allenfalls ein erstarkendes Selbstbewusstsein der Laien in der Kirche, die über die Verwaltung und Verwendung der Gelder, die sie selbst aufgebracht hatten, eine Kontrolle ausüben wollten«.

Regierung mit Bürgermeistern und einem Stadtrat geschaffen wurde. Bereits in der Mitte des 12. Jahrhunderts hatte eine Gruppe von etwa 40 Elitefamilien, die durch ihren Fernhandel mit England und anderen Teilen Europas wohlhabend geworden waren, mit den Erzbischöfen von Köln zusammengearbeitet, indem sie als Schöffen (»scabini«) Verwaltungsaufgaben am Obersten Gerichtshof übernahmen sowie an den Pfarr- und Sondergemeindegerichten, wo niedere Gerichtsbarkeit, Steuerung und Anwendung des Landrechts ausgeübt wurden, als Amtsleute (»magistri parrochie«) wirkten. Diese Familien hatten auch ihre eigene exklusive Gilde gegründet, die Richerzeche oder »Bruderschaft der Reichen«, die sich von einem privaten Gesellschaftsverein zu einem Bestandteil der bürgerlichen Regierung entwickelte. Bis zum Ende des 12. Jahrhunderts hatte die Richerzeche das gesetzliche Recht zur Aufsicht über die Zünfte und städtischen Märkte erworben und ihre wirtschaftlichen und politischen Interessen effektiv in einer einzelnen, selbstverwalteten Einrichtung gebündelt.[12]

Diese elitäre Gruppe von Familien bezeichnete sich als die »meliores« der Stadtbewohner (in der modernen Forschung wird dieser als das Meliorat bezeichnet). Die Meliores stellten alle Beamten sowohl auf Stadt- als auch auf Pfarr- und Sondergemeindeebene und besetzten alle Regulierungsbehörden für Märkte und Gildemitgliedschaften. Das Schöffengericht erhielt von den Erzbischöfen auch das Recht, das Stadtsiegel für seine Verwaltungs- und Rechtsgeschäfte zu verwenden. Mitte des 13. Jahrhunderts entstand durch diesen Prozess der oligarchischen Verwaltungskonsolidierung ein noch kleinerer Kreis von etwa 15 Meliorats-Familien (in der modernen Forschung werden diese Geschlechter genannt), die den persönlichen Titel »miles« annahmen und ihre eigenen »emeriti«-Magistrate mit dem Titel »dominus« ehrten. Sie dominierten die Mitgliedschaft im Schöffengericht und bezeichneten sich in städtischen Dokumenten als »senatoren«.[13]

12 Joseph P. Huffman: The Imperial City of Cologne: From Roman Colony to Medieval Metropolis (19 B.C.–1125 A.D.), Amsterdam 2018, S. 213–224; Franz-Reiner Erkens: Sozialstruktur und Verfassungsentwicklung in der Stadt Köln während des 11. und 12. Jahrhunderts, in: Jörg Jarnut/Peter Johanek (Hg.): Die Frühgeschichte der europäischen Stadt, Köln 1998, S. 174–176; Luise von Winterfeld: Handel, Kapital und Patriziat in Köln bis 1400, Lübeck 1925; Manfred Groten: Die Entstehung und Frühzeit der Kölner Sondergemeinden, in: Peter Johanek (Hg.): Sondergemeinden und Sonderbezirke in der Stadt der Vormoderne, Köln 2004, S. 53–77; Ders.: Die Kölner Richerzeche im 12. Jahrhundert. Mit einer Bürgermeisterliste, in: RhVjBll 48 (1984), S. 34–85; Knut Schulz: Richerzeche, Meliorat und Ministerialität in Köln, in: Matthias Krüger (Hg.): Die Freiheit des Bürgers. Städtische Gesellschaft im Hoch- und Spätmittelalter, Darmstadt 2008, S. 218–220; Paul Straight: Cologne in the Twelfth Century, Gainesville 1974, S. 62.

13 Solche Familiendynastien (Geschlechter) nutzten häufig die selbstbezogenen Begriffe »meliores«, »optimates«, »nobiles burgenses Colonienses«, »senatores« und »consules« (letzte Bezeichnung für Mitglieder des frühen Stadtrats seit dem 13. Jahrhundert). Für Vergleiche mit anderen

Diese sehr exklusiven Patrizierfamilien hatten ihre führenden Männer in allen Verwaltungsorganen der Stadt platziert und dann ihre Verwaltungsoligarchie durch einen genossenschaftlichen Wahlprozess der Kooptation aufrechterhalten. Daher kann es sich als schwierig erweisen, zwischen den Rechts- und Verwaltungsgeschäften des Schöffengerichts und denen der Richerzeche zu unterscheiden. Die Kölner Patrizier erwiesen sich mit diesem Stadtregime als so erfolgreich, dass erst 1396 eine vollständig zentralisierte und integrierte Stadtverwaltung unter der Führung eines Stadtrates etabliert wurde. Bis dahin hatte das Meliorat unter Führung der Patrizier-Geschlechter ein Netzwerk genossenschaftlicher Verwaltungstätigkeiten (Schöffengericht, Richerzeche, Pfarr- und Sondergemeindeamtleute) aufgebaut, das die Mitgliedschaft in allen Handels- und Handwerkszünften sowie in der Bürgergilde kontrollierte. Der Beitritt zu einer der politischen Gilden oder wirtschaftlichen Zünfte der Stadt erforderte die formelle, rechtliche und politische Zustimmung der Meliorat-Oligarchie, die zunehmend von den oben genannten 15 Patrizierfamilien dominiert wurde.[14]

Hospitalverwalter (»procuratores« oder »provisores«) waren ebenfalls als Mitglieder oligarchischer Bruderschaften organisiert, aber nicht als kommunale Magistratsbedienstete, sondern als private genossenschaftliche Verwaltungsmitglieder, deren gemeinnützige Dienste auch als Erweiterung ihrer kommunalen Selbstverwaltung fungierten.[15] Die Forschung hat keinen Anhaltspunkt

mittelalterlichen deutschen Städten siehe Michael Hecht: Patriziatsbildung als kommunikativer Prozess, Köln 2010; Wolfgang Hürst: Patrizier – Wege zur städtischen Oligarchie und zum Landadel, Frankfurt am Main 2018. Siehe auch Manfred Groten: Köln im 13. Jahrhundert. Gesellschaftlicher Wandel und Verfassungsentwicklung, 2. Aufl. Köln 1998, S. 79–81 für Vergleiche mit selbstreferenziellen Archaismen, die vom städtischen Adel Roms (»nobiles cives Romani«) und von den Bürgermeistern und Stadträten Londons (»probi homines and barones«) verwendet wurden, am deutlichsten auf dem Stadtsiegel zu sehen (»sigillum baronum Londiniarum«).

14 Die Bürgerlisten wurden von den Amtleuten der Sondergemeinden geführt, nicht vom Schöffengericht oder der Richerzeche, bis der Stadtrat im frühen 14. Jahrhundert die Führung übernahm: Huffman: City (Anm. 12), S. 200–202; Hermann Jakobs: Aspects of Urban Social History in Salian and Staufen Germany, in: Alfred Haverkamp/Hanna Vollrath (Hg.): England and Germany in the High Middle Ages, Oxford 1996, S. 283–298, hier S. 291, »The monopoly of court, parish, and fraternity offices by the rich did not apparently create many problems in the twelfth century«. Allerdings kam es im späteren 13. und 14. Jahrhundert zu Konflikten. Hermann Jakobs: Stadtgemeinde und Bürgertum um 1100, in: Bernhard Diestelkamp (Hg.): Beiträge zum hochmittelalterlichen Städtewesen, Köln 1982, S. 13–54, hier S. 21.

15 Solche Hospitalbruderschaften (»fraternitates«) erscheinen in Schreinsurkunden und verschiedenen anderen Urkunden sowohl für kleine Pfarr- und Sondergemeindehospitäler (zum Beispiel Groß St. Martin/Brigida Hospital im Jahre 1142 und St. Maria Magdalena Hospital circa 1183–1192) als auch für größere Hospitäler, die stadtweite Bedürfnisse erfüllen (zum Beispiel die Bruderschaft des Heilig-Geist-Hospitals auf dem Domgelände im Jahre 1175 und des Leprahaus Melatens Bruderschaft des Heilgen Geistes (»confraternitas

dafür gefunden, dass die städtische Hospitalverwaltung, die ursprünglich in den Zuständigkeitsbereich der Bischöfe fiel, zu den Bereichen städtischer Herrschaft zählt, die von deutschen Fürstbischöfen (in diesem Fall den Erzbischöfen von Köln) an die bürgerlichen Eliten formell abgetreten wurden. Also übten Patrizierfamilien ihren Einfluss auf die Hospitäler durch die Monopolisierung wohltätiger Bruderschaften als Hospitalprokuratoren und -versorger in ihren Wohngemeinden sowie durch das Schöffengericht, die Richerzeche, und die Pfarr- und Sondergemeindeämter aus.

Die Hospitalverwaltung war demnach Bestandteil der Ausübung kommunaler Selbstverwaltung durch das Meliorat, insbesondere, wenn es um die finanzielle Ausstattung der Einrichtungen ging. Hier erfolgte durch eine wohltätige Alchemie die Konversion des materiellen Reichtums in den physischen und spirituellen Nutzen sowohl der Spender als auch der Insassen.[16] Und als man im 12. und 13. Jahrhundert auf das immer größer werdende Problem der städtischen Armut durch einen »Boom« von Hospitalgründungen reagierte, erreichte die Nachfrage nach einer solchen Kooperation schnell einen Punkt, an dem diese Wohltätigkeitseinrichtungen allein durch die Finanzierung auf Almosenbasis nicht mehr betrieben werden konnten.

Sancti Spiritus de forro ferri et sub lobiis«, oder von Eisenmarkt und Unter den Lauben, nach ihrer Straße auch Faßbindergasse in Klein St. Martinspfarre genannt). Hospitalbruderschaften nutzten das gleiche Organisationsmodell wie die Bruderschaften und Gilden der Sondergemeindeamtleute (erstmals in den 1130er Jahren für die Pfarrei St. Laurenz erwähnt), die Bruderschaft beziehungsweise Gilde der Schöffen (Schöffenkollegium), und die Bruderschaft beziehungsweise Gilde der Richerzeche: Manfred Groten: Die Anfänge des Kölner Schreinswesens, in: JKGV 56 (1985), S. 5–8; Benjamin Laqua: Heilig-Geist-Hospitäler im bruderschaftlichen und kommunalen Kontext des hohen Mittelalters. Beobachtungen aus dem Nordwesten des Reichs, in: Lukas Clemens/Alfred Haverkamp/Romy Kunert (Hg.): Formen der Armenfürsorge in den urbanen Zentren nördlichen und südlich der Alpen in vergleichender Perspektive, Trier 2011, S. 123–151; Ders.: Bruderschaften (Anm. 9), S. 221 und 352; Klaus Militzer: Genossenschaftliche und bruderschaftliche Organisationsformen im mittelalterlichen Köln, in: Monika Escher-Apsner (Hg.): Mittelalterliche Bruderschaften in europäischen Städten/Medieval Confraternities in European Towns, Frankfurt am Main 2009, S. 143–158; Hermann Jakobs: Bruderschaft und Gemeinde: Köln im 12. Jahrhundert, in: Berent Schwineköper (Hg.): Gilden und Zünfte. Kaufmännische und gewerbliche Genossenschaften im frühen und hohen Mittelalter, Sigmaringen 1985, S. 281–310.

16 Für die umfangreiche Literatur zur Theologie, Spiritualität und Ideologie der mittelalterlichen städtischen Wohltätigkeit, sowohl für Spender als auch für Empfänger, siehe Adam J. Davis: The Social and Religious Meanings of Charity in Medieval Europe, in: History Compass 12: 12 (2014), S. 935–950; James W. Brodman: Charity and Religion in Medieval Europe, Washington D. C. 2009; Emmanuel Bain: Église, Richesse et Pauvre dans L'Occident Médiéval. L'Exégèse des Évangiles aux XIIe-XIIIe Siècles, Turnhout 2014; Eliana Magnani S.-Christen: Transforming Things and Persons. The Gift »pro anima« in the Eleventh and Twelfth Centuries, in Gadi Algazi/Valentin Groebner/Berhard Jussen (Hg.): Negotiating the Gift. Pre-Modern Configurations of Exchange, Göttingen 2003, S. 269–284; Eliza Buhrer, From Caritas to Charity: How Loving God Became Giving Alms, in Cynthia Kosso/Anne Scott (Hg.): Poverty and Prosperity in the Middle Ages and the Renaissance, Turnhout 2012, S. 113–128.

Daher konnte kein städtisches Hospital seinen Betrieb ausschließlich mit den Ressourcen aufrechterhalten, die durch gelegentliche Almosenspenden von Einzelpersonen hereinkamen. Stattdessen musste ein Weg zur Finanzierung von Hospitälern entwickelt werden, der auf Nachhaltigkeit ausgerichtet war. Im Wesentlichen benötigten Hospitäler dazu Stiftungen wie jede andere gemeinnützige Organisation (kirchlich oder bruderschaftlich) auch. Die Forschung zu den frühen Finanzen mittelalterlicher deutscher Hospitäler ist bisher recht dürftig, und die veröffentlichten Daten stammen aus dem späteren 14. und 15. Jahrhundert, was nicht zuletzt auf den Mangel an Rechnungs- und Verwaltungsbüchern bis zu diesem Zeitpunkt zurückzuführen ist.[17] So haben wir für das 13. und frühe 14. Jahrhundert – die »Boom«-Ära der städtischen Hospitälerweiterung – nur einen fragmentarischen Überblick über die Hospitalfinanzen im Deutschen Reich und kaum messbare Angaben zu den Einnahmen aus Hospitalstiftungen.

Es gibt jedoch eine Reihe wertvoller Quellen für die Finanzierung von Hospitälern in Köln. Ab den 1130er Jahren begannen in den Pfarreien St. Laurenz und Klein St. Martin und nach und nach in den anderen Pfarreien und Sondergemeinden der Stadt Meliorat-Magistrate (Amtleute: »officiales« oder »magistri civium«) die vielfältigen gerichtlichen Eigentumstransaktionen über Häuser, Wohnungen und Grundstücke sowie die aus diesen Vermögenswerten erzielten Einkünfte auf Pergamentblättern zu vermerken. Mittlerweile führte auch das Schöffengericht eigene Schöffenschrein-Aufzeichnungen mit ähnlichem Inhalt.[18] Daher verwalteten sowohl die Obergerichtsbeamten (»scabini« oder Schöffen) als auch vor allem die Pfarr- und Sondergemeindeamtleute (»officiales«) ihre eigenen Archive über Immobiliengeschäfte und Vermächtnisse aus Vermögenswerten an Ordenshäusern und Hospitälern.

17 Christian Heimpel: Die Entwicklung der Einnahmen und Ausgaben des Heiliggeistspitals zu Biberach an der Riß von 1500 bis 1630, Stuttgart 1966; Holger G. Stunz: Hospitäler im deutschsprachigen Raum im Spätmittelalter als Unternehmen für die »caritas«: Typen und Phasen der Finanzierung, in: Michael Matheus (Hg.): Funktions- und Strukturwandel spätmittelalterlicher Hospitäler im Europäischen Vergleich, Stuttgart 2005, S. 129–160; Oliver Landolt: Finanzielle und Wirtschaftliche Aspekte der Sozialpolitik spätmittelalterlicher Spitäler, in: Bulst/Spiess (Hg.): Sozialgeschichte (Anm. 4), S. 273–299. Landolt bewertete die bisherige Forschung wie folgt, (S. 299): »Insgesamt gesehen sind die finanziellen Hintergründe von Hospital- und verwandten Fürsorgeanstalten gerade auch im Hinblick auf sozialgeschichtliche Fragestellungen noch zu wenig erforscht und bedürften eines größeren Efforts«.

18 Klaus Militzer: Schreinseintragungen und Notariatsinstrumente in Köln, in: José Trenchs (Hg.): Notariado público y documento privado: de los origines al siglo XIV, València 1989, S. 1195–1224; Manfred Groten: Civic Record Keeping in Cologne 1250–1330, in: Richard Britnell (Hg.): Pragmatic Literacy, East and West 1200–1330, Woodbridge 1997, S. 81–88; Hermann Conrad: Liegenschaftsübereignung und Grundbucheintragung in Köln während des Mittelalters: Ein Beitrag zur Geschichte des deutschen Grundbuchs, Weimar 1935.

Diese Schreinskarten und ihre Weiterentwicklung in Form von Schreinsbüchern wurden von der Pfarrei beziehungsweise Sondergemeinde und dem Schöffengericht in verschlossenen Schreinen archiviert.[19] Es wurde schnell zur Gewohnheit, dass Bürger, die Eigentum besaßen, von den Amtleuten eine beweiskräftige Aufzeichnung für jede Art der Übertragung von Eigentum oder sonstigen Rechten erhielten, indem sie ihre Transaktionen in die Schreinsregister der Pfarreien und Sondergemeinden oder des Schöffengerichts eintragen ließen – diese Praxis umfasste auch Vermächtnisse zugunsten der Hospitäler der Stadt und andere Formen von Rechtsgeschäften mit diesen Einrichtungen.

Die Sammlung dieses einzigartigen Beweismaterials, das in Form einzelner Einträge ohne Index über die umfangreichen Immobilienregister, Schreinskarten und Schreinsbücher verstreut ist, erforderte einen zeitaufwändigen Prozess der methodischen Identifizierung, des Lesens, und der Extraktion aller Einträge zu Hospitälern und deren anschließende Ergänzung durch weitere erhaltene Nachweise aus Testamenten von Laien und Geistlichen und aus kirchlichen Urkunden.[20]

19 Manfred Groten: Anfänge (Anm. 15), S. 1–21; Ders.: Entstehung (Anm. 12), S. 53–77; Wolfgang Herborn: Schreinswesen, Schreinsbuch, Schreinskarte, in: Robert-Henri Bautier/Robert Auty/Norbert Angermann (Hg.): LexMA Bd. 7, München 1995, Sp. 1557–1559; Klaus Militzer: Die Kölner Schreinsbücher, in: GiK 56 (2009), S. 39–54; Rainer Opitz: Die Kölner Schreinsbücher: Eine Untersuchung zur Kodikologie und der Praxis ihrer Führung, in: Bettina Schmidt-Czaia (Hg.): Die Schreinsbücher – Spiegel der Kölner Vormoderne, Köln 2017, S. 9–54.

20 Die Identifizierung hospitalbezogener Grundbucheinträge für dieses Projekt erforderte die Durchsicht von 81 einzelnen Schreinskarten und 166 Schreinsbücher-Bänden, was insgesamt etwa 10.590 Blättern und 140.000 Einträgen entspricht. Diese Daten wurden dann durch die Durchsicht von Dutzenden Testamenten aus den Jahren 1280–1350 und ebenso vielen institutionellen Urkunden und Hospitälerkopienbüchern mit Nachlässen von Erzbischöfen, Domkapiteln und einer Vielzahl religiöser Orden in der Stadt und ihrer Umgebung ergänzt, alle im Historischen Archiv der Stadt Köln aufbewahrt. Für eine vollständige Auflistung der Schreinskarten und Schreinsbücher siehe Hermann Keussen: Verzeichnis der Schreinskarten und Schreinsbücher, in: Mitteilungen aus dem Stadtarchiv von Köln 32 (1904), S. 1–158. Die Schreinskarten wurden größtenteils veröffentlicht von Robert Hoeniger (Hg.): Die Kölner Schreinsurkunden des 12. Jahrhunderts. Quellen zur Rechts- und Wirtschaftsgeschichte der Stadt Köln, Bonn 1884–1894, aber nur ein kleiner Prozentsatz der umfangreichen Schreinsbuch-Einträge wurde veröffentlicht in Hans Planitz/Thea Buyken (Hg.): Die Kölner Schreinsbücher des 13. und 14. Jahrhunderts, Weimar 1917. Hier sind die Archivsignaturen für die Archivsammlungen: HAStK: Haupturkundenarchiv (Bestand 1), 922–1350; HAStK: Urkundenkopiare (Bestand 2), 1157–1350; HAStK: Schreinskarten (Bestand 100), SK 1–81, 1130–1331; HAStK: Schreinsbücher (Bestand 101), SB 1–166, 1220–1798; HAStK: Schreinsurkunden (Bestand 102), ca. 1220–1350; HAStK: St. Columba (Bestand 103), 12. Jahrhundert–1350; HAStK: Testamente (Bestand 110), ca. 1280–1350; HAStK: Armenverwaltung Urkunden (Bestand 160), ca. 1234–1350 (Bestand 160); HAStK: Armenverwaltung A II 1, Kopiarbuch St. Gereon (Bestand 160); HAStK: Armenverwaltung A II 3, Kopiarbuch St. Maria in Capitolio (Bestand 160); HAStK: Armenverwaltung B1, Kopiarbuch St. Agnes (Bestand 160); HAStK: Armenverwaltung B1065, Kopiarbuch St. Heribert Hospital-St. Andreas (Bestand 160); HAStK: Armenverwaltung B2000, Kopiarbuch Melaten (Bestand 160); HAStK: Armenverwaltung B372, Kopiarbuch I Heilig-Geist-Hospital (Bestand 160); HAStK: Armenverwaltung B373, Kopiarbuch II Heilig-Geist-Hospital (Bestand 160);

Eine solche Archivrecherche ergab 1.904 Einträge für eine Datenbanksammlung. Diese bemerkenswerte Menge an Nachweisen offenbarte die kreativen Methoden, mit denen die mittelalterlichen Hospitäler Kölns vom 12. Jahrhundert bis zum Wendepunkt der Pestepidemie in der Mitte des 14. Jahrhunderts finanziert wurden. Gerade dieser Zeitraum stellt in der Geschichte der mittelalterlichen Hospitäler Kölns hinsichtlich ihrer Finanzierung eine einmalige Phase dar. Während es unvermeidbare Einschränkungen bei den aus mittelalterlichen Primärquellen gewonnenen Datensätzen gibt, da diese nur minimale Lücken in der Überlieferung aufweisen und nie als integrierter und indizierter Satz von Datensätzen erstellt wurden, offenbart die schiere Menge der über einen längeren Zeitraum erhobenen Daten klare Trends und charakteristische Merkmale der verwendeten Finanzierungsmodelle, wobei der monetäre Wert der Zuwendungen über die Zeit durch die Wertstabilität und Stärke der Kölner Währung gesichert wurde.[21]

Da die Beschreibung von Vermächtnissen an Hospitäler spezifisch die Benennung von Spendern, Empfängern, Hospitalverwaltern, Geldwert und Art der Vermächtnisse, Einnahmequellen und sogar Ortsbeschreibungen enthalten, offenbart die aus umfangreichen Archivdokumenten extrahierte Datensammlung viel über mittelalterliche Hospitäler in Köln und deren Finanzierung. Die extrahierten Daten stehen im Einklang mit den Aufzeichnungen des sozialen, wirtschaftlichen, politischen und religiösen Lebens der Stadt. Und die in den Datensätzen enthaltenen spezifischen Benennungen der Lage von Grundstücken und/oder der Herkunft der Einkünfte, die Hospitälern vermacht wurden, liefern durch deren digitale Kartierung mit entsprechender Kartierungssoftware (Mapping) eine klare visuelle Darstellung der räumlichen Verortung der Hospitalausstattungen.[22]

Die ersten Hospitäler Kölns gingen auf bischöfliche Initiative zurück. Bischof Kunibert von Köln (circa 600–664) gründete zwei Bruderschaften, die für den Rest des Mittelalters unter der Schirmherrschaft des Domkapitels blieben. Im 12. Jahrhundert kam es zu einer zweiten Welle von Hospitalgründungen, zweifellos infolge der Stadterweiterung, die die Zahl der Hospitäler in Köln verdreifachte.

HAStK: Armenverwaltung B384, Register der Einkünfte aus Häusern u. einigen Landgüter des Heilig-Geist-Hospitals (Bestand 160), Ende 13. Jh.–1356; HAStK: Armenverwaltung B385, Fragment eines Zinsregisters des Heilig-Geist-Hospitals (Bestand 160), 1. Hälfte 14. Jh.

21 Zur Kölner Währung siehe Joseph P. Huffman: Documentary Evidence of Anglo-German Currency Movement in the Central Middle Ages: Cologne and English Sterling, in: British Numismatic Journal 65 (1995), S. 32–45; Walter Hävernik: Der Kölner Pfennig im 12. und 13. Jahrhundert, Stuttgart 1930; ND Hildesheim 1984.

22 Ich möchte hier James Mueller danken, der mit mir als Smith Scholar-Praktikant zusammengearbeitet hat, um bei der Entwicklung des digitalen Mapping-Teils dieses Projekts zu helfen. Sein digitaler und historischer Scharfsinn waren unverzichtbar. Dieses Mapping-Projekt wird an anderer Stelle veröffentlicht werden.

Die dritte und größte Welle des Hospitalausbaus folgte im 13. Jahrhundert. Auch wenn es bei der Entstehung einiger Hospitäler schon zuvor sicherlich eine bürgerliche Beteiligung gegeben hatte (zum Beispiel an Groß St. Martin/ St. Brigida und Melaten), hatten jetzt alle neuen Hospitäler dieses Jahrhunderts Laien zumindest als Mitbegründer, meistens sogar als die alleinigen Gründer, mit dem Ziel, den Schwachen einer bestimmten Pfarrei oder Sondergemeinde zu helfen. Zu dieser von Laien geführten Hospitalbewegung gehörte auch die Gründung eines Hospitals durch die jüdische Gemeinde in der Pfarrei St. Laurenz. Nicht weniger als zehn Hospitäler wurden in Pfarreien und Sondergemeinden im gesamten Stadtgebiet eingerichtet. Wir werden die neuen Hospitäler des 14. und 15. Jahrhunderts später betrachten, da sie eine andere Ära in der Geschichte der mittelalterlichen deutschen Stadthospitäler repräsentieren.

So verfügte Köln im letzten Jahrzehnt des 13. Jahrhunderts über 21 Hospitäler verschiedener Art, die sich in 15 der 19 Pfarreien der Stadt und in Deutz befanden. Dieses Gefüge aus Kathedralen-, Kloster-, Stifts- und Bürgerhospitälern war in ein gesamtstädtisches System karitativer Fürsorge eingebunden, von dessen Einrichtungen einige von kirchlichen Autoritäten, andere sowohl von Laien als auch von kirchlichen Autoritäten gegründet und verwaltet wurden, während wieder andere von kirchlichen Autoritäten gegründet und von Laienbehörden verwaltet wurden.

Sie stellten eine große Investition von Ressourcen inmitten einer schnell wachsenden städtischen Bevölkerung dar, deren Armutsniveau in den 1290er Jahren einen alarmierenden Höhepunkt erreichte. Wie konnten aber diese Hospitäler in einer Zeit, in der die Stadtbevölkerung immer bedürftiger wurde, Mittel aufbringen, um ihren Betrieb sicherzustellen? Über welche Mittel verfügten sie, wenn überhaupt, außer den anfänglichen Stiftungsressourcen, die durch spontane Almosenspenden ergänzt wurden, um die materielle und geistliche Versorgung der Bedürftigen zu verbessern, ganz zu schweigen davon, Pilgern und Reisenden Gastfreundschaft anzubieten?

Die Antwort lässt sich im wachsenden Immobilienmarkt des 13. und frühen 14. Jahrhunderts finden. In diesem wirtschaftlichen Kontext nutzten unternehmerische Investoren den boomenden Immobilienmarkt, um Finanzinstrumente zu schaffen, die sowohl einen schnellen Zugang zu Risikokapital für die im Ausland handelnden Rohstoffhändler eröffneten als auch einen Immobilien- und Bauinvestitionsmarkt für die im Ausland erzielten erheblichen Gewinne ermöglichten. Insbesondere die ständig steigenden Immobilien- und Mietwerte in Verbindung mit dem kirchlichen Verbot des Wuchers veranlassten unternehmungslustige Handelsfinanziers dazu, Formen von Nießbrauchsdarlehen und Renten zu entwickeln, die nicht nur kommerzielles Kapital generierten, sondern auch – anders als Hypothekenzinszahlungen – langfristig einen stetigen Einkommensstrom boten.[23]

Bereits im 12. Jahrhundert hatte das Grundpfandrecht der Stadt eine solche Beleihung von Häusern und Mieten unter Nutzung des Nießbrauchs als Sicherheit oder als Zinsersatz als effiziente und schnelle Möglichkeit zur Kapitalbeschaffung für gewerbliche Unternehmungen zugelassen. Diese kreative Finanzierungspraxis vermied den Anschein von Wucher und ermöglichte es den Eigentümern dennoch, Vermögen aus Immobilien zu ziehen, ohne dadurch ihr Eigentum an den Vermögenswerten zu verlieren.[24] Immobilien wurden für einen relativ kurzen Zeitraum, in der Regel bis zu einem Jahr, zur Sicherung eines Darlehens mit einer Hypothek (»in titulo pignoris«) belastet. Während dieser Zeit übertrug der Eigentümer der Immobilie dem Darlehensgläubiger das Nießbrauchrecht an der Immobilie, einschließlich des Rechts, die Immobilie zu bewohnen oder unterzuvermieten.

Solche Verträge sahen Zahlungsraten über die Laufzeit der Hypothek (Pfandzins) vor, die auf der Grundlage des Darlehensbetrags berechnet wurden. Kam der Eigentümer mit der Gesamttilgung oder einzelnen Ratenzahlungen in Rückstand, wurde eine Strafe bis zur Höhe des doppelten Wertes der Hypothek verhängt. Und wenn der Eigentümer dann erneut mit der Tilgung in Verzug geriet, fiel das Eigentum an der Immobilie an den Gläubiger. Auf diese Weise wurden alle Arten von Immobilien mit Hypotheken belastet: Häuser und Teile davon, wobei die vereinbarten Zahlungen meist in Geld erfolgten.

Die Vermietung einer Immobilie zu einer regulären Miete folgte einem ähnlichen Grundprinzip, wobei dem Mieter das Nießbrauchsrecht gewährt wurde, wobei allerdings die Gegenleistung in Mietzahlungen und nicht in

23 Otto Cremer: Der Rentenkauf im mittelalterlichen Köln nach Schreinsurkunden des 12. bis 14. Jahrhunderts, Würzburg 1936; M. M. Postan/E. E. Rich/Edward Miller: The Cambridge Economic History of Europe. Volume III: Economic Organization and Policies in the Middle Ages, Cambridge 1965, S. 21, 36, 164, 242–243, 441–443, 516, 523–530, 546–548; Clemens von Looz-Corswarem: Hausverkauf und Verpfändung in Köln im 12. Jahrhundert, in: Hermann Kellenbenz (Hg.): Zwei Jahrtausende Kölner Wirtschaft, Band 1, Köln 1974, S.195–204; Richard Knipping: Das Schuldenwesen der Stadt Köln im 14. und 15. Jahrhundert, in: Westdeutsche Zeitschrift für Geschichte und Kunst 13 (1894), S. 340–397; Marianne Gechter: Kirche und Klerus in der stadtkölnischen Wirtschaft im Spätmittelalter, Wiesbaden 1983, S. 249–256; Stunz: Hospitäler (Anm. 17), S. 129–160; Joseph P. Huffman: Family, Commerce, and Religion in London and Cologne. Anglo-German Emigrants c. 1000–c. 1300, Cambridge 1998, S. 67–70; Isenmann: Stadt (Anm. 6), S. 949–955.

24 Winfried Trusen: Zum Rentenkauf im Spätmittelalter, in: Die Mitarbeiter des Max-Planck-Instituts für Geschichte (Hg.): Festschrift für Hermann Heimpel zum 70. Geburtstag, Bd. 2, Göttingen 1972, S. 140–158, identifizierte die seit langem bestehende Einrichtung der mittelalterlichen Kirchenrenten, bei denen der Zehnte oder andere regelmäßige Einkünfte aus Kirchenbesitz für geistliche Pfründe belastet wurden, als Vorbild für Renten und Kaufzinsen als Mittel zur Vermeidung von Wucher.

Zinszahlungen für eine Hypothek bestand. Auch Pachtverträge (»in titulo locationis«) waren als ausreichend stabile Einnahmequelle weit verbreitet (mit dem Nießbrauch des Pächters einschließlich des Rechts, Verbesserungen an der Immobilie vorzunehmen, auch wenn der Verpächter das Eigentum behielt). Es entwickelte sich so ein geschäftiger Markt für den Kauf und Verkauf von Pachteinkommen (Pachtzins) als weiteres Instrument sowohl für die Kapitalbildung als auch für die Erzielung von Kapitalerträgen. Tatsächlich wurden Mieten sogar als eine Form des Nießbrauchs verpackt, der als eine andere Art von Sicherheit für Hypotheken an Gläubiger verkauft wurde.

Der Kauf und Verkauf von Einnahmen aus Pfand- und Pachtzinsen wurde im Laufe des 12. Jahrhunderts alltäglich und weit verbreitet, und im 13. Jahrhundert kam ein weiteres Finanzinstrument hinzu – das bei weitem kreativste und beliebteste von allen –: Renten. Diese wurden gegen zukünftige Einkünfte aus Wohngebäuden oder Produktionsgrundstücken verkauft und galten daher nicht als Darlehen, sondern als Kauf von Belastungen auf Grundstücken und Eigentum. Ursprünglich als Leibrente verkauft, die sich als attraktive Form der Altersrente erwies, wurden sie mit einem jährlichen Satz von zehn Prozent des ursprünglichen Kaufpreises ausgezahlt, mit der Erwartung, dass sie innerhalb eines Jahrzehnts entweder durch Erstattung des ursprünglichen Kaufpreises zurückgezahlt würden oder durch den Tod des Begünstigten. Aber zu Beginn des 14. Jahrhunderts wurden auch ewige Renten (Erbrenten) und ewige Erbleihen beziehungsweise Erbpachten (oder »in titulo locationis perpetue«) verkauft, insbesondere als Kommunalanleihen.[25] Obwohl eigentlich damit gerechnet wurde, dass sie in relativ kurzer Zeit zurückgezahlt werden, handelte es sich bei ewigen Renten, wenn sie nicht zurückgezahlt wurden, um vererbbare Einkünfte (Ewiggeld oder »census perpetuus«) wie Pachtverträge. Die ewige Rente wurde zunächst mit einem jährlichen Zinssatz von zehn Prozent ausgezahlt, pendelte sich jedoch bald bei einem Zinssatz von vier bis sechs Prozent ein. Solche kurzfristigen und unbefristeten Finanzinstrumente waren Produkte des wachsenden sekundären Kreditmarkts spekulativer Finanzinvestitionen vor dem Hintergrund eines langen und anhaltenden Wertanstiegs des primären Wohnungs- und Immobilienentwicklungsmarkts.[26]

25 Knipping: Schuldenwesen (Anm. 23), S. 346. Immobilien mit ewigen Mietverträgen durften vom Pächter ohne Zustimmung des Immobilieneigentümers nicht als Sicherheit für Kredite verwendet werden, und ewige Renten waren nur mit Genehmigung des Immobilieneigentümers übertragbar.

26 Werner Ogris: Der mittelalterliche Leibrentenvertrag. Ein Beitrag zur Geschichte des deutschen Privatrechts, Vienna und München 1961; Hans-Jörg Gilomen: Rente, Rentenkauf, Rentenmarkt, in: LexMA Bd. 7, München 1995, Sp. 735–738.

Vor allem die kommerziellen Eliten und Geschlechterfamilien des Meliorats setzten ihr beträchtliches Kapital als Gläubiger ein, um ein erhebliches Jahreseinkommen zu erwirtschaften, ohne durch die Komplexität der Verwaltung von Hypotheken- oder Rentenimmobilien belastet zu werden, und ohne die derzeitigen Mieter dieser Immobilien zu stören. Als Eigentümer konnten diese Elite-Geschäftsfamilien auch Immobilien verpfänden oder Mieten direkt als Rentenzahlungen verkaufen, während sie weiterhin Eigentümer blieben. Die Investition in einen Wohnblock konnte somit sowohl von einem erwerbenden Eigentümer als auch von mehreren Inhabern der mit dem Wohnblock verbundenen Mieten und Renten stammen, die alle als rechtlich eigenständige Einheiten behandelt wurden. Dies lief darauf hinaus, insbesondere Mietobjekte in belastete Anlageobjekte mit mehreren Eigentumsverhältnissen und Rechtsinhaberschaften umzuwandeln, mit der Maßgabe, dass der ursprüngliche Eigentümer der Immobilie das Recht hatte, die Mieten und Renten von den anderen Investoren zurückzukaufen. Um die Sache noch komplexer zu machen, behielten Gläubiger, die eine Rente an einem Mietobjekt erwarben, das Recht, ihre Rente jederzeit an einen Dritten zu verkaufen, als wären sie Anleihen auf dem Rentenmarkt. Und alle diese Formen des Einkommenseigentums – Immobilien, Hypothekennießbrauch, Mieten, Renten – waren vererbbar und wurden zu gleichen Teilen unter den Erben aufgeteilt.[27]

Für Meliorat- und Geschlechter-Gläubiger waren Rentenkäufe eine attraktive Grundlage für die Erzielung eines stabilen Jahreseinkommens über lange Zeiträume hinweg, wohingegen die Hypothekenbildung von Immobilien, Mieten und Renten für die Kapitalbildung kurzfristig rentabler war. Investitionen in Hypotheken, Mieten und Renten stellten darüber hinaus ein einfaches Mittel dar, riesige Bargewinne aus kommerziellen Unternehmungen in produktive Formen lokalen Wohlstands umzuwandeln und entsprechend zu sichern. Tatsächlich gaben die Kölner Geschlechter, die im späteren 12. und 13. Jahrhundert durch den Warenfernhandel enorm reich geworden waren, in den 1280er Jahren das Import-Export-Geschäft vollständig auf und lebten nur von ihren Kapitalinvestitionen auf den Immobilien- und Mietmärkten der Stadt. Diese relativ kleine Gruppe von Familien (circa acht bis neun Prozent der Bevölkerung) stellte die Kreditmittel für Hypothekendarlehen bereit und investierte in Mietobjekte durch den Kauf von Mieten und Renten.

27 Mietobjekte waren teilweise in bemerkenswert kleine Teile unterteilt: M. M. Postan/E. E. Rich/Edward Miller: Cambridge Economic History (Anm. 23), S. 21: »The increase in the value of land, coupled with the impossibility of terminating joint possession without the consent of all parties concerned, frequently resulted in the subdivision of property and urban rents to an incredible degree. At Cologne fractional house ownership has been recorded on the order of 1/70, 5/160, and even 1/672…«.

Die auf stetiges Wachstum spekulierende Blase ständig steigender Mieten und Immobilienwerte trieb solche Investitionen voran, da sie steigende Gewinne aus Hypotheken und stetig steigende Renten- und Mieteinnahmen garantierte. Die Blätter der Schreinskarten und Schreinsbücher sind überfüllt mit Eigentumstransaktionen dieser Art, zusammen mit ihrer eventuellen Verwendung zur Sicherung von Tilgungszahlungen oder ihrer Übertragung in Testamenten, Erbschaften und Nachlassregelungen.

Die Beziehung zwischen dem expandierenden Immobilienmarkt des 12. und 13. Jahrhunderts, dem Meliorat und den Geschlechtern als Investoren, und dem Wachstum der Hospitalstiftungen war Folge der zunehmenden Führungsrolle der Geschlechter in der Hospitalverwaltung und -finanzierung in dieser Zeit. Die deutsche Geschichtswissenschaft hat in jüngerer Zeit die Dynamik der Kommunalisierung im Hinblick auf die kommunale Übernahme der Hospitalverwaltung im späten 13. und 14. Jahrhundert betont, und tendiert dazu, die Annahme in den Vordergrund zu stellen, nämlich dass die Hospitalverwaltung nur durch die Organe der Stadtverwaltung erfolgte.[28] Doch der Kommunalisierungsprozess der Kölner Hospitäler erfolgte tatsächlich erst lange nach der administrativen Leitung durch Meliorat und Geschlechtern in den Hospitalvorständen, die im frühen 13. Jahrhundert begonnen hatte.[29] Dieser Trend war sicherlich ein wesentlicher Bestandteil der zunehmenden bruderschaftlichen Verwaltungsrolle der Patrizier in anderen städtischen und kirchlichen Einrichtungen des mittelalterlichen Köln.[30] Und diese Eliten brachten ihre Kapital- und Finanzmanagementpraktiken in ihre Hospitalverwaltung ein. Das Spendensammeln der Patrizier für wohltätige Zwecke konzentrierte sich daher nicht auf die Steigerung der traditionellen Almosensammlung, sondern vielmehr auf die Anhäufung von Vermächtnissen in Form von Mieten, Renten, Hypotheken und

28 Stunz: Hospitäler (Anm. 17), 147–150; Pauly: Peregrinorum (Anm. 5), S. 406: »Das Hospital kann als Indiz für den Initiativgeist und das Durchsetzungsvermögen der städtischen Führungsschicht, aber auch als Kristallisationsort gesamtstädtischer Identitätsfindung gesehen werden. Das Hospitalwesen nahm offensichtlich einen höheren symbolischen Stellenwert ein, als es die bisherige Stadtgeschichtsforschung wahrgenommen hat«.

29 Hospitalverwalter wurden in Hospital-, Bürger- und Kirchenakten als »procuratores«, »provisores« oder »magistri« und »tutores« bezeichnet, wobei das für die Finanzen des Hospitals zuständige Mitglied als »magister reddituum« oder »collector elemosinarium« bekannt war.

30 Die Verwaltung der Hospitäler wurde nicht erst nach Abschluss der Kommunalisierung bürgerlicher Regierungsinstitutionen (also in Köln Mitte des 14. Jahrhunderts) von der Patrizierregierung übernommen, sondern bereits vor dem Kommunalisierungsprozess des 14. Jahrhunderts. Pauly: Peregrinorum (Anm. 5), S. 210–211: »Vor allem in bischöflichen Städten war das Hospital für die städtischen Führungsschichten oder für Teile davon, die die Stadtherrschaft selbst übernehmen wollten, insofern ein gut geeignetes Objekt, um erste Forderungen durchzusetzen, als vor allem kirchliche Stadtherrn nichts gegen ein bürgerliches Engagement auf dem Gebiet der Caritas einwenden konnten […] Die bürgerliche Führungsschicht übernahm mit der Armenfürsorge auch eine klassische Herrscherpflicht«.

Immobilien als kommerzielle Form von Almosen, die im Laufe der Zeit immer weiter gespendet wurden.[31]

Die Praxis, Almosen aus dem Immobilienmarkt in Köln zu generieren, wurde vor über einem Jahrhundert in kurzen Dissertationen über Hospitäler erwähnt, wobei man diesen zugutehalten muss, dass sie nie eine systematische und gründliche Zusammenfassung aller Verweise auf solche Stiftungseinkommen für jedes Kölner Hospital beabsichtigten. Aber seit dem Erscheinen dieser Dissertationen hat über ein Jahrhundert lang niemand versucht, die umfangreichen, aber verstreut erhaltenen Nachweise zusammenzuführen, was der Zweck des in diesem Beitrag vorgestellten Forschungsprojekts ist.[32] Und obwohl der daraus resultierende Quellendatensatz nie in einer zeitgenössischen umfassenden Abrechnung aller wohltätigen Transaktionen erstellt wurde (vor allem Bargeldalmosen sind für den untersuchten Zeitraum nicht dokumentiert) und obwohl es im Laufe der Jahrhunderte kleinere Lücken in einzelnen Aufzeichnungen gibt, ist dennoch der im Projekt ermittelte Bestand überlieferter Nachweise statistisch signifikant und

31 Janssen: Erzbistum (Anm. 11), S. 404: »Die Hospitäler waren die Kristallisationskerne, an die sich weitere Stiftungen ›pro usu pauperum‹ anlagern konnten. Denn in der Regel bot das Fundationsvermögen eine zu schmale Ressourcenbasis für eine effektive Zweckerfüllung. Insofern stellten die Hospitäler des 13./14. Jahrhunderts so etwas wie die Zentren der organisierten Caritas dar, wie sie in zahlreichen Schenkungen, Stiftungen und Vermächtnissen ihren gut dokumentierten Niederschlag gefunden hat«.

32 Woikowsky-Biedau: Armenwesen (Anm. 7); Johannes Asen: Das Leprosenhaus Melaten bei Köln, Bonn 1908; Franz Friedrich Schaefer: Das Hospital zum hl. Geist auf dem Domhofe zu Köln, Kreuznach 1910.; Franz Heinrich Mies: Die Kölner Hospitäler, Bonn 1921. Diese Dissertationen sind nur 92, 101, 90 beziehungsweise 90 Seiten lang. Siehe auch den allgemeinen Einführungsartikel von Peter Krautwig: Einiges zur Geschichte und Entwickelung des Hospital- und Heilwesens der Stadt Cöln, in: Ders. (Hg.): Naturwissenschaft und Gesundheitswesen in Cöln. Festschrift für die Teilnehmer an der 80. Versammlung der Gesellschaft Deutscher Naturforscher und Ärzte in Cöln, Köln 1908, S. 311–322. Ihre einzige Fortsetzung erscheint teilweise von Hugo Stehkämper: Bürger und Kirchen in Köln im Hochmittelalter, Köln 2007, der nur impressionistische Beschreibungen der verschiedenen Hospitäler Kölns bietet aber keine gründliche Studie des gesamten für diese Hospitäler verfügbaren Archivmaterials enthält und außerdem an verschiedenen formalen und inhaltlichen Fehlern leidet. Manfred Groten hat in seinem Artikel Bürgermeister und Arme Töchter in Köln 1452–1670: Die Stiftung des Kölner Bürgers Heinrich Haich von 1452 (Teil 1), in: RhVjBll 73 (2009), S. 31–78, hier S. 43, Anm. 99 den Stand der Forschung zu den Kölner Hospitälern richtig beurteilt: »Die Kölner Hospitäler sind schlecht erforscht.« So auch Kay Peter Jankrift: Hospitäler und Leprosorien im Nordwesten des mittelalterlichen Regnum Teutonicum unter besonderer Berücksichtigung rheinisch-westfälischer Städte, in: Martin Scheutz (Hg.): Europäisches Spitalwesen. Institutionelle Fürsorge in Mittelalter und Früher Neuzeit/Hospitals and Institutional Care in Medieval and Early Modern Europe, Wien/München 2008, S. 295–306, hier S. 298: »Ein Überblick zur Entwicklung des Hospitalwesens im mittelalterlichen Köln ist mithin als dringendes Desiderat zu kennzeichnen.« und Michel Pauly: Hospitäler im Rheintal zwischen Elsass und Köln in Räumlichen Perspektive, in: RhVjBll 79 (2015), S. 51: »Zur Stiftertätigkeit in Köln waren aber noch zusätzliche Untersuchungen nötig«. Das Datenbank- und digitale Kartierungsprojekt dieser Studie enthält 1.904 einzelne Einträge für 29 Hospitäler in den 19 Pfarreien und Sondergemeinden der Stadt und behebt diese Lücke für den Zeitraum von circa 1200 bis 1350.

aussagekräftig genug, um wichtige Muster in der Geschichte des sozialen, wirtschaftlichen, politischen und religiösen Lebens der Stadt zuverlässig aufzuzeigen.

Familien der Handelseliten und insbesondere aus den führenden Geschlechterfamilien konnten Hospitalstiftungen auf diese Weise gestalten, denn die dynastischen Oligarchen Kölns zu Beginn des 13. Jahrhunderts waren auf dem besten Weg zu einer stetigen Expansion ihrer eigenen Verwaltungsautonomie gegenüber der erzbischöflichen Herrschaft sowohl als Magistrate in der Verwaltung der Stadt als auch in den Pfarreien und Sondergemeinden.[33] Als ein weiterer Ausdruck ihrer bürgerlichen Verwaltungsvorrechte nahmen diese Familien gleichzeitig die Hospitäler der Stadt in ihre Gönnerschaft auf. Dies taten sie nicht nur, indem sie als großzügige Spender aus ihrem eigenen Besitz an Grundstücken, Mieten und Renten auftraten, sondern auch, indem sie die Finanzverwaltung für Hospitäler durch Stiftungen bereitstellten, die sie auch durch eigene Spenden aufstockten. Somit übten die Meliorats- und Geschlechterfamilien eine Doppelfunktion als Hospitalspender und -verwalter aus, und da sie auch die Ämter der Stadtverwaltung und der Pfarr- und Sondergemeindeverwaltung innehatten, war es für sie einfach, die Verwaltung von Hospitälern und deren Stiftungen in ihre anderen Verwaltungsaufgaben zu integrieren.

Angehörige des Meliorats und der Geschlechter, die als Schöffen des obersten Gerichts der Stadt (»magistri scabinorum«) und als Pfarrei- und Sondergemeindeamtleute (»magistri parrochie«) fungierten, entwickelten auch die Praxis, alle Arten von Eigentumstransaktionen in die grundbesitzbezogenen Schreinskarten und Schreinsbücher einzutragen. Und so agieren sie in diesen Einträgen nicht nur als kommunale Magistrate, sondern auch als »procuratores, provisores, magistri, tutores, magistri reddituum« und »collectores elemosinarium« der Hospitäler. So erscheint diese Personengruppe in diesen städtischen Akten sowohl als Vertreter privater Patronage als auch als private Mitglieder der Bruderschaften beziehungsweise Gilden der Prokuratoren der Hospitäler.[34] So belegen

33 In der Mitte des 13. Jahrhunderts zählten zum Meliorat etwa vierzig Elitefamilien, aber um 1318 war die Zahl der elitärsten Familien auf nur fünfzehn Patriziergeschlechter beschränkt worden, allesamt Mitglieder der Overstolzen-Fraktion, deren oft merkwürdige dynastische Nachnamen lauteten: von der Aducht (»Aquädukt«), Gir/Gyr, Grin/Gryn, Hardevust, vom Hirtz (»de Cervo«), Hirzelin, vom Horn (»de Cornu«), Jude, Kleingedank, von Lyskirchen (»de ecclesia Lisolfi«), Overstolz, Quattermart, Raitz/Raze, Scherfgin, und vom Spiegel (»de Speculo«).

34 Für eine vollständige prosopographische Studie darüber, wie Kölns Elitefamilien durch Verwaltungsbruderschaften Einfluss auf die Hospitäler der Stadt erlangten, siehe Laqua: Bruderschaften (Anm. 9), insbesondere Kapitel 4 über das Heilig-Geist-Hospital und Kapitel 5 über das Leprosarium Melaten. Laqua (S. 397) bestätigt, dass die Hospitalverwaltung durch Bruderschaften von Meliorats- und Geschlechterfamilienmitgliedern, die auch Verwaltungspositionen in Pfarrei-, Sondergemeinde- und Stadtämtern innehatten, Hospitäler zu Orten der Ausübung politischer Autorität wie auch für wohltätige Aktivitäten machte. Tatsächlich sieht er die Kölner

die städtischen Grundbücher, wie sie ihre im Fern- und Warenhandel und bei ihren Immobilieninvestitionen erworbenen kaufmännischen Fähigkeiten und Finanzinstrumente in die Hospitalverwaltung einbrachten, um wohltätige Stiftungen für die Hospitäler aufzubauen, die sie dann auch selbst betreuten.

Köln steht mit dieser Nutzung von Gewerbeimmobilien und Finanzinstrumenten als Schenkung zum Aufbau einer Hospitalstiftung nicht allein da. Ähnliche Finanzierungsmöglichkeiten gab es in England,[35] in der Champagne,[36] in Lüttich (in Bettelhäusern, aber nicht in Hospitälern),[37] Narbonne[38] und

Hospitäler als Orte wachsender kommunaler Autonomie gegenüber der fürstbischöflichen Herrschaftsgewalt, eher als als Orte der Kommunalisierung kirchlicher Hospitäler.

35 Englische Hospitäler konnten von ihren Gründungspatronen mit Schenkungen gut ausgestattet werden, waren jedoch in einem gewissen Grad von ihren Gründern abhängig, um ein stabiles Einkommen zu erzielen. Siehe Sethina Watson: The Origins of the English Hospital, in: Transactions of the English Historical Society, Sixth Series 16 (2006), S. 84–94 und Dies.: City as Charter: Charity and Lordship of English Towns, 1170–1250, in: Caroline Goodson/Anne E. Lester/Carol Symes (Hg.): Cities, Texts and Social Networks 400–1500, Abington 2010, ND London 2016, S. 235–262, hier S. 249. Das Hospital von St. John in Ely zum Beispiel genoss die Wohltätigkeit führender Bürgerfamilien sowie von Händlern, Handwerkern und Kleinbauern, die alle möglichen städtischen und ländlichen Grundstücke (Anbauflächen, Mietshäuser, Gärten, sogar Bauernhöfe) vermachten. Es verfügte über eine ausreichende Ausstattung, um in bescheidenem Maße als Geldverleiher für Adlige und wohlhabende Bürger gleichermaßen zu dienen, denen das Geld ausging. Doch der gemischte Charakter der Verwaltung durch Direktoren (»magistri«/wardens) in mittelalterlichen englischen Hospitälern erlaubte nie eine endgültige Erklärung einer Laien- oder kirchlichen Aufsicht über diese Institutionen, wie Brigitte Resl: Hospitals in Medieval England, in: Scheutz (Hg.): Spitalwesen (Anm. 32), S. 41–52, hier S. 46 betont.

36 Adam J. Davis befasste sich ausführlich mit der Symbiose von kommerziellem Gewinn und wohltätigen Spenden in der Region Champagne; Adam J. Davis: The Medieval Economy of Salvation: Charity, Commerce, and the Rise of the Hospital, Cornell 2019, S. 8: Siehe insbesondere Kapitel 4 (Managing a Hospital's Property) für Einzelheiten zu den Hospitälern Saint-Nicholas und Hôtel-Dieu-le-Compte in Troyes. Für das Hôtel-Dieu in Provins siehe Ders.: The Economic Power of a Hospital in 13th-century Provins, in: Katherine L. Jensen/ Guy Geltner/Anne E. Lester (Hg.): Center and Periphery: Studies on Power in the Medieval World in Honor of William Chester Jordan, Leiden 2013, S. 119–134.

37 Pierre de Spiegeler: Les Hôpitaux et l'assistance à Liège (Xe-XVe siècles): Aspects Institutionnels et Sociaux, Paris 1987, S. 103–143 untersuchte die Verwaltung der acht Hospitäler, die es bis zum Ende des 13. Jahrhunderts in Lüttich gab, und fand nur wenige erhaltene Beweise für Stiftungsvermögen, was darauf hindeutet, dass es über die anfängliche Bereitstellung von Mitteln durch ihre Spender hinaus keine substanzielle kommunale oder kirchliche Führung bei der Entwicklung der Hospitalfinanzen gab. Im Gegensatz dazu stellte Paul Bertrand: Commerce avec dame Pauvreté: structures et functions des couvents mendiats à Liège (XIIIe-XIVe siècles), Genf 2004, fest, dass Bettelordensklöster in Lüttich ironischerweise tatsächlich solche Schenkungen von Grundstücken und Pachtzinsen von bürgerlichen Kaufleuten und Adelsfamilien im Austausch für Bestattungen auf Bettelordensfriedhöfen und jährliche Gedenkgottesdienste (»memoriae«) pflegten – sehr zum Leidwesen der Pfarrer.

38 Jacqueline Caille: Hôpitaux et charité publique à Narbonne au Moyen Âge, de la fin du XIe à la fin du XVe siècle, Toulouse 1978, dokumentiert die Entstehung von Hospitälern als gemeinnützige »loci publici« innerhalb der Stadtmauern, von denen einige mit klösterlichen oder mit der Krankenfürsorge befassten Orden verbunden waren, während andere zunehmend von »preceptores« oder »procuratores« verwaltet wurden, die von städtischen

Brügge[39] während des 13. Jahrhunderts, als sich die europäische Handelsrevolution mit der damit einhergehenden Wohltätigkeitsrevolution überschnitt. Diesen Vergleichsbeispielen fehlt jedoch Kölns einzigartige Kombination von großer wirtschaftlicher Macht und der privaten Verwaltungsrolle der Meliorats- und Geschlechterprokuratoren in den Hospitälern – und dies weit vor der Zeit der Kommunalisierung, in der die Stadtverwaltungen die direkte öffentliche Kontrolle über die Hospitalverwaltung übernahmen.[40]

Mit einer Bevölkerung von 40.000 bis 45.000 Einwohnern war Köln im späten 13. Jahrhundert die größte Stadt im Deutschen Reich und eine der großen Handelsmetropolen Nordeuropas. Der Markt für städtische Immobilien war somit in Bezug auf Fläche und Investitionswerte deutlich größer als der der anderen oben genannten europäischen Vergleichsstädte. Darüber hinaus wurde der Reichtum dieses Immobilienmarktes weder durch kirchliche Eingriffe des Erzbischofs noch durch die der Stadtverwaltung für Hospitalstiftungen genutzt; vielmehr handelte es sich um eine private Initiative städtischer Oligarchen. Es gab weder einen Bürgermeister noch einen Stadtrat oder eine kommunale Bürokratie, als die Meliorat- und Geschlechter-Familien damit begannen, ihre kommerziellen und karitativen Impulse zu kombinieren, um die wachsende Zahl von Hospitälern in der Stadt auf die Art und Weise zu unterstützen, wie sie dies bei der Geldbeschaffung gewohnt waren. Und als im frühen 14. Jahrhundert ein Stadtrat als zentralisierte Behörde entstand, wurde er immer noch von den Patriziergeschlechtern dominiert.

Am Ende des 13. Jahrhunderts hatte Narbonne eine Bevölkerung von 30.000 bis 35.000 Einwohnern, was fast der Größe Kölns entsprach, und die zehn oder elf Hospitäler der Stadt wurden von Prokuratoren verwaltet, die aus

Magistraten (»consules«) ernannt wurden. Diese Hospitäler waren jedoch größtenteils mit ländlichen und nicht städtischen Grundstücken aus den umliegenden Gebieten ausgestattet.

39 Griet Maréchal: De sociale en politieke gebondenheid van het Brugse hospitaalwezen in de middeleeuwen, Kortrijk-Heule 1978, lehnt die Kommunalisierungstheorie ab und argumentiert energisch, dass selbst die ältesten Brügger Hospitäler wohlhabende Bürger und nicht Geistliche als Gründer hatten, wobei die spätere Verwaltung der Hospitäler fest in den Händen der Stadtmagistrate lag, während Brüder und Schwestern das tägliche Personal bildeten (das heißt nachdem sie sich durch Veräußerung von deren Privateigentum eine lebenslange Aufenthaltserlaubnis als »proveniers« erworben hatten). Tatsächlich weist Maréchals Studie weiter darauf hin, dass die Bürger von Brügge städtische Hospitäler nutzten, um sich um die ›beschämten‹ Armen und Kranken ihrer eigenen sozialen Schicht zu kümmern, und nicht um die arbeitenden Armen oder die bitterarmen Menschen in der Stadt. Somit waren die Hospitäler in Brügge Institutionen der sozialen Solidarität und nicht der Wohltätigkeit, wie sie üblicherweise verstanden wird.

40 Isenmann: Stadt (Anm. 6), S. 574–575 geht davon aus, dass der Kommunalisierungsprozess für alle deutschen Hospitäler normativ sei und in die zweite Hälfte des 13. Jahrhunderts datiert. Die Kommunalisierungsthese muss auf der Grundlage der in diesem Beitrag präsentierten Beweise überarbeitet werden.

Wirtschaftseliten stammten, die auch kommunale Autonomie sowohl vom Vicomte als auch vom Bischof erlangt hatten. Doch von Anfang an waren die Hospitäler von Narbonne kommunalisiert worden, und so waren ihre Prokuratoren von der Stadtverwaltung ernannte Beamten und nicht einzelne wohlhabende Männer, die den Hospitälern ihre Verwaltungskompetenzen als Bruderschafts- beziehungsweise Gildemitglieder zur Verfügung stellten. Darüber hinaus waren die Hospitäler von Narbonne eher mit ländlichem als mit städtischem Besitz ausgestattet.

Auch Provins und Troyes in der Champagne waren wie Köln wichtige Handelszentren mit einer starken überregional akzeptierten Währung. Doch war die Geschichte der dortigen Hospitalverwaltung von einer ständigen lokalen Wohnbevölkerung (das heißt außerhalb der Messetermine) von nur 10.000 bis 20.000 Einwohnern, vom starken Einfluss des herrschaftlichen Eigentumsrechts und von der umgebenden ländlichen Agrarwirtschaft,[41] als auch von der Verwaltungsführung durch Augustiner-Chorherren mit Laienschwestern und -brüdern geprägt. Deshalb unterscheidet sich die Stiftungsgestaltung in der Champagne in Umfang und Struktur deutlich von der in Köln.

Ebenso ähnelt Lüttich als Stadt unter der Herrschaft eines Fürstbischofs Köln, doch seine Einwohnerzahl entsprach der von Provins und Troyes, und wie diese wurden auch die acht Hospitäler in Lüttich von Augustiner-Chorherren verwaltet. Darüber hinaus waren die Hospitäler stark von den anfänglichen Stiftungen ihrer Gründungsstifter abhängig, da die städtischen Behörden wie auch die Bischöfe kein Interesse an einem späteren Engagement zeigten. Man könnte auch nach Brügge mit seinen beachtlichen 40.000 Einwohnern blicken, doch hier kontrollierten die städtischen Magistrate bei ihrer Gründung die Hospitalverwaltung durch wohlhabende Bürger, offenbar ohne jegliche kirchliche Beteiligung und nur für die Pflege ihrer eigenen älteren oder verarmten Mitglieder.

Im Mittelrheingebiet blieben die Hospitäler von Mainz sowohl vor als auch nach ihrer Übergabe an den Stadtrat im Jahr 1244 klar als religiöse Einrichtungen definiert. Obwohl erst im späten 13. Jahrhundert offiziell als Heilig Geist Spital bekannt, erlebte das älteste und größte Mainzer Hospital mehrere

41 Die Grafen der Champagne mischten sich häufig in die Angelegenheiten dieser Stadt ein und waren neben anderen regionalen Adelsfamilien große Förderer der Hospitäler (zum Beispiel des Hôtel-Dieu-le-Comte in Troyes). Tatsächlich fungierten die Hospitäler selbst im Hinblick auf ihr Rechtsverhältnis zu den Mietern als herrschaftliche Herren und nicht als bloße Vermieter. Adam J. Davis: The Medieval Economy of Salvation: Charity, Commerce, and the Rise of the Hospital, Cornell 2019, S. 173: »Many of the hospital's tenants were peasants with extremely limited resources, precisely the kinds of people most likely to end up turning to the hospital for assistance as true dependents«, und S. 176: »Much of the landed property that the hospital purchased or received in alms was in the form of fiefs«.

Epochen der Aufsicht durch Erzbischöfe, Augustiner-Chorherren, das Domkapitel und den Stadtrat. Dennoch hielt das Hospitalpersonal, das aus Geistlichen sowie Personen ohne Ordensbindung bestand, seine Verwaltungsautonomie in jeder aufeinanderfolgenden Ära aufrecht. Gleiches gilt für die kleineren Hospitäler St. Agnes, St. Alexius, St. Barbara und das Leprosarium St. Georg. In jedem dieser fünf städtischen Hospitäler arbeiteten Verwaltungsaufseher (entweder Stiftskanoniker oder vom Stadtrat ernannte Rektoren, Provisoren oder Präpositi) mit sich selbst verwaltenden Hospitalpriestern und Laienbrüdern und -schwestern zusammen. Diese Zusammenarbeit zwischen Geistlichen und Laien, unabhängig ob Frauen oder Männer, prägte die tägliche Arbeit wie auch die Mittelbeschaffung durch Stiftungen. Allerdings gibt es keine Belege dafür, dass elitäre Kaufmannsfamilien die Rektoren-, Provisoren- oder Präpositi-Ämter dominierten oder eine führende Rolle bei der Akquise von Stiftungsmäzenen spielten, wie es im mittelalterlichen Köln der Fall war. Das gleiche Muster zeigt sich auch in den nahe gelegenen mittelrheinischen Fürstbischofssitzen Speyer und Worms.[42]

Schließlich arbeitete die überwiegende Mehrheit der englischen Hospitäler außerhalb der Metropole London in kleinen bis mittelgroßen Städten und Dörfern. Das viel untersuchte, exemplarische Hospital St. John in Ely (Cambridgeshire) bietet hier ein gutes Beispiel, da die Stadt selbst (gegründet auf einer Insel im Marschland) im Mittelalter wahrscheinlich nie eine Bevölkerungszahl von 1.000 erreichte und bis heute eine der kleinsten Städte Englands ist. Sie erhielt erst 1974 durch königliche Charta den Stadtstatus, obwohl sich ihr historischer Anspruch darauf aus ihrer ursprünglichen Stellung als bischöfliche Domstadt herleitet.

Zusammenfassend lässt sich sagen, dass mittelalterliche europäische Hospitäler hinsichtlich ihrer Beschaffenheit, Gründung, Verwaltung und Ausstattung so vielfältig waren, dass vergleichende Verallgemeinerungen schwierig sind. Die Forschungsergebnisse dieses Beitrags bieten daher eine Kombination dieser Komponenten, die in der Wissenschaft selten untersucht werden. Im Fall der Kölner Hospitäler waren die besonderen Merkmale ihrer Verwaltung und Stiftungen a) die Größe und die Vielfalt des städtischen Immobilienmarktes und der Finanzinstrumente, aus denen ihre Stiftungen entwickelt wurden, und b) die private, bruderschaftliche Verwaltungsführung städtischer Oligarchen, lange bevor die

42 Lucy Barnhouse: Hospitals in Communities of the Late Medieval Rhineland. Houses of God, Places for the Sick, Amsterdam 2023; Ludwig Falck: Mainzer Hospitäler im Mittelalter, in: Franz Dumont (Hg.): Moguntia Medica: Das medizinische Mainz von Mittelalter bis ins 20. Jahrhundert, Wiesbaden 2002, S. 409–411.

Abb. 1: Ansicht des Kölner Doms von Südosten über den Domhof, Laurenz Janscha (Zeichner)/Johann Ziegler (Stecher) 1798. Am westlichen Rand des Domhof ist das Heilig-Geist-Hospital zu erkennen. Köln, Kölnisches Stadtmuseum, Graphische Sammlung, Inv.-Nr. G 26232 (Foto: © Rheinisches Bildarchiv Köln: rba_d064818)

städtische Kommunalisierung von Hospitälern begonnen wurde, als Ausdruck der persönlichen Frömmigkeit und der professionellen Verwaltungsfähigkeiten des Meliorats der Stadt, das von einer kleineren Zahl von Geschlechter-Familien geführt wurde.[43]

Die Hospitäler als stadtweite Wohlfahrtseinrichtungen – also das Leprosarium Melaten sowie die gemeinsamen Almosenverteilungszentren, das Heilig-Geist-Hospital am Dom und St. Agnes am Neumarkt, – wurden von Bruderschaften verwaltet, die von Prokuratoren aus den Reihen der Geschlechter dominiert wurden. Alle drei Hospitäler hatten den Heiligen Geist als gemeinsamen

43 James W. Brodman: Medieval Hospitals, in: International Encyclopedia for the Middle Ages-Online. A Supplement to the LexMA-Online, Turnhout 2005, https://about.brepolis.net/databases/international-encyclopaedia-for-the-middle-ages/: »In determining a hospital's character, the issue of who operated the institution is more important than who initially established it. While the range of administrations ran the gamut from private individuals to religious orders, within the preponderance of the more substantial establishments there was some sort of ecclesiastical regime«. In Köln ist die gesamte Bandbreite der Hospitalverwaltung zu finden, doch lag die Verwaltungsführung in den allermeisten Fällen sicher im Zuständigkeitsbereich von Meliorat und den Geschlechtern.

Schutzpatron der jeweiligen Bruderschaften und als Symbol der »caritas«, und ihre Prokuratoren übertrafen andere Hospitäler in der Stiftungsbildung bei weitem.[44] Die Zusammenarbeit zwischen den Prokuratoren aus den Reihen der

44 Die »fraternitas Sancti Spiritus« des Heilig-Geist-Hospitals wird erstmals im Jahre 1175 erwähnt, wobei die Bruderschaft bereits um circa 1200 ein eigenes Siegel besaß, was darauf hindeutet, dass Geschlechterfamilien die Verwaltung des Hospitals von seinen ursprünglichen bischöflichen Prokuratoren übernommen hatten. Melatens Bruderschaft trug einen ähnlich klingenden frühen Namen »confraternitas Sancti Spiritus de foro ferri et sub lobiis«, das heißt vom Eisenmarkt und »Unter den Lauben« (auch bekannt als Fassbindergasse), gelegen in der Pfarrei Klein St. Martin, HAStK: Schreinsbücher (Bestand 101), SB 257, fol. 88v datiert 1353; 174, fol. 43r datiert 1354; 197, fol. 39v datiert 1376. Melatens Bruderschaft wurde in den Folgejahren auch als »fraternitas leprosorum« oder »der broederschaft des Heiligen Geistes zo Melaten« und schließlich im 16. Jahrhundert als »fraternitas Sancti Spiritus leprosorum extra muros« bezeichnet und hatte im frühen 13. Jahrhundert auch ein eigenes Siegel. Mit der Gründung von St. Agnes im Jahre 1308 wurde das von den Geschlechtern verwaltete Heilig-Geist-System der Almosenverteilung auf das westliche Ende der Stadt beim Neumarkt ausgedehnt und wurde von den »fratres fraternitatis sancta Agnetis in Novo Foro« im Zusammenarbeit mit den Pfarrei- und Sondergemeindebeamten (»officiales«) verwaltet. Diese Beamten wurden häufiger als »procuratores« oder »officiales de Domo Sancti Spiritus in Parrochia Sanctorum Apostolorum« bezeichnet und unterhielten das aus zwei Gebäuden bestehende St. Agnes-Hospital für fünfzig Hausarme: das heißt die ›beschämten‹ Familien, die in der Pfarrei lebten und dem Priester und den Nachbarn bekannt waren, die zwar ein eigenes Haus besaßen (und somit Bürger waren), aber in schwere Zeiten geraten waren – »pauperes domestici« – und sich schämten, öffentlich zu betteln. Siehe Manfred Groten: Köln 1308. Erinnerung, Quellen, Konstruktionen, in: David Wirmer/Andreas Speer (Hg.): 1308: Eine Topographie Historischer Gleichzeitigkeit, Berlin 2010, S. 470. Durch Wohltätigkeit konnten sie ihren Hausbesitz und damit ihren Bürgerstatus behalten. Die »procuratores/officiales de Domo Sancti Spiritu« verwalteten auch einen Almosenverteilungstisch, mindestens ein halbes Jahrhundert vor dem Bau des St. Agnes-Hospitals, an der Tür der Pfarrkirche von St. Aposteln für andere untergebrachte arme Pfarreimitglieder »super asserem«, »auf dem Tisch« oder »auf die Tafel« (»mensa pauperum«), wo die Hausarmen der Pfarrei Mahlzeiten und Kleidung erhalten konnten, die die »procuratores« aus den Stiftungseinnahmen des Hospitals kauften. HAStK: Haupturkundenarchiv (Bestand 1) 1/312 datiert 1269; Schreinsbücher (Bestand 101) SB 218, fol. 33v datiert 1327. Die Hausarmen des St.-Agnes-Hospitals lassen sich unterscheiden in diejenigen, die »ad domum« (das heißt im Hospital: bei Bedarf wurden ihnen von den Pfarrei wohltätige Betten zur Verfügung gestellt, Männer in einem Haus, Frauen in einem zweiten), und diejenigen, die »ad elemosinam« (das heißt »super asserem«, da sie eine Unterkunft hatten, aber noch arm waren) versorgt wurden. HAStK: Armenverwaltung Urkunden (Bestand 160) 1/1 datiert 21 Juni 1308, veröffentlicht in Leonard Ennen (Hg): Quellen zur Geschichte der Stadt Köln, Bd. 3, Köln, 1867 (ND Aalen 1970), S. 525, Nr. 552. Tatsächlich erhielt die Almosenverteilungstabelle häufig Stiftungsspenden getrennt vom Hospital selbst, als »domus Sancti Spiritus super asserem in parochia Sanctorum Apostolorum«. St. Agnes/»domus Sancti Spiritus super asserem« hatte keine eigenen Siegel, und so verwendeten ihre patrizischen Prokuratoren ihre eigenen persönlichen Siegel, um Stiftungsspenden zu bestätigen. HAStK: Haupturkundenarchiv (Bestand 1) 1/312 datiert 1269. Die »domus Sancti Spiritus super asserem« in der Pfarrei St. Aposteln stand in einem System der Koordination mit dem Heilig-Geist-Hospital im Dombezirk. Die beschämten Armen zählten zu denen, die würdig waren, im St. Agnes Hospital aufgenommen zu werden. HAStK: Armenverwaltung Urkunden (Bestand 160) 2/2 datiert 14. August 1308, veröffentlicht in Leonard Ennen (Hg): Quellen zur Geschichte der Stadt Köln, Bd. 3, Köln, 1867 (ND Aalen 1970), S. 526, Nr. 553: Manfred Groten, Die deutsche Stadt im Mittelalter, Stuttgart 2013, S. 186. Für eine Geschichte der ›beschämten Armen‹, der ursprünglichen ›würdigen Armen‹ der Pfarrgemeinde, siehe Gionvanni Ricci: La naissance du pauvre honteux: entre l'histoire des idées et l'histoire sociale, in: Annales. Économies,

Abb. 2: St. Andreas von Südosten, Vincenz Statz 1840. Links neben dem Chor der romanischen Kirche St. Andreas ist das alte Hospitalgebäude mit dem vorgebauten preußischen Wachhäuschen zu erkennen. Köln, Kölnisches Stadtmuseum, Graphische Sammlung, Inv.-Nr. G 16545 (Foto: © Rheinisches Bildarchiv Köln: rba_d064820)

Geschlechter des Heilig-Geist-Hospitalsystems und den Pfarr-und Sondergemeindeamtleuten war typisch, da in Köln die Wohltätigkeit in Hospitälern bis zum 16. Jahrhundert auf Pfarr- und Sondergemeindeebene und nicht auf kommunaler Ebene verwaltet wurde.[45] Tatsächlich fanden die Melioratsfamilien aufgrund

Sociétés, Civilisations 38:1 (1983) S. 160–162. Für kastilische, livländische, polnische, italienische und englische Äquivalente des Deutschen Hausarmen, siehe Teofilo F. Ruiz: The Business of Salvation. Castilian Wills in the late Middle Ages, in: Donald J. Kagay (Hg.): On the Social Origins of Medieval Institutions: Essays in Honor of Joseph F. O'Callaghan Leiden 1998, S. 63–64, bezüglich der »envergoñados«, »neighbors who had fallen into penury yet were ashamed of begging«; Anu Mänd: Hospitals and Tables for the Poor in Medieval Livonia, in: MIÖG 115: 3/4 (2007) S. 234–270; Marek Stoń: »Kein stat findt man der gelich«. Zur vergleichenden mittelalterlichen Spital- und Stadtgeschichte: Polen – Rhein-Maas Raum, in: VSWG 92 (2005), S. 453–473; Für die Bruderschaft des Heilig-Geist-Hospitals siehe Wolfgang Peters: Zu den Anfängen der Heilig-Geist-Bruderschaften in der Diözese Köln am Ende des 12. Jahrhunderts, in: ZRG KA 71 (1985), S. 327–340.

45 Tobias Wulf: Die Pfarrgemeinden der Stadt Köln. Entwicklung und Bedeutung vom Mittelalter bis in die Frühe Neuzeit, Siegburg 2012, S. 388–401; Robert Jütte: Parochialverbände als Träger städtischer Armenfürsorge: Die »Armenbretter« der Stadt Köln in der Frühen Neuzeit, in: GiK 12 (1982), S. 27–50; Edith Ennen: Kölner Wirtschaft im Früh- und Hochmittelalter, in: Kellenbenz (Hg.): Zwei Jahrtausende, Bd. 1 (Anm. 23), S. 165: »Eine organisierte Armenpflege üben die Sondergemeinden aus«.

Abb. 3: Ansicht des St. Quirinuskonvents in der Waisenhausgasse, Wilhelm Wintz 1844. Köln, Kölnisches Stadtmusuem, Graphische Sammlung, Inv.-Nr. A I 3/966 (Foto: © Rheinisches Bildarchiv Köln: rba_d064822)

ihrer gemeinsamen Rolle als Pfarrei- und Sondergemeindeamtleute ihren Weg in die Bruderschaften der Hospitalverwaltung auf Pfarr- und Sondergemeindeebene. Dies war die Schnittstelle, an der die Geschlechter- und Melioratsfamilien in der Wohltätigkeitsarbeit zusammenarbeiteten. Während die stadtweiten Hospitalbruderschaften des Heilig-Geist-Hospitals, des St. Agnes- und des Melaten-Leprosariums von Geschlechtern dominiert wurden, stellten die kleineren Pfarr- und Sondergemeindehospitäler, die entweder von Klöstern, Stiftskirchen oder Laienbürgern gegründet wurden, die administrativen Bruderschaften dar, durch die die Melioratsfamilien miteinander ihre gemeinnützigen Aktivitäten mit ihrer politischen Führung als Amtleute auf Nachbarschaftsebene verflochten.

Die kleineren Kloster- und Stiftshospitäler stellten zu Beginn des 14. Jahrhunderts hinsichtlich der Verwaltung eine vielfältige Gruppe dar. Die beiden Bruderschaftshospitäler des Doms (St. Lupus und St. Margaretha), die Stiftshospitäler St. Maria im Kapitol und St. Georg und die Klosterhospitäler St. Pantaleon und Deutz wurden weiterhin von geistlichen Prokuratoren verwaltet,[46] aber die

46 Obwohl unter den Prokuratoren dieser Kathedralen-, Stifts- und Klosterhospitäler keine Geschlechter oder Melioratsfamilien vorkommen, gab es unter den geistlichen Prokuratoren

Kloster- und Stiftshospitäler von Groß St. Martin beziehungsweise St. Brigida, St. Andreas und St. Gereon fügten im Zeitraum um circa 1250–1310 Pfarr- und Sondergemeindeamtleute zu ihrem Prokuratoren hinzu.[47]

Das Hospital St. Katharina wurde zwar vom Bürger Heinrich Halverogge gegründet, war jedoch dem Deutschen Orden unterstellt und bezog seine Ressourcen daher aus dem Orden. Doch unabhängig von der Art des Personals in ihren Verwaltungsräten warben die Verwalter dieser kirchlichen Hospitäler in allen Fällen mit Ausnahme von St. Katharina, St. Lupus und St. Margaretha aktiv Renten, Mieten und Immobilien für ihre Hospitalstiftungen ein, drei davon durch Laienprokuratoren. Schließlich unterhielten die zehn Hospitäler, die im 13. Jahrhundert auf bürgerliche Initiative gegründet wurden, auch ein breites

Priester aus Geschlechtern wie Henricus vom Hirtz (»de Cervo«), Rektor der Gemeinde Klein St. Martin und »provisor« des Hospitals von St. Maria in Capitolio in den 1340er Jahren. HAStK: Armenverwaltung A II 3, Kopiarbuch St. Maria in Capitolio (Bestand 160), fols. 81r–82r).

47 Im Jahre 1311 waren Reymbdone (Groß St. Martin), Jacobus (St. Apern) und Albertus (St. Andreas) alle im Hospital von Groß St. Martin als Rektoren »seu magistri hospitalium« anwesend, um den gemeinsamen Besitz der Stiftungen ihrer jeweiligen Hospitäler zu regeln, was auf eine Zusammenarbeit zwischen Laienprokuratoren in Stiftskirchenhospitälern bei der Stiftungsverwaltung hinweist. HAStK: Armenverwaltung Urkunden (Bestand 160) 2/1323. Ebenso gab es eine Urkunde, die von zwei einzelnen »laicus magister seu provisor domus hospitalis« erstellt wurde, jeweils einer für St. Andreas und St. Gereon, die beide mit dem Altarpriester des St. Gereon Hospitals zusammenarbeiteten, um Landvermögen im nahegelegenen Tenholt zwischen ihren jeweiligen Hospitälerstiftungen im Jahre 1330 zu übertragen. HAStK: Armenverwaltung Urkunden (Bestand 160) 1/932 und Armenverwaltung B1065, Kopiarbuch St. Heribert Hospital-St. Andreas (Bestand 160), fol. 22r–23r). Die Laienprovisoren waren Johannes de Blarsem (St. Gereon) und Thilmannus Ludiwici (St. Andreas), während der Altarpriester des Hospitals Jacobus de Tulpeto [Zülpich] war, der auch das Amt des Domkanonikers innehatte. HAStK: Schreinsbücher (Bestand 101), SB 162, fol. 37r datiert 1281. Das Hospital von Groß St. Martin in der Pfarrei St. Brigida war ursprünglich ein der Abtei von Groß St. Martin angegliedertes Hospital, wurde jedoch später von Laienprokuratoren aus den Pfarr- und Sondergemeindeamtleuten verwaltet. Eine Gebetsbruderschaft zwischen patrizischen Laien der Pfarrei (von der die Pfarr- und Sondergemeindeamtleute kamen) und den Abteimönchen hatte im Jahre 1142 zum gemeinsamen Bau eines neuen Hospitals auf dem Gelände der Abtei geführt. Die Bruderschaft erkämpfte sich zunächst ihren Weg zur Verwaltung des Hospitals unter der Aufsicht des Abtes, doch nach dem Bau eines zweiten Hospitals, nachdem das erste im Jahre 1150 niedergebrannt war, gingen die Mittel aus. Danach blieb das Hospital in den Händen der Abtei, profitierte jedoch bis zur Mitte des 13. Jahrhunderts von der Stiftungsbildung durch Laienprokuratoren, die von den Pfarreiamtleuten hinzugezogen wurden. HAStK: Schreinsbücher (Bestand 101), SB 223, fol. 7v datiert 1250–1258: »Hospitali in foro sancte Brigide sito, cuius provisio officialibus sancte Brigide commissa est«. Diese hybride Anordnung spiegelt sich in der Tatsache wider, dass das Hospital in erhaltenen Aufzeichnungen zwei Namen trug: Groß St. Martin (die Abtei) und St. Brigida (die Pfarrei). Moderne Gelehrte kombinieren den Namen häufig, um die Amalgamidentität des Hospitals zu bewahren. Siehe Huffman: Potens (Anm. 10), S. 114–118; Jakobs: Bruderschaft (Anm. 15), S. 304–305. Eine solche Ausweitung der Laienverwaltung auf diese Hospitäler der Pfarrei- und Sondergemeindeebenewar Teil des wachsenden Interesses der Laien an der Verwaltung der Struktur ihrer Pfarrkirchen (für die diese Mitglieder bezahlten) und sogar an der Mitsprache bei der Ernennung eines neuen Gemeindepfarrers. Der Kampf erwies sich für die Laien in den Pfarreien der Stadt als ungleich erfolgreich und war auf jeden Fall nur von kurzer Dauer. Siehe Wulf: Pfarrgemeinden (Anm. 45), S. 42–107.

Abb. 4: Ansicht des Hospitals Ipperwald am Kattenbug/Ecke Zeughausstraße, Wilhelm Wintz 1844. Köln, Kölnisches Stadtmuseum, Graphische Sammlung, Inv.-Nr. A I 3/954 (Foto: © Rheinisches Bildarchiv Köln: rba_d064821)

Spektrum an Laien- und geistlicher Verwaltung: ausschließlich Geistliche, eine Kombination aus Pfarrern oder Franziskanern und Pfarr- und Sondergemeindeamtleute, ausschließlich patrizische Prokuratoren, oder durch den »episcopus Judaeorum« und den zwölfköpfigen Gemeinderat im Falle des jüdischen Hospitals. Die Herbergen dieser Kategorie waren besonders kurzlebig und die Hospitäler unter kirchlicher oder jüdischer Ratsverwaltung strebten keine marktbasierten Stiftungen an. Aber die verbleibenden zwei Pfarrhospitäler (St. Peter und St. Gereon) und zwei neue Bürgerhospitäler (St. Apern und Heilig Kreuz) entwickelten solche Stiftungen.

Insgesamt entwickelten von den 21 wohltätigen Institutionen, die vor 1300 gegründet worden waren, sieben kirchliche Hospitalstiftungen (St. Andreas, St. Georg, St. Gereon, St. Maria im Kapitol, St. Brigida an Groß St. Martin, St. Pantaleon, und Deutz), drei stadtweite Hospitalstiftungen unter der administrativen Kontrolle der Geschlechter (Heilig-Geist-Hospital, Melaten, St. Agnes/

Abb. 5: Allerheiligenkapelle von der Maximinenstraße aus, Jakob Scheiner 1876. 1876 ist die Kapelle schon völlig von Wohnhäusern umringt. 1888 wird die Hospitalkapelle wegen Baufälligkeit abgebrochen, das dazugehörige Hospital wurde im Zweiten Weltkrieg zerstört. Köln, Kölnisches Stadtmuseum, Graphische Sammlung, Inv.-Nr. A I 3/1017 (Foto: © Rheinisches Bildarchiv Köln: rba_c000428)

Heilig-Geist »super asserem«) und zwei Bürgerhospitäler (St. Apern und Heilig Kreuz). Eine zweite Welle bürgerlicher Hospitalgründungen fand im ersten Viertel des 14. Jahrhunderts statt, zweifellos als Reaktion auf die begrenzte Kapazität der kirchlichen Hospitäler und die zunehmende Pilgeraktivität in der Stadt, aber nur zwei davon erwiesen sich als substanziell und nachhaltig genug zur Entwicklung marktwirtschaftlicher Stiftungen: Allerheiligen-Grünewald (1308) und Ipperwald (1323–25).[48]

48 Zusätzlich zur Gründung von St. Agnes im Jahre 1308 wurden im frühen 14. Jahrhundert folgende Hospitäler für verschiedene Zwecke errichtet: Kreinchen (1306 in der Pfarrei St. Laurence vom Patrizier Franco de Cornu und von den de Cornu Geschlechtermitglieder für die Kranken ihrer kleinen Pfarrgemeinde geführt); Allerheiligen-Grünewald (1308 in der Pfarrei St. Kunibert von der Familie de Revele fundiert, ursprünglich für konvertierte Juden, wurde aber schnell zu einem Zufluchtsort für arme Frauen, die in einem anderen Hospital kein Bett finden konnten); Haus Zum Klüppel (1314 in der Pfarrei St. Aposteln am Neumarkt für acht arme oder kranke Verwandte der Gründerfamilie aus dem Meliorat »de Baculo«, schließlich für acht arme Frauen geöffnet); Haus Crane (1321 in der Pfarrei St. Paul von Gottschalk vamme

Die Geschlechter-Prokuratoren kirchlicher, städtischer und privater Hospitäler integrierten diese gemeinnützigen Einrichtungen gleichermaßen in den mittelalterlichen Kölner Immobilienmarkt. In erster Linie dominierten sie die verschiedenen Hospitalbruderschaften, wobei die Melioratsfamilien die Pfarr- und Sondergemeindehospitäler und die Patrizierfamilien die stadtweiten Hospitäler Heilig-Geist, Melaten, St. Agnes und St. Apern besetzten. Nachfolgend eine Auflistung der Geschlechterfamilien, die Prokuratorenstellen in Kölner Hospitälern innehatten:

Geschlechter Mitglied	Wohnsitz, Pfarrei/Sondergemeinde	Verwaltungsämter	Hospitalprokurator	Jahr(e)
Johannes Overstolz de Lintgassen	Klein St. Martin	Schöffe Richerzeche Bürgermeister	Melaten	1296
Jacob Overstolz de Windeck	Klein St. Martin	Ratsherr	Melaten	1301
Johannes Overstolz de Windeck	Klein St. Martin	Schöffe	Heilig-Geist	1335–1344
Gottschalk Overstolz de Filzengraben	Klein St. Martin	Schöffe Richerzeche Bürgermeister	Melaten	1332–1340
Heidenrich Overstolz de Filzengraben	Klein St. Martin	Schöffe	Heilig-Geist	1349–1350
Hermann Raitz (Raze)	St. Brigida	Schöffe	St. Lupus	1248
Dietrich (Tillmann) Raitz II (Raze)	St. Brigida	Schöffe Richerzeche Bürgermeister »Miles«-Titel	Heilig-Geist	1278–1293
Pilgrim Niger (de Cervo)	Klein St. Martin	Schöffe Richerzeche Bürgermeister	Heilig-Geist	1278–1286

Cranen als Herberge für Pilger fundiert, aber in den 1360er Jahren verschwunden); Ipperwald (1323 von Albrecht und Johannes de Zelle und den Melioratsmitgliedern Tilmann/Greta vom Mommersloch (»de Pavone«) in der Pfarrei St. Paul für ungarische Pilger gestiftet und 1334 dem Stadtrat zur Verwaltung übergeben); Haus Rommerskirchen (1341 in der Pfarrei St. Kolumba von Johannes de Rommerskirchen als Herberge für Pilger, aber nach einigen Jahren an die Abtei Brauweiler verkauft). Zur Rolle von Ipperwald, Crane und Rommerskirchen als Pilgerherbergen siehe Yuki Ikari: Wallfahrtswesen in Köln vom Spätmittelalter bis zur Aufklärung, Köln 2009, S. 49.

Geschlechter Mitglied	Wohnsitz, Pfarrei/Sondergemeinde	Verwaltungsämter	Hospitalprokurator	Jahr(e)
Dietrich de Cervo	Klein St. Martin	Schöffe Richerzeche Bürgermeister	Heilig-Geist	1319–1323
Johannes de Cervo	Klein St. Martin	Ratsherr	Heilig-Geist	1332
Heinrich de Cervo	Klein St. Martin	Pfarrer – St. Martin	St. Maria im Kapitol	1344
Constantine de Lyskirchen	St. Maria Lyskirchen	Vogt – Airsbach Greve Richerzeche Bürgermeister	Heilig-Geist	1280–1305
Gerhard Quattermart	St. Alban	Ratsherr	Ipperwald	1323
Johannes Quattermart	St. Alban	Schöffe Richerzeche Bürgermeister »Miles«-Titel	Heilig-Geist	1332
Hermann Scherfgin	Klein St. Martin	Schöffe Vogt – St. Maria in Capitolio »Miles«-Titel	Heilig-Geist Haus Scherfgin	1259–1271 1259
Gerard Scherfgin	Klein St. Martin	Schöffe	Heilig-Geist (»magister redditum«)	1329–1340
Hermann Scherfgin	Klein St. Martin	Schöffe Greve Richerzeche Bürgermeister »Miles«-Titel	St. Apern	1359
Hermann Rufus Kleingedank von der Stessa	St. Laurenz	»Miles«-Titel	Heilig-Geist	1271
Hilger Kleingedank von der Schafenpforte	St. Aposteln	Sondergemeinde Amtmann Ratsherr	Heilig-Geist Heilig-Geist »super asserem ad Sanctos Apostolos«	1329–1340

Geschlechter Mitglied	Wohnsitz, Pfarrei/Sondergemeinde	Verwaltungsämter	Hospitalprokurator	Jahr(e)
Eberhard Gir (Gyr)	Klein St. Martin	»Magister Scabinorum« Schöffe Richerzeche Bürgermeister	Heilig-Geist	1305–1310
Dietrich (Tillmann) Gir (Gyr)	Klein St. Martin	Schöffe Richerzeche Bürgermeister Ratsherr Rentmeister (Stadtrat)	Heilig-Geist	1325–1332
Ludolf Grin	St. Kolumba	Schöffe	Melaten	1247
Franco de Cornu	St. Kolumba	Schöffe Greve Richerzeche Bürgermeister Ratsherr »Miles«-Titel	Haus Kreinchen (Stifter) Heilig-Geist Ipperwald	1306 1316 1323
Hermann Hirzelin de Lobio	St. Aposteln	Sondergemeinde Amtmann Ratsherr	»Domus Sancti Spiritus in parrochia Sanctorum Apostolorum«	1269

Auch wenn es sich bei dieser Rekonstruktion nicht um ein vollständiges Register der Amtsträger handelt, gibt es genügend Unterlagen, die deutlich machen, dass sich das überwiegende Interesse der Patrizier auf die Verwaltung der stadtweiten Hospitäler konzentrierte, insbesondere auf das Heilig-Geist-Netzwerk zur Almosenverteilung und Unterbringung. Elf der gleichsam ›festen 15‹ Geschlechterfamilien sind hier vertreten, wobei viele Prokuratoren auch die führenden Ämter der Stadt bekleiden: Schöffengericht, Richerzeche, Bürgermeister, Pfarr- und Sondergemeindeamtleute und Mitglieder des Stadtrats des 14. Jahrhunderts. Nur die Geschlechter Hardevust, Aducht, de Speculo und Jude fehlen seltsamerweise in den Bruderschaften der Hospitalprokuratoren. Man sollte auch beachten, dass sich die Wohnsitze der überwiegenden Mehrheit dieser patrizischen Prokuratoren in den Handelszentren der Stadt befanden, ein klares Zeichen des patrizischen Handels- und Finanzethos.

Im Gegensatz dazu hier eine Auflistung der Melioratsfamilien der zweiten Stufe und ihrer administrativen Zugehörigkeit zu den Hospitälern auf Pfarr- und Sondergemeindeebene in Köln:

Meliorat Mitglied	Hospital Prokurator	Jahr(e)
Ludwig von der Mühlengasse	Heilig-Geist	1225–1231
Hermann von Lintlar (»de Linnephe«)	Heilig-Geist	1231
Lambert de Danubio	Melaten Heilig-Geist	1247 1249
Conrad de Sancto Spiritu	Heilig-Geist	1249–1265
Gerhard de Santkaule (Scabinus)	Heilig-Geist Haus Zum Lämmchen (Stifter)	1259–1271 1270
Ludwig de Salzgasse (»de Salice«)	Heilig-Geist »Officialis domus Sancti Spiritus super asserem ad Sanctos Apostolos«	1267–1280 1269
Hermann de Salzgasse (»de Salice«)	»Officialis domus Sancti Spiritus super asserem ad Sanctos Apostolos«	1269
Heidenrich vom Neumarkt	»Officialis domus Sancti Spiritus super asserem ad Sanctos Apostolos«	1269
Gerhard Kranz	Heilig-Geist	1278–1294
Arnold Ungevuch	Heilig-Geist	1271
Hermann Schonweder	Heilig-Geist	1280–1305
Eberhard de Gürzenich	Heilig-Geist	1295–1301
Vogelo Kuno (»Miles«)	Heilig Kreuz Heilig-Geist	1294 1295
Heinrich de Kusino (Kusin)	Heilig-Geist	1310–1333
Johannes de Sancto Spiritu	Heilig-Geist	1325
Marsilius de Salzgasse (»de Salice«)	Heilig-Geist	1329–1331
Marsilius vom Holtzmarkt (»de Foro Lignorum«)	Ipperwald Heilig-Geist	1323–1348 1331
Lufred de Troya	Heilig-Geist	1342–1350
Heinrich de Foro Ferri	Melaten	1277
Greta de Baculo	Haus Zum Klüppel (Stifter)	1314
Gottschalk vom Crane	Haus Crane (Stifter)	1321
Gerard Kranz	St. Apern	1359
Tilmannus/Greta vom Mommersloch (»de Pavone«)	Ipperwald (Stifter)	1348

Zwei wichtige Trends werden in dieser Liste der Prokuratoren deutlich. Der erste Trend ist der Übergang in der Führung des Meliorats: Die ersten fünf Prokuratoren kamen aus der Mühlengasse/Weise-Patrizierfraktion, die das Meliorat im frühen 13. Jahrhundert dominierte. Nach mehreren Jahren des Konflikts wurden sie jedoch 1268 von der siegreichen Patrizierfraktion Kornpforte/Overstolzen gewaltsam aus der Stadt vertrieben. Die übrigen Prokuratoren auf dieser Liste stammten daher aus Familien im Umkreis der Kornpforte/Overstolzen-Fraktion. Der zweite Trend ist die allmähliche Ausgliederung dieser zweitrangigen Gruppe von Melioratsfamilien aus den Bruderschaften der stadtweiten Hospitalprokuratoren, da die Overstolzen-Fraktion zunehmend den Zugang zum Patrizierstatus in der Stadt versperrte und sich die ›festen 15‹ Geschlechter bildeten.

Mit Ausnahme von Marsilius vom Holtzmarkt und Lufred de Troya verschwanden solche Melioratsfamilien in den 1330er Jahren aus den Hospitalbruderschaften von Heilig-Geist und wandten sich stattdessen entweder Hospitälern auf Pfarr- und Sondergemeindeebene zu (zum Beispiel Heilig Kreuz und Ipperwald) oder gründeten ihre eigenen kleinen Hospitäler, um sich an der gemeinnützigen Verwaltung zu beteiligen. So wie die 15 Geschlechter der Overstolzen-Fraktion durch die Kontrolle ihrer jeweiligen Bruderschaften die stadtweiten Verwaltungsämter (Schöffengericht, Richerzeche-Bürgermeister und sogar den entstehenden Stadtrat) monopolisiert hatten, dominierten auch diese Familien die stadtweiten Hospitäler von Heilig-Geist und Melaten. So rückten die Bruderschaften der Magistrate und Hospitalprokuratoren auf Pfarr- und Sondergemeindeebene in den Mittelpunkt der Melioratsfamilien, während die Patrizierfamilien die Bruderschaften der stadtweiten Magistrate und Hospitäler kontrollierten.

Sowohl die Geschlechter- als auch die Melioratsfamilien akquirierten als Hospitalprokuratoren aktiv Schenkungen aus den Portfolios ihrer Elitekollegen (Meliorats- und Geschlechterfamilien waren vielfältig durch Heirat miteinander verbunden) sowie aller Besitzerschichten, sowohl Laien als auch Ordensleute, und bauten auf diese Weise Stiftungen auf Immobilien-, Hypotheken-, Mieten- und Rentenbasis auf, um die langfristige finanzielle Nachhaltigkeit des Hospitals zu sichern. Die 1.904 gesammelten Datenbankeinträge enthalten umfangreiche Beispiele von Geschlechter- und Meliorats-Hospitalprokuratoren, die vor den Pfarr- und Sondergemeindeamtleuten in der ganzen Stadt (von denen oft viele mit ihnen durch Heirat, Verwandtschaft oder politische Klientelbeziehungen verbunden waren) als Vertreter ihrer jeweiligen Hospitäler auftraten, um alle Stiftungsgeschäfte in die Schreinsurkunden und Schreinsbücher eintragen zu lassen. Folgende Geschäftsarten sind dabei zu erkennen:

1. Zur Dokumentation von Käufen, Verkäufen sowie Pacht- und Mietverträgen von Immobilien, Hypotheken (Pfandzins), Miet- und Rentenzahlungen für ihre Hospitäler, die von den Prokuratoren im Namen der Armen ihrer Hospitäler getätigt wurden. Tatsächlich erscheinen die Prokuratoren und ihre Bruderschaften in diesen Einträgen regelmäßig so, als ob die Armen selbst die Käufer wären, die die Prokuratoren lediglich in ihrem Namen vertreten hätten. Allerdings werden sehr oft die Prokuratoren namentlich als Bevollmächtigte der Transaktion im Namen des Hospitals aufgeführt.[49] Und abgesehen vom Heilig-Geist-Hospital und Melaten, die ihre eigenen Siegel für Urkunden hatten, verwendeten die Prokuratoren der Geschlechter und des Meliorats regelmäßig ihre eigenen persönlichen Siegel auf Urkunden für Hospitäler, die über keine solche notarielle Legitimation verfügten.[50] Diese Verwendung persönlicher Siegel diente vielleicht vor allem als bleibende Erinnerung an den Eigentumscharakter der prokuratorischen Verwaltung von Hospitälern durch Geschlechter- und Melioratsmitglieder in den Jahren von circa 1200 bis 1350.
2. Zur Unterstützung der Spender bei der Dokumentation ihres eigenen Kaufs, Verkaufs oder ihrer Schenkung von Immobilien, Hypotheken, Mieten und Renten »pro remedio anime sue« und »ad usus pauperum, infirmorum eiusdem hospitalis«. Als Empfänger der Verkäufe oder Spenden werden häufig die Prokuratoren namentlich genannt.[51]
3. In strittigen Fällen vor dem Schöffengericht, um Eigentumsansprüche in öffentlicher Sitzung durchzusetzen.[52]
4. Um die Aktivierung von Rückfallklauseln prozessual durchzusetzen, die die Prokuratoren bei früheren Käufen oder Verkäufen, Hypotheken (Pfandzins), lebenslangen und unbefristeten Mietverträgen (Pachtzins und Erbpachtzins beziehungsweise Ewigzins) sowie lebenslangen und ewigen Renten (Leibrente und Erbrente beziehungsweise Ewiggeld) vor dem Schöffengericht in den Vertrag hatten aufnehmen lassen, wenn Vorauszahlungen oder vierteljährliche Zahlungen verspätet waren. Die in diese Transaktionen eingefügte Rückfallklauseln erforderten die Rückgabe des Nießbrauchs an der Immobilie oder des Einkommens sowie Geldstrafen für verspätete Zahlungen

49 Raumbeschränkungen lassen in den folgenden Anmerkungen lediglich illustrative Beispiele zu. HAStK: Schreinsbücher (Bestand 101), SB 55, fol. 1r (ca. 1243): Leonard Ennen (Hg): Quellen zur Geschichte der Stadt Köln, Bd. 4, Köln, 1870 (ND Aalen 1970), S. 456–457.

50 Zum Beispiel: HAStK: HUA (Bestand 1) 1/312 für St. Agnes Hospital datiert 1269.

51 HAStK: Armenverwaltung Urkunden (Bestand 160) 2/391 datiert 26. November 1339: HAStK: Schreinsbücher (Bestand 101) SB 93, fol. 38v (1323).

52 HAStK: Schreinsbücher (Bestand 101) SB 290, fol. 67v (1298).

oder vollständige Nichterfüllung des Vertrags.[53] Tatsächlich gelang es den Geschlechter-Prokuratoren des Heilig-Geist-Hospitals sogar, päpstliche und äbtliche Exkommunikationsdrohungen für diejenigen zu erwirken, die ihre versprochenen Vermächtnisse nicht erfüllen wollten.[54]

5. Um die eigenen Verpflichtungen zur Begleichung von Rentenlasten auf Liegenschaften zu dokumentieren, die durch Käufe oder Schenkungen in die Stiftung des Hospitals gelangt waren. Die Nichteinhaltung dieser ewigen Zahlungsverpflichtungen, die je nach Größe und Art der Stiftung eines bestimmten Hospitals eine erhebliche finanzielle Belastung darstellten, würde eine rechtliche und sogar geistliche Haftung für Prokuratoren nach sich ziehen.[55] Dieser Aspekt der Hospitalausstattung wird in der Geschichtswissenschaft selten oder nie als Teil des Verwaltungsaufwands der Hospitalfinanzierung berücksichtigt.
6. Dokumentation von karitativen Aufkäufen oder der vollständigen Befreiung von Belastungen aufgrund der Hospitalstiftung für Menschen, die mit Armut

53 HAStK: Schreinsbücher (Bestand 101) SB 311, fol. 21v (1257): Es gab auch gerichtliche Vergleiche, bei denen die Zahlungsbedingungen neu ausgehandelt wurden, um es der säumigen Partei zu ermöglichen, im Besitz ihres Wohnsitzes zu bleiben, obwohl es sich bei diesen Fällen meist um Mitglieder gut vernetzter Familien handelte: HAStK: Armenverwaltung Urkunden (Bestand 160) 1/338 und Armenverwaltung B372, Kopiarbuch I Heilig-Geist-Hospital (Bestand 160), fol. 221r–212r für Vogelo und Sohn Hermannus Kune (1295).

54 HAStK: Armenverwaltung Urkunden (Bestand 160) 2/372 (23. Mai 1325) von Papst Johannes XXII. an den Diakon der Stiftskirche St. Georg mit der Anweisung, von Geistlichen und Laien die Einhaltung ihrer Versprechen gegenüber dem Hospital zu fordern und sie sogar mit der Androhung der Exkommunikation dazu zu zwingen. Der Brief enthält eine lange Liste der Arten von Vermögenswerten, die das Hospital im Laufe der Jahre gesammelt hat: Dieses päpstliche Dekret erging fünf Jahre nach einem Ermahnungsschreiben des Abtes von Groß St. Martin an alle Pfarrer der Gemeinde, dass sie ihre vernachlässigten Versprechen gegenüber dem Heilig-Geist-Hospital innerhalb einer Woche unter Androhung der Exkommunikation erfüllen würden. (9. Oktober 1320): HAStK: Armenverwaltung, B373 Kopiarbuch II Heilig-Geist-Hospital (Bestand 160), fol. 103v–104r.

55 Im Februar 1340 sandte der Kölner Erzbischof Walram von Jülich einen Brief an die Rektoren der Pfarreien St. Aposteln und St. Brigida, in dem er sie warnte, dass in jeder dieser Pfarreien ein Gemeindemitglied sei, dem die Exkommunikation drohte. Hilgerus Kleingedank von der Schafenpforte (St. Aposteln) und Johannes Overstolz de Windeck (St. Brigida), beide mächtige Männer der Stadt und Prokuratoren des Heilig-Geist-Hospitals, wurden in diesem Schreiben dennoch lediglich als »cives Coloniensis« genannt und vom Erzbischof angeklagt wegen verspäteter Zahlung von »pensiones et census« an die »magistra et conventus monasterii Sancti Mauritii« (eine sehr wohlhabende und gut vernetzte Benediktinerinnenabtei von Adligen, die ironischerweise neben dem Haus des Hilgerus liegt), die daraufhin Berufung beim erzbischöflichen Gericht eingelegt hatte. Walram befahl den Prokuratoren daher öffentlich, ihren finanziellen Verpflichtungen innerhalb von sieben Tagen nachzukommen, andernfalls sollten ihre Pfarrer sie in ihren eigenen Pfarrgemeinden für exkommuniziert erklären. Dass diese vernachlässigten Zahlungen eine Folge der Rolle von Hilgerus und Johannes als Hospitalprokuratoren und nicht als Privatspender waren, wird bestätigt, da der Streit im Kopiarbuch des Heilig-Geist-Hospitals verzeichnet ist. HAStK: Armenverwaltung B373, Kopiarbuch II Heilig-Geist-Hospital (Bestand 160), fol. 107v.

zu kämpfen haben, insbesondere für Witwen mit Kindern, die ihr Vermögen schnell liquide machen wollten, um dringende Ausgaben zu decken. In solchen Fällen schlossen sich die Prokuratoren des Hospitals dem Kläger vor dem Schöffengericht an, das über den Antrag zu entscheiden hatte.[56]

7. Dokumentation der Bedingungen für die Gewährung lebenslanger Renten (Leibrente) als Gegenleistung für eine bedeutende Spende an die Stiftung des Hospitals.[57]
8. Dokumentation der Bedingungen für den Kauf von Schuldverschreibungen der Stadtverwaltung (im 14. Jahrhundert) gegen Rentenzahlungen. Die Ausstattung des Heilig-Geist-Hospitals war zu diesem Zeitpunkt so groß, dass es in schwierigen Zeiten den Finanzierungsbedarf der Stadtverwaltung decken konnte. Man könnte sogar sagen, dass dies eine weitere Form der Wohltätigkeit für die beschämten Armen der Gesamtgemeinde war.[58]
9. Um die Einrichtung von Pfründen für pensionierte Mitglieder der Hospitalbruderschaft zu dokumentieren, im Austausch für einen erheblichen Beitrag dieses Mitglieds. In dieser Kategorie von Transaktionen finden wir ein klares Beispiel dafür, dass die Bruderschaft eine Selbsthilfeorganisation war, die anderen sozialen oder religiösen Bruderschaften sowie anderen Handwerks- und Handelszünften nicht unähnlich war, sich hier jedoch auf die Stiftung des Hospitals verlässt, um ihre eigenen Pfründen zu finanzieren.[59]
10. Um Zusagen über jährliche Gedenkgottesdienste (»memoria«) einschließlich der Verteilung von Mahlzeiten an die Armen für die Seele eines verstorbenen Bruderschaftsmitglieds zu dokumentieren.[60]
11. Um ihre eigenen großzügigen Spenden an die Stiftung ihres jeweiligen Hospitals zu dokumentieren. Die Prokuratoren aus Geschlechtern und Meliorat waren nicht nur aktive Spendensammler, sondern auch selbst Förderer.[61]
12. Hospitalprokuratoren wandten sich auch regelmäßig an Äbte und Äbtissinnen, Priore und Priorinnen, Stiftskanoniker und Kanonikerinnen,

56 HAStK: Schreinsbücher (Bestand 101) SB 223, fol. 10v (1243–1264SB 211, fol. 22v (1271): In diesem Fall setzten die Prokuratoren den Rechtsanspruch des Hospitals auf einen mit dem Grundstück belasteten Erbzins durch, den es dann gnädig zurückkaufte, sodass die Witwe Hadewig von der Belastung befreit wurde und dafür sogar Geld erhielt. Beide Fälle wurden vor dem Schöffengericht entschieden, vor dem die Prokuratoren des Hospitals solche Fälle regeln mussten.

57 HAStK: Armenverwaltung Urkunden (Bestand 160) 1/340 (1. August 1296).

58 HAStK: Haupturkundenarchiv Kopiarbuch I, Weiße Buch – 1326 Privilegienbuch, fol. 91r. no. 143 (2. Oktober 1335).

59 HAStK: Armenverwaltung Urkunden (Bestand 160) 2/353 (24. März 1310).

60 HAStK: Armenverwaltung Urkunden (Bestand 160) 1/305 (1270) veröffentlicht in Leonard Ennen (Hg): Quellen zur Geschichte der Stadt Köln, Bd. 3, Köln, 1867 (ND Aalen 1970), S. 152, Nr. 188.

61 HAStK: Schreinsbücher (Bestand 101) SB 458, fol. 12r. (1333).

Bettelorden, Pfarrer und Kapellenpriester, um Urkunden zu erhalten, die Transaktionen derselben Art wie die oben aufgeführten dokumentieren, in diesen Fällen jedoch mit Einzelpersonen und Ordensgemeinschaften.[62] Wir haben keine direkten Kenntnisse über die einflussreiche Rolle, die Prokuratoren bei der Abfassung von Testamenten gespielt haben, die von Amtleuten in den Schreinsbüchern der Pfarreien beziehungsweise Sondergemeinden aufgezeichnet wurden. Aber angesichts der Gesamtheit der Befugnisse der Prokuratoren an den Gerichten der Pfarreien beziehungsweise Sondergemeinden und ihrer Verwandtschaft respektive politischen Bindungen zu beiden Spendern und den Pfarr- und Sondergemeindeamtleuten erscheint es durchaus plausibel, dass sie den Spendern bei der Abfassung ihrer Testamente ebenso behilflich waren wie bei der Eintragung ihrer Spenden in die Schreinsurkunden oder in vielerlei kirchliche Urkunden.

13. Schließlich waren die Prokuratoren auch damit beschäftigt, sowohl erzbischöfliche als auch päpstliche Bestätigungen der rechtlichen Autonomie ihrer Hospitäler sowie Ablässe für Spender zu erhalten, um wohltätige Beiträge zur Hospitalausstattung anzuregen.[63]

62 HAStK: Schreinsbücher (Bestand 101) SB 122, fol. 25r (1323).

63 Ablassdekrete von Erzbischof Konrad (Juni 1245 und 27. Juni 1245) für Melaten: HAStK: HUA (Bestand 1) 1/135A und 2/135B; 1/136, veröffentlicht in Leonard Ennen/Gottfried Eckertz (Hg): Quellen zur Geschichte der Stadt Köln, Bd. 2, Köln, 1863 (ND Aalen 1970), S. 241 f., Nr. 240 und 242 f., Nr. 241. Ablassdekret von Papst Innocent IV für Melaten (23. August 1247), Schutz durch den Subdiakon des Domkapitels vor der rechtlichen Intervention eines städtischen Richters (26. August 1247), päpstlicher Schutz des Eigentums des Leprosariums vor lokalen Zehntenforderungen (29. August 1247), Befreiung von der Fortsetzung der Gottesdienste während einer Zeit des Interdikts in der Diözese (1247) und Befreiung von der Ausübung von Gottesdiensten und Predigten auf Spendentouren durch die Diözese während der Zeit des Interdikts (2. September 1247), siehe HAStK: HUA (Bestand 1) 1/146, 1/147, 1/147a, 1/148, 1/149, 1/150, veröffentlicht in Leonard Ennen/Gottfried Eckertz (Hg): Quellen zur Geschichte der Stadt Köln, Bd. 2, Köln, 1863 (ND Aalen 1970), S. 260–265, Nr. 259–264. Mehrere dieser päpstlichen Urkunden richten sich speziell an die Prokuratoren von Melaten: Ludolf Grin, Lambertus de Danubio und Hermannus de Dignant. Dekret über einen 30-tägigen Ablass von Kardinaldiakon Peter von St. Georg »ad velum aureum« für das Heilig-Geist-Hospital (24. Oktober 1254): HAStK Armenverwaltung Urkunden (Bestand 160) 1/295, veröffentlicht in: Leonard Ennen/Gottfried Eckertz (Hg): Quellen zur Geschichte der Stadt Köln, Bd. 2, Köln, 1863 (ND Aalen 1970), S. 339 f., Nr. 329. Dekret des Kölner Erzbischofs Heinrich II. von Virneburg an alle Rektoren der Diözese unter Androhung ihrer Amtsenthebung, dass sie in ihren Kirchen allen, die mit Mieten, Vermächtnissen, Schenkungen und Zahlungen an das Heilig-Geist-Hospital im Rückstand sind, die sofortige Rückerstattung oder die Exkommunizierung anordnen (3. März 1307): HAStK: Armenverwaltung Urkunden (Bestand 160) 1/351. Dekret des Kölner Erzbischofs Walram von Jülich mit einem 40-tägigen Ablass für das Heilig-Geist-Hospital, das er als Almosenverteilung an 1.400 Bedürftige beschreibt (16. April 1343): HAStK: Armenverwaltung Urkunden (Bestand 160) 1/395. Das St. Gereon Hospital wurde vom Kölner Erzbischof Konrad von Hochstaden mit Einkünften sowie einer Immunitätsgewährung gegenüber städtischen Beamten ausgestattet (Juni 1245): HAStK: Armenverwaltung A II 1, Kopiarbuch St. Gereon (Bestand 160), fol. 43r–v. St. Agnes erhielt vom Kölner Erzbischof Heinrich von Virneburg (Januar 1308)

All diese vielfältigen Investitionspraktiken lenkten nicht nur Wohltätigkeitsspender zu Wohltätigkeitsorganisationen, um ihre Spenden zu erhalten, sondern bewahrten auch das Hospitaleigentum an den Vermögenswerten, während ihr Nießbrauch durch Pachtung, Hypothekenaufnahme und anschließenden Verkauf reichlich Gewinne einbrachte. Mittlerweile bot der florierende städtische Immobilienmarkt im Gegenzug zu regelmäßig gezahlten Renten zahlreiche zusätzliche Investitionsmöglichkeiten. Die ständige Anwesenheit von Hospitalprokuratoren zusammen mit Spendern an den Amtleutegerichten der Pfarreien und Sondergemeinden, um Transaktionen in Eigentumsregistern zu verankern, am Obersten Gerichtshof der Schöffen, um über Vertragsstreitigkeiten und Vertragsmängel zu entscheiden, und in den Verwaltungskammern von Abteien, Prioraten, Dom- und Stiftskirchen sowie Bettelorden zur Erlangung von Konfirmationsurkunden machen deutlich, dass die Hospitalstiftungen in Köln weder zufällig noch allein durch die Zuneigung einzelner Stifter gewachsen sind.

Die Prokuratoren der Hospitäler und ihre Bruderschaften, die ausschließlich aus Geschlechter- und Melioratsmitgliedern bestanden, waren in diesem Prozess aktive Teilnehmer; tatsächlich waren sie bei dem Erhalt und der Erhaltung von Kapitalerträgen ebenso aktiv wie beim traditionellen Almoseneinsammeln.[64] Und natürlich gehörten die Geschlechter- und Meliorats-mitglieder der

das Privileg, weitere Hospitäler in seiner Umgebung einzuschränken: HAStK: Gertrud Urkunden (Bestand 216) 1/11, und im darauffolgenden Jahr die erzbischöfliche Gewährung eines vierzigtägigen Ablasses für Spender (17. März 1309), das von Papst Johannes II. (15. April 1317) bestätigt und vom Erzbischof erneut bestätigt wurde (3. September 1320): HASK, Armenverwaltung B1, Kopiarbuch St. Agnes (Bestand 160), fol. 64v–66v. Allerheiligen-Grünewald erhielt von Erzbischof Heinrich von Virneburg (31. Januar 1309) ein 40-Tage-Ablassdekret: HAStK: Armenverwaltung B 35, Kopiarbuch Allerheiligen-Grünewald (Bestand 160), fol. 81r. St. Andreas erhielt ein eigenes erzbischöfliches Ablassdekret von Heinrich von Virneburg (10. August 1314), der später (1. September 1328) erneut Ablässe gewährte, jedoch nur an Priester, die im Hospital die Sakramente spendeten: HAStK: Armenverwaltung B1065, Kopiarbuch St. Heribert Hospital – St. Andreas (Bestand 160), fol. 1r–v, veröffentlicht in Leonard Ennen (Hg): Quellen zur Geschichte der Stadt Köln, Bd. 4, Köln, 1870 (ND Aalen 1970), S. 26, Nr. 26 (mit dem falschen Datum 1315); HAStK: Andreas Urkunden (Bestand 201) 1/94. Das Stiftsspital in Deutz erhielt einen päpstlichen Brief, in dem ein vierzigtägiger Ablass für Wohltäter verfügt wurde, die den Wiederaufbau des Hospitals unterstützen, das während einer Fehde zwischen den Patriziern und dem Erzbischof Konrad von Hochstaden durch Plünderung und Brand zerstört worden war: HAStK: HUA (Bestand 1) 3/482a (31. August 1286 – dieses Datum war 27 Jahre nach der Zerstörung des Hospitals während der Fehde von 1259, was darauf hindeutet, dass die Mönche in diesen vielen Jahren ohne wiederaufgebautes Hospital die Kranken und Bedürftigen in der Abtei gepflegt hatten).

64 Die Schreinsammlungen und Archive religiöser Häuser sind voll von Verweisen auf das Hospital »magister redditum« (beachten Sie hier die Pluralverwendung), der sich von dem »collector elimosinarum et oblationum« oder »collector der almusen ind des offers« unterscheidet (HAStK: Armenverwaltung B373, Kopiarbuch II Heilig-Geist-Hospital, fol. 128r (April 1304).

Hospitalbruderschaften selbst zu den führenden Spendern für Hospitäler, die sie als Prokuratoren verwalteten. Mitglieder der Geschlechter und des Meliorats und ihre Verwandten erscheinen in Schreins- und kirchlichen Urkunden ständig als Gönner, nicht nur des Hospitals, das sie als Prokuratoren leiteten, sondern auch anderer Hospitäler, die ihrer eigenen Pfarrei und Sondergemeinde oder der stadtweiten Almosenverteilung dienten.

Abschließend ist darauf hinzuweisen, dass eine intensive Zusammenarbeit zwischen Hospitalbruderschaften stattfand. Dies sollte nicht überraschen, da ihre Mitglieder alle durch Heirat, geschäftliche Unternehmungen und politische Allianzen innerhalb der Geschlechter- und Melioratsgemeinschaften miteinander verbunden waren. Daher kannten sie sich aufgrund der beruflichen und familiären Verbindungen bestens und erledigten auch täglich gemeinsam Verwaltungsgeschäfte als offizielle Tätige der Pfarrei- und Sondergemeindeebene, des Stadtrates und (zumindest bei den Geschlechtern) des Schöffengerichts und der Richerzeche-Bruderschaft. Damit dominierten sie das Netzwerk von Patronen und Prokuratoren, das die Kölner Hospitäler von circa 1200 bis 1350 verwaltete, in dem sie ihren eigenen kaufmännischen und administrativen Scharfsinn einsetzten, um die Hospitäler mit Ressourcen zu versorgen.

Hospitäler teilten sich regelmäßig Eigentums- und Einkommenslasten an Grundstücken in der gesamten Stadt und im unmittelbaren Umland,[65] und sie tauschten häufig gleichwertige Vermögenswerte aus, um ihre Stiftungsbestände in Immobilien zu konsolidieren, die ihren jeweiligen Hospitälern am nächsten lagen.[66] Das interessanteste Muster der Hospitalzusammenarbeit war jedoch die Aufteilung der Spenden auf mehrere Hospitäler gleichzeitig. Von den 1.904 Einträgen in der Hospitalstiftungsdatenbank existieren 104 Stiftungseinträge dieser Wohltätigkeitspraxis, also nur 5,5 Prozent der Gesamtzahl der Transaktionen. Doch von diesen stammten 36 aus der Oligarchie der Geschlechter- oder Melioratsfamilien – das heißt 35 Prozent aller derartigen Transaktionen. Diese Überrepräsentation wird durch die Tatsache verstärkt, dass, obwohl es zwar bereits im 13. Jahrhundert die Praxis von gebündelten Spenden an mehrere Hospitäler gab (26 Schenkungen dieser Art fanden zwischen 1235 und 1299 statt), 78 von insgesamt 104 gebündelten Spenden an mehrere Hospitäler (das heißt 75 Prozent aller derartigen Vermächtnisse) zwischen 1300 und

65 Als eines von vielen solchen Beispielen handelt es sich hier um einen Fall geteilter Einkommensbelastungen in derselben Liegenschaft zwischen den Hospitälern Groß St. Martin/St. Bridiga und Ipperwald. HAStK: Schreinsbücher (Bestand 101) SB 242, fol. 30v (1345).

66 HAStK: Armenverwaltung Urkunden (Bestand 160) 1/319 (18. März 1282), veröffentlicht in Leonard Ennen (Hg): Quellen zur Geschichte der Stadt Köln, Bd. 3, Köln, 1867 (ND Aalen 1970), S. 185f., Nr. 215.

1356 erfolgten, wobei 37 Prozent davon von Mitgliedern der Geschlechter- und Melioratsfamilien stammten.

In der ersten Hälfte des 14. Jahrhunderts etablierte insbesondere die Geschlechter-Oligarchie ihre absolute Kontrolle über alle Zweige der Kölner Verwaltungsgremien, was sich auch in diesem bedeutenden Teilbereich der gebündelten Hospitalpatronage niederschlug. Dennoch lässt sich in dieser Zeit der Geschlechterüberlegenheit ein neuer Trend zu gebündelten Hospitalnachlässen erkennen. Im 13. Jahrhundert neigten Spender, die mehrere Hospitäler in einem Vermächtnis zusammenfassten, dazu, mit einem der stadtweiten Hospitäler anzufangen (zuerst Melaten und später das Heilig-Geist-Hospital) und dann eine Reihe kirchlicher Hospitäler einzubeziehen – typischerweise St. Maria im Kapitol, St. Brigida an Groß St. Martin, St. Andreas, St. Gereon und St. Pantaleon.

Doch seit circa 1300 wurde dieser Brauch zunehmend durch eine andere Kombination von Hospitälern ersetzt, eben als die Praxis immer umfangreicher wurde: Die beiden stadtweiten Hospitäler Melaten und Heilig-Geist-Hospital fielen in der Regel völlig aus der Liste und wurden durch andere Pfarr- und Sondergemeindehospitäler (sowohl kirchliche als auch bürgerliche) ersetzt. Dies führte dazu, dass St. Apern, St. Agnes, das Allerheiligen-Grünewald und das wiederaufgebaute Hospital in Deutz in den Kreis der Empfänger aufgenommen wurden. Obwohl also die Geschlechter als Prokuratoren des Heilig-Geist- und des Melaten-Hospitals die städtischen Hospitäler dominierten, scheinen sie sich den Melioratsmitgliedern angeschlossen zu haben, die typischerweise die Stiftungen der Pfarr- und Sondergemeindehospitäler unterstützten, wo der Zugang zu den Prokuratorbruderschaften für sie offener war als bei denen der stadtweiten Hospitäler.[67]

Während Teile innerhalb des Meliorats möglicherweise um die Macht in der Stadt konkurrierten, wie zum Beispiel der gewalttätige Kampf zwischen dem Overstolzen-Geschlecht und der Weisen-Partei in der Mitte des 13. Jahrhunderts,

67 Von 1300 bis 1356 vermachten die folgenden Geschlechterfamilien mehrere Hospitäler: Hardevust, Overstolz, de Cervo, de Cornu, Scherfgin, de Speculo, Gyr, and Birkelin. Von diesen Melioratsfamilien stammten solche Vermächtnisse: Katzheym, de Linnephe (Lintlar), de Salice (Salzgasse), de foro Lignorum (Holtzmarkt), de Ehrenporze, Schonweder, and de Forro Ferri (Eisenmarkt). Das beste Beispiel für die Wohltätigkeit der Melioratsfamilien, die sich insbesondere an die Ebene der Pfarreien und Sondergemeinden richtete, ist die Schenkung an mehrere Hospitäler im Jahre 1350 von Greta, der Schwester von Richolfus dictus Eschmengere. Sie spendete für die verschiedenen Almosenverteilungszentren von Heilig-Geist »super asserem« und verschiedene Pfarr- und Sondergemeindehospitäler (sowohl kirchliche als auch bürgerliche), dem Heilig-Geist-Hospital auf dem Domgelände, anderen »super asserem« Organisationen in den Pfarreien St. Aposteln, St. Peter und St. Johannes der Täufer sowie an die neun verbleibenden Pfarr- und Sondergemeindehospitäler St. Gereon, St. Maria in Capitolio, Groß St. Martin/St. Brigida, St. Pantaleon, St. Andreas, St. Apern, Allerheiligen-Grünewald, St. Agnes, und Deutz und schließlich Melaten.

spiegelten sich solche gewalttätigen Konflikte nicht im Wettbewerb zwischen Hospitälern wider, sondern nur in der Personalfluktuation bei den Hospitalbruderschaften und ihren Prokuratoren zugunsten der siegreichen Overstolzen-Fraktion.

Tatsächlich gibt es in der historischen Überlieferung zahlreiche Beispiele für die Zusammenarbeit zwischen Hospitälern bei der Aufrechterhaltung und Entwicklung ihrer Stiftungseinkommen. Ein typisches Beispiel hierfür waren die vernachlässigten Nachlässe zweier adliger Äbtissinnen des St. Ursulastiftes für Gedenkbrotverteilungen in elf Kölner Hospitälern in der Karwoche.[68] Beweis dafür, dass die Prokuratoren dieser verschiedenen Hospitäler im Jahre 1346 gemeinsam Berufung beim Kölner Erzbischof Walram von Jülich eingelegt hatten, zeigen sich in Walrams überzeugender Drohung, die Altarpriester von ihrem Amt zu suspendieren und sie zu exkommunizieren, wenn sie diese Dienste weiterhin versäumten. Das Heilig-Geist-Hospital als größte Einrichtung der Stadt erhielt ein halben Malter, während diese anderen zehn Hospitäler jeweils ein Sümmer (das heißt 1/4 eines Malters) gebackenes Roggenbrot (»siligo«) erhielten: Melaten, St. Maria im Kapitol, Groß St. Martin/St. Brigida, St. Andreas, St. Gereon, St. Pantaleon, St. Apern, St. Agnes (für die Hausarmen der St. Aposteln-Gemeinde), Allerheiligen-Grünewald und Deutz.[69]

Und im darauffolgenden Jahr erhielten mehrere Prokuratoren dieser Hospitäler auch eine Urkunde vom Kartäuserkloster in Köln, in der die Mönche ihre Verpflichtung bestätigten, jedem Hospital eine Erbrente von sechs Schilling zu leisten, die drei Ackerlandflächen und fünf Wohnungen (»domunculi«) an der

68 In einer Urkunde vom 8. April 1346 bekräftigten sechs Kapläne (»rectores altarium«) des adeligen Stiftes St. Ursula in Köln ihre gemeinsame Verpflichtung, jährlich am Montag drei »maldra« Roggenbrot, das in den Öfen der St. Ursula gebacken wurde, an bestimmte Hospitäler zur Verteilung nach Palmsonntag zu liefern in Erfüllung der »memoria«-Stiftungen, die zuvor von zwei verstorbenen Äbtissinnen der St. Ursula gemacht wurden. HAStK: Armenverwaltung Urkunden (Bestand 160) 1/63, 1/1386; Armenverwaltung B1, Kopiarbuch St. Agnes (Bestand 160), fol. 24r–25r; Armenverwaltung B2000, Kopiarbuch Melaten (Bestand 160), fol. 53v–54r; Armenverwaltung B 1065, Kopiarbuch St. Heribert Hospital-St. Andreas (Bestand 160), f. 4r–v; HUA (Bestand 1) 1/1839A, 1/1839B, veröffentlicht in Leonard Ennen (Hg): Quellen zur Geschichte der Stadt Köln, Bd. 4, Köln, 1870 (ND Aalen 1970), S. 300f., Nr. 286. Lyse (Elisabeth) von Westerburg war die Nichte des Kölner Erzbischofs Siegfried von Westerburg (Äbtissin circa 1280–1297), und Aleidis (Elisabeth) von Virneburg war die Schwester des Kölner Erzbischofs Heinrich II. von Virneburg (Dechantin 1321–1330 und Äbtissin 1332–1334). Gertrud Wegener: Geschichte des Stiftes St. Ursula in Köln, Köln 1971, S. 183 und 207; Albert Gereon Stein: Das Kloster und spätere adelige Damenstift and der Kirche der heiligen 11.000 Jungfrauen zu Köln, AHVN 31 (1877), S. 101.

69 HAStK: Armenverwaltung Urkunden (Bestand 160) 1/63, 1/1386; Armenverwaltung B1065, Kopiarbuch St. Heribert Hospital-St. Andreas (Bestand 1600, fol. 4r–v; HUA (Bestand 1) 1/1839A, 11839B; Armenverwaltung B1, Kopiarbuch St. Agnes (Bestand 160), fol. 24r–25r, veröffentlicht in Leonard Ennen (Hg): Quellen zur Geschichte der Stadt Köln, Bd. 4, Köln, 1870 (ND Aalen 1970), S. 300f., Nr. 286.

Ulrepforte in der Pfarrei St. Severin belastete. Kunegundis »relicta quondam Godeschalci Overstolz de Wippervorde« hatte alles den Mönchen mit dieser Belastung vermacht.[70] Dies sind nur zwei von unzähligen Fällen, in denen mehrere Kölner Hospitäler als Ankerinstitutionen nicht nur bei der Entwicklung ihrer jeweiligen Stiftungen, sondern auch bei der Verteidigung ihres Stiftungsvermögens nach Erhalt durch ihre Prokuratoren mitgewirkt haben. Ob als Koordinatoren für solche gebündelten Nachlässe, als Prozessbevollmächtigte zur Verteidigung dieser Nachlässe oder als Spender solcher Nachlässe – die Kölner Hospitalprokuratoren wirkten häufig an der Förderung der Stiftungen ihrer gemeinnützigen Einrichtungen mit.[71]

2. *Zusammenfassung*

Die Verwaltung der mittelalterlichen Hospitäler Kölns war ein wesentlicher Bestandteil der Verwaltung der öffentlichen Räume, Gebäude und des Gemeinschaftslebens der Stadt. Ihre institutionellen Management- und Finanzierungspraktiken zeigen, dass sie gleichsam Ankerinstitutionen waren, die alle Bereiche der Gesellschaft zusammenführten. Laien und Kleriker, Patrizier und Arme, öffentliches und privates Eigentum, Finanzen und Mitgefühl, Profit und »caritas« – alles traf sich unter der Schirmherrschaft dieser Hospitäler. Und sie taten dies auf eine Weise, die moderne soziale, religiöse und rechtliche Kategorien nicht gut erfassen. Diese vielseitigen Wohltätigkeitseinrichtungen – Hospize für Kranke und Hungrige, Herbergen für Pilger, und Unterkünfte für Hungrige und Obdachlose – wurden dadurch untrennbar in das tägliche Gewebe des städtischen Lebens integriert.

Von der Dokumentation der Vermächtnisse in Testamenten über die Einziehung von Mieten und Renten aus städtischen Grundstücken bis hin zu Gerichtsverfahren wegen überfälliger Zahlungen in Verbindung mit der Androhung kirchlicher Sanktionen – all diese Bemühungen sorgten für einen sicheren

70 HAStK: Armenverwaltung B1065, Kopiarbuch St. Heribert Hospital-St. Andreas (Bestand 160), fol. 16v–17v, veröffentlicht in Leonard Ennen (Hg): Quellen zur Geschichte der Stadt Köln, Bd. 4, Köln, 1870 (ND Aalen 1970), S. 307f., Nr. 294.

71 Hier ist ein Beispiel eines Spenders aus den Reihen der Geschlechter, der Schenkungen an mehrere Hospitäler machte. Im Jahre 1342 wurde »Dominus« Johannes de Cervo (urkundlich erwähnt als Mitglied des Stadtrats im Jahre 1332 und »provisor« des Heilig-Geist-Hospitals von mindestens 1327–1332) mit seiner Frau Katherina. Die Hälfte wurde zu Ostern und die andere Hälfte am Fest des St. Remigius gezahlt. HAStK: Schreinsbücher (Bestand 101) SB 299, fol. 117v. Das Haus »ad Stupam« war eine öffentliche Badestube, aus der diese acht Hospitäler Einkünfte für ihre gemeinnützige Arbeit bezogen.

Raum, in dem Kranke versorgt, Fremde als Gäste und die obdachlosen Arme ernährt und untergebracht wurden. Wie sehr der wachsende Immobilienmarkt und seine kreativen neuen Finanzinstrumente die Kölner Hospitäler in der Zeit von 1200 bis 1350 kapitalisierten, fügt unserem Wissen über die spätmittelalterliche Geschichte der Stadt neue Konturen hinzu. Aber auch ein genaueres Wissen über die schwankende bruderschaftliche Verwaltungsführung dieser Hospitäler kann die Sozial- und Verfassungsgeschichte der Stadt erweitern.[72] Denn Hospitäler und ihre Verwaltung waren sicherlich ebenso Dimensionen städtischer Selbstverwaltung wie die politischen und juristischen Bruderschaften der Amtleute, Schöffen, Richerzechemitglieder und Stadträte. Mittelalterliche Hospitäler waren integrative Zentren des städtischen Lebens und sind deshalb ein wesentlicher Ort für die Erforschung der mittelalterlichen Stadtgeschichte.

72 Mathias Kälble: Sozialfürsorge und kommunale Bewegung. Zur Bedeutung von Hospitälern für die soziale Gruppenbildung in der Stadt, in: Bulst/Spiess (Hg.): Sozialgeschichte (Anm. 4), S. 237–271 behauptet, dass Bürger der Elite durch die Leitung von Hospitälern gleichsam stadtweite Verwaltungsämter ausbildeten: »In der Sorge um karitative Einrichtungen spiegelte sich die Sorge für das Gemeinwohl, die Herrschaftsansprüche begründen und legitimieren konnte. Somit sicherte die Einflußnahme auf das Spital einen breiten Rückhalt innerhalb der Stadtgemeinde, die politisch ambitionierte Personen und Gruppen zur Durchsetzung ihrer Ziele nutzen konnten. Der Dienst für die Armen war daher nicht nur ein Werk christlicher Barmherzigkeit, sondern auch ein Mittel zum Aufbau von Klientel-Patronage-Beziehungen, die zur Erweiterung politischer Einflußmöglichkeiten genutzt werden konnten und genutzt wurden. Spitäler dienten deshalb nicht nur der Durchsetzung und Stabilisierung von Herrschaftsansprüchen, sie waren zugleich Ausgangspunkt für städtische Karrieren und als solche auch Wegbereiter zur Macht« (S. 270–271).

Ständelehre oder Stadthistoriographie?

Beobachtungen zu Inhalt, Überlieferung und Intertextualität des »Dornenkranz von Köln« 1466/1490

von Alina Ostrowski

»Der doernen krantz van Collen« lautet der Titel einer kleinformatigen Inkunabel, die laut Kolophon 1490 in der Kölner Offizin Johann Koelhoffs des Älteren gedruckt wurde.[1] Gerade einmal in fünf nahezu vollständigen Exemplaren erhalten, stellt der Text, der sich selbst als Ständelehre präsentiert, eine bemerkenswerte Quelle für die stadtbezogene Literatur im spätmittelalterlichen Köln dar. Insbesondere die erst 2012 gemachte Entdeckung, dass eine handschriftliche und vermutlich autographe Fassung des Textes in einem Berliner Codex (um 1466/67, im Folgenden »Berol. 490« genannt)[2] vorliegt, eröffnet viele Forschungsmöglichkeiten.[3]

Wenngleich der Text, im Folgenden »Dornenkranz« genannt, in seiner Inkunabelform in vielen Publikationen oberflächlich Erwähnung findet,[4] ist er bisher

1 Kataloge: Gesamtkatalog der Wiegendrucke [online], Nr. M16401, https://www.gesamtkatalogderwiegendrucke.de/docs/M16401.htm [Stand: 28.11.2023]; Ernst Voulliéme (Bearb.): Der Buchdruck Kölns bis zum Ende des fünfzehnten Jahrhunderts, Bonn 1903, Nr. 388, S. 171 f. Exemplare finden sich in Köln, Darmstadt, Göttingen, Berlin und Bad Berleburg. In Fußnoten wird die Sigle »Dk« genutzt. Zitate folgen dem Exemplar und Digitalisat der ULB Darmstadt (https://nbn-resolving.de/urn:nbn:de:tuda-tudigit-6113 [Stand: 28.11.2023]) und werden mit Lagennummern angegeben.

2 Berlin, Staatsbibliothek, ms. theol. lat. fol. 490. Kataloge: Handschriftencensus, Nr. 10855, https://www.handschriftencensus.de/10855 [Stand: 28.11.2023]; Marburger Repertorium zur Übersetzungsliteratur im deutschen Frühhumanismus, Nr. 10140, https://mrfh.de/10140 [Stand: 28.11.2023]. Zitate und Folioangaben folgen dem Digitalisat der SB Berlin: http://resolver.staatsbibliothek-berlin.de/SBB0000B35E00000000 [Stand: 28.11.2023].

3 Auf die Handschrift machte aufmerksam Klaus Graf: Schrieb der Kölner Bürger Jakob Schirl den »Dornenkranz von Köln«? in: Archivalia (2012), https://archivalia.hypotheses.org/8032 [Stand: 28.11.2023]. Für ein Autograph argumentierte Arne Schumacher: Boethius in Köln. Konrad Humerys »Tröstung der Weisheit« als ethisch-programmatischer Beitrag zum politischen Sammlungskonzept in einer Handschrift des Ratsherrn Jakob Schirl, in: Nicole Eichenberger/Eckart Lutz/Christine Putzo (Hg.): Bücher und Identitäten. Literarische Reproduktionskulturen der Vormoderne, Wiesbaden 2020, S. 201–232, hier S. 217–223.

4 Zum Beispiel Wolfgang Stammler: Dornenkranz von Köln, in: Die deutsche Literatur des Mittelalters. Verfasserlexikon, Bd. 2,2, 2. Aufl. Berlin/New York 1980, Sp. 211; Wolfgang Schmitz: Die Überlieferung deutscher Texte im Kölner Buchdruck des 15. und 16. Jahrhunderts, Habilitation Köln 1990, https://kups.ub.uni-koeln.de/1234 [Stand: 05.08.2024], S. 93 f.; Ursula Rautenberg: Überlieferung und Druck. Heiligenlegenden aus frühen Kölner

doch sowohl inhaltlich als auch buchgeschichtlich bemerkenswert wenig erforscht worden. Die einzige größere Untersuchung bildet eine Münsteraner Examensarbeit von Dirk Venns, die aber leider unveröffentlicht blieb und zudem die handschriftliche Textfassung noch nicht berücksichtigen konnte.[5] Des Öfteren erwähnt wurde der Dornenkranz in Publikationen zur Kölner Stadtgeschichtsschreibung, in denen insbesondere auf einzelne inhaltliche Übereinstimmungen des Textes zu den beiden zentralen Kölner Stadtchroniken, der Agrippina (1469/72)[6] und der sogenannten Koelhoffschen Chronik (1499)[7] hingewiesen wird.[8] Dennoch blieb das Werk auch hier meist eine Randnotiz. Insbesondere nach dem »Fund« der handschriftlichen Fassung ist angesichts dessen, dass diese älter als beide Stadtchroniken ist und die bereits bekannten intertextuellen Parallelen zentrale Motive der spätmittelalterlichen, städtischen Geschichtskultur in Köln betreffen, die Vernachlässigung des Dornenkranzes als Quelle für die Kölner Stadthistoriographie nicht mehr gerechtfertigt.

Der vorliegende Beitrag setzt hier an und verfolgt zwei Ziele.[9] Einerseits soll der Dornenkranz erstmals in einer ihm eigens gewidmeten Publikation umfassend vorgestellt werden. Dabei werden nicht nur Aspekte der Kodikologie, des Entstehungs- und Überlieferungskontextes sowie der inhaltlichen Konzeption

Offizinen, Tübingen 1996, S. 18, 165; Mike Malm: Dornenkranz von Köln, in: Deutsches Literatur-Lexikon. Das Mittelalter, Bd. 8, Berlin/Boston 2016, Sp. 24–26 (bereits mit Kenntnis der Hs.).

5 Dirk Venns: Studien zum Dornenkranz von Köln, Staatsexamensarbeit Münster 1997. Ich danke Herrn Venns sehr für die Zurverfügungstellung seiner äußerst fundierten Arbeit.

6 Heinrich van Beeck: Agrippina, hg. von Robert Meier, in: Ders.: Heinrich van Beeck und seine »Agrippina«. Ein Beitrag zur Kölner Chronistik des 15. Jahrhunderts. Mit einer Textdokumentation, Köln 1998, S. 131–271. In Fußnoten wird die Sigle »Ag« genutzt. Zitate folgen der Edition von Meier.

7 Anonymus: Die Cronica van der hilliger Stat Coellen, Köln 1499: Johann Koelhoff d. J.; Edition: Hermann Cardauns (Hg.): Die Cronica van der hilliger stat [!] van Coellen. 1499, in: Die Chroniken der niederrheinischen Städte. Cöln, Bd. 2, Leipzig 1876, S. 209–638 und Bd. 3, Leipzig 1877, S. 641–918. In Fußnoten wird die Sigle »KCh« genutzt. Zitate folgen dem Digitalisat der UB Mainz (https://nbn-resolving.org/urn:nbn:de:hebis:77-vcol-1593 [Stand: 28. 11. 2023]) und werden mit Lagennummern angegeben.

8 Beatrix Alexander: Der Kölner Bauer, Köln 1987, S. 15 und S. 16 Anm. 32; Venns: Studien (Anm. 5); Meier: Agrippina (Anm. 6), S. 78 f.; Alina Ostrowski: Köln zwischen Heiligkeit und städtischer Freiheit. Legitimierende Geschichtsdeutung in der Koelhoffschen Chronik (1499), in: Soester Zeitschrift 134 (2022), S. 51–79, hier S. 59 Anm. 42.

9 Der Beitrag basiert auf meiner Masterarbeit, die im November 2023 an der Universität zu Köln angenommen wurde. Ich danke meinen Prüfenden PD' Dr.' Julia Bruch und Prof. Dr. Nils Reiter für die inhaltliche Betreuung der Arbeit. Zudem möchte ich an dieser Stelle meiner Familie, vor allem meinen Eltern Wiebke Bietendüfel und Armin Ostrowski, für die vielfältige Unterstützung während meines Studiums danken sowie besonders Philip Schildkamp für zahllose hilfreiche Gespräche während der Masterarbeit und schließlich Amelie Paulsen, Anne Pietsch, Benedikte Löbbert, Benjamin Seebröker, Carolin Schmitz, David Neugebauer, Erik Babuschkin, Lukas Sept und Falk Eisermann für Hilfe beim Korrekturlesen. Bei der Studienstiftung des deutschen Volkes bedanke ich mich für die langjährige Förderung.

dargelegt, sondern auch die in der bisherigen Forschungsliteratur verstreuten Erkenntnisse zusammengeführt und kritisch eingeordnet. Zweitens soll das Werk als Quelle für die Erforschung spätmittelalterlicher Stadtgeschichtsschreibung in Köln fruchtbar gemacht werden. Anhand eines computergestützten Textvergleichs des Dornenkranzes mit der Koelhoffschen Chronik lassen sich die Überschneidungen in Wortwahl und Textbestand systematisch untersuchen. Eine Auswertung der so dokumentierten Parallelstellen zeigt, dass es sich hierbei nicht nur um voneinander unabhängige Verschriftlichungen ähnlicher Geschichtsbilder handelt, sondern dass die beiden Werke sich auch Textmaterial teilen. Unter Berücksichtigung des Entstehungs- und Überlieferungskontextes der Agrippina und der Koelhoffschen Chronik einerseits sowie des Dornenkranzes andererseits lässt sich die These aufstellen, dass entweder letzterer eine Quelle für erstere war oder dass alle drei Texte Spuren eines oder weniger weiterer Texte aufweisen, die konzentriert zentrale Aspekte des Kölner Stadtlobes enthalten. Abschließend wird vor dem Hintergrund neuerer Debatten zur ›Gattungsdefinition‹ von Stadthistoriographie dafür plädiert, den Dornenkranz als stadtgeschichtliches Werk im weitesten Sinne zu verstehen und verstärkt aus dieser Perspektive zu untersuchen.

1. *Text und Textträger*

Der Dornenkranz-Text ist als handschriftliche Fassung und als Inkunabel überliefert. Erstere findet sich – wohlgemerkt ohne eigenen Titel – in der Berliner Sammelhandschrift Ms. theol. lat. fol. 490, die auf circa 1466/67 datiert wird und im vorderen Einbandspiegel den Besitzvermerk eines gewissen »Jacob Schirl« trägt, der als Student der Kölner Universität und als Kölner Ratsherr (1477–1487) identifiziert wurde.[10] Obwohl nur manche der Texte im Manuskript von Schirl selbst aufgeschrieben sind, legt eine Studie von Arne Schumacher nahe, dass er einen großen Einfluss auf die Zusammenstellung der Sammlung genommen hat. Neben einer Abschrift einer durch den Humanisten Konrad Humery angefertigten Übersetzung von Boethius' »Consolatio philosophiae« finden sich in der Sammlung noch rechtsphilosophische Texte auf Latein sowie Abschriften von Dokumenten »mit zeitgenössischem politischen Bezug« zu

10 Zu Berol. 490: Arne Schumacher: Konrad Humerys »Tröstung der Weisheit«. Antikenrezeption zwischen christlichem Trostanspruch und volkssprachigem Wissenstransfer. Mit einer Editionsprobe, Berlin 2019, S. 288–298. Zu Schirl: Ders.: Boethius in Köln (Anm. 3), S. 205 f.; Graf: Jakob Schirl (Anm. 3); Herbert Schleicher: Ratsherrenverzeichnis von Köln zu reichsstädtischer Zeit von 1396–1796, Köln 1982, S. 542, Nr. 3542.

Köln.[11] Schumacher ordnete die Sammlung dem Bereich der »Ratsliteratur« zu und wies zudem nach, dass Berol. 490 vermutlich der Druckvorlage der Dornenkranz-Inkunabel zugrunde lag.[12]

Die handschriftliche Version des Dornenkranzes lässt außerdem die begründete Vermutung zu, dass es Jakob Schirl selbst war, der den Text in seiner uns überlieferten Form aufgeschrieben, konzipiert und kompiliert hat. Sein Besitzvermerk und der Dornenkranz-Text stammen von derselben Hand und Schumacher kam durch eine detaillierte kodikologische und textkritische Untersuchung zu dem überzeugenden Schluss, dass »eine autographe Situation [...] und die Annahme Schirls als Verfasser gegen alle Vorbehalte vertretbar« seien.[13] Hauptargument für diese These sind zahlreiche Ergänzungen und Korrekturen im Text sowie der spezifische Sammlungszusammenhang, der auf eine zeitgleiche Entstehung des Dornenkranzes und der restlichen Handschrift hindeute. Der universitäre Hintergrund Schirls, seine Zugehörigkeit zu einer Ratsfamilie und seine Mitgliedschaft in der Bruderschaft St. Maria Magdalena an St. Laurenz decken sich ebenfalls mit den im Dornenkranz anklingenden Aspekten der religiösen und herrschaftstheoretischen Belehrung, mit dem Fokus auf den Kölner Kontext sowie mit dem anzunehmenden Bildungsstand des Verfassers.[14] Andere handfeste Vermutungen zur Autorschaft wurden bisher nicht vorgebracht.[15]

Über die Entstehung der Druckfassung des Textes ist wenig bekannt, und die Inkunabelforschung muss sich größtenteils mit den Evidenzen der fünf erhaltenen Exemplare begnügen.[16] Die Inkunabel, in der kein Hinweis auf den Namen des Verfassers gegeben wird, wurde laut Kolophon (Fol. L8r) im Jahre 1490 von Johann Koelhoff dem Älteren gedruckt. Mit 88 Blatt (176 Seiten)

11 Schumacher: Boethius in Köln (Anm. 3), S. 211–214.

12 Ebd., S. 215 f., 220 f. Vgl. Eva Büthe-Scheider: Die e-Apokope im Ripuarischen. Eine korpuslinguistische Untersuchung spätmittelhochdeutscher und frühneuhochdeutscher Quellen, Berlin/Boston 2017, S. 66–68.

13 Schumacher: Boethius in Köln (Anm. 3), S. 217–223, Zitat S. 217. »Vorbehalte« brachte Graf: Jakob Schirl (Anm. 3) vor. Die Beobachtung Büthe-Scheiders (e-Apokope (Anm. 12), S. 70–74), dass die handschriftliche Version des Dornenkranzes aus linguistischer Sicht einen »punktuell südlichen« (das heißt zum Beispiel Mainzer) Einfluss aufweise, irritiert bei der Annahme eines Kölner Verfassers.

14 Schumacher: Boethius in Köln (Anm. 3), S. 206, 217. Vgl. Klaus Militzer (Bearb.): Quellen zur Geschichte der Kölner Laienbruderschaften vom 12. Jahrhundert bis 1562/63. Bd. 2: St. Gereon – Weiße Frauen und nicht zuweisbare Bruderschaften, Düsseldorf 1997, S. 873, Nr. 70.1.2.1/23.

15 Ohne Nachweis oder Erklärung spricht Rautenberg: Überlieferung (Anm. 4), S. 18 von einem »Augustinermönch«. Graf: Jakob Schirl (Anm. 3) merkt mit Hinweis auf den »Stände-Diskurs um 1470 in Köln« an: »Auch wenn die Volkssprache gegen [Werner] Rolevinck spricht, sollte man seine Positionen mit dem Dornenkranz-Text vergleichen«. Kritisch dazu Schumacher: Boethius in Köln (Anm. 3), S. 218, Anm. 75.

16 Vgl. oben Anm. 1. Hiervon konnte ich vier selbst einsehen. Ich danke Dr. Falk Eisermann (SBB PK) für entsprechende Auskunft über das fünfte, Berliner Exemplar.

im Quartformat hat das Buch eine handliche Größe. Drei Exemplare (Darmstadt, Köln, Göttingen) sind rubriziert und haben Zierinitialen an den im Druck mit Platzhaltern versehenen Stellen. Im Kölner Exemplar sind zudem die Holzschnitte recht grob koloriert. Handschriftliche Notizen finden sich bis auf Besitzvermerke kaum.[17] Der Druck endet mit einer Predigt über schlechtes Verhalten von Edelleuten, die sich in der Berliner Handschrift nicht findet und deren inhaltliche wie äußere Merkmale zeigen, dass sie nicht zum Dornenkranz gehört, aber gemeinsam mit dem Dornenkranz-Text gedruckt und nicht nachträglich angehängt wurde.[18]

Bezüglich der Überlieferung ist bemerkenswert, dass die Exemplare aus Köln, Göttingen und Bad Berleburg an einen weiteren Druck Koelhoffs des Älteren aus dem Jahr 1492 gebunden sind, nämlich den sogenannten »Aflais« (Ablass), ein Verzeichnis der an Kölner Kirchen zu erhaltenden Ablässe.[19] Im Göttinger Exemplar wurde sogar das Dornenkranz-Titelblatt von seiner Lage gelöst und vor dem Aflais eingebunden, während in den anderen beiden Exemplaren die Titelblätter beider Werke fehlen. Der Aflais steht nicht nur wegen dieser gemeinsamen Überlieferung in direktem Zusammenhang mit dem Dornenkranz, sondern druckt auch dessen Holzschnitt »Alle overschaff is van gode« auf der Rückseite des Titelblatts erneut ab und verweist gegen Ende des Buches explizit auf das andere Werk.[20] Tatsächlich ergänzen sich der Aflais und der erste Teil des in drei Bücher unterteilten Dornenkranzes inhaltlich äußerst gut. Es ist darum und wegen des Überlieferungsverbundes wahrscheinlich, dass die beiden Werke gemeinsam vertrieben wurden.[21]

17 Mit Bezug zu Köln sind ein »Nota bene« zur Unschuld Kölns am Tod der Stadtheiligen (F5r, Kölner Exemplar) sowie ein späterer Kommentar zur Stadtgründung (hinterer Einbandspiegel, Bad Berleburger Exemplar) von Interesse. Laut letzterem sei Köln ursprünglich 1171 v. Chr. vom Trojaner Colonus, später nochmals von Marcus Agrippa gegründet und schließlich durch Kaiser Claudius »uffs newe zugericht« und nach seiner Gemahlin Agrippina benannt worden. Von den Ubiern sei die Stadt »Ubiopolis« genannt worden. Vgl. zur Legende Robert Meier: Die Darstellung der Gründung Kölns in Kölner Quellen des Spätmittelalters. Methodenwechsel in der Geschichtsschreibung? in: Peter Engels (Hg.): Aus Überrest und Tradition. Festschrift für Anna-Dorothee von den Brincken, Lauf an der Pegnitz 1999, S. 128–140, hier S. 136.

18 Dk, L5r–L8r. Der Dornenkranz-Text endet auf Fol. L4v mit einem Nachwort und die Predigt enthält keine Rückbezüge auf ihn oder besondere thematische Überschneidungen (vgl. Venns: Studien (Anm. 5), S. 140f.). Die Frage, warum die Predigt überhaupt mitgedruckt wurde, blieb bisher unbeantwortet.

19 Gesamtkatalog der Wiegendrucke [online], Nr. 8, https://www.gesamtkatalogderwiegendrucke.de/docs/GW00008.htm [Stand: 28.11.2023]

20 Titelblatt nur im Bentheim'schen Exemplar vorhanden. Die Übereinstimmung der Holzschnitte bestätigte mir freundlicherweise das zuständige LWL-Archivamt. Verweis auf Dk im Aflais, m2r: »Item tzo dyssen voirschreven aflays hoert ouch der Doernen Kranß, dair men ouch vyl schoen und myrckliche stuycken in vynden mach«.

21 Venns: Studien (Anm. 5), S. 148–152.

Des Weiteren besteht die Vermutung, dass es sich bei den Büchern zwei und drei des Dornenkranzes um Nachdrucke und somit bei den heute erhaltenen, vollständigen Exemplaren um partielle Neusätze Koelhoffs des Jüngeren handeln könnte.[22] Dies würde voraussetzen, dass der erste Teil ursprünglich getrennt von den beiden anderen verkauft wurde und letztere früh vergriffen oder noch gar nicht gedruckt waren.[23] Die These wird erstens gestützt durch den Befund, dass der inhaltlich in sich geschlossene erste Teil genau mit der Lage c endet und die Lagennummerierung danach neu bei A beginnt.[24] Zweitens sind die im zweiten und dritten Teil des Dornenkranzes gelegentlich verwendeten, gedruckten Lombarden eigentlich erst aus Drucken Koelhoffs des Jüngeren bekannt.[25] Es muss allerdings betont werden, dass alle heute bekannten Exemplare des Dornenkranzes sowohl alle drei Teile als auch die gedruckten Lombarden enthalten, sodass die These unbewiesen bleibt.

a) Von der Handschrift zum Druck

Wenngleich ein detaillierter Textvergleich der Handschrift und der Inkunabel noch aussteht, lässt sich anhand einer groben Überprüfung der Absatzstruktur, Gestaltung und Formulierung bereits festhalten, dass beide Fassungen des Dornenkranzes einen größtenteils übereinstimmenden Textbestand überliefern. Wenn hier und im Folgenden von *Werk* die Rede ist, dann ist damit kein unveränderliches Texterzeugnis im modernen Sinne gemeint,[26] sondern ein äußerlich und innerlich als Einheit markierter Text, dessen Substanz auch bei der Übertragung von der handschriftlichen Fassung ins Druckmedium überwiegend unverändert erhalten blieb. Eigene Stichproben unterstützen die Feststellung Schumachers und Eva Büthe-Scheiders, dass die Inkunabel auch die im Autograph vorgenommenen Ergänzungen, Streichungen und Korrekturen übernommen

22 Severin Corsten: Ulrich Zells deutschsprachige Drucke, in: Gutenberg-Jahrbuch 40 (1965), S. 110–117, hier S. 111 Anm. 13, S. 114.

23 Diese Schlussfolgerung bekräftigte Corsten später in einem Brief an Venns (Studien (Anm. 5), S. 12, Anm. 62).

24 Vgl. Venns: ebd., S. 10, S. 144f. An der Bindung der erhaltenen Inkunabeln ist augenscheinlich nichts festzustellen, was auf eine Zusammenfügung ursprünglich getrennter Drucke hindeuten würde. Nur im Kölner Exemplar ist »ein deutlicher Einschnitt im Buchblock festzustellen« (ebd., S. 13). Das allein hat jedoch keine Aussagekraft, da der heutige Einband auf eine moderne Restaurierung zurückgeht.

25 Corsten: Ulrich Zell (Anm. 22), S. 11 Anm. 13.

26 Zur Problematik des modernen Autor-Werk-Verständnisses in Bezug auf Stadthistoriographie vgl. Jan Dumolyn/Anne-Laure van Bruaene: Urban Historiography in Late Medieval and Early Modern Europe: Introduction, in: Bram Caers/Lisa Demets/Tineke van Gassen (Hg.): Urban History Writing in Northwest Europe (15th–16th Centuries), Turnhout 2019, S. 7–24, hier S. 20f.

hat und somit die »finale« Überarbeitungsstufe wiedergibt.[27] Zugunsten typisch ripuarischer Schreibweisen wurden allerdings Änderungen an der ursprünglich südrheinisch geprägten Schreibsprache vorgenommen und ein lateinischer Erklärungstext zu einem Diagramm übersetzt.[28]

Einige Marginalien und ergänzende Kommentare sind nur in der Handschrift zu finden, und es gibt vereinzelte Einschübe in der Druckversion des Textes.[29] Die in der Inkunabel angehängte Predigt wurde bereits erwähnt. Zwei zusätzliche Textabschnitte in Berol. 490 verdienen besondere Beachtung: Erstens ist der Text in der Handschrift gemeinsam mit Abschriften wichtiger Dokumente zu stadtkölnischen Rechten (zum Beispiel der Verbundbrief von 1396 oder die Kölner Statuten von 1437) und einer Liste der Kaiser seit Karl dem Großen überliefert.[30] Zweitens schließt sich an das letzte Kapitel des zweiten Dornenkranz-Buches, welches speziell von Köln handelt, ein dezidiert historiographischer Text an, der laut volkssprachiger Überschrift den Ursprung Kölns in Latein zusammenfassen will (Fol. 260v–261v).

In Berol. 490 ist dem Text zudem ein Vorwort vorangestellt, in dem der Verfasser auf den Kompilationscharakter des Werkes hinweist (»myt haist und ylend zusamen gesoikt«) und ausführt, dass das Werk denen, »die Gott und das gemeine Gut lieb haben«, zum Verständnis der Dinge und zur Besserung von Missständen helfen solle. Er fordert zudem zu Gebeten für den Schreiber auf (»ind bidden Got vur den schrijvere«). In der Inkunabel erscheint dieser Text leicht abgewandelt als Nachwort. Die signifikantesten Änderungen im Gegensatz zur Handschrift sind der Einschluss des Setzers oder Druckers in die Andachtsbitte und die Betonung der Anonymität des Verfassers (»bydden Got vur den, der dit zusamen gesatzt unn geschreven hait, des name Got bekannt is«) sowie ein Hinweis, dass die Kompilation »etzlicher gueder personen begerde halven« erstellt worden sei. Zudem wird ermahnt, dass die beschriebenen drei Stände die Grundlage des »gemeinen Guts« seien, die ohne »vrede, mynne, unn eyndrechticheit [...] niet wail bestayn moegen«.[31]

b) Inhalt

Der Dornenkranz lässt sich in vier große Abschnitte einteilen, eine Vorrede und drei Bücher für je einen behandelten Stand. In der Vorrede verdeutlicht

27 Schumacher: Boethius in Köln (Anm. 3), S. 219 f.; Büthe-Scheider: e-Apokope (Anm. 12), S. 65.
28 Büthe-Scheider: ebd., S. 72, 74; Dk C2v und Berol. 490, 246r.
29 Büthe-Scheider: ebd., S. 66, Anm. 97; Schumacher: Boethius in Köln (Anm. 3), S. 218 f.
30 Vgl. Schumacher: Konrad Humery (Anm. 10), S. 293–297.
31 Berol. 490, 229r; Dk L4v.

der Verfasser seine Überzeugung, dass das »gemeine Gut« und der Frieden in der Stadt nur bewahrt werden könnten, wenn ein jeder sich seinem Stand gemäß verhalte.[32] Hierfür sei zunächst die Kenntnis der Eigenschaften des eigenen Standes nötig, zu welchem Zweck die darauffolgenden Abschnitte dienen sollten. Es folgen das erste Buch des Dornenkranzes über den »geistlichen off biddenden stait«, das zweite über den »stait der prelaten« und schließlich das dritte über den Stand der »Arbeyder und gemeynen underdanen«.[33] Jedes Buch ist in mehrere Abschnitte gegliedert, wobei nur im zweiten Teil eine werkimmanente Zählung vorliegt, da hier insgesamt neun »Artikel« beziehungsweise »Punkte« in je eigenen Kapiteln aufgezählt werden. Anhand der handschriftlichen Fassung lassen sich für das erste Buch 36 und für das dritte Buch neun Abschnitte festmachen, die nur teilweise abgeschlossene, kapitelähnliche Sinneinheiten darstellen.

Mit dem in der Struktur des Werkes aufgegriffenen Dreierschema befasste sich Cordelia Heß und stellte fest, dass für ein laiendidaktisches Werk der Fokus auf eine gesellschaftliche und moralische Dreiteilung im Dornenkranz ungewöhnlich ausgeprägt sei.[34] Dabei würden jedoch verschiedene, im Mittelalter übliche Konzepte vermischt und auch innerhalb des Dornenkranzes inkonsistent verwendet. So würde einerseits eine funktionale Dreiteilung in betende, kämpfende und arbeitende Teile der Gesellschaft dargestellt, die sich andererseits aber mit einer Teilung in Prälaten, Mönche und Laien sowie einer eher moralischen Unterscheidung in herrschende, keusche und verheiratete Personen überschneide.[35] Diese durch die Zahl drei verbundenen Einteilungen würden durch weitere Gesellschaftsmetaphern wie die der neun Engelschöre oder der christlichen Gesellschaft als Körper ergänzt.[36] Auch diese Adaption gängiger mittelalterlicher Metaphern sei ein Alleinstellungsmerkmal des Dornenkranzes innerhalb der von Heß untersuchten laiendidaktischen Literatur.[37]

Das erste Buch des Dornenkranzes wird vollständig eingenommen von der Beschreibung einer Art Stadtrundgang entlang einer Auswahl von 37 Kölner Kirchen, Klöstern und Kapellen. An jeder Station solle einer Episode der Passion Christi gedacht werden, die parallel zum Rundgang beschrieben und mit den Patrozinien der Kirchen in Verbindung gebracht wird. Dieser erste Teil

32 Dk a2r–a4r.
33 Zitate Dk a6r, A5r, G5v. Zum Inhalt allgemein Venns: Studien (Anm. 5), S. 32–92.
34 Cordelia Heß: Social Imagery in Middle Low German. Didactical Literature and Metaphorical Representation (1470–1517), Leiden/Boston 2013, S. 136 f.
35 Ebd., S. 132–134.
36 Ebd., S. 171–182, 303–306. Vgl. Venns: Studien (Anm. 5), S. 116–123.
37 Heß: Social Imagery (Anm. 34), S. 175, 303.

offenbart ein antisemitisches Weltbild des Verfassers, da die im Kontext der Passionsgeschichte erwähnten jüdischen Personen entsprechend judenfeindlichen Motiven beschrieben sowie die beteiligten Juden durch ihre Handlungen als besonders grausam und blutrünstig dargestellt werden.[38] Das zweite und längste Buch des Dornenkranzes widmet sich vermehrt herrschaftstheoretischen Aspekten und geht unter anderem auf die »Ordnung des Römischen Reiches« ein. Es schließt mit einem langen und vergleichsweise stark verzierten Kapitel zur Stadt Köln, welches gemäß den Kopfzeilen unter anderem vom »begynne«, den »wyrdicheyden« und dem »loff« der Stadt handelt. Das dritte Buch des Dornenkranzes erläutert Tugenden, durch die die »Untertanen« sich auszeichnen sollen, und geht abschließend auf die Bedeutung von (Mein)Eiden ein.[39]

c) Paratextuelle Gestaltung

Der Dornenkranz zeichnet sich in Inkunabel wie Handschrift durch spezielle paratextuelle Elemente aus. Insbesondere dem Rundgang im ersten Teil kommt eine besondere Bedeutung in der Gesamtkonzeption des Werkes zu. Er wird auf dem Titelblatt diagrammatisch abgebildet, welches einen stilisierten Dornenkranz um das Bild des gekreuzigten Jesus zeigt, in dem jedem Dorn der Name einer der 37 genannten Kirchen zugeordnet ist (Abb. 1 und 2).[40] Die Reihenfolge der Stätten ist dabei topographisch korrekt, sodass sich der Rundgang problemlos auf eine historische Karte Kölns übertragen lässt (Abb. 3). Diese »Bilderfindung und der Einsatz derartiger komplexer

38 Ebd., S. 136, 262 f., 274 f.; Dk b1v, b5v, b4r. Die von Heß in diesem Kontext vorgebrachten Argumente für eine visuelle Betonung der judenfeindlichen Passagen sind nicht zu halten. So beginne im ersten Teil »almost every paragraph« mit »de joden« (S. 265). Die Abschnitte seien durch schwarze oder rote Striche und rubrizierte Buchstaben zu Beginn jeder ersten Zeile gekennzeichnet, um die laut Heß zentrale Aussage des Textes zu verdeutlichen: »the Jew is the opposite of the spiritual Christian« (ebd.). Auch die Nennung der »iodesche synagoge« [!] als »repetitive element [...] in many of the subsection titles« (S. 136), sowie rote Initialen interpretiert sie als »reference to the cruelty of the Jews« (ebd.). Die genannten Aspekte lassen sich nicht an dem laut Quellenverzeichnis von Heß konsultierten Darmstädter Exemplar bestätigen: Wenngleich ein Drittel der Abschnitte Juden betrifft, beginnt keiner mit einer roten Initiale, nur einer mit »Die Joeden« (b2v) und ein anderer mit »Die joedsche synagoge« (b3v). Letztere wird zudem in genau einer Überschrift in Auszeichnungsschrift erwähnt (b2v). Alle roten Markierungen stellen Alinea-Zeichen dar, die auch im Rest des Buches durchgehend verwendet werden. Rubrizierungen wurden zudem erst nachträglich durch den Käufer eines Buches veranlasst (das Burgsteinfurter Exemplar ist gar nicht, das Göttinger abwechselnd blau und rot rubriziert).

39 Vgl. zum Inhalt Venns: Studien (Anm. 5), S. 32–80, S. 83–92.

40 In Berol. 490 sind im Inneren des Kranzes auch die Stationen der Passion Christi notiert, derer bei der jeweiligen Kirche gedacht werden soll.

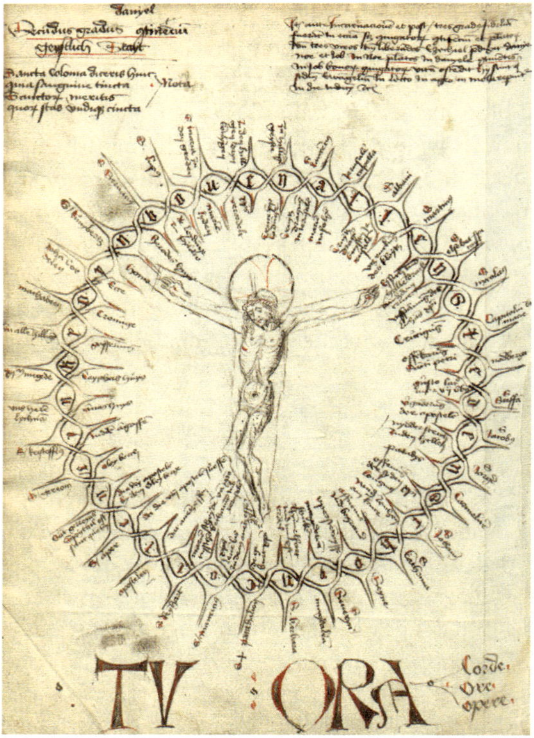

Abb. 1: Diagramm des Dornenkranzes im Codex Berol. 490, um 1466/67 (Berlin, Staatsbibliothek, ms. theol. lat. fol. 490, fol. 229v)

mnemonischer Mittel auf der Titelseite« zum Ende des 15. Jahrhunderts wurden von Gummlich-Wagner als besonders innovativ beurteilt.[41] Der Abbildung sind die Sprüche »Sancta Colonia diceris hinc, quia sanguine tincta sanctorum meritis quorum stas undique cincta« und »Collen eyn kroyn boven allen steden schoyn« zur Seite gestellt, wobei letzterer in der Handschrift in den stilisierten Dornenkranz integriert ist.[42] Der Kronenspruch ergibt sich auch

41 Johanna Christine Gummlich-Wagner: Das Titelblatt in Köln. Uni- und multivalente Titelholzschnitte aus der rheinischen Metropole des Inkunabeldrucks, in: Archiv für Geschichte des Buchwesens 62 (2008), S. 106–149, hier S. 133. Gummlich-Wagner geht davon aus, dass das Titelblatt von Koelhoff selbst konzipiert worden sei (ebd., S. 130 und 133), was nach Bekanntwerden der Handschrift aber revidiert werden muss.

42 Wegen der 36 Buchstaben des Spruchs gibt es wohl auch 36 Dornen – eine zu wenig für die 37 Kirchen. Die Kartause St. Barbara und die Kirche St. Maria Magdalena stehen darum in Zeichnung wie Holzschnitt notdürftig gedrängt neben einem einzigen Dorn. In Berol. 490 sind der Zeichnung weitere Texte beigegeben: Eine den Stand benennende Überschrift, eine lateinische Beschreibung der drei Stände (»tres gradus«), die in der Vorrede des Buches erneut

Abb. 2: Titelblatt der Inkunabel »Der doernen krantz van Collen«, 1490 (Darmstadt, Universitäts- und Stadtbibliothek, Inc. II 674, a1r)

als Akrostichon aus 36 aus dem Schriftbereich ausgerückten Buchstaben in Auszeichnungsschrift im ersten Buch, welches zudem genau 36 Absätze hat und somit die Anzahl der Stationen im Rundgang strukturell unterstreicht. Auch in den übrigen beiden Büchern bilden die speziell hervorgehobenen Anfangsbuchstaben der Absätze Akrosticha, nämlich »Agrippina« und »Collen«. Hierauf wird im Text explizit hingewiesen,[43] was die Bedeutung für die Werkkonzeption zeigt. Am Ende des ersten Teils werden der Kronenspruch und der »Sancta Colonia«-Spruch schließlich mit dem Dornenkranz- beziehungsweise Dornenkronen-Motiv in Verbindung gebracht: Die Kirchen und die darin ruhenden Heiligen bildeten einen schützenden Kranz um die Stadt und machten somit ganz Köln zu einer Krone.

auf Ripuarisch wiederholt wird, sowie unter dem Dornenkranz in Schmuckschrift die Aufforderung »TU ORA. Corde. Ore. Opere.« (siehe unten Anm. 50).

43 Venns: Studien (Anm. 5), S. 11: Dk c5v, A1r, G1r, G6v, J6r.

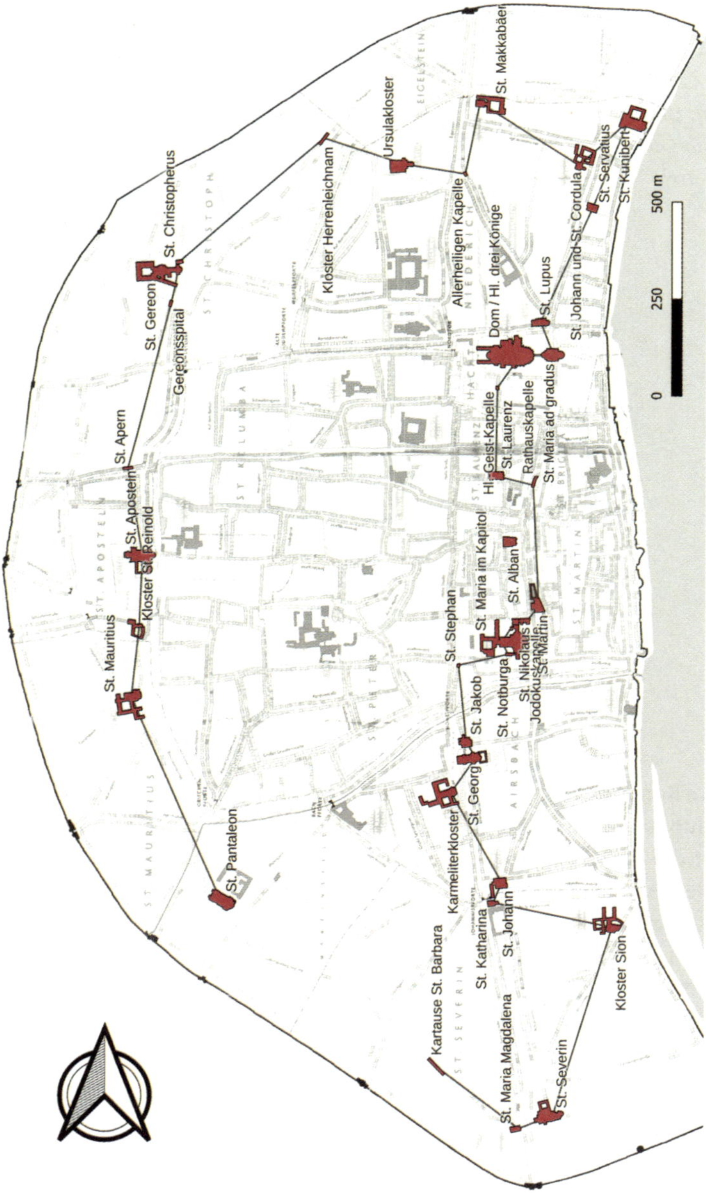

Abb. 3: Visualisierung des Kirchenrundgangs im Diagramm des Dornenkranzes (Vektordaten: Projekt »Beginen in Köln«, CCeH/Historisches Institut Köln; zur Verortung konsultiert: https://altes-koeln.de; Hintergrundkarte (bearb.): Repro aus: Hugo Stehkämper/Carl Dietmar: Köln im Hochmittelalter 1074/75–1288, Köln 2016, Abb. 122; erstellt in QGIS)

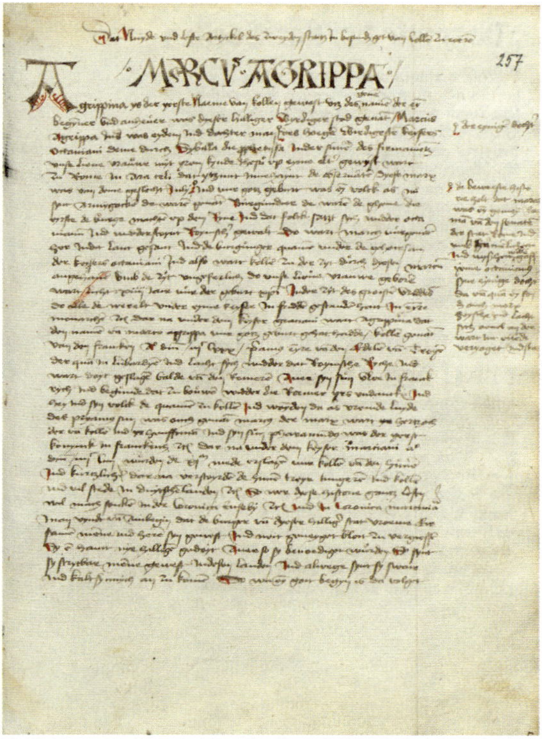

Abb. 4: Beginn des »Kölner Kapitels« im Codex Berol. 490, um 1466/67 (Berlin, Staatsbibliothek, ms. theol. lat. fol 490, fol. 257r)

Für die Druckfassung ist an dieser Stelle ein ausdrücklicher Hinweis auf den Zusammenhang zwischen Text und Titelblatt eingefügt.[44] Zudem wurden sämtliche der beschriebenen paratextuellen Elemente in die Inkunabel übernommen, obwohl dies offenbar Probleme beim Setzen bereitete.[45] Das zeigt, dass Koelhoff die Symbolik der äußerlichen Gestaltung seiner Textvorlage nicht nur verstand, sondern auch für essenziell hielt. Der Drucker blieb seiner Vorlage treu, passte sie aber den Gegebenheiten des neuen Mediums an. So wird der Text im Druck zusätzlich durch Kolumnentitel strukturiert, die eine bessere Orientierung im Buch erlauben, und die jeweils erste Seite der Teile zwei und drei ist

44 Dk c5v. Vgl. Gummlich-Wagner: Titelblatt (Anm. 41), S. 130.

45 Im ersten Teil sind die Absätze aus Platzgründen oft nicht durch eine Leerzeile, sondern durch Seitenumbrüche und Alinea markiert. Für die korrekte Wiedergabe des Akrostichons wurde teils die Lesereihenfolge innerhalb der Zeilen geändert, um das richtige Wort am Zeilenanfang drucken zu können (Dk b4v, b6r, c1v, c3r, c3v). An zwei Stellen wurden die ausgerückten Majuskeln vergessen: Dk a8v (»[N]Atuerlichen«), C3r (»[I]Nnicklichen«).

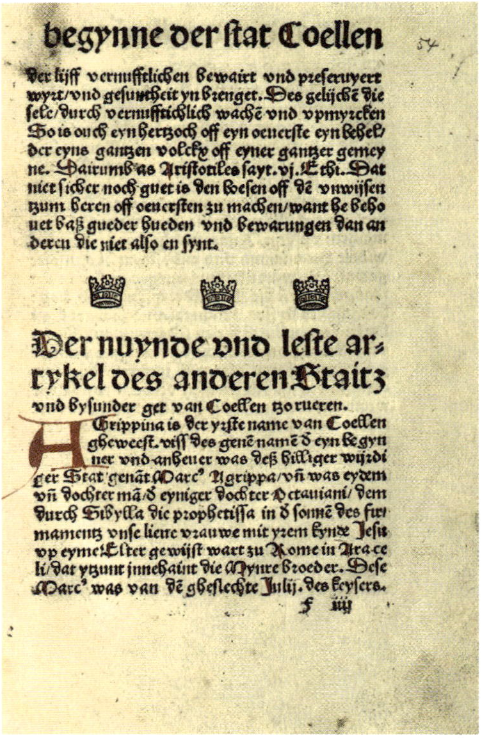

begynne der stat Coellen

Der lijff vernufftlichen bewairt vnd preseruyert
wyrt/vnd gesuntheit yn brenget. Des gelijchē die
sele/durch vernufftichlich wachē vnd vpmyrcken
So is ouch eyn hertzoch off eyn oeuerste eyn bebel/
der eyns gantzen volckz off eyner gantzer gemey
ne. Dairumb as Aristotiles sayt. vj. Ethi. Dat
niet sicher noch guet is den boesen off dē vnwijsen
tzum heren off oeuersten zu machen/want he beho
uet baß gueder hueden vnd bewarungen dan an
deren die niet also en synt.

Der nuynde vnd leste ar-
tykel des anderen Staitz
vnd bysunder get van Coellen tzo rueren.

AGrippina is der yrste name van Coellen
gheweest. viſſ des genē namē d eyn begyn
ner vnd anheuer was deß hilliger wijrdi
ger Stat genāt Marc⁹ Agrippa/vn̄ was eydem
vn̄ dochter mā/d eyniger dochter Octauiani/ dem
durch Sibylla die prophetissa in d sonnē des fir-
mamentz vnse lieue vrauwe mit yrem kynde Jesu
vp eyme Elter gewijst wart zu Rome in Ara ce
li/dat ytzunt innehaint die Mynre broeder. Dese
Marc⁹ was van dē gheslechte Julij. des keysers.

f iiij

Abb. 5: Beginn des »Kölner Kapitels« in der Inkunabel »Der doernen krantz van Collen«, 1490 (Darmstadt, Universitäts- und Stadtbibliothek, Inc. II 674, 54r)

durch Zierleisten besonders hervorgehoben. Ein besonderes Schmuckelement sind kleine Kronen, die im ersten Buch verschiedentlich neben den Satzspiegel gedruckt sind.[46] Wenngleich sie manchmal mit den Buchstaben des Akrostichons oder mit Nennungen Kölns im Text korrelieren, kann nicht für alle Vorkommen der Kronen eine Erklärung gefunden werden. Besonders verziert ist – wiederum in beiden Textträgern – das Kapitel zu Köln im zweiten Buch. In der Inkunabel signalisieren drei nebeneinander gedruckte Kronen eine Trennung zum vorherigen Abschnitt, und das neue Kapitel beginnt mit zwei Zeilen in Auszeichnungsschrift sowie einem freien Platz für eine rubrizierte Initiale. In der Handschrift ist das entsprechende Kapitel in einer im restlichen Text nur in Abbildungen verwendeten Schmuckschrift mit »MARCUS AGRIPPA«, dem Namen des vermeintlichen Gründers Kölns, Marcus Agrippa, überschrieben (Abb. 4 und Abb. 5).

46 Nach Auskunft von Falk Eisermann (GW/SBB PK) ein äußerst seltenes Schmuckelement für Frühdrucke.

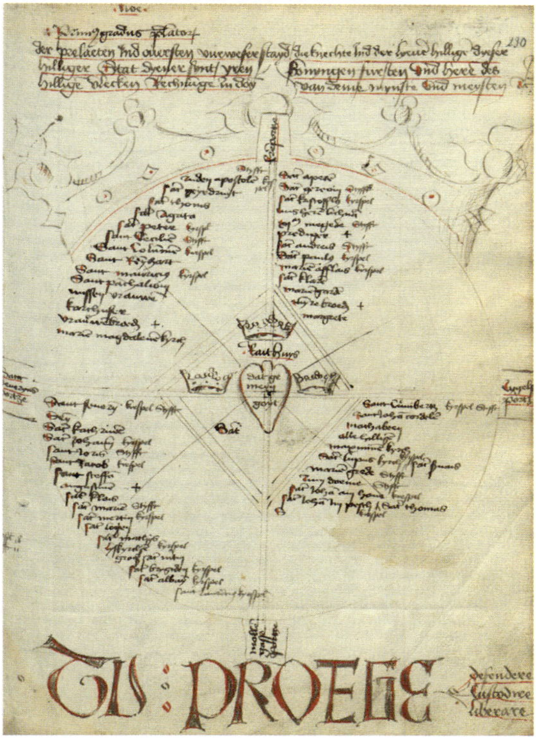

Abb. 6: Diagramm zum Stand der Prälaten im Codex Berol. 490, (Berlin, Staatsbibliothek, ms. theol. lat. fol 490, fol. 230r)

Neben dem Titelblatt enthält der Dornenkranz mehrere Abbildungen, die teils in beiden (»Circulus universorum«, »Dye figure der gerechticheit«), teils nur in einem Textträger zu finden sind (darunter »Alle overschaff is van gode« in der Inkunabel).[47] Eine kunsthistorische Untersuchung steht noch aus. An dieser Stelle soll wegen ihres Bezugs zu Köln nur auf zwei zusätzliche, ganzseitige Diagramme in Berol. 490 eingegangen werden, die dort – der allgemeinen Dreiteilung des Werkes folgend – zusammen mit dem das erste Buch repräsentierenden »Titelblatt« dem Text vorangestellt sind und jeweils einem der beiden übrigen Bücher entsprechen. Das Diagramm zum Stand der Prälaten (Fol. 230r) zeigt erneut eine symbolische Karte Kölns (Abb. 6 und 7), in der die als Kreis dargestellte Stadt in allen Himmelsrichtungen durch je ein Stadttor begrenzt wird, nämlich die »Erenportze«, »Eygels[teyn] portz[e]«, »Mollengasse

47 Vgl. Albert Schramm: Der Bilderschmuck der Frühdrucke. Bd. 8: Die Kölner Drucker, Leipzig 1924, S. 7.

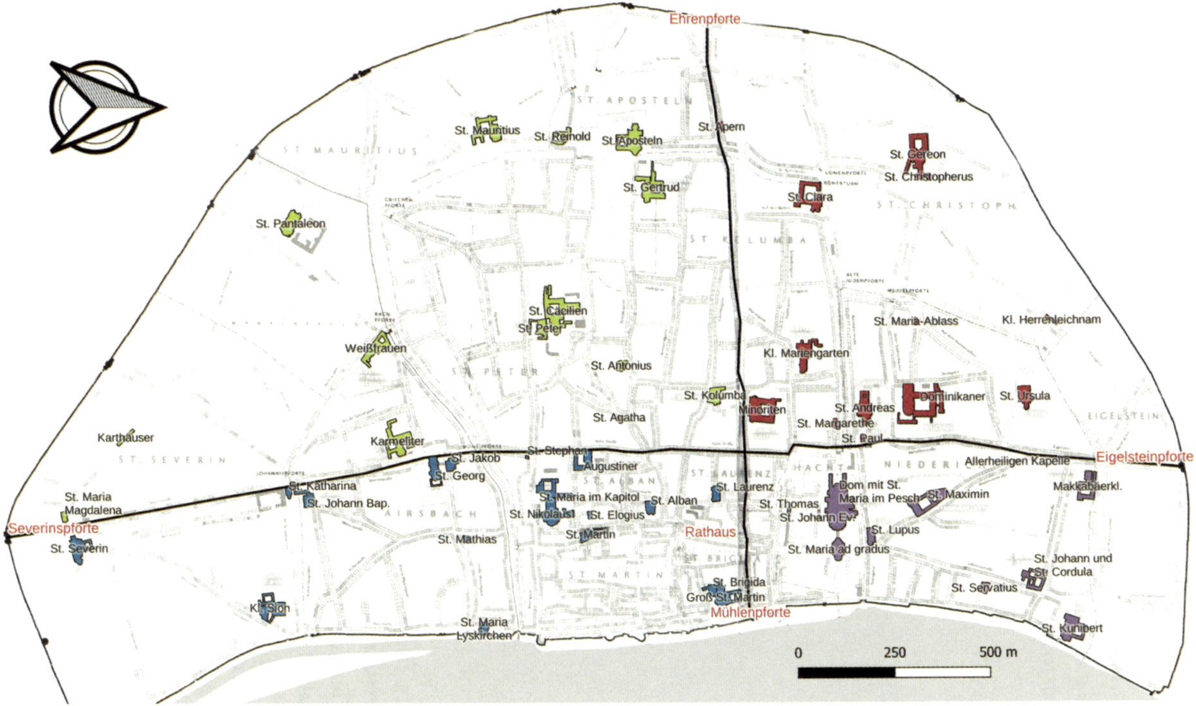

Abb. 7: Visualisierung der Stadtstruktur im Diagramm zum Stand der Prälaten (Vektordaten: Projekt »Beginen in Köln«, CCeH/Historisches Institut Köln; zur Verortung konsultiert: https://altes-koeln.de; Hintergrundkarte (bearb.): Repro aus: Hugo Stehkämper/Carl Dietmar: Köln im Hochmittelalter 1074/75–1288, Köln 2016, Abb. 122; erstellt in QGIS)

portze« und »Sant Severyns portze«. In jedem Viertel des Kreises sind erneut typographisch korrekt die Namen von Kirchen und Stiften aufgelistet.[48] Das als solches dargestellte Herz der Stadt bildet »dat gemeyn goyt«, über dem das »Raithuys« und drei Kronen zu sehen sind. Erneut wird die Aussage des Textes plakativ versinnbildlicht: Das Rathaus bildet das weltliche Zentrum der Stadt, die Ratsherren und die Heiligen (symbolisiert durch die Kronen der heiligen drei Könige) beschützen gemeinsam das Gemeinwohl. Das Gemeinwohl als Ziel und Grundlage einer friedlichen, göttlichen Ordnung ist nach Venns ein bestimmendes Motiv im Dornenkranz.[49]

Scheint das zweite Diagramm aufgrund zweier unvollständiger Einträge nicht ganz abgeschlossen zu sein, so ist das dritte Diagramm für den Stand der Arbeiter (Fol. 230v) gänzlich unfertig und fast leer. Lediglich drei konzentrische Kreise teilen den Stand in »Ackerluyde«, »Hantwerkxlude« und »Kouffluyde« ein. Die drei Abbildungen sind durch die in großer, rubrizierter Zierschrift jeweils unter die kreisförmigen Diagramme geschriebenen drei Teile des Spruchs »TU ORA, TU PROTEGE TUQUE LABORA« (»Du bete, Du beschütze, Du arbeite«)[50] miteinander verbunden und haben jeweils einen erklärenden Text, der den Stand benennt und knapp erläutert. In den Diagrammen zwei und drei sind die die Stadt symbolisierenden Kreise zudem gekrönt. Die drei Abbildungen machen deutlich, dass nicht nur der Rundgang aus dem ersten Buch, sondern insbesondere auch die Ausführungen des zweiten Buches im spezifischen Kölner Kontext verstanden werden sollten, den der Verfasser durch den symbolischen Rückbezug auf die örtlichen Gegebenheiten selbst hervorhob.

2. *Bezüge zur Kölner Stadthistoriographie*

Die von 1469 bis 1472 entstandene Agrippina Heinrichs van Beeck und die 1499 bei Johann Koelhoff dem Jüngeren gedruckte »Cronica van der hilliger Stat van Coellen«, genannt Koelhoffsche Chronik, eines anonymen Verfassers zählen

48 Links neben dem Diagramm wurde mit hellerer Tinte und darum eventuell nachträglich die Anzahl an Kirchspielen und Stiften (»Kirchsp(e)l 18. Styfft 11«) notiert.

49 Venns: Studien (Anm. 5), S. 128–135.

50 Jede Teilaufforderung wird ergänzt durch in kleinerer Schrift geschriebene Zusätze: »TU ORA. Corde. Ore. Opere.« (»… mit Herz, Wort und Tat.«), »TU PROTEGE. Defendere. Custodere. Liberare.« (»Verteidigen, bewahren und befreien.«) und »TUQUE LABORA. In iusticia et ex sanctitate [?].« (»… in Gerechtigkeit und aus Frömmigkeit [?].«, letzter Teil im Digitalisat verzerrt).

zu den Höhepunkten der mittelalterlichen Kölner Stadtgeschichtsschreibung.[51] Insbesondere letztere ist im Zuge kulturgeschichtlicher sowie material- und inkunabelkundlicher Forschungen in jüngerer Zeit erneut in den Fokus gerückt.[52] Wenngleich der Dornenkranz von der Forschung zur städtischen Geschichtsschreibung in Köln bisher nur am Rande Beachtung fand, stellte schon Beatrix Alexander die Dornenkranz-Inkunabel an den Anfang einer literarischen Rezeption des Motivs des »Kölner Bauern«, die in der Agrippina und der Koelhoffschen Chronik fortgeführt und ausgebaut wird.[53] Robert Meier ordnete das im zweiten Teil des Werkes deutlich werdende Verständnis der Geschichte Kölns knapp in die zeitgenössische Geschichtsschreibung in Köln ein und verwies auf zahlreiche gemeinsame Topoi sowie konkrete Übereinstimmungen zum Städtelob in der Agrippina.[54] Die ausführlichste Einordnung in den Kontext der Kölner Stadthistoriographie bot erneut Venns: Er verglich das Städtelob im Dornenkranz mit dem in der Koelhoffschen Chronik, der Agrippina sowie der Reimchronik Gottfried Hagens und fand viele inhaltliche Gemeinsamkeiten in Bezug auf die herausragende Rolle der städtischen Heiligkeit, der Stellung Kölns im Reich (verdeutlicht anhand der Quaternionen) und der Stadtgründung. Im Detail konnte er jedoch auch unterschiedliche Gewichtungen ausmachen, zum Beispiel die fehlende Erwähnung der sieben heiligen Kölner Erzbischöfe im Dornenkranz oder die Ausklammerung der städtischen Freiheit als Erklärung und Legitimation für die als gottgegeben dargestellten Ehren der Stadt Köln.[55] Zuletzt ließ sich in einer Vorarbeit zu diesem Beitrag feststellen, dass die inhaltlichen und sprachlichen Ähnlichkeiten zwischen Dornenkranz und Koelhoffscher

51 Vgl. Monika Hanauska: »Historia dye ist ein gezuyge der zijt …«. Untersuchungen zur pragmatischen Formelhaftigkeit in der volkssprachigen Kölner Stadthistoriographie des Spätmittelalters, Heidelberg 2014, S. 283–298 (Ag), S. 347–365 (KCh).

52 Vgl. Carla Meyer-Schlenkrich: Vom mittelalterlichen Druck zum digitalen Projekt. Das Lehr-Lern-Projekt »Koelhoffsche Chronik 1499 digital« an den Universitäten Köln, München und Münster, in: GiK 70 (2023), S. 319–326; Dies./Paul Schweitzer-Martin: The Risk to Print History in the Late 15th Century. Johann Koelhoff's Chronicle Project in 1499, in: Sylvia Brockstieger/Ders. (Hg.): Between Manuscript and Print. Transcultural Perspectives, ca. 1400–1800, Berlin/Boston 2023, S. 9–41. Weiterhin fraglich bleibt die Autorschaft der Chronik, für die jüngst eine Verbindung zu den Kölner Kartäusern vermutet wurde, vgl. Wolfgang Schmitz: Neue Überlegungen zur Autorschaft der Kölnischen Chronik. Die Schlüsselstellung der Kölner Kartause, in: Christoph Reske (Hg.): Kontext Buch. Festschrift für Stephan Füssel, Wiesbaden 2020, S. 202–209. Vgl. dazu auch Nils Foege: Bibliothekszugang und -nutzung in der Kölner Kartause um 1500. Überlegungen zum Entstehungsumfeld der »Koelhoffschen Chronik«, in: GiK 70 (2023), S. 109–133, und Sita Steckel: »Ein Coelsch kynt geboren«. Die Darstellung der Kartäuser und ihres Gründers Bruno von Köln in der Koelhoffschen Chronik, in: GiK 70 (2023), S. 135–165.

53 Alexander: Kölner Bauer (Anm. 8), S. 15–19.

54 Robert Meier: Geschichtsschreibung im Köln des 15. Jahrhunderts. Die »Agrippina«, in: GiK 42 (1997), S. 21–40, hier S. 37–39; Ders.: Agrippina (Anm. 6), S. 78 f.

55 Venns: Studien (Anm. 5), S. 93–115.

Chronik vor allem in zwei Abschnitten letzterer zu finden sind, die aus der chronologischen Ordnung ausbrechen und Exkurse mit übergreifenden Darlegungen zur Ordnung des Römischen Reiches und zu Köln als Heiliger Stadt und freier (Reichs-)Stadt enthalten. Kommentare in der Ich-Form und das Fehlen offensichtlicher Vorlagen an vielen Stellen deuten auf einen hohen Grad an eigenständiger Bearbeitung des Verfassers hin.[56] Beide Exkurse werden für den Textvergleich im weiteren Verlauf des Beitrags noch einmal relevant.

Vor dem Hintergrund der bereits bekannten Ähnlichkeiten ist an dieser Stelle hervorzuheben, dass der Dornenkranz und die Koelhoffsche Chronik in derselben Koelhoffschen Offizin, einmal vom Vater und einmal vom Sohn, mit einem Abstand von wenigen Jahren gedruckt wurden. Wenn man der These eines partiellen Neusatzes folgt, könnten die heute erhaltenen Teile zwei und drei des Dornenkranzes sogar fast zeitgleich mit der Chronik von Koelhoff dem Jüngeren gedruckt worden sein – denn in dieser finden sich erstmals die auch im Dornenkranz vorkommenden Lombarden.[57] Zwei Holzschnitte aus dem früheren Druck, darunter das Titelblatt, haben zudem in der Chronik erneut Verwendung gefunden – und zwar in einem der zuvor genannten übergreifenden Abschnitte. Die auffälligen äußeren und inhaltlichen Bezüge zwischen beiden Werken führten Hartmut Beckers bereits 1985 sogar zu der Frage, ob es sich bei der Chronik um ein Alterswerk des Dornenkranz-Verfassers handeln könne,[58] doch dies scheint zumindest bei Annahme Schirls als Autor zu weit gegriffen.[59]

Auch zur Agrippina Heinrichs van Beeck lassen sich Verbindungen des Dornenkranzes aufzeigen. Illustrierte Handschriften dieser früheren Chronik enthalten eine Abbildung – ihre erste und darum gewissermaßen das Titelbild –, die mit dem Titelblatt des Dornenkranzes offensichtlich verwandt ist: Jesus am Kreuz vor der Brust des Reichsadlers, umgeben von einem Strahlenkranz mit dem Namen einer Reichsstadt in jedem Strahl, wobei Köln zuoberst steht. Darüber steht der Spruch »Collen de krone boven allen Rych steden«.[60] Trotz der äußerlichen Ähnlichkeit haben die Motive sehr verschiedene Aussagen – die

56 Ostrowski: Geschichtsdeutung (Anm. 8), S. 59, Anm. 42, zu den Exkursen S. 60–65.
57 Siehe Anm. 25.
58 Hartmut Beckers: Rezension zu »Severin Corsten: Die Kölnische Chronik von 1499. Hamburg: Wittig 1982«, in: Gisbert Knopp u. a. (Hg.): Rhein und Maas verbunden. Festschrift Severin Corsten, Bonn 1985, S. 255–258, hier S. 258.
59 Schirl war zwar Mitglied einer religiösen Bruderschaft, aber kein Geistlicher, wie allgemein für den Autor der KCh angenommen wird. Seine Tätigkeit als Ratsherr widerspricht zudem einer »ratsfernen« Aussage des Chronik-Verfassers (»Wat dae van is hayn ich niet clair bescheit. Der rait der hilliger stat Coellen hait dat in sinre heimlicheit«, KCh a6r).
60 Severin Corsten: Die Kölnische Chronik von 1499, Hamburg 1982, S. 20; Meier: Agrippina (Anm. 6), S. 87 f.; Vgl. Volker Henn: Das Bildprogramm der Agrippina des Kölner Chronisten Heinrich van Beeck, in: RhVjBll 60 (1996), S. 121–152, hier S. 132 f.

eine auf die Heiligkeit Kölns bezogen, die andere auf die Reichsfreiheit. Die Entstehung der Agrippina wird anhand zweier Datumsangaben im Autograph auf die Zeit zwischen 1469 und 1472 datiert,[61] das heißt nahezu zeitgleich zur Entstehung des Dornenkranzes (1466/67). Eine zentrale Gemeinsamkeit ist auch die Entstehung und Rezeption beider Werke im Umfeld des Rates sowie die Kontakte, die beide Verfasser zum Rat pflegten.[62] Schirl als Mitglied einer Ratsfamilie und Heinrich van Beeck könnten sich oder ihre Werke gekannt haben und hatten vermutlich Zugriff auf ähnliche Quellen.[63]

a) Intertextualität – ein digitaler Ansatz

Grundlage für eine Beurteilung der angedeuteten intertextuellen Zusammenhänge ist eine systematische Erfassung und Auswertung der textlichen Übereinstimmungen zwischen dem Dornenkranz einerseits und der Agrippina sowie der Koelhoffschen Chronik andererseits. Diese blieb bislang jedoch aus und wird erschwert durch die große Textmenge und die aus moderner Sicht teils verwirrende Struktur der Chroniktexte, wegen derer nur schwer ersichtlich ist, für welche ihrer Abschnitte ein detaillierter Textvergleich mit dem Dornenkranz angebracht wäre.

Für die vorliegende Untersuchung wurde darum eine computergestützte Heuristik aus dem Bereich der Natürlichen Sprachverarbeitung (NLP) verwendet, nämlich Text Reuse Detection (TRD). Die Methodengruppe der TRD befasst sich mit der automatischen Erkennung von wiederverwendetem Textmaterial durch den Vergleich von potenziellen Quell- und Zieltexten. Dabei werden die digital vorliegenden Texte in der Regel zunächst in Segmente geeigneter Länge zerlegt, zum Beispiel überlappende Wortsequenzen (sogenannte n-Gramme). Sobald zwei übereinstimmende Segmente gefunden wurden, wird der umgebende Kontext auf weitere Übereinstimmungen hin untersucht und so die gesamte Parallelstelle genauer eingegrenzt. Trivial ist dieser Prozess nicht und insbesondere nicht-wörtliche Textübernahmen sowie zufällige sprachliche Ähnlichkeiten sind schwierig zu differenzieren. Mit der Adaption von TRD für die Anwendung in der Geschichtswissenschaft beschäftigen sich Forschungsarbeiten aus dem Bereich der Historical Text Reuse Detection (HTRD).[64] Hierbei ergeben

61 Cardauns: Cronica (Anm. 7), S. 226 ff.
62 Zur »Ratsnähe« der Agrippina: Meier: Agrippina (Anm. 6), S. 8–11.
63 Vor dem Hintergrund ist der mögliche Mainzer Einfluss auf die Sprache von Berol. 490 (vgl. oben Anm. 13) auffällig, denn auch Heinrich van Beeck hatte Verbindungen nach Mainz (Meier: Agrippina (Anm. 6), S. 70–77).
64 Vgl. zum Beispiel Torsten Hiltmann u. a.: Digital Methods in Practice. The Epistemological Implications of Applying Text Re-Use Analysis to the Bloody Accounts of the Conquest of Jerusalem (1099), in: Geschichte und Gesellschaft 47 (2021), S. 122–156. Das darin benutzte

sich spezielle Herausforderungen aus der Natur historischer Sprachdaten, die oft eine große dialektale und orthographische Varianz aufweisen, zu der noch textentstellende Fehler bei der automatisierten Digitalisierung mittels Optical Character Recognition (OCR) hinzukommen. Für die meisten historischen Sprach(stadi)en gibt es zudem wenige Programme für die notwendige Vorverarbeitung der Textdaten.[65] HTRD-Ansätze versuchen diesen Besonderheiten historischer Texte durch variantentolerante und sprachagnostische Methoden des Textvergleichs zu begegnen. Viele einschlägige Forschungsprojekte veröffentlichten in den letzten Jahren nachnutzbare Programme unter einprägsamen Namen, darunter Tesserae,[66] Passim,[67] BLAST[68] und TextPAIR.[69] Keine HTRD-Methode wurde bisher speziell für mittelalterliche volkssprachige Texte konzipiert, weshalb im Kontext der vorliegenden Untersuchung zunächst eine systematische Evaluation der bisherigen Ansätze anhand der bereits bekannten Ähnlichkeiten des Dornenkranzes und der Koelhoffschen Chronik durchgeführt wurde.[70] Die Programme fanden zwar nur einen Teil dieser Parallelstellen, konnten jedoch insbesondere wörtliche Übereinstimmungen und spezifische Ausdrücke erkennen. Wenngleich HTRD somit nicht die Genauigkeit eines manuellen Textvergleichs erreicht, kann es den Vergleich großer Textmengen erleichtern, indem es einen ersten Überblick über die Verteilung von Abschnitten mit gehäufter Ähnlichkeit gibt und somit Ausgangspunkte für weitere manuelle Analysen bietet.

Für die Untersuchung der intertextuellen Bezüge zwischen dem Dornenkranz und der zeitgenössischen Kölner Stadtgeschichtsschreibung kamen die Programme Passim, BLAST und TextPAIR zum Einsatz. Als digitale Textgrundlage diente dabei einerseits ein OCR-Scan der Dornenkranz-Inkunabel, der mithilfe von Transkribus angefertigt, in Teilen manuell korrigiert und ergänzt

Tool Tracer ist mittlerweile nicht mehr zugänglich, doch der Aufsatz bietet eine fundierte Einordnung der Methode für die geschichtswissenschaftliche Anwendung.

65 Ebd., S. 137f.

66 Neil Coffee: The Tesserae Project. Intertextual analysis of Latin poetry, in: Literary and Linguistic Computing 28 (2013), S. 221–228.

67 David A. Smith/Ryan Cordell/Abby Mullen: Computational Methods for Uncovering Reprinted Texts in Antebellum Newspapers, in: American Literary History 27 (2015), E1–E15.

68 Aleksi Vesanto u.a.: A System for Identifying and Exploring Text Repetition in Large Historical Document Corpora, in: Jörg Tiedemann/Nina Tahmasebi (Hg.): Proceedings of the NoDaLiDa 2017 Workshop on Processing Historical Language, Göteborg 2017, S. 330–333.

69 Clovis Gladstone: TextPAIR. A new high-performance sequence aligner, in: ARTFL Project Research Blog (2018), https://artfl.blogspot.com/2018/12/textpair-new-high-performance-sequence.html [Stand 28.11.2023].

70 Alina Ostrowski: Ansätze und Tools für Historische Text Reuse Detection. Fragmentierter Text Reuse am Beispiel ripuarischer Inkunabeln des 15. Jahrhunderts, in: DHd 2024. Quo Vadis DH, Passau 2024, https://doi.org/10.5281/zenodo.10698331 (Abstract), https://doi.org/10.5281/zenodo.10706078 (Poster).

sowie basal annotiert wurde.[71] Andererseits fand ein vom Projekt »Koelhoffsche Chronik 1499 digital«[72] bereitgestellter OCR-Scan der Koelhoffschen Chronik Verwendung. Um die bestmöglichen Ergebnisse zu erhalten, wurden zunächst die besten Programmkonfigurationen durch Testdurchläufe ermittelt und für Gesamtdurchläufe mit den Volltexten verwendet. Die Ergebnisse aller drei HTRD-Programme erfuhren daraufhin eine manuelle Überprüfung, und es fanden nur solche Stellen-Paare Aufnahme in die weitere Analyse, bei denen es sich nach historisch-kritischer Einschätzung nicht um zufällige sprachliche Ähnlichkeit handelt. Bei der abschließenden, manuellen Begutachtung der Parallelstellen in den Quellen wurden zusätzliche Übereinstimmungen aus dem nahen Kontext, die die Programme nicht erkannt hatten, noch erfasst und alle Parallelstellen nach ihrer inhaltlichen und sprachlichen Zusammengehörigkeit strukturiert. Diese Sammlung bildet die Grundlage der nachfolgenden Auswertung der intertextuellen Bezüge zwischen dem Dornenkranz und der Koelhoffschen Chronik beziehungsweise der Agrippina.

b) Parallelstellen zur Koelhoffschen Chronik

Insgesamt konnten – je nach Interpretation der Zusammenhänge der einzelnen Textstellen – etwa 29 bis 40 Parallelen zwischen dem Dornenkranz und der Koelhoffschen Chronik identifiziert werden, die sich jeweils an zwei oder mehr sprachlich ähnlichen Textstellen mit ähnlicher Aussage festmachen lassen.[73] Neben wörtlich übereinstimmenden Sätzen wurden auch solche als ähnlich verstanden, die trotz abweichender Formulierung auffällige sprachliche und inhaltliche Ähnlichkeit zueinander aufweisen (zum Beispiel durch die Verwendung markanter Begriffe in Kombination mit spezifischen Argumenten). Alle Parallelen – ob einzelne oder mehrere Textstellen umfassend – werden im Folgenden als Parallel*stellen* bezeichnet. Einige Beispiele für solche Stellen zeigt die Tabelle im Anhang.

Bei übergreifender Betrachtung der Parallelstellen lässt sich zunächst festhalten, dass trotz großer inhaltlicher Übereinstimmung eine vollständige wörtliche

71 Alina Ostrowski (Bearb.): Der doernen krantz van Collen [1490 Köln: Johann Koelhoff d. Ä.]. Transkription und TEI-Annotation, in: Zenodo (2024), https://doi.org/10.5281/zenodo.13222153.

72 Ich danke den Beteiligten für die Unterstützung und Zusammenarbeit. Zum Projekt vgl. Meyer-Schlenkrich: Lehr-Lern-Projekt (Anm. 52).

73 Ausführliche Konkordanz als Supplement zu diesem Beitrag: Alina Ostrowski: Dokumentation von Parallelstellen zwischen dem »Dornenkranz von Köln« und der »Koelhoffschen Chronik«, in: Zenodo (2024), https://doi.org/10.5281/zenodo.13219140. Auswahl in Tabelle 1.

Entsprechung selten ist. Identische Teilsätze gehen oft auf übliche Formulierungen zurück, zum Beispiel »by xiiij Jaer vuer der geburt Cristi« oder »van dem beginne der hilliger stat Collen«.[74] Hinzu kommt, dass viele der in den Parallelstellen zum Vorschein kommenden Motive, darunter auch der Kölner Bauer als Teil der Quaternionen,[75] keineswegs ungewöhnlich sind. Schließlich gehen jene Sätze, die gänzlich wörtlich übereinstimmen, auf redensartlich verwendete Bibelverse oder Sprichwörter zurück, darunter die beiden Titelblatt-Sprüche »Sancta Colonia diceris hinc …« und das Kronensprichwort. Bis auf ein längeres Zitat aus dem Apokalypsenkommentar des Heimerich von Campen[76] gibt es keinen einzigen Abschnitt im Dornenkranz, der sich – wie dies zum Beispiel für die Agrippina der Fall ist – als Gesamtes und wörtlich unverändert in der Koelhoffschen Chronik wiederfände.

Was rechtfertigt also dennoch, in diesen Textstellen einen Hinweis auf eine textuelle Abhängigkeit noch zu ergründender Art zu sehen? Es ist ihre auffällige Häufung in wenigen, klar definierbaren Bereichen der beiden untersuchten Texte. Abb. 8 zeigt eine Visualisierung der zueinander ähnlichen Textstellen in den beiden Inkunabeln. Jede Verbindungslinie entspricht einer Parallelstelle und verdeutlicht somit, welche Seiten des Dornenkranzes (links) Ähnlichkeiten zu welchen Seiten der Koelhoffschen Chronik (rechts) aufweisen. Eine Häufung von Linien an einer der Achsen bedeutet, dass mehrere aufeinanderfolgende Seiten Parallelstellen enthalten, wohingegen ein Fehlen von Linien anzeigt, dass über einen größeren Abschnitt hinweg keine Ähnlichkeiten vorliegen. Es lassen sich drei Abschnitte in der Koelhoffschen Chronik ausmachen, in denen sich in großer Zahl Parallelstellen finden (in Abb. 8 farblich markiert). Sie korrespondieren mit den bereits genannten zwei Exkursen der Koelhoffschen Chronik, aus denen bereits einzelne Ähnlichkeiten bekannt waren,[77] sowie einem wörtlich aus der Agrippina entnommenen Abschnitt, dessen Ähnlichkeit zum Dornenkranz erst durch die HTRD zum Vorschein kam und bisher in der Literatur nicht angesprochen wurde.[78] Auch für den Dornenkranz stechen zwei Abschnitte hervor, die starke Ähnlichkeit zur Chronik aufweisen, nämlich der Beginn des dritten Kapitels des zweiten Buches, welches von der »Ordnung des Römischen Reiches« handelt (ab S. 60), sowie insbesondere das

74 Tabelle 1, Nr. 2; Dk F3v–F5r (Kopfzeilen)/KCh G3r.

75 Dk B5v f./KCh Z3v f., Z5v f., r2r. Vgl. Alexander: Kölner Bauer (Anm. 8).

76 Tabelle 1, Nr. 6.

77 Exkurs 1: KCh G1v–G3r beziehungsweise S. 74–77. Exkurs 2: Z3v–b4v beziehungsweise S. 278–304.

78 KCh l1v–l2r beziehungsweise S. 402–403, entspricht Ag S. 213 f. Auf eine inhaltliche Parallele wies Meier: Agrippina (Anm. 6), S. 214, Anm. 397 hin, doch sonstige Parallelen blieben wegen ihres Ursprungs aus verschiedenen Abschnitten des Dk unbemerkt.

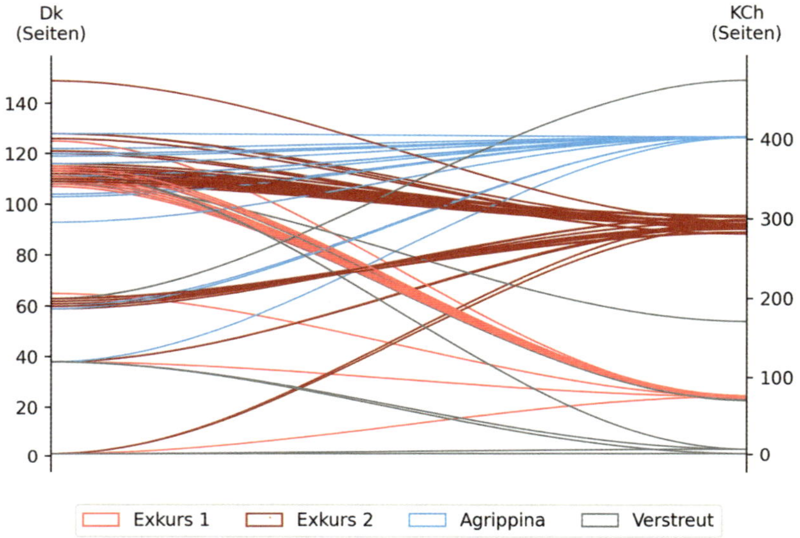

Abb. 8: Visualisierung der Verteilung von Parallelstellen zwischen Dornenkranz und Koelhoffscher Chronik (wichtige Chronik-Abschnitte farblich markiert; erstellt durch die Verfasserin mit Matplotlib)

spätere neunte Kapitel, das dezidiert Köln gewidmet ist (ab S. 107).[79] Es wird jedoch deutlich, dass kein Kapitel des Dornenkranzes ausschließlich einem Abschnitt der Chronik entspricht. In diesem Fall würden die Verbindungslinien in Abb. 8 sich nicht überkreuzen, sondern gebündelt und ohne Lücken von einem Dornenkranz-Kapitel zu einem Chronik-Kapitel führen, wie dies noch am ehesten, aber auch nicht vollständig, für das genannte neunte Kapitel im Dornenkranz und den ersten Exkurs der Chronik der Fall ist (hellrot markiert). Ansonsten sind die Ähnlichkeiten aber breit gestreut, und insbesondere der zweite Chronik-Exkurs (dunkelrot markiert) weist Parallelen zu verschiedenen Abschnitten des Dornenkranzes auf, und Überkreuzungen der einzelnen Linien zeigen an, dass diese Parallelstellen im Exkurs selbst in einer anderen Reihenfolge erscheinen als sie es im Dornenkranz tun. Bei den im Diagramm zu erkennenden übrigen Stellen (grau markiert) handelt es sich einerseits um die oben genannten Kölner Sprichwörter, andererseits um inhaltliche Rück- oder Vorgriffe. Für alle Parallelstellen gilt, dass die wörtlichen Übereinstimmungen

79 Kapitel 3: Dk B4–C2r beziehungsweise S. 60–67. Kapitel 9: F4r–G5r beziehungsweise S. 107–121.

meist kurz aufeinander folgen und in der Regel nur durch synonyme Formulierungen unterbrochen werden.

Dieser Befund lässt ausschließen, dass die sprachlichen und inhaltlichen Gemeinsamkeiten auf eine zufällige Verwendung gängiger Konzepte, Begrifflichkeiten und Redewendungen zurückzuführen sind. Ebenso unwahrscheinlich erscheint es, dass zwei Verfasser unabhängig voneinander aus mehreren, ihnen beiden vorliegenden Quellen dieselbe Zusammenstellung an Themen und Umschreibungen getroffen haben. Stattdessen ist es wahrscheinlich, dass die entsprechenden Stellen aus einem Text stammen, in dem sie bereits in dieser Form versammelt waren. Als mögliche Ursprungstexte kommen sowohl der Dornenkranz – in dessen handschriftlicher Version bereits alle relevanten Textstellen enthalten sind – als auch die Agrippina (falls diese früher als bisher angenommen entstand), aber auch ein möglicherweise unbekannter, dritter Text infrage. Die Frage nach dem Ursprung zielt dabei nicht auf die *Urheberschaft* der in den Parallelen deutlich werdenden Stadtlob-Motive ab, die zu einem Großteil vermutlich bereits in Köln kursierten, sondern vielmehr auf die Rolle, die einzelnen Werken bei deren *Tradierung* zukam. Denn welcher Verfasser welche Texte rezipierte, kann Aufschluss über die im 15. Jahrhundert in Köln vorhandenen Netzwerke und Wissensbestände der stadtbezogenen Literatur geben.

c) Mögliche Abhängigkeitsverhältnisse

Dass die Agrippina vom Verfasser der Koelhoffschen Chronik extensiv kopiert wurde, ist schon seit der Edition von Hermann Cardauns bekannt.[80] Etwa die Hälfte der Parallelstellen in der Chronik treten im Kontext von nahezu unveränderten Übernahmen aus der Agrippina auf, darunter der besagte dritte Abschnitt, in dem sich Ähnlichkeiten häufen.[81] Die zwei Exkurse der Koelhoffschen Chronik hingegen scheinen größtenteils vom Verfasser selbst formuliert zu sein, doch sie enthalten stellenweise kopierte Absätze.[82] Diese wörtlichen Übernahmen gehen offensichtlich nicht unmittelbar auf den Dornenkranz, sondern auf die Agrippina zurück. Es gibt jedoch einige Parallelstellen in der Koelhoffschen Chronik, für die Cardauns keine Vorlage oder vergleichbare Aussage in der Agrippina fand.

80 Cardauns: Cronica (Anm. 7), S. 230 f.
81 Unter anderem Tabelle 1, Nr. 1, 3–5. Vgl. Anm. 78.
82 Vgl. die Anmerkungen in der Edition: KCh, ed. Cardauns (Anm. 7), S. 445–470.

So bezeichnen zum Beispiel der Dornenkranz und die Koelhoffsche Chronik die Kölner Heiligen als »Schatz« beziehungsweise »Schatzkammer«, die von Gott »hergefügt« worden sei. Kurz darauf folgt eine Auflistung der wichtigsten Kölner Heiligen, die als »Herren der Stadt« bezeichnet werden, darunter die Hl. drei Könige, der Hl. Gereon, die Hl. Ursula als »Königin von England« sowie die Makkabäer als »Märtyrer des alten Testaments«. Wenngleich die Texte einzelne Unterschiede in der Wortwahl und in der Nennung der Heiligen aufweisen, überwiegt die Ähnlichkeit in Formulierung, Anordnung und Auswahl der Heiligen. Die Schatz-Allegorie tritt in beiden Texten noch an anderen Stellen auf und wird hier jeweils mit der Aufforderung an die Bürger beziehungsweise Regenten verbunden, den Schatz »in Frieden und Eintracht« gemäß Gottes Willen zu bewahren. Zudem wird jeweils zweimal die Formulierung »Gebeine der lieben Heiligen, die hier in Pulver rasten« verwendet. In der Agrippina taucht diese einmal in gekürzter Form auf.[83]

Auch für die Beschreibung der Gründung Kölns, die der Dornenkranz und die Koelhoffsche Chronik im Gegensatz zur Agrippina Marcus Agrippa zuschreiben und in die Zeit, »da unsere liebe Frau geboren wart, ungefähr 14 Jahre vor der Geburt Christi«, ansetzen,[84] findet sich zwar eine inhaltliche Parallelstelle in der Agrippina, deren Wortwahl jedoch abweicht.[85] Beispielsweise spricht letztere vom »friedlichen Kaiser Octavianus«, während die anderen beiden Texte betonen, dass die Gründung »in der Zeit, da Friede war in aller Welt«, geschah, und Köln darum sogar als »Stadt des Friedens« bezeichnen. Interessanterweise hat die Agrippina hier eine sprachliche Ähnlichkeit mit dem Dornenkranz, die sich an den entsprechenden Stellen nicht in der Koelhoffschen Chronik findet: Erstere schreibt »So nu alle de werlte under ym [Octavian] stunde«; der Dornenkranz spricht von der »zijt des groissen vredens do alle dye werlt under eyme keyß unn vreden gestanden hayt«.[86] Dies kann ein erster Hinweis darauf sein, dass auch der Autor der Agrippina den Dornenkranz kannte oder beiden Texten eine gemeinsame Vorlage zugrunde lag.

Es finden sich noch weitere Fälle, in denen zwar eine Parallelstelle in der Agrippina existiert, diese aber deutlich weniger ausführlich oder sprachlich weniger ähnlich zu den Textstellen in den beiden anderen Werken ist, so zum Beispiel in Bezug auf die Heiligen als Stadtherren, deren Diener die gewählten Stadtregenten seien.[87] Der Dornenkranz scheint diesen Aspekt zudem intensiver

83 Tabelle 1, Nr. 1.
84 Vgl. Robert Meier: Gründung Kölns (Anm. 17), S. 132–137.
85 Tabelle 1, Nr. 2.
86 Ag, S. 149; Dk F4v.
87 Tabelle 1, Nr. 3.

auszuführen als die Koelhoffsche Chronik. Zuletzt sei hingewiesen auf die in allen drei Texten enthaltene Aussage, dass Köln im Gegensatz zu anderen Heiligen Städten wie Rom und Jerusalem unschuldig am Tod seiner Heiligen sei und darum über ihnen stünde. Während die Koelhoffsche Chronik hier sprachlich und kontextuell mit dem Dornenkranz übereinstimmt, ähnelt ihre erweiterte Aufzählung heiliger Städte derjenigen aus der Agrippina.[88] Für drei Parallelen zwischen dem Dornenkranz und der Koelhoffschen Chronik – betreffend den guten Standort Kölns und den Charakter der Kölner, einen Vergleich der sieben Planeten mit den sieben Gaben des heiligen Geistes und den sieben Tugenden sowie die Übernahme der deutschen Sprache in Köln aufgrund sächsischer Herrscher[89] – konnte mithilfe von Cardauns Edition keine entsprechende Stelle in der Agrippina ausgemacht werden. Es lässt sich festhalten, dass viele der gefundenen Parallelstellen nicht allein durch eine Übernahme aus der Agrippina zu erklären sind.

Wie steht es diesbezüglich um den Dornenkranz? Mit großer Wahrscheinlichkeit kannte der Verfasser der Koelhoffschen Chronik den Dornenkranz-Druck oder wurde durch Koelhoff den Jüngeren auf ihn hingewiesen. Dies zeigt sich einerseits an der Übernahme der zwei Holzschnitte und andererseits an einer Liste Kölner Kirchen und Konvente direkt im Anschluss an das Dornenkranz-Bild im zweiten Exkurs. Diese hat Ähnlichkeit zu einer entsprechenden, wenn auch kürzeren Liste im dem Dornenkranz vorgebundenen Aflais-Druck.[90] Wenngleich Koelhoff für den erneuten Abdruck der Holzschnitte nur die Druckstöcke benötigte, ist doch zu vermuten, dass er noch entweder Exemplare oder die Druckvorlagen beider Drucke besaß und sie dem Verfasser der Chronik zur Verfügung stellen konnte. Dass sie eng zusammengearbeitet haben müssen, wird aus Besonderheiten der Drucklegung ersichtlich.[91]

Könnten diejenigen Parallelstellen, die nicht aus der Agrippina stammen, also auf den Dornenkranz selbst zurückgehen? Wenn dies der Fall wäre, dann würde es bedeuten, dass der Verfasser der Koelhoffschen Chronik die ältere Inkunabel aufmerksam gelesen, relevante Stellen gesammelt und unter intensiver sprachlicher Überarbeitung in neuer Anordnung in seine beiden Exkurse eingefügt hätte. Dies wäre durchaus denkbar, da angesichts der besonderen argumentativen Struktur der Abschnitte und des als »ich« in Erscheinung tretenden Autors in den Exkursen offenbar ein Grad an eigener Bearbeitung vorliegt, der über die sinnvolle

88 Tabelle 1, Nr. 4.
89 Tabelle 1, Nr. 5. Für DK B4r f./KCh b4v und Dk H1r/KCh G1v wäre auch eine zufällige Ähnlichkeit denkbar.
90 Aflais (Anm. 19), l6r–m2r; KCh b2r–b3r. Vgl. Venns: Studien (Anm. 5), S. 109.
91 Vgl. Hanauska: Historia (Anm. 51), S. 377.

Zusammenstellung und Ergänzung schon bestehender Textbestandteile hinausgeht.[92] Während eine »mosaikartige« Verbindung einzelner Quellen in der Chronik nicht unüblich ist, würde eine stilistische Überarbeitung aber dem von Cardauns festgestellten Vorgehen einer simplen Kopie der Vorlagen entgegenstehen.[93] Der textuelle Befund erlaubt somit weder einen Beweis noch eine Widerlegung der Annahme, dass Agrippina und Dornenkranz gemeinsam benutzt wurden.

Eine zentrale Frage ist, in welchem Verhältnis Dornenkranz und Agrippina zueinanderstehen. Wie bereits dargelegt wurde, führt der Verfasser des Dornenkranzes manche Argumente, die in der Agrippina nur angedeutet sind, deutlich breiter aus, was gegen eine ausschließliche Benutzung der Agrippina spricht. Besonders aufschlussreich ist ein ausführliches Zitat im Dornenkranz, das im Text selbst dem Apokalypsenkommentar Heimerichs van Campen zugeschrieben wird.[94] Dieses taucht in gekürzter Form und ohne Quellenangabe auch in der Agrippina auf. Da der Kommentar Heimerichs nicht ediert ist, konnte leider nicht geprüft werden, ob das Zitat wirklich aus diesem Text stammt. Es wäre jedoch nicht unwahrscheinlich, da der Theologe bis 1435 an der Universität Köln lehrte und ein Exemplar seines Textes der Kölner Artistenfakultät überließ.[95] Der vermutete Autor Jakob Schirl hätte als Alumnus möglicherweise Zugang erhalten können.[96] Die Ausführlichkeit des Zitats im Dornenkranz und die explizite Nennung der Quelle lassen sich nicht durch eine Übernahme aus der Agrippina erklären. Dass beide Autoren zufällig und unabhängig voneinander genau dieselbe Stelle aus dem Apokalypsenkommentar für die Erläuterung stadtkölnischer Zustände wählten, ist ebenfalls unwahrscheinlich. Auch die bereits erwähnten Titelbilder der beiden Werke sprechen für eine Verwandtschaft, aber gegen eine einseitige Abhängigkeit des Dornenkranzes von der Agrippina. Da der Kreis der Reichsstädte erstmals in der erst um 1472[97] entstandenen geschmückten Reinschrift der Agrippina auftaucht, während das Dornenkranz-Bild bereits in Berol. 490 enthalten ist, kann letzteres nicht auf ersterem beruhen. Somit ist zu vermuten, dass beide Verfasser eine oder wenige gemeinsame Quellen nutzten, sich kannten und untereinander austauschten, oder dass Heinrich van Beeck vereinzelte Inhalte sowie die Grundkomposition des Titelbildes aus dem Dornenkranz übernommen hat.

92 Ostrowski: Geschichtsdeutung (Anm. 8), S. 65.
93 Cardauns: Cronica (Anm. 7), S. 237 (Zitat ebd.).
94 Tabelle 1, Nr. 6.
95 Siehe Klaus Reinhardt: Werke des Heymericus de Campo († 1460) im Codex Cusanus 24, in: Traditio 50 (1995), S. 295–310, hier S. 299. Der Verbleib des Kölner Exemplars ist unklar. Vgl. Venns: Studien (Anm. 5), S. 124 f.
96 Vgl. Venns: Studien (Anm. 5), S. 125. Er verweist zudem auf ein weiteres Heimerich-Zitat im Dk.
97 Meier: Agrippina (Anm. 6), S. 2 f.

Einen Spezialfall bilden die beiden bereits angesprochenen Kölner Sprichwörter, die in allen drei Werken an prominenter Stelle auftauchen. Als Redewendungen können sie zum Allgemeinwissen gezählt werden und bedürfen trotz der wörtlichen Übereinstimmung keiner schriftlichen Vorlage. Wie bereits erläutert, basiert jedoch das Titelblatt der Koelhoffschen Chronik samt »Sancta Colonia«-Spruch auf einer Abbildung der Agrippina, und das erste Bild der Agrippina wiederum, welches eine Abwandlung des Kronenspruchs enthält, ist kompositionell mit dem des Dornenkranzes verwandt. Somit stellt die Art, in der dieses Allgemeinwissen eingesetzt wird, dennoch einen intertextuellen Bezug dar.

Bei zusammenfassender Betrachtung erscheinen zwei Abhängigkeitsverhältnisse zwischen den drei betrachteten Werken am wahrscheinlichsten: Entweder hat der Verfasser der Koelhoffschen Chronik sowohl die Agrippina als auch den Dornenkranz für seine Kompilation verwendet, wobei er Elemente aus letzterem stilistisch bearbeitet und in seine eigene Textstruktur eingeflochten hat. Oder alle drei Werke zeigen Spuren eines älteren Textes, der die angesprochenen Gemeinsamkeiten bereits in ähnlicher Formulierung und Zusammenstellung enthielt. Aufgrund des thematischen Fokus der meisten Parallelstellen könnte es sich hierbei um ein Städtelob oder eine Stadtbeschreibung handeln. Dass die Ähnlichkeiten durch die unabhängige Verwendung mehrerer identischer Vorlagen entstanden sind, ist aufgrund ihrer Häufung in klar begrenzten Textabschnitten unwahrscheinlich. In diesem Fall wäre eher mit einer unregelmäßigen Verteilung der Parallelstellen zu rechnen. Diese Schlussfolgerung sollte jedoch nicht als absolute Setzung verstanden werden. Eine textuelle »Abhängigkeit« tritt meist nicht als Idealtyp auf. Die der Betrachtung zugrundeliegenden Parallelstellen können durch weitere intertextuelle Bezüge aus hier nicht behandelten Werken, durch möglichen (mündlichen) Austausch zeitgenössischer Autoren (hier: Jakob Schirl und Heinrich van Beeck),[98] durch die stilistische Überarbeitung und/oder das Hinzufügen eigener Ideen der Verfasser geprägt worden und somit schwierig im Sinne einer einseitigen Abhängigkeit zu interpretieren sein.[99] Mit Sicherheit lässt sich jedoch festhalten, dass der Dornenkranz zahlreiche intertextuelle Bezüge zu den zwei wichtigsten Repräsentantinnen der Kölner Stadtgeschichtsschreibung aufweist. Ob der Text selbst als Vorlage genutzt wurde oder nicht – in jedem Fall interessierte sein Verfasser sich für ähnliche Themen und Quellen wie auch die der beiden Stadtchroniken.

98 Vgl. Meier: Geschichtsschreibung (Anm. 54), S. 38.

99 Als Beispiel kann die Umbenennung Agrippinas zu Köln durch Marcomer dienen, die teils in Latein, teils übersetzt und mit diversen Zusätzen in allen drei Texten erscheint (Dk F4v/KCh O4r/Ag, S. 167, Anm. 178).

3. Ständelehre oder Stadthistoriographie?

Die nunmehr ausführlich dokumentierten intertextuellen Bezüge zwischen Dornenkranz und Koelhoffscher Chronik leiten über zu der Frage, ob der Dornenkranz bei Anwendung eines breiten Verständnisses von Stadthistoriographie als stadtgeschichtliches Werk zu verstehen ist. Dies mag zunächst abwegig erscheinen, denn um eine Chronik oder eine Geschichtserzählung handelt es sich bei dem äußerlich als Ständedidaxe erscheinenden Werk eindeutig nicht. Neben im Mittelalter verbreiteten Werken von Gelehrten und Kirchenvätern sowie einigen antiken Philosophen und zeitgenössischen Rechtsbüchern werden zudem nur drei historiographische Werke als Quellen namentlich genannt, nämlich die Chronik Martins von Troppau, die Kirchengeschichte des Eusebius von Caesarea und ein »speculum historiale«, vermutlich das von Vinzenz von Beauvais.[100] Im Kapitel über Köln, in welchem sich Angaben über Kölns Geschichte und somit auch Parallelstellen zur Koelhoffschen Chronik häufen, sind zwar auch Kölner Chroniken erwähnt,[101] doch das Kapitel umfasst mit 14 Seiten nur einen Bruchteil des Buches, sodass die Geschichte Kölns keineswegs den Fokus des Textes darstellt.

Die ausschließliche Einordnung als Ständedidaxe wird dem Dornenkranz jedoch nicht gerecht. Diese Ansicht vertrat bereits Venns, der den Versuch einer differenzierten »Gattungsbestimmung« vornahm und die Bezeichnungen »Ständelehre« und »Laiendidaktik« kritisch hinterfragte.[102] Er wies darauf hin, dass die drei Teile des Dornenkranzes zwar offenbar eine Werkeinheit bildeten, aber in jedem dieser Abschnitte eigene Motivationen und Ziele zum Vorschein kämen. So sei der erste Teil des Werkes mit der Beschreibung der Prozession durch Köln in sich geschlossen. Während der didaktische Aspekt hier zugunsten eines erbauungsliterarischen Charakters in den Hintergrund rücke, enthielten die beiden nachfolgenden Abschnitte, die untereinander durch mehrere Vor- und Rückverweise verbunden sind, »Fürstenspiegel-Anleihen«, »Elemente der Chronikliteratur, des Stadtlobs sowie von Tugend- und Lasterlehren« und schließlich »die alles umspannende religiös motivierte Moraldidaxe mit juristischer Belehrung«.[103] Venns kam zu dem Schluss, dass das eigentliche, verbindende Element des Dornenkranzes der Bezug zur Stadt Köln sei, und ordnete das Werk darum in den Bereich der »städtischen Literatur« ein: »Die Bestimmung als ›städtische Literatur‹ Kölns erweist sich für den ›Dornenkranz‹ als aussagekräftiges und

100 Venns: Studien (Anm. 5), S. 123 f.
101 Dk F5v: »alden Croniken deser Stat«; G2r: »etliche historien«.
102 Venns: Studien (Anm. 5), S. 142–147.
103 Ebd., S. 144.

inhalt- wie auch formbestimmendes Merkmal. Die Unterscheidung zwischen Teilen der Laiendidaxe und erbaulichen Abschnitten verliert gegenüber dem städtischen Charakter des Textes an Bedeutung. Der Text verbindet ausdrücklich kölnische Formen der Frömmigkeit, die Verehrung der Stadtheiligen, mit christlich-moralischer Belehrung, die gleichfalls an Kölner Gegebenheiten verdeutlicht wird«.[104] Diese Einschätzung entspricht der Einordnung der Sammelhandschrift Berol. 490 in den »Gattungsrahmen« der Ratsliteratur durch Schumacher.[105] Als Codex in Privatbesitz sei er zwar eher als »eine Art privates Nachschlagewerk« geeignet gewesen, doch hätte sich aufgrund der theoretisch-herrschaftsreflexiven sowie praktisch-handlungsorientierten Texte »potenziell [...] auch an das breitere Publikum des gesamten Stadtregiments bzw. des Ratsmilieus« gerichtet.[106]

Der städtische Fokus des Dornenkranzes ist somit kaum fraglich, seine Einordnung als historiographischer Text hingegen wegen der Kürze der entsprechenden Abschnitte zweifelhaft. An dieser Stelle soll dennoch dafür plädiert werden, den Dornenkranz in seiner Funktion als Vermittler von geschichtsbezogenem Wissen über die Stadt Köln auch dem Bereich der Stadthistoriographie zuzurechnen. Diese These basiert auf einem Verständnis von städtischer Geschichtsschreibung als analytische Kategorie, unter deren Gesichtspunkten auch Texte, die in Bezug auf die Charakteristika »städtisch« und »historiographisch« Grenzfälle darstellen, befragt werden können, wenn dies zum Erkenntnisgewinn über das Phänomen der stadtbezogenen Geschichtskultur beiträgt. Neuere Debatten im Bereich der Forschung zu Stadthistoriographie und insbesondere in zwei jüngeren Sammelbänden stützen ein weites Verständnis des Untersuchungsgegenstandes in Anbetracht der Diversität der einschlägigen Quellen. Während frühe Forschungsprojekte wie die Editionsreihe »Die Chroniken der deutschen Städte« noch klassische Stadtchroniken – monographische Werke eines federführenden Chronisten mit Fokus auf die Geschichte einer Stadt »als autonome politische Einheit« – suchten und dafür vermeintlich korrigierend in die überlieferten Texte eingriffen, gilt ein solcher Archetyp heutzutage eher als Ausnahme denn als Regel.[107] Stattdessen stellen die meisten stadtgeschichtlichen Texte »Mischformen«[108] dar, die teils sowohl

104 Ebd., S. 146f.
105 Schumacher: Boethius in Köln (Anm. 3), S. 215.
106 Ebd., S. 216f.
107 Pia Eckhart/Marco Tomaszewski: Städtische Geschichtsschreibung in Spätmittelalter und Früher Neuzeit. Standortbestimmung und Perspektiven eines Forschungsfelds, in: Dies. (Hg.): Städtisch, urban, kommunal. Perspektiven auf die städtische Geschichtsschreibung des Spätmittelalters und der Frühen Neuzeit, Göttingen 2019, S. 11–44, hier S. 14, dort auch Zitat; Dumolyn/van Bruaene: Urban Historiography (Anm. 26), S. 15.
108 Peter Johanek: Das Gedächtnis der Stadt – Stadtchronistik im Mittelalter, in: Gerhard Wolf/Norbert Ott (Hg.): Handbuch Chroniken des Mittelalters, Berlin/Boston 2016, S. 337–398, hier S. 386.

Historiographie als auch Verwaltungsschriftgut sind, teils als ›Ego-Dokumente‹ (gemeint sind Familienchroniken und Autobiographien) verstanden werden können und oft lokale wie regionale Themen, urbane wie dynastische Interessen verhandeln.[109] Städtisch ausgerichtete Chroniken sind oft zugleich Weltchroniken (wie auch die Koelhoffsche Chronik); andere Formen geschichtlicher Beschäftigung sind kombiniert mit regelrechten »Kollektaneen« von Abschriften historisch relevanter Dokumente; wieder andere Texte sind eigentlich der Gattung der Stadtbeschreibung oder des Städtelobs zuzurechnen, gehen zu diesem Zweck aber auch extensiv auf die Stadtgeschichte ein.[110] »Genre blurring« und »intertextuality«[111] sind somit gerade Merkmale vieler einschlägiger Texte, statt Gegenindikatoren für einen städtisch-historiographischen Charakter. Die neuere Forschung vermeidet konsequenterweise den Begriff der Stadtchronistik zu Gunsten der neutraleren Bezeichnung »städtische Geschichtsschreibung« beziehungsweise »urban Historiography« und spricht auch nicht mehr von einer klaren »Textgattung«.[112]

Betrachtet man den Dornenkranz-Text aus dieser Perspektive nicht bloß in seiner Druckform, sondern bezieht auch den Überlieferungskontext in Berol. 490 mit ein, so fällt auf, dass viele derjenigen Charakteristika, die in jüngerer Zeit für stadtgeschichtliche Texte herausgearbeitet wurden, auf ihn zutreffen. Entsprechende äußere Merkmale sind einerseits die Entstehung und Rezeption im Umfeld des Rates,[113] die sich durch den vermuteten Verfasser, den Ratsherrn Jakob Schirl, aber auch durch den Überlieferungszusammenhang von Berol. 490 sowie die anhand der Analyse der Parallelstellen vermuteten intertextuellen Bezüge zur als ratsnah geltenden Agrippina ergeben. Andererseits enthält Berol. 490 direkt vor dem Dornenkranz-Text eine Sammlung an für die jüngere Kölner Geschichte relevanten Privilegien und Statuten sowie eine Liste der römisch-deutschen Kaiser. Entsprechende Dokumentensammlungen wurden für und im Kontext von vielen stadtgeschichtlichen Texten angelegt,[114] darunter auch in der Agrippina.[115] In Bezug auf den Inhalt ist der Gegenwartsbezug der Geschichtserzählung charakteristisch.[116] Aus einzelnen Aspekten der Geschichte und insbesondere der Gründung Kölns wird die gegenwärtige Ordnung der Gesellschaft abgeleitet sowie eine Handlungsaufforderung an das

109 Dumolyn/van Bruaene: Urban Historiography (Anm. 26), S. 12 f., 16.
110 Johanek: Gedächtnis (Anm. 108), S. 394, 382, 385 f.
111 Dumolyn/van Bruaene: Urban Historiography (Anm. 26), S. 22.
112 Ebd., S. 9–15; Johanek: Gedächtnis (Anm. 108), S. 383; Eckhart/Tomaszewski: Geschichtsschreibung (Anm. 108), S. 12, 14.
113 Johanek: Gedächtnis (Anm. 108), S. 397.
114 Ebd., S. 382.
115 Meier: Agrippina (Anm. 6), S. 61–67.
116 Vgl. Dumolyn/van Bruaene: Urban Historiography (Anm. 26), S. 19.

zeitgenössische Publikum formuliert: Die Stadtregenten sollen den während der Stadtgründung bestehenden Frieden bewahren.[117]

Schließlich rückt der bereits angesprochene, eindeutig historiographische Einschub in Berol. 490 den Text unverkennbar in die Nähe der städtischen Geschichtsschreibung. Der Abschnitt, der in abkürzungsreichem Latein geschrieben ist, ist betitelt: »De Agrippina nobili civitate Gallie, que hodie dicitur Coloniam super Renum sita. Item van dem ursprunge Kollen umb die kurze willen vynt man hie na dey historien der lerer zu samen gebracht in Latyne etc.«.[118] Der Verfasser empfand es offenbar als wichtig, dem neunten, also dem »Kölner« Kapitel des zweiten Buches noch einen vollständigeren Abriss der Stadtgeschichte beiseitezustellen. Der aus der üblichen Struktur des Textes ausbrechende Einschub erweckt den Eindruck, als habe der Verfasser nach der Niederschrift der – in übersichtliche Absätze unterteilten – ersten drei Seiten realisiert, dass das Unterfangen zu viel Zeit benötigen würde, um es vor Beendigung des Dornenkranz-Textes anzugehen. Die nächsten sechs Seiten vor Beginn des dritten Teils des Dornenkranzes sind freigelassen und sollten wohl einer späteren Vervollständigung dienen. Tatsächlich finden sich nach dem letzten lateinischen Absatz noch zwei anscheinend nachgetragene Zusätze in Deutsch, doch der Verfasser setzte sein Vorhaben offenbar nie in die Tat um. Für den vorliegenden Beitrag konnte dem historiographischen Einschub leider keine weitere Aufmerksamkeit gewidmet werden, doch es würde sich lohnen, zu prüfen, ob es sich wirklich um eine eigenständige Kompilation des Autors handelt, wie die Überschrift suggeriert, oder um die Kopie eines anderen Geschichtswerkes.

Die »Entdeckung« der handschriftlichen Fassung in Berol. 490 erlaubt somit einmal mehr eine Neubewertung des Dornenkranzes. Während die Inkunabel durch die angefügte Predigt und den gemeinsamen Vertrieb mit dem Aflais-Druck, der wiederum den Rundgang aus dem ersten Teil des Buches unterstützt, eher wie eine Art »Touristenführer« für pilgernde Gäste oder fromme Einheimische wirkt, wird am Entstehungskontext der handschriftlichen Vorlage deutlich, dass der Dornenkranz in einen größeren Zusammenhang aus Herrschaftstheorie, Gesellschaftstheorie und moralisch-religiöser Belehrung eingebettet ist. Die historische Herleitung der gegenwärtigen Zustände ist ebenfalls Teil dieses Gesamtbildes, sodass in dem Text historische Kultur, das heißt die Beschäftigung mit der Vergangenheit der eigenen Stadt, schriftlich greifbar wird.[119] Angesichts dessen

117 Dk G1r.
118 Berol. 490, 260r–261v.
119 Vgl. Jenine de Vries: It's not just about Chronicles. The Variety of Forms of Historical Writing in Late Medieval Towns in England and the Southern Low Countries, in: Caers/Demets/

und aufgrund der zahlreichen intertextuellen Bezüge zu den Paradebeispielen der spätmittelalterlichen Kölner Stadtgeschichtsschreibung ist es gerechtfertigt, den Dornenkranz auch unter einem historiographischen Aspekt zu betrachten.

Ob als Ständelehre oder als Stadthistoriographie – in jedem Fall erweist sich der Text in Inhalt, Materialität und Überlieferung als fruchtbarer Gegenstand für Forschungen nicht nur zum Dornenkranz selbst. Denn die Ergebnisse der vorgestellten, teils computergestützt durchgeführten Untersuchung geben auch Einblicke in die Textstrukturen der Koelhoffschen Chronik und der Agrippina als zwei der wohl bekanntesten Kölner Texte des Spätmittelalters sowie in ihre Entstehung und das Vorgehen der Verfasser bei der Kompilation.

Vor allem aber ermöglicht die Betrachtung inhaltlicher, sprachlicher und kontextueller Bezüge zwischen den drei Texten Rückschlüsse über die Wissensnetzwerke jener Zeit.[120] So treten Akteure aus verschiedenen gesellschaftlichen Gruppen – Kleriker, Ratsangehörige, Drucker und weitere Bürger – in Erscheinung, die Zugriff auf unterschiedliche, heute möglicherweise verlorene Texte und Wissensbestände hatten, wie zum Beispiel das Kölner Exemplar des Apokalypsenkommentars Heimerichs van Campen, die mögliche Stadtlob-Vorlage, die drei untersuchten Texte selbst oder auch Allgemeinwissen wie die Kölner Sprichwörter. Teils standen diese Akteure in direktem Austausch miteinander. So ist bereits bekannt, dass der Verfasser der Koelhoffschen Chronik den Drucker Ulrich Zell sowie den Gelehrten Werner Rolevinck persönlich kannte: Ersteren befragte er als Zeitzeugen zum Buchdruck; mit letzterem tauschte er sich über die Geschichte Kölns aus.[121] Kannten auch Jakob Schirl und Heinrich van Beeck einander und profitierten gegenseitig von ihren Recherchen, wie manch intertextuelle und kontextuelle Bezüge der nahezu zeitgleich entstandenen Texte vermuten lassen? Und welche Rolle spielten die Drucker, in diesem Fall die beiden Koelhoffs, als Vermittler zwischen verschiedenen Texten und Verfassern? Diese und weitere Fragen bieten sich als Ausgangspunkte für zukünftige Untersuchungen des Dornenkranzes, aber auch anderer Werke aus dem Umfeld der Kölner Buchproduktion und stadtbezogenen Literatur des 15. Jahrhunderts an.

van Gassen: Urban History Writing (Anm. 26), S. 63–80, hier S. 68: »written evidence of historical culture in towns«.

120 Auf den vielschichtigen Netzwerkcharakter städtischer Geschichtsschreibung weist Gregor Rohmann: Geschichtsschreibung als kollektive Praxis. Augsburger Sammelhandschriften des 15.–17. Jahrhunderts als Wissensspeicher. Entwurf eines (un-)möglichen Forschungsprojekts, in: Eckhart/Tomaszewski: Städtisch, urban, kommunal (Anm. 107), S. 129–144, hin. Eine digitale Herangehensweise an die Vernetzung von Textbausteinen (ebd., S. 133) kann, wie sich am vorliegenden Beitrag zeigt, auch von der Methode der HTRD profitieren.

121 Meyer-Schlenkrich/Schweitzer-Martin: Risk to Print History (Anm. 52), S. 10 und 16 f.

Anhang: Parallelstellen zwischen Dornenkranz und Koelhoffscher Chronik (Auswahl)

Ripuarisch

Nr.	Zitat Dornenkranz	Zitat Koelhoffsche Chronik
1	**F5v f.:** Vort durch dye genade zu hulpe den zween staiden hayt Got den byddenden stayt her gefoeget den koestlichen schatz sijnre hilligen, dat deser wirdiger hilligen Stat kapytanyer unn heufftlude sijnt. Want Cyriacus der Pays liget hie begraven. Die hillige drij Konynge. Hertzoch Gereon. Und Hertzoch Gregorius, der hilliger moere heufftman. Und Ursula dye Konyngyn. Ethereus, soen des Konnynckx van Engelant. Ouch die hillige vrauwe und mertelersche Machabea myt yren Seven Soenen, hilligen und merteler des alden Testamentz. Vort allen lieven hilligen der gebeyne hie in pulver rastet. Dyt sijnt die hymmelsche heren, den dese Stat zu behoert **Vgl. c5v, F6v.**	**b1r:** Zom eyrsten angeseyn, dat Got so vill sijnre konyncklicher furstlicher hilligen her gefueget hait, ind ander vill hilligen des alden ind nuwen testamentz, as eyn schatzkamer des hoichsten keysers van hymmell ind ertrijch, in des hant leven und doit steit. [Zum zweiten …] Zom derden, dat die heren der Stat synt die hillige drij konynge, der furst sent Gereon, der moere furst Gregorius. Ethereus konynck van Engellant mit sent Ursulen konyngynnen van Brytanien. Sent Albyn, ind ander hilligen in Collen mit den Machabeen mertelern des alden testamentz. **l1v (= Ag, S. 214):** Wye waill vill hilligen unn merteler in pulver zo Coellen rasten, die dae gemartelt off dair van gode gefueget syn. **Vgl. a5r.**
2	**F4v:** und so wart Collen zu der zijt durch diesen Marcum angehaven umb die zijt ungeferlich do unse lieve vrauwe geboren wart, by aventure xiiij jaer vuer der geburt Cristi, in der zijt des groissen vredens, do alle dye werlt vnder eyme keyß unn vreden gestanden hayt in eynre monarchien etc. **G1r:** Dairumb got dese Stat in zijt des vridden, eyn Stat des friddens gemaicht hait.	**F6v (vgl. Ag, S. 148):** kurtzlichen dairnae by xiiij, xv off xvj jaeren vur der gebort Cristi do unse lieve vrauwe geboren wart. […] Ind also geschach idt: in der vurgeroirten tzijt hoiff der hertzoch ind f[u]rst Her Marx Agrippa die hillige Stat Coellen an tzo machen **G1v:** Man mach ouch myrcken die zijt, dair in Collen angehaven wart. In der zijt, do vrede wart in alle der werlt. Dairumb Collen billich syn sal eyn Stat der eyndracht unn vredens. Ouch mach Collen sich freuwen der wirdicheit, do unse lieve frauwe geboren wart, in der zijt wart Coellen angehaven

Nr.	Zitat Dornenkranz	Zitat Koelhoffsche Chronik
2	**Vgl. F5r.**	**a5r:** is disser hilliger Stat van gode gegeven eyn tzeychen eynre ewiger gedechtnisse, dat sy sy eyn Stat des waren vredens [...]. Ind alsus Coellen billich eyn Stat des vredens genant sal werden **Vgl. G2r, a4v f.**
3	**F6r:** Herumb sijnt alle Regenten [Kölns] yre [der Heiligen] diener und knechte, und niet heren, die here sint ym hymmel. [...] O, so wer sich kan regieren [...], myrckt, wes diener und Stathelder hey is. [...] in groisseren doegenden synen heufftluden na zo folgen (den he Rede unn Antwort van den mynsten armen mynschen moiss geven) [...]. **G5v:** So doe guede werck. Unn wirtz da van loff gewijnnen. Want die geweldigen sijnt gotz diener, dyr zo guedem. **Vgl. B4v f., G2v.**	**b1r:** dat niemantz der Stat van Coellen her sij dan Got und sijne hilligen, und die sij regieren der hilligen knecht syn, dae van sij scharppe rechenung geven moyssen **l2r (= Ag,S. 214):** Dairumb die geweldigen Gotz dienre synt, deme gemeynen goit ind dem gemeynen voulck.
4	**G1v:** want dit der wille Gotz is in syner ewigen vursichticheit. [...] Vrij, ungebunden, sunder laster unn schande. Collen mach waill in diesem deil der werlt, Europa, genant werden eyn steyn, der meysten eynre, der hilligen kyrchen. Want sij gelich Ierusalem unn Rome hillich genant wirt. Iherusalem unn Rome haven dat bloyt der hilligen vergossen, des Collen niet hait gedain **F5r:** Man vyndt van anbegijn dat die Burger van dieser hilliger Stat vrome Eyrsame menne unn heren sijn gewest, und nyet geneyget bloyt zu vergiessen. Sy en haynt nye hilligen gedoit.	**b1r:** dat Got die hillige Stat Coelen will vrij haven van allem laster, ind sij gewirdiget in dem deyll boven Jherusalem, Rome, Constantinopell, Trier, Mentze ind andere groisse Stede, da vill hilligen rasten. Aver sij haint mit zo dem dode der hilligen gehulpen, ayn alleyne Coellen, die Got van sulcher dayt beschirmt hait, dat sij geyn bloit vergiesser syn. **l1v (= Ag, S. 214):** dat nochtant die Burger nye gheynen hilligen zo dem doit bracht haven. **Vgl. Ag, S. 132:** [...] durch der unscholt willen, dat sy van deme bloede aller lieven hilligen reyne und unschuldich synt, des Jerusalem, Rome, Constantinopale, Trere und ander hillige stede nyet en synt

Nr.	Zitat Dornenkranz	Zitat Koelhoffsche Chronik
5	**G4r f.:** Doch der hie van verstoeringhen gemeynes guetz und affganck krystlicher ordenunge me wijssen wil, mach lesen dat boich oever die heymliche offenbarunge Meyster Emerichs van Campen. [...] Der yrste vall is dye tyrannye viller oeversten und dye unghehoirsamheit der underdanen. Der ander val is durch die werentliche oeversten, die dae affbrechen unn scheyden die goeder, die dae zugehoren dem priesterlichen Rijch, und die werentlich machen und an sich brenghen. Zum derden, die onderscheiden vermengunghe beyder swerder geystlichs und werentlichs staitz. Zum vierden, so heijrschen des duvels unn entkrystz kijnder oever die kynder des Ewigen Gotlichen erffs Cristi etc.	**11v (= Ag, S. 213 f.):** Wilche lieffde ind eyndracht der hilliger kyrchen as vurß ind ouch naevoulget dicke gebrochen is, intgemeyn und in sonderheit. Die sachen, wairumb synt dese: Zom eyrsten, durch die Tyrannien viller oversten ind die ungehorsamheit der underdanen. Zom anderen maill, durch die oversten, die dae eynre den anderen affbrechen, dat selve dat yn van ordenunge und staetz wegen zogeboert, als dae eyn gelyt dem anderen syn krafft ind macht avenympt ind an sich brenget. Zom derden, die underscheyden vermengunge beyder swerder geistlichs ind werentlichs staetz. Zom vierden, die heirschunge der duvels kyndere over die kyndere des gotlichen erffs.
6	**F5v:** Durch die Nature vur an [bringt Gott Köln hoffentlich zu einem guten Ende]. Want der hymmel boven Collen sijnen Adelichen, wall getemperden influyss hait, dair vijll natuerlich goitz zu wircken. Dat myrcket man an allen natuerlichen wercken deser Stat, want die mynschen sijnt intgemeyn gueder complexien, verstendich, kloick, vursichtich, eyrsam.	**b4v:** Item so hait Got Coellen ersyen dat ydt lyget under eynre suesser ind goider constellacien des hemels influsse: waill getempert, niet tzo heisse noch tzo kalt, in gueder gemeissichder lucht. Dat waill schynet an allen vruchten korns ind wijns dat herumbtrint west, ouch an den dieren ind an den mynschen, die gemeynlichen van goiden wesen synt. Nae der natuer influss tzo sprechen.

Modernes Deutsch

Nr.	Zitat Dornenkranz	Zitat Koelhoffsche Chronik
1	**F5v f.:** Fort durch die Gnade zur Hilfe der zwei Stände hat Gott dem bittenden Stand hergefügt den köstlichen Schatz seiner Heiligen, die dieser würdigen heiligen Stadt Kapitäne und Hauptleute sind, denn Papst Cyriacus liegt hier begraben, die heiligen drei Könige, Herzog Gereon und Herzog Gregorius, der heiligen Mauren Hauptmann, und die Königin Ursula, Ethereus, Sohn des	**b1r:** Zum ersten angesichts dessen, dass Gott so viele seiner königlichen, fürstlichen Heiligen hergefügt hat und viele anderen Heiligen des alten und neuen Testaments, wie eine Schatzkammer des höchsten Kaisers von Himmel- und Erdreich, in dessen Hand Leben und Tod steht. [Zum zweiten ...] Zum dritten, dass die Herren der Stadt sind: die heiligen drei Könige, der Fürst Sankt

1	Königs von England, auch die heilige Frau und Märtyrerin Machabea mit ihren sieben Söhnen, Heilige und Märtyrer des alten Testaments, und darüber hinaus allen lieben Heiligen, deren Gebeine hier in Pulver rasten. Dies sind die himmlischen Herren, denen diese Stadt gehört. **Vgl. c5v, F6v.**	Gereon, der Maurenfürst Gregorius, Ethereus König von England mit Sankt Ursula Königin von Britannien, Sankt Alban und andere Heilige in Köln mit den Machabeern, Märtyrer des alten Testaments. **I1v (= Ag, S. 214):** Wiewohl viele Heilige und Märtyrer in Pulver zu Köln rasten, die dort gemartert oder da von Gott hingefügt wurden. **Vgl. a5r.**
2	**F4v:** Und so wurde Köln zu der Zeit durch diesen Marcus gegründet, ungefähr um die Zeit, da Unsere Liebe Frau geboren wurde, in etwa 14 Jahre vor der Geburt Christi, in der Zeit des großen Friedens, da alle Welt unter einem Kaiser und Frieden gestanden hat, in einer Monarchie etc. **G1r:** Darum hat Gott diese Stadt in einer Zeit des Friedens als eine Stadt des Friedens gemacht. **Vgl. F5r.**	**F6v (vgl. Ag, S. 148):** Kurz danach, um 14 oder 16 Jahre vor der Geburt Christi, da Unsere Liebe Frau geboren wurde [...] geschah es also: In der vorgenannten Zeit hob der Herzog und Fürst Herr Marcus Agrippa an, die heilige Stadt Köln zu gründen. **G1v:** Man mag auch bemerken die Zeit, in der Köln gegründet wurde, in der Zeit, da Friede war in aller Welt, weshalb Köln zurecht eine Stadt der Eintracht und des Friedens sein soll. Auch mag Köln sich der Würdigkeit freuen, gegründet worden zu sein in der Zeit, da Unsere Liebe Frau geboren wurde. **a5r:** Dieser Stadt ist von Gott gegeben ein Zeichen zum ewigen Gedächtnis, dass sie eine Stadt des wahren Friedens sei. [...] Und also soll Köln zurecht eine Stadt des wahren Friedens genannt werden. **Vgl. G2r, a4v f.**

3	**F6r:** Darum sind alle Regenten [Kölns] ihre [der Heiligen] Diener und Knechte und nicht Herren – die Herren sind im Himmel. […] Oh, so wer sich kann regieren […], merke, wessen Diener und Statthalter er ist. […] In größeren Tugenden seinen Hauptleuten nachzufolgen (denen er Rede und Antwort von den geringsten, armen Menschen geben muss) […]. **G5v:** So tu gute Werke und du wirst davon Lob gewinnen. Denn die Mächtigen sind Gottes Diener, dir zum Guten.	**b1r:** …, dass niemand Herr der Stadt von Köln sei als Gott und seine Heiligen, und dass die, die sie regieren, Knechte der Heiligen sind, wovon sie scharfe Rechnung geben müssen. **l2r (= Ag,S. 214):** Darum sind die Mächtigen Gottes Diener, dem gemeinen Gute und dem gemeinen Volke.
4	**G1v:** Weil das der Wille Gottes in seiner ewigen Voraussicht ist: […] frei, ungebunden, ohne Laster und Schande. Köln mag wohl in diesem Teil der Welt, Europa, genannt werden ein Stein, einer der besten der heiligen Kirche, weil sie wie Jerusalem und Rom heilig genannt wird. Jerusalem und Rom haben das Blut der Heiligen vergossen, was Köln nicht getan hat. **F5r:** Man findet, dass die Bürger dieser heiligen Stadt von Anbeginn an fromme, ehrsame Männer und Herren gewesen sind, und nicht geneigt Blut zu vergießen. Sie haben nie Heilige getötet.	**b1r:** …, dass Gott die heilige Stadt Köln will frei haben von allem Laster, und dass er sie gewürdigt hat in dem Teil über Jerusalem, Rom, Konstantinopel, Trier, Mainz und andere große Städte, wo viele Heilige rasten. Aber sie haben mit zum Tode der Heiligen geholfen, außer Köln allein, das Gott von solcher Tat beschirmt hat, dass sie keine Blutvergießer sind. **l1v (= Ag, S. 214):** …, dass bis jetzt die Bürger nie einen Heiligen zu Tode gebracht haben. **Vgl. Ag, S. 132:** … durch der Unschuld willen, dass sie von dem Blut der lieben Heiligen rein und unschuldig sind, was Jerusalem, Rom, Konstantinopel, Trier und andere heilige Städte nicht sind.

5	**G4r f.:** Doch wer hier von der Zerstörung gemeinen Gutes und dem Abgang christlicher Ordnung mehr wissen will, mag lesen das Buch über die heimliche Offenbarung Meister Emerichs van Campen: […] Der erste Fall ist die Tyrannei vieler Obersten und die Ungehorsamkeit der Untertanen. Der andere Fall ist durch die weltlichen Obersten, die da abbrechen und scheiden die Güter, die da zugehören dem priesterlichen Reich, und die weltlich machen und an sich bringen. Zum dritten die unterschiedliche Vermengung beider Schwerter, geistlichen und weltlichen Standes. Zum vierten so herrschen des Teufels und des Antichristen Kinder über die Kinder des ewigen göttlichen Erbes Christi etc.	**l1v (= Ag, S. 213 f.):** Welche Liebe und Eintracht der heiligen Kirche wie beschrieben häufiger gebrochen ist, insgemein und im Besondern. Die Sachen, warum diese sind: zum ersten durch die Tyrannei vieler Obersten und die Ungehorsamkeit der Untertanen; zum anderen Mal durch die Obersten, die da einer dem anderen abbrechen, dasselbe, was ihnen von Ordnung und Stand wegen gebührt, wie da ein Glied dem anderen seine Kraft und Macht abnimmt und an sich bringt; zum dritten die unterschiedliche Vermengung beider Schwerter, geistlichen und weltlichen Standes; zum vierten die Herrschaft der Teufelskinder über die Kinder des göttlichen Erbes.
6	**F5v:** Vor allem durch die Natur [bringt Gott Köln hoffentlich zu einem guten Ende], weil der Himmel über Köln seinen adeligen, wohltemperierten Einfluss hat, dort viel natürlich Gutes zu wirken. Das merke man an allen natürlichen Werken dieser Stadt, denn die Menschen sind insgemein guter Komplexion, verständig, klug, vorsichtig, ehrsam.	**b4v:** Item so hat Gott ersehen, dass es liegt unter einer süßen und guten Konstellation des Himmels Einflusses, wohl temperiert, weder zu heiß noch zu kalt, in guter, gemäßigter Luft, wie wohl sichtbar ist an allen Früchten von Korn und Wein, die darum herum wachsen; auch an den Tieren und an den Menschen, die gemeinhin von gutem Wesen sind, nach dem Einfluss der Natur zu sprechen.

Abtei unter Adlerschwingen

Klösterliche Heraldik und das Wappen der Abtei Brauweiler von 1547

von Markus Jansen

Die wissenschaftliche Heraldik erlebt derzeit einen bemerkenswerten Aufschwung. Dies liegt vor allem an einem neuen sozial- und kulturwissenschaftlichen Zugang zu den Wappen, der in Frankreich mit den Namen Michel Pastoreau und Laurent Hablot, in Deutschland mit Thorsten Hiltmann verbunden ist.[1] Diese Erweiterung der Perspektive nimmt Abstand von einer Auffassung der Heraldik als normatives System klarer Regeln und eindeutiger Kategorien, wie es klassische Handbücher noch heute gerne darbieten.[2] In dieser überholten Statik dürfte ein Grund zu sehen sein, warum Kennerinnen und Kenner der oftmals verworrenen und alles andere als normierten Verhältnisse der Vormoderne die Wappen lange Zeit nur am Rande behandelten. Hiltmann fordert daher einen Paradigmenwechsel »weg von einer ›normativen Heraldik‹, welche versucht, das Wappenwesen als ein überzeitliches und im Idealfall unveränderliches System darzustellen, und die zu belegen sucht, wie die Heraldik aussehen sollte, hin zu

1 Siehe etwa Michel Pastoureau: Traité d'héraldique, 5. Aufl. Paris 2008; Laurent Hablot: Manuel de héraldique emblématique médiévale, Tours 2019, sowie die für die deutsche Heraldik bilanzierende Arbeit von Thorsten Hiltmann: Zwischen Grundwissenschaft, Kulturgeschichte und digitalen Methoden. Zum aktuellen Stand der Heraldik, in: Archiv für Diplomatik 65 (2019) S. 287–320. Zudem sei verwiesen auf Kilian Heck: Genealogie als Monument und Argument. Der Beitrag dynastischer Wappen zur politischen Bildung der Neuzeit, München/Berlin 2002; Thorsten Hiltmann: Potentialities and Limitations of Medieval Armorials as Historical Source. The Representation of Hierarchy and Princely Rank in Late Medieval Collections of Arms in France and Germany, in: Thorsten Huthwelker/Jörg Peltzer/Maximilian Wemhöner (Hg.): Princely rank in late medieval Europe. Trodden paths and promising avenues, Ostfildern 2011, S. 157–198; Werner Paravicini: Gruppe und Person. Repräsentation durch Wappen im späteren Mittelalter, in: Ders.: Noblesse. Studien zum adeligen Leben im spätmittelalterlichen Europa, hg. von Jan Hirschbiegel/Andreas Ranft/Jörg Wettlaufer, Ostfildern 2012, S. 189–248; Christoph Friedrich Weber: Zeichen der Ordnung und des Aufruhrs. Heraldische Symbolik in italienischen Stadtkommunen des Mittelalters, Köln 2011; Susanne Wittekind: Wappen in der Stadt – als Medien der Kommunikation von Adeligen, Patriziern und Gilden, in: Dies./Sabine von Heusinger (Hg.): Die materielle Kultur der Stadt in Spätmittelalter und Früher Neuzeit, Wien/Köln/Weimar 2019, S. 51–68.

2 Stellvertretend sei hier verwiesen auf Ludwig Biewer/Eckart Henning: Wappen. Handbuch der Heraldik. Als »Wappenfibel« begründet von Adolf Matthias Hildebrandt, zuletzt weitergeführt von Jürgen Arndt. 20., aktualisierte und neugestaltete Aufl. Köln/Weimar/Wien 2017.

einer ›historischen Heraldik‹, welche sich gerade um die zeitlichen und räumlichen Differenzen und die kleinschrittige Entwicklung der Wappen kümmert und diese ebenso für hilfswissenschaftliche wie für allgemeinhistorische Fragestellungen nutzbar macht«.[3]

In den historischen Wissenschaften hat sich die Erkenntnis durchgesetzt, dass Wappen nicht bloß schmückendes Beiwerk waren, sondern ein Panoptikum soziokultureller Funktionen hatten. Sie markierten Grenzen und Besitz, manifestierten Rangordnungen, sicherten Gedächtnis und Prestige, zeigten Gefolgschaften auf, konnten Medien der Ehre und Entehrung sein – und wurden in all dem breit rezipiert.[4] Besonders die Frühe Neuzeit wurde und wird gegenüber dem Mittelalter wenig beachtet und lange als Zeit des Verfalls der heraldischen Kunst verschmäht.[5] Jedoch blieb die Heraldik über die Jahrhunderte nicht statisch, sondern gewann in ihrer Rolle als Kommunikationsmittel stetig an Komplexität und Variabilität hinzu. Dabei blieb sie auch für Veränderungen offen, die bei einem normative Klarheiten suchenden Zugriff zu Unrecht unter den Tisch fallen.[6]

Doch auch wenn die Heraldik aus ihrem mitunter semiseriösen Schattendasein heraustritt, ist das noch zu bestellende Feld groß und weit. Dies trifft gerade auf die geistliche Heraldik zu, die nach wie vor viele Frage offenlässt.[7] Das Zusammenspiel von Heraldik und dem Feld des Sakralen kann auf diversen Wegen betrachtet werden: Es lässt sich nach jenen Wappen fragen, die Heiligen beigegebenen wurden und sie in die Welt der heraldischen Codes einbetteten.[8] Ein anderer Zugang ist die Betrachtung der Nutzung von Wappen in Kirchen, der gerade das Zusammenspiel von weltlichen Personen und

3 Hiltmann: Stand der Heraldik (Anm. 1), S. 318.

4 Ebd., S. 291. Ferner betont Hiltmann ebd., S. 307, dass das Verständnis und die Rezeptionsfähigkeit von Wappen bei weitem nicht nur auf die Herolde in ihrer Rolle als Adelsexperten beschränkt waren, sondern als »Alltagsgut« weiten gesellschaftlichen Kreisen attestiert werden müssen.

5 Ebd., S. 311.

6 Ebd., S. 292. Diese oft unterschätzte Flexibilität der Heraldik zeigt Harald Drös: Maulbronner Klosterheraldik. Wappen des Klosters und der Äbte in vor- und nachreformatorischer Zeit, in: Dieter Planck (Hg.): Maulbronn. Zur 850jährigen Geschichte des Zisterzienserklosters, Stuttgart 1997, S. 43–58 exemplarisch auf.

7 Zu klösterlicher Heraldik vgl. Bruno Bernhard Heim: Wappenbrauch und Wappenrecht in der Kirche, Olten 1947, und die Fallstudien von Drös: Klosterheraldik (Anm. 6); Walther P. Liesching: Die Erfindung geistlicher Wappen am Beispiel der St. Galler Stiftspatrone Gallus und Otmar, in: Schweizer Archiv für Heraldik. Archivum heraldicum 113 (1999), S. 26–35; Brigitte Schröder: Mainfränkische Klosterheraldik. Die wappenführenden Mönchsklöster und Chorherrenstifte im alten Bistum Würzburg, Würzburg 1971.

8 Dazu etwa jüngst Aaron Jochim: Zwischen Banner und Handschrift. Wappensammlungen von Stadtpatronen und Heiligen im spätmittelalterlichen Köln, in: GiK 70 (2023), S. 63–90, oder Hans Horstmann: Die Wappen der Heiligen Drei Könige, in: Kölner Domblatt 30 (1969), S. 49–66.

sakralem Raum in den Blick nimmt.[9] Zuletzt lassen sich aber auch die Wappen genuin geistlicher Akteurinnen und Akteure untersuchen, was auch der vorliegende Beitrag verfolgt.

Dieser Zugriff dient aber nur als Einstieg einer exemplarischen Studie zu den Potentialen klösterlicher Heraldik. Denn gerade die Untersuchung der Wappen ehemaliger Klöster und Stifte bietet vielversprechende Einblicke in ihre legitimierende Funktion, da sie als Nachzügler in der Welt der Wappen aus einem Fundus bereits vorgeprägter Darstellungsmuster schöpfen konnten und den gewählten Emblemen daher eine reflektierte Idee zu attestieren ist. Der Ansatz dieses Textes ist es daher, am Beispiel der Brauweiler Wappenpraktik übergeordnete Fragen zu stellen und auf mögliche Strategien der heraldischen Repräsentation hinzuweisen. Dabei soll gezeigt werden, wie klösterliche Heraldik einerseits ein Produkt der Geschichte der eigenen Institution ist und den Kundigen von dieser Geschichte berichtet, andererseits aber auch wie diese heraldischen Formen instrumentalisiert und über ihren eigentlichen Rahmen hinaus ausgebaut oder aufgebauscht wurden.

1. Das Brauweiler Wappenprivileg von 1547 und sein Kontext

Am 23. November 1547 erhielt die Abtei Brauweiler ein Privileg, das die Selbstdarstellung der Abtei für immer verändern sollte.[10] Der Kaiser selbst – Karl V.,

9 Dazu jüngst etwa Frank Matthias Kammel u. a. (Hg.): Die Nürnberger Totenschilde des Spätmittelalters im Germanischen Nationalmuseum. Jenseitsvorsorge und ständische Repräsentation städtischer Eliten, 2 Bde., Nürnberg 2020, sowie Steven Thiry: Spaces of many-faced majesty: heraldic church interior and the redefinition of a ‚political' community during the Dutch revolt (1566–1598), in: Torsten Hiltmann/Miguel Metelo de Seixas (Hg.): Heraldry in medieval and early modern state rooms, Ostfildern 2020, S. 277–300 ebenso wie die im selben Band erschienen Beiträge von Matteo Ferrari: France et Castille: Les décors héraldiques de l'›Hôtellerie‹ de l'abbaye de Nanteuil-en-Vallée (Charente), in: ebd., S. 237–256 und Laurent Hablot: Le cycle héraldique du couvent des Jacobins de Poitiers: un armorial des morts de la bataille de Poitiers 1356?, in: ebd., S. 257–276.

10 Das Privileg befindet sich noch heute im Besitz der Pfarrgemeinde Brauweiler, was die fortdauernde Bedeutung der kostbaren Urkunde für die lokale Identität anschaulich belegt. Es wird in deren Archiv unter der Signatur 3 verwahrt, während sich die anderen Privilegien der Abtei im Landesarchiv NRW befinden. Abgedruckt ist das lateinische Privileg bei Dietrich Kastner: Brauweiler und das Privileg Kaiser Karls V. vom 23. November 1547, in: Pulheimer Beiträge 1 (1977), S. 22–44. Eine deutschsprachige Übersetzung existiert bisher nicht, Kastner fasst den Inhalt aber ausführlich zusammen. Zur Geschichte der Abtei ist nach wie vor grundlegend Erich Wisplinghoff: Die Benediktinerabtei Brauweiler, Berlin/New York 1992, zur Baugeschichte Walter Bader: Die Benediktinerabtei Brauweiler bei Köln. Untersuchungen zu ihrer Baugeschichte. Nach dem Manuskript von Erika Huyssen, Berlin 1937. Ausführlich, aber in seiner Deutung nicht immer zuverlässig und ohne Belege Peter Schreiner: Die Geschichte der Abtei Brauweiler bei Köln 1024–1802, Pulheim 2009.

Abb. 1: Das Privileg Kaiser Karls V. für die Abtei Brauweiler von 1547. Pfarrarchiv Brauweiler, 3

in dessen Reich nach dem berühmten Sprichwort die Sonne nie unterging – gewährte der Abtei in einer 85 × 62 Zentimeter messenden Urkunde ein Adlerwappen, das fortan die Gebäude der Abtei, die Grabstätten ihrer Äbte und als Siegel offizielle Dokumente schmücken sollte. (Abb. 1 und 2) Noch heute ziert dieser Adler das Wappen des Ortes Brauweiler. Wie kam es aber zu diesem Wappen und wieso wurde es der Abtei verliehen?

Zunächst darf das Privileg nicht dahingehend missverstanden werden, dass Kaiser Karl V. der Abtei 1547 erst das grundsätzliche Recht verliehen habe, überhaupt ein Wappen zu tragen. Der Abtei brauchte dieses Recht nicht verliehen zu werden, denn es war ihr nie verwehrt.[11] Vielmehr war es weder geistlichen Korporationen noch geistlichen oder weltlichen Einzelpersonen je untersagt, sich ein eigenes Wappen zuzulegen.[12] Und so führten im späten Mittelalter

11 Anders oder zumindest missverständlich etwa bei Barbara Schock-Werner: Die Abtei Brauweiler, Köln 2019, S. 55.

12 Heim: Wappenbrauch (Anm. 7), S. 24 f. meint zurecht: »Die Wappenfähigkeit ist das Recht, überhaupt ein Wappen führen zu dürfen. Sie ist kein Privilegium, sondern sie steht jedem Menschen zu, dem sie nicht von der öffentlichen Gewalt entzogen wurde, was wegen Majestätsverbrechen, Fahnenflucht und Feigheit vor dem Feinde der Fall sein konnte. Die Wappenfähigen sind deshalb nicht in Adelige, Geistliche, Patrizier und Wappenbürger einzuteilen, sondern einfach in Einzelpersonen, Familien und Körperschaften«.

Abb. 2: Miniatur des Brauweiler Wappens im Privileg von 1547. Pfarrarchiv Brauweiler, 3

und der Frühen Neuzeit adlige und nichtadlige Personen und Institutionen in kontinuierlich wachsender Zahl Wappen, ohne dass die Zeitgenossen hier ein grundsätzliches Problem sahen. Die potenzielle Grenzenlosigkeit der Wappentragenden verhinderte aber dennoch nicht, dass, gerade als sich die Spielregeln der Heraldik im Fortgang der Jahrhunderte verfeinerten, die Wappen als Inbegriff adliger Tugend galten[13] – also eine nicht unbedingt zur realen Praktik passende soziale Verengung erfuhren.

Dennoch sollte die vor allem populär gebrauchte Wendung vom »Wappenrecht« nicht dazu verleiten, in der reinen Existenz eines Wappens bereits einen privilegierten Zustand zu erahnen. Dies widerspricht hingegen nicht der Tatsache, dass von kaiserlicher Autorität verliehene Wappen und Wappenbesserungen eine ebenso gefragte wie prestigeträchtige Angelegenheit waren, gerade

13 So betont Torsten Hiltmann: Legenden im Zweifel. Die Frage nach der Herkunft der Wappen und das Ende der mittelalterlichen Heraldik im 17. Jahrhundert, in: Thomas Kühtreiber/Gabriela Schichta (Hg.): Kontinuitäten, Umbrüche, Zäsuren: Die Konstruktion von Epochen in Mittelalter und früher Neuzeit in interdisziplinärer Sichtung, Heidelberg 2016, S. 301–329, hier S. 328, dass es bis weit in das 17. Jahrhundert hinein die Idee gegeben habe, »dass die Wappen schon immer Zeichen von Adel und adeliger Tugend waren, Adel und Tugend seit jeher in den Wappen ihren Ausdruck fanden, was ihre späteren Träger letztlich in eine direkte Linie mit den alttestamentarischen Ahnen und den Helden der Antike stellte«.

bei sozialen Aufsteigern.[14] Zu Problemen oder einem Regulierungsbedarf kam es erst dann, wenn jemand ein Wappen zu tragen versuchte, das bereits einer anderen Person oder Institution gehörte.[15] Um just solch einen Fall handelt es sich letztlich auch in Brauweiler. Denn die Motivik des Wappens, das die Abtei von 1547 an führte, entstand nicht vor Ort, sondern bezog sich auf die Stifterin der Abtei, Mathilde († 1025), die Tochter Kaiser Ottos II. Zwar lebte sie in einer noch wappenlosen Zeit, aber das hinderte spätere Zeiten nicht, ihr in der Rückschau ein Wappen zu verleihen. In diesem Sinne erhielten sogar die Heiligen Drei Könige oder Christus selbst eigene Wappen, die zwar Phantasieprodukte sind, aber einiges über die heraldischen Praktiken des Spätmittelalters aussagen. Auch dem Gründer des Benediktinerordens, dem hl. Benedikt von Nursia, wurde erst im ausgehenden 15. Jahrhundert ein Wappen zugeschrieben, das einen goldenen, manchmal auch silbernen Löwen auf blauem Grund zeigte.[16] Im Falle Mathildes bedurften die Dinge weniger Kreativität, denn als Kaisertochter wurde ihr aufgrund ihrer Abstammung einfach das kaiserliche Adlerwappen zugeschrieben.[17] Dieses zeigte einen schwarzen Adler auf goldenem Grund, seit dem 15. Jahrhundert häufig auch einen doppelköpfigen Adler, an dessen Köpfen sich zwei Heiligenscheine befanden, die unterstrichen, dass das Reich selbst heilig war.[18]

Was Kaiser Karl V. der Abtei also 1547 gewährte, war, das Wappen einer anderen Person – der Kaisertochter Mathilde – zu tragen. Dabei wurde das Wappen aber leicht abgewandelt und der kaiserliche Adler auf einen Kopf reduziert, ihm der Heiligenschein genommen und zudem die Grundfarbe des Wappens in ihrer Wertigkeit von Gold auf Silber geschmälert. Zudem war dem Adler als eindeutiges Zeichen eines geistlichen Würdenträgers ein Abtsstab[19] beigegeben, den der Adler in seiner rechten Kralle hielt und der einmal quer durch den Schild verlief. Dennoch bezog sich dieses Wappen direkt auf die Klostergründerin,

14 Dazu ausführlich Gerhard Seibold: Der Wappenbrief. Ein Kompendium, 2 Bde., Wien/Köln/Weimar 2020.

15 So unterscheidet Heim: Wappenbrauch (Anm. 7), S. 25 f. zwischen der primären Annahme eines Wappens, das heißt der willkürlichen und eigeninitiativen Annahme bestimmter Motive und Farben, oder der herrscherlichen Erteilung und damit sekundären Annahme, das heißt der Übernahme etwa des elterlichen Wappens oder des Wappens der Ehepartner/in.

16 Drös: Klosterheraldik (Anm. 6), S. 46; Liesching: Erfindung (Anm. 7), S. 32.

17 Schröder: Klosterheraldik (Anm. 7), S. 230 betont, dass gerade Stifterwappen oft spätere Wappen in die eigentlich wappenlose Zeit zurückdatierten oder Wappen gänzlich neu erfanden.

18 Dazu Bettina Maleczek-Pferschy: Der Nimbus des Doppeladlers. Mystik und Allegorie im Siegelbild Kaiser Sigmunds, in: ZHF 23 (1996), S. 433–471; Rainer A. Müller: Das ›Heilige Römische Reich deutscher Nation‹ in allegorischen Darstellungen, in: Ders. (Hg.): Bilder des Reiches, Sigmaringen 1997, S. 397–432.

19 Zum Abtsstab als heraldisches Würdezeichen Heim: Wappenbrauch (Anm. 7), S. 78–82.

hieß es doch in der kaiserlichen Urkunde ausdrücklich, dass Brauweiler von ihr gegründet worden sei: »[...] ut predictos abbatem et conventum monasterii in Bruwiler, quod a serenissima Mechtildi filia quondam Ottonis secundi predecessoris nostri in Imperio auguste memorie, ut accepimus, fundatum est«.[20] Aus diesem Grund, so das kaiserliche Privileg weiter, solle die Abtei fortan das Wappen- und Siegelbild des Adlers führen.

Dass Karl V. Brauweiler überhaupt ein Wappen verlieh, war durchaus eine Besonderheit, denn die kaiserliche Verleihung eines Wappens an Klöster oder Stifte kam nur sehr selten vor.[21] An dieser Stelle setzt jedoch ein Missverständnis an. Wenngleich der Adler sich direkt auf die kaiserliche Familie bezog, wurde die Abtei Brauweiler dadurch nicht in den Rang einer Reichsabtei erhoben.[22] Reichsabteien waren Konvente, die in territorialer Hinsicht keinen anderen Herrn als Kaiser und Reich über sich kannten, also reichsunmittelbar wie ein Fürst oder eine Reichsstadt waren. Damit hatten sie auch einen Sitz auf den Reichstagen der Frühen Neuzeit und ein zumindest formelles politisches Mitspracherecht. Solche Reichsabteien gab es innerhalb des vormodernen Reichs einige, von Brauweiler aus gesehen, waren die nächsten Burtscheid und Kornelimünster bei Aachen, Prüm in der Eifel oder auch Essen.

All dies lag für Brauweiler fern. Die Abtei war von Gründung an zunächst ein ezzonisches und seit 1051 ein erzbischöfliches Eigenkloster.[23] Die kleine Herrschaft des Brauweiler Abtes war als »Herrlichkeit Brauweiler« ein Teil Kurkölns. Beides änderte sich 1547 nicht im Geringsten, sondern blieb bis zur Auflösung der Abtei 1802 so. Tatsächlich betonte die Abtei ihre mangelnde Reichsunmittelbarkeit auch selbst, allerdings in einer Situation, wo ihr dieser Umstand

20 Pfarrarchiv Brauweiler 3. Druck bei Kastner: Privileg (Anm. 11), S. 28, der aber »etst« anstelle von »est« schreibt.

21 Schröder: Klosterheraldik (Anm. 7), S. 230 kennt aus der Diözese Würzburg etwa nur ein einziges Beispiel einer kaiserlichen Wappenverleihung (für die Zisterzienserabtei Schöntal 1419), Drös: Klosterheraldik (Anm. 6), S. 48 ergänzt noch das Privileg für die Zisterze Wiener Neustadt 1446.

22 Dies behauptet etwa Kastner: Privileg (Anm. 10), S. 37f., ebenfalls aufgegriffen bei Sabine Cornelius: Die Abtei Brauweiler in drei Gängen, Köln 2018, S. 13, 30; Schock-Werner: Abtei Brauweiler (Anm. 11), S. 106, 117 und Schreiner: Geschichte (Anm. 10), S. 134. Letzterer schränkt dabei zwar ein, dass die Abtei nur als »Ehrenrecht« in den Rang einer Reichsabtei erhoben wurde, dies ist aber ebenso unzutreffend.

23 Wenngleich Brauweiler als Gründung der lothringischen Pfalzgrafen zunächst diesen unterstand, wurde die Abtei 1051 der Kölner Kirche übertragen, als Hermann II. (1036–1056), Sohn der Klostergründer Mathilde und Ezzo, Kölner Erzbischof war. Bereits 1028 war unter Hermanns Vorgänger Pilgrim (1021–1036) das Kloster in den Schutz des Erzbischofs übergeben worden, aber erst der Akt des Jahres 1051 wandelte es von einem ezzonischen zu einem erzbischöflichen Eigenkloster, vgl. Erich Wisplinghoff (Bearb.): Rheinisches Urkundenbuch. Ältere Urkunden bis 1100, Band 1: Aachen bis Deutz, Bonn 1972, Nr. 88, S. 101–110; Nr. 90, S. 112–120.

durchaus gelegen kam. In einem sich von 1736 bis 1744 ziehenden Prozess vor dem Reichskammergericht erhob der Kölner Bürger Wilhelm Wrede Einspruch gegen das Testament seines Sohnes Anselm, der als Mönch in Brauweiler eingetreten war und dem Kloster Geld vermacht hatte. Die Abtei Brauweiler wollte sich auf diesen Prozess nicht einlassen und bestritt die grundsätzliche Zuständigkeit des Reichskammergerichts unter Verweis darauf, dass Brauweiler eben nicht reichsunmittelbar sei. Das Gericht führte den Prozess zwar trotzdem fort, entschied aber am 17. Juli 1739, dass die Zuwendung Anselm Wredes an das Kloster rechtmäßig sei.[24] Es lässt sich also festhalten, dass das Wappenprivileg nichts an dem rechtlichen und politischen Status Brauweilers änderte.

Auch der Gunstcharakter des Privilegs muss eingeordnet werden. Betrachtet man allein seinen Text, so scheint es fast, als habe Karl V. aus persönlichem Antrieb und Warmherzigkeit der Abtei etwas Gutes tun wollen. Dies verkennt aber den Charakter solcher Privilegien. Karl war als römischer Kaiser und spanischer König der Herrscher eines Weltreiches, das sich von der iberischen Halbinsel über Oberitalien, Österreich, Burgund und die Niederlande bis nach Nordafrika und in die sogenannte Neue Welt erstreckte. Die Herausforderungen der Regierung dieses gewaltigen Reichs, dessen deutsche Teile zudem noch von den Wirrungen der Reformation erschüttert wurden, lassen bereits erahnen, dass der Kaiser von selbst kaum Zeit und Muße gefunden haben dürfte, über die Förderung einer kleinen rheinischen Abtei nachzudenken. Immerhin kannte Karl die Abtei aus eigener Anschauung, denn im Jahr 1520 hatte er als junger Mann und soeben gekrönter römisch-deutscher König auf dem Weg nach Köln in Brauweiler übernachtet.[25]

Das Privileg selbst verrät aber die Geschichte seines Zustandekommens.[26] Ausgestellt ist es in der Reichsstadt Augsburg, wo sich Kaiser Karl auf einem Reichstag vor allem mit der Konfessionsfrage beschäftigte.[27] Der Brauweiler Abt Hermann von Bochum war persönlich nach Augsburg gereist, um die Ausstellung des Privilegs zu erbitten. Das Wappen war auch nicht der einzige Inhalt, um den es dem Abt ging, denn der Kaiser bestätigt im selben Text die Rechte und Privilegien der Abtei, fordert zur Rückgabe entfremdeter Besitzungen auf und weist die Erzbischöfe von Köln und Trier, den Kurfürsten von der Pfalz, den Herzog von Jülich-Kleve-Berg sowie die Reichsstädte Aachen und Köln an, für den Schutz des Klosters Sorge zu tragen. Erst darauf folgt die Wappenverleihung. Im Übrigen war das Privileg Karls V. nicht das erste eines

24 LAV NRW R, Reichskammergericht AA 0627, Nr. 6123 – W 1013/2800.
25 Wisplinghoff: Brauweiler (Anm. 10), S. 89.
26 Pfarrarchiv Brauweiler 3.
27 Nicht in Brauweiler anlässlich eines Besuchs des Kaisers, wie Schock-Werner: Abtei Brauweiler (Anm. 11), S. 55 meint.

Abb. 3: Brauweiler Hof, Fronhof der Abtei Brauweiler in Mesenich an der Mosel. (Foto: Markus Jansen, Frechen)

römisch-deutschen Königs oder Kaisers für Brauweiler und sollte auch nicht das letzte bleiben. So sind auch schon von Heinrich III. (1028–1056), Friedrich I. (1152–1190), Albrecht I. (1298–1308) und Karl IV. (1347–1378) sowie später von Maximilian II. (1562–1576), Rudolph II. (1575–1612), Matthias (1612–1619) und Leopold I. (1658–1705) Privilegien für die Abtei erhalten.[28]

Es liegt also nahe, dass Abt Hermann sich beim Kaiser in einem keineswegs unüblichen und von vielen anderen Akteuren genauso praktizierten Akt die Rechte seines Klosters bestätigen ließ und bei diesem Anlass um ein neues Wappen ansuchte.[29] Dies ließen sich der Kaiser und seine Kanzlei auch bezahlen, denn auf der Rückseite ist die Gebühr von vier rheinischen Goldgulden vermerkt, die an den kaiserlichen Sekretär gingen.[30] Als Initiator des neuen Wappens darf

28 Wisplinghoff: Brauweiler (Anm. 10), S. 88 f.

29 Die Bestätigung von Rechten durch den Kaiser als höchste weltliche Autorität des Reichs war eine gängige Praxis, vgl. dazu beispielhaft die interessante Fallstudie der sog. Autonomiestädte, Philipp Haas/Martin Schürrer: Die Autonomiestädte der Frühen Neuzeit. Annäherung an einen wenig beachteten Städtetyp des Heiligen Römischen Reiches anhand norddeutscher Beispiele des 16. Jahrhunderts, in: ZHF 50 (2023), S. 1–60.

30 Kastner: Privileg (Anm. 10), S. 31. Mit nur vier Gulden Gebühr könnten die Brauweiler dabei gut weggekommen sein, denn nach Seibold: Wappenbrief (Anm. 14), S. 253 beliefen sich um 1545 die Kosten für eine Wappenbestätigung auf 12 Gulden und für eine Wappenbesserung auf 20 Gulden.

daher vor allem Abt Hermann von Bochum und weniger Kaiser Karl V. gelten, der das Privileg als Teil seines herrscherlichen Tagesgeschäfts ausstellen ließ.

Besondere Bedeutung erhält das Privileg auch durch den Umstand, dass es sich bei dem 1547 gewährten Wappen um das älteste überlieferte Wappen der Abtei Brauweiler handelt. Tatsächlich sind aber nur überaus wenige wirkliche Abteiwappen erhalten. Die meisten Wappen, die sich an und in Kirchen- und Konventsgebäuden – aber auch auf den Besitzungen der Abtei etwa an der Mosel – befinden, sind die einzelner Äbte. (Abb. 3) Diese kombinierten für gewöhnlich das Abteiwappen mit ihrem eigenen Familienwappen. Wirkliche Abteiwappen, soweit bekannt, finden sich heute an den Abteigebäuden nur noch im sogenannten Kaisersaal, dem zentralen Repräsentationsraum der zwischen 1780 und 1785 errichteten spätbarocken Prälatur. In der Abteikirche St. Nikolaus sind die beiden von Abt Hermann von Bochum gestifteten Renaissancealtäre (ein Antoniusaltar von 1552 und ein Michaelsaltar von 1561) mit dem Abteiwappen geschmückt[31] – bei ihnen dürfte es sich also um die beiden ältesten erhaltenen plastischen Abteiwappen handeln. (Abb. 4) Ebenso befindet sich der Adler als Einzelfigur an den beiden schmiedeeisernen Gittern von 1627, die den Chorumgang vom Querschiff trennen.[32] Gemalte Abteiwappen sind, neben dem Privileg von 1547, in dessen Bestätigungen durch die Kaiser Maximilian II. vom 9. Juni 1568 und Rudolph II. vom 10. Mai 1604 dargestellt, während im Privileg Kaiser Matthias' vom 27. April 1617 zwar ein Platz für eine Miniatur des Wappens freigelassen ist, diese aber nicht ausgefüllt wurde.[33] Nach 1547 entstand zudem ein neuer Siegelstempel, der ebenfalls den einköpfigen Adler mit Abtsstab zeigt und 1580 erstmals belegt ist.[34]

2. *Die Entstehung klösterlicher Heraldik*

Eine der Fragen, die das kaiserliche Wappenprivileg aufwirft, ist die nach der Einordnung seines Zeitpunktes. War die Abtei Brauweiler mit ihrem 1547 entstandenen Wappen ein Vorreiter oder Nachzügler in der heraldischen Entwicklung? Und ist das Adlerwappen überhaupt das erste Wappen der Abtei?

31 Paul Clemen/Ernst Polaczek: Die Kunstdenkmäler des Landkreises Köln, Düsseldorf 1897, S. 44 f.; Schock-Werner: Abtei Brauweiler (Anm. 11), S. 56–59.

32 Ebd., S. 61.

33 LAV NRW R, Brauweiler, Urkunden AA 0170, Nr. 195, 208, 218.

34 Wilhelm Ewald: Rheinische Siegel, Bd. 4: Siegel der Stifte, Klöster und geistlichen Dignitäre, Bonn 1972, Tafel 19,6; Kastner: Privileg (Anm. 10), S. 41; Wisplinghoff: Brauweiler (Anm. 10), S. 113.

Abb. 4: Abteiwappen am Michaelsaltar von 1561. (Foto: Markus Jansen, Frechen)

Wappen entwickelten sich nicht aus älteren Zeichensystemen, sondern wurden im 12. Jahrhundert von Grund auf neu geschaffen und sind erstmals in den 1120er Jahren für den Adel in Nordfrankreich nachgewiesen.[35] Im städtischen Bereich datiert beispielsweise die älteste Darstellung des Wappens der Stadt Köln, immerhin eine der maßgeblichen Metropolen des mittelalterlichen Abendlandes, erst von 1320.[36] Mit deutlichem Abstand reiht sich Brauweiler mit seinem Wappen von 1547 dahinter ein und suggeriert so einen Gang der heraldischen Entwicklung vom Adel auf die urbanen Zentren, in dem geistliche Kommunitäten Nachzügler waren. Ganz so ist dem nicht, denn grundsätzlich kamen Wappen in der Kirche ab der Mitte des 13. Jahrhunderts auf, also nur ein

35 Jean-François Nieus: L'invention des armoiries en contexte. Haute aristocratie, identités familiales et culture chevaleresque entre France et Angleterre, 1100–1160, in: Journal des Savants 63 (2017) S. 93–155; Hiltmann: Stand der Heraldik (Anm. 1), S. 307.

36 Heiko Steuer: Das Wappen der Stadt Köln, Köln 1981, S. 24. Es findet sich im Kölner Dom auf einem um 1320 erstellten Chorfenster (Königsfenster Nord V).

Jahrhundert nach dem weltlichen Adel – zunächst individuell bei Geistlichen, dann bei Hochstiften und Reichsabteien und ab dem 14. Jahrhundert auch bei ersten landsässigen Benediktinerabteien.[37]

Während die Wappen im weltlichen Bereich aber durch das Turnierwesen entstanden,[38] hielten sie im kirchlichen Bereich vor allem durch die Siegel Einzug. Denn Abteien und Stifte siegelten bereits seit dem 11. Jahrhundert – dies bedeutet, dass ältere Motive, die zunächst nur als Siegelbilder fungiert hatten, nach der Übernahme heraldischer Praktiken in der Kirche zu Wappenbildern umgewandelt wurden.[39] Dieser Rückgriff auf die Siegel begründet sich im besonderen Problem der geistlichen Heraldik, übergeordnete Wappenbilder unabhängig von der personellen Zusammensetzung der Konvente zu finden. Wurde im Adel schlichtweg das Wappen der Familie über Generationen weitergegeben, entfiel dieser genealogische Zusammenhang in Klöstern für gewöhnlich. Daher musste eine andere Form der heraldischen Repräsentation gefunden werden, wobei die Wahl gerade bei älteren Wappen oft auf die klassischen Glaubenszeichen wie das Kreuz oder Heiligenfiguren fiel.

Zudem lässt sich die Ubiquität der Wappen im Adel nicht auf Klöster und Stifte übertragen, denn ganz im Gegenteil waren sie hier durchaus selten. Dies erweist sich beispielhaft an der von kirchlichen Institutionen überzogenen Stadt Köln. Hier lassen sich nur für die großen Stifte St. Andreas, St. Gereon, St. Kunibert, St. Maria ad Gradus und St. Ursula eigentliche Wappen nachweisen, die zudem nur sehr spärlich belegt sind. In St. Kunibert ist ein Wappen, das sich auf den bischöflichen Stifter gleichen Namens († 664) bezog, sogar erst aus dem 18. Jahrhundert nachgewiesen.[40] Die Zahl der belegten Siegel indes ist ungleich höher.

Zugleich zeigt dieser Vergleich, dass Brauweiler mit seiner Vielzahl an erhaltenen Wappen durchaus aus der Masse der geistlichen Institute herausstach. Bereits seit dem 11. Jahrhundert lässt sich feststellen, dass die Abtei sich mit einer Heiligenfigur repräsentierte, wie viele andere Klöster auch. In Brauweiler war dies der naheliegende Patron der Abteikirche, der hl. Nikolaus. Er ziert das älteste Siegel des Klosters, das zwischen 1126 und 1183 belegt ist. Bereits zuvor hatten die Mönche von Brauweiler im Jahr 1063 im Zuge einer Auseinandersetzung um Landbesitz einen Brief an den Kölner Erzbischof Anno II.

37 Drös: Klosterheraldik (Anm. 6), S. 43.
38 Nils Bock: Die Herolde im römisch-deutschen Reich: Studie zur adligen Kommunikation im späten Mittelalter, Ostfildern 2015, S. 60; Nieus: L'invention (Anm. 35).
39 Heim: Wappenbrauch (Anm. 7), S. 29–40; Schröder: Klosterheraldik (Anm. 7), S. 5, 227.
40 Manfred Groten u. a. (Hg.): Nordrheinisches Klosterbuch: Lexikon der Stifte und Klöster bis 1815. Bd. 3: Köln, Siegburg 2022, S. 48, 224, 416, 535, 660.

im Namen des hl. Nikolaus verfasst.[41] Auch das zweite Klostersiegel, belegt zwischen 1264 und 1684, zeigte diesen Heiligen.[42] Wenn die Abtei also bereits vor 1547 ein Wappen geführt haben sollte, dann dürfte es den heiligen Nikolaus gezeigt haben.

Auch eine andere Möglichkeit sei hier kurz erwähnt: das pfalzgräfliche Wappen, das zumindest einmal in indirektem Bezug zur Abtei auftaucht. Richeza, die Tochter des Gründerpaares, hatte den polnischen Thronerben Mieszko geheiratet, war aber nach dessen Tod 1034 ins Reich zurückgekehrt. Sie initiierte den Neubau der Brauweiler Kirche und Abteigebäude ab 1048, wurde aber in der Kölner Kirche St. Maria ad Gradus begraben.[43] Im 15. Jahrhundert wurde an ihrem Grab, das nach dem Abbruch der Kirche mit ihren Gebeinen in den Kölner Dom transloziert wurde, eine Darstellung der Königin als Heiligenfigur angebracht. In der unteren linken Ecke ist ihr ein Wappen beigegeben, das im vertikal geteilten Schild den weißen polnischen Adler auf rotem Grund und den goldenen kurpfälzischen Löwen auf Schwarz zeigt. Letzterer entstand zwar erst im 13. Jahrhundert,[44] steht hier aber in Ermangelung eines ezzonischen Wappens für die entfernten Vorgänger der Pfälzer Kurfürsten, die lothringischen Pfalzgrafen. Dieses Amt bekleideten Richezas Bruder, Cousin, Vater und Großvater.[45] In gewisser Weise machte dieses Wappen Richezas eine Strategie vor, die das Brauweiler Adlerwappen 1547 wiederholen sollte: die Orientierung an einem wappenführenden Amtsnachfolger, dessen Emblem in die wappenlose Zeit zurückprojiziert wurde. (Abb. 5a und 5b)

41 Gedruckt und übersetzt ist dieser Brief bei Heinz Erich Stiene (Bearb.): Die Gründungsgeschichte der Abtei Brauweiler. Fundatio monasterii Brunwilarensis, Köln 2024, S. 138–141.

42 Ewald: Rheinische Siegel (Anm. 34), Tafel 19,3, 19,4; Wisplinghoff: Brauweiler (Anm. 10), S. 112f.

43 Dazu Klaus Gereon Beuckers: Bemerkungen zu den ezzonisch-annonischen Bestattungen in Brauweiler und St. Maria ad Gradus in Köln, in: JKGV 69 (1998), S. 31–50; Markus Jansen: Unbescholtene Abtei, böser Erzbischof? Das Kloster Brauweiler zwischen lothringischen Pfalzgrafen und Kölner Erzbischöfen, in: Colonia Romanica 38 (2024), S. 10–25; Grzegorz Pac: Queen-Widow, Family Sepulchre and Ottonian Descent in Eleventh-Century Rhineland, in: Frühmittelalterliche Studien 55 (2021), S. 369–397.

44 Harald Drös: Löwe, Rauten, roter Schild. Zum Wappen der pfälzischen Wittelsbacher im Spätmittelalter, in: Volker Rödel (Hg.): Der Griff nach der Krone. Die Pfalzgrafschaft bei Rhein im Mittelalter, Regensburg 2000, S. 105–116.

45 Zur Geschichte der Ezzonen vgl. Ruth Gerstner: Die Geschichte der lothringischen und rheinischen Pfalzgrafschaft von ihren Anfängen bis zur Ausbildung des Kurterritoriums Pfalz, Bonn 1941; Helmuth Kluger: Propter claritatem generis. Genealogisches zur Familie der Ezzonen, in: Hanna Vollrath/Stefan Weinfurter (Hg.): Köln. Stadt und Bistum in Kirche und Reich des Mittelalters. Festschrift für Odilo Engels zum 65. Geburtstag, Köln 1993, S. 223–258; Ursula Lewald: Die Ezzonen. Das Schicksal eines rheinischen Fürstengeschlechts, in: RhVjbll 43 (1979), S. 120–168; Franz Steinbach: Die Ezzonen. Ein Versuch territorialpolitischen Zusammenschlusses der fränkischen Rheinlande, in: Victor H. Elbern (Hg.): Das erste Jahrtausend. Kultur und Kunst im werdenden Abendland an Rhein und Ruhr, Textband 2, Düsseldorf 1964, S. 848–866.

Abb. 5a und b: Gesamt- und Detailansicht der Darstellung Richezas mit dem geteilten polnisch-pfalzgräflichen Wappen, circa 1410/20, heute Johanneskapelle des Kölner Doms. Hohe Domkirche Köln, Dombauhütte. (Foto: Matz und Schenk)

Wie die Kölner Beispiele zeigen, ist es zwar möglich, aber nicht zwingend, dass die Abtei Brauweiler ein älteres Wappen führte. Auch Brigitte Schröder verortet die Entstehung und Verbreitung klösterlicher Heraldik im Allgemeinen nicht vor dem 15. Jahrhundert, sieht sogar erst den Barock des 18. Jahrhunderts als ihren eigentlichen Höhepunkt.[46] Walther Liesching verweist demgegenüber auf die Schaffung eines meist fiktiven Gründerwappens als Neuerung der zweiten Hälfte des 15. Jahrhunderts.[47] So ist etwa für die Reichsabtei Kornelimünster bei Aachen ein eigenes Wappen erstmals an einer Urkunde von 1438 überliefert.[48] Zisterzen nutzten seit dem 15. Jahrhundert oft das Ordenswappen in Kombination mit den lokalen Abts- und Stifterwappen.[49] Dass Siegelbild und Wappen

46 Schröder: Klosterheraldik (Anm. 7), S. 2, 231. In ihrer Untersuchung fränkischer Klosterwappen weist sie deren Ausbildung später dem weiten Zeitraum vom 14. bis zum 18. Jahrhundert zu, ebd., S. 227.
47 Liesching: Erfindung (Anm. 7), S. 26.
48 Helene Tillmann: Das Wappen der Abtei Cornelimünster und die Siegel der Schöffengerichte des Abteigebiets, in: ZAGV 54 (1932), S. 85.
49 Drös: Klosterheraldik (Anm. 6), S. 45.

nicht übereingehen müssen, zeigt just das Beispiel eines Brauweiler verwandten Klosters. In Großcomburg bei Schwäbisch Hall, das um 1078 gegründet und möglicherweise sogar durch Brauweiler Mönche besetzt wurde,[50] stellte das Siegel den auch hier als Patron fungierenden heiligen Nikolaus dar, das Wappen zeigte aber einen Löwenkopf als fiktives Wappen der Gründerfamilie der Komburger Grafen.[51] Liesching spricht hier von Ahnenwappen, die er in apokryphe – das heißt ohne direkte Vorlage neugeschaffene – und usurpierte – das heißt von einer historischen Vorlage übernommene – Wappen unterscheidet.[52] Im Laufe der Zeit gewann diese Art des Wappens an Beliebtheit. Das Kloster Theres am Main änderte sogar noch 1718 sein Wappen und ersetzte das alte Heiligenwappen durch ein fiktives Stifterwappen – wobei allerdings auch die als Stifter beanspruchten Personen fiktiv waren.[53]

Daher lässt sich nur folgendes festhalten: Die Urkunde von 1547 verlieh der Abtei Brauweiler das Recht, ein besonderes Wappen zu tragen. Hingegen bedeutete das Privileg keinesfalls, dass die Abtei vorher kein Recht auf Wappenführung besessen hätte (nur eben nicht auf diese spezielle Abwandlung des Kaiserwappens). Es ist daher möglich und denkbar, dass die Abtei auch vor 1547 ein Wappen besaß, welches nun durch das Adlerwappen ersetzt wurde. Als Wappenbild kommt vor allem der heilige Nikolaus in Frage, der das Siegel der Abtei von 1126 bis 1684 zierte. Die Vergleichsbeispiele anderer Abteien zeigen aber, dass Brauweiler zwar vor 1547 ein Wappen gehabt haben kann, aber längst nicht gehabt haben muss. Wäre das 1547 verliehene Emblem das erste Wappen, so wäre diese Zeitstellung für ein Adelshaus sehr spät, für ein Kloster hingegen nicht ungewöhnlich.

Betrachten wir daher die Aussage des Wappens genauer. Da Wappen, wie Susanne Wittekind betont, der »Vergegenwärtigung und Erinnerung der Person, die sie zeichenhaft vertreten«,[54] dienen, ist das Brauweiler Wappen auch als Medium der Geschichtserzählung zu verstehen. Es verweist auf den

50 Heinz Wolter: Abt Wolfhelm von Brauweiler (1065–1091) und die Einführung der Siegburger Reform im Kloster Brauweiler, in: AHVN 189 (1986), S. 35–50, hier S. 39 stellt die Verbindungen Brauweilers zum Kloster Komburg/Großcomburg heraus, die einerseits das seltene Nikolauspatrozinium verband, andererseits auch Landbesitz der Ezzonen in der Nähe des schwäbischen Klosters. Auch die Komburger Vogteibestimmungen Siegburger Prägung scheinen über Brauweiler vermittelt worden zu sein. Rainer Jooß: Kloster Komburg im Mittelalter. Studien zur Verfassungs-, Besitz- und Sozialgeschichte einer fränkischen Benediktinerabtei, Schwäbisch Hall 1971, S. 21 f. verweist indes darauf, dass sich diese Verbindung nicht final beweisen lässt.

51 Schröder: Klosterheraldik (Anm. 7), S. 179–198, 228.

52 Liesching: Erfindung (Anm. 7), S. 30. Schröder: Klosterheraldik (Anm. 7), S. 227 nutzt für dasselbe Phänomen den Begriff »Stifterwappen«.

53 Ebd., S. 231.

54 Wittekind: Wappen in der Stadt (Anm. 1), S. 52.

hohen Rang der Abteigründerin – und damit auch auf die beanspruchte Bedeutung der durch sie begründeten Gemeinschaft. Im Medium Wappen verband sich die Mönchsgemeinschaft mit ihrer kaiserlichen »fundatrix«. Dabei sollte durchaus betont werden, dass Mathilde hier den ikonographischen Vorzug vor ihrem Ehemann, dem Pfalzgrafen Ezzo erhielt, was – wie das Wappen auch zeigt – vor allem in ihrer Herkunft aus dem ottonischen Kaiserhaus gründet.[55]

Werner Paravicini sieht in der über heraldische Motive formulierten Verwandtschaft eine Reflektion der »soziale[n] Geographie Europas«,[56] die einzelne Akteure und Familien in Beziehung zueinander setzte. In dieser Hinsicht erfüllte das Brauweiler Adlerwappen eine doppelte Funktion. Einerseits ließ es die Abtei an kaiserlicher Glorie partizipieren. Dies wurde besonders deutlich in den im Folgenden zu diskutierenden barocken Abtswappen, die durch ihre Reichsabteimimikry heraldische Fallstricke für höhere, faktisch nie gegebene Ansprüche legen. Aber auch in seiner 1547 privilegierten Form dokumentierte das Wappen die Geschichte der Abtei und ihre kaiserlichen Verbindungen.[57] Andererseits verwiesen der Abtsstab und die 1626 den Bursfelder Äbten in der Kölner Diözese gewährte Mitra auf die kirchliche Position Brauweilers. Gerade Mitra und Adler sind dabei zwei Symbole, die sowohl verbinden als auch trennen, da sie einerseits auf ein Beziehungsgeflecht verweisen, andererseits aber einen besonderen, herausgehobenen Rang der Abtei innerhalb desselben reklamieren.[58] Dass das stolze Wappen dabei wenig mit der politischen Bedeutung Brauweilers zu tun hatte, das zwar ein wichtiges, aber nie ein führendes geistliches Zentrum war,[59] ist für das heraldische Programm nachrangig.

55 Diese Hervorhebung der Gründerin und ihres kaiserlichen Ursprungs ist allerdings bedeutend älter. Ähnlich argumentiert Pac: Queen-Widow (Anm. 42) bereits anhand der Überlieferung des Hochmittelalters.

56 Paravicini: Repräsentation durch Wappen (Anm. 1), S. 226.

57 Der Verweis auf das Kaiserhaus findet sich bereits in der Frühgeschichte der Abtei, dazu Jansen: Kloster Brauweiler (Anm. 42).

58 Dies verweist auf eine der zentralen Erkenntnisse von Steven Thiry: Matter(s) of state. Heraldic display and discourse in the early modern monarchy (c. 1480–1650), Ostfildern 2018, der nachzeichnet, wie heraldische Repräsentationen dazu dienen können, die politische Ordnung überhaupt erst zu manifestieren.

59 Innerhalb der Bursfelder Kongregration zählte Brauweiler zwar vom 16. Jahrhundert an zur Kerngruppe der Unionsklöster um Köln, was aber eher an seiner Lage als an seiner politischen oder spirituellen Bedeutung lag, dazu Walter Ziegler: Die Bursfelder Kongregation, in: Ulrich Faust/Franz Quarthal (Hg.): Die Reformverbände und Kongregationen der der Benediktiner im deutschen Sprachraum, St. Ottilien 1999, S. 315–407, hier etwa S. 351 f.

3. *Reichsabteiallüren? Modifikationen des Brauweiler Wappens in der Frühen Neuzeit*

Das 1547 verliehene Wappen sollte zwar Jahrhunderte Bestand haben, völlig gleich blieb es dabei aber nicht. Denn spätestens um die Mitte des 17. Jahrhunderts wurde es erweitert. Dies lag daran, dass es einzelne Bestandteile eines Wappens gab, die für sich genommen – zumindest in der ausdifferenzierten frühneuzeitlichen Heraldik – ebenfalls einen besonders privilegierten Status kennzeichneten. Das kirchliche Wappenrecht, das sich gleichfalls erst in der Frühen Neuzeit ausbildete, regelte daher die Beigabe von Insignien und Würdezeichen[60] – auch wenn hier noch historisch und inhaltlich konkretisierende Forschungen gefragt sind.[61] Zu diesen Symbolen zählten etwa der Krummstab, Schlüssel, die Mitra oder auch das Schwert. Die heraldische Verwendung der Mitra wies den Wappenträger als Inhaber eines (hohen) Weihegrads aus und war zunächst nur den Bischöfen vorbehalten. Äbtissinnen, Äbte und Domherren durften die Mitra aus eigenem Recht nicht tragen. Im Brauweiler Fall änderte sich dies allerdings im Jahr 1626, als die der Bursfelder Kongregation angehörenden Benediktineräbte der Kölner Diözese von Rom das Recht erhielten, die Mitra zu tragen, wofür sich vor allem der Brauweiler Abt Johann Münch eingesetzt haben soll.[62] Interessant – und bezeichnend für das dann doch nicht so kategorische Wappenrecht der Frühen Neuzeit – ist hier aber, dass die Brauweiler Äbte die Mitra nach 1626 einfach ihren Wappen hinzufügten, ohne dass bekannt wäre, dass sie dazu eine Erlaubnis zur Wappenänderung eingeholt hätten. Dies gibt einen wichtigen Hinweis auf eine Eigendynamik der heraldischen Entwicklung, die einer reinen normativen Betrachtung zuwiderläuft.[63] (Abb. 6)

60 Heim: Wappenbrauch (Anm. 7), S. 25, 63–99.

61 So betont Hiltmann: Stand der Heraldik (Anm. 1), S. 313: »Wenn man aktuell bestimmte Wappendarstellungen zeitlich und räumlich einordnen oder wissen möchte, welche Aussagekraft bestimmte Details in einem Wappen zu einer bestimmten Zeit hatten, ist man weitgehend auf sich allein gestellt.«

62 Es war aber Abt Heinrich Spichernagel von St. Pantaleon, der in Rom dieses Recht für die Bursfelder Benediktinerklöster der Kölner Diözese (St. Pantaleon und Groß St. Martin in Köln, Brauweiler, Deutz, Gladbach und Grafschaft) erwarb, dazu Marcel Albert: Leiten – Heinrich Spichernagel († 1641), Abt von St. Pantaleon, in: Ders. (Hg.): Benediktinisches Leben in Köln, Siegburg 2010, S. 51–96, hier S. 61 f.; Benno Hilliger (Hg.): Die Urbare von St. Pantaleon in Köln, Bonn 1902, S. 461 f.

63 Dies erinnert an die Erkenntnis von Hiltmann: Stand der Heraldik (Anm. 1), S. 312 f., dass Wappen zwar lange »als ein festes und überzeitliches System verstanden« worden seien, was aber »eine deutliche Komplexitätssteigerung und wichtige Differenzierungsprozesse« unterschlage, die »gerade ohne Eingriff oder Steuerung durch irgendwie geartete Autoritäten verliefen«.

Abb. 6: Das Wappen der Abtei Brauweiler mit Abtsstab, Mitra und Krone im Kaisersaal, um 1785. (Foto: Markus Jansen, Frechen)

Dieses Recht, fortan die Mitra tragen zu dürfen, dokumentiert die Grabplatte des Abtes Johann Münch († 1649). Auf den ersten Blick erscheint sie zwar eher schlicht, sticht aus den sonstigen Brauweiler Abtsgrabplatten allerdings durch den Umstand heraus, dass sie kein Familienwappen, sondern nur einen großen Abtsstab zeigt, auf dem mittig eine große Mitra mit herunterhängenden Bändern (den Pendilien oder Infuln) platziert ist.[64] Durch das prominent inszenierte Motiv formulierte die Grabplatte für die Nachwelt einen eindeutigen Hinweis, wem es zu verdanken war, dass die Brauweiler Äbte fortan ein originär bischöfliches Würdezeichen tragen durften. Fortan fehlte die Mitra auf keinem der zahlreichen Abtswappen an Grabmälern und Klostergebäuden. (Abb. 7)

Die dreizehn überlieferten Grabplatten von Brauweiler Äbten[65] zeigen aber noch eine weitere heraldische Entwicklung, die ebenfalls einiges über das Selbstbewusstsein und das Repräsentationsbedürfnis der frühneuzeitlichen Äbte aussagt. Dies betrifft die Art und Weise, auf die der Adler mit dem jeweiligen Familienwappen verbunden wurde. Üblicherweise wurde in solch einem Fall das Wappen des Amtes beziehungsweise der Institution mit dem der Familie kombiniert. Hierfür gab es mehrere Möglichkeiten. So konnten etwa beide Wappen neben- oder übereinandergestellt oder der Schild in vier Teile aufgeteilt

64 Siehe die Abbildung bei Heinz Erich Stiene: Die Inschriften der Grabplatten für die Äbte in der ehemaligen Abteikirche St. Nikolaus zu Brauweiler, in: Pulheimer Beiträge 16 (1992), S. 99–146, hier S. 134.

65 Dreizehn Grabmale haben sich vollständig erhalten, von denen zwei aus dem späten Mittelalter datieren, der Rest aus dem 17. und 18. Jahrhundert, dazu ebd.

Abb. 7: Grabplatte des Abtes Johann Münch († 1649). (Foto: Markus Jansen, Frechen)

werden, auf die sich beide Wappen dann verteilten. Eine weitere Möglichkeit war es, auf dem großen Schild einen kleinen Herzschild für das Familienwappen einzufügen. Eine solche Kombination ist von weltlichen und geistlichen Fürsten vielfach angewandt worden. Zwei der ältesten[66] erhaltenen frühneuzeitlichen Abtswappen auf den Grabplatten der Äbte Dionysius Lieck († 1614) und Johannes Widdig († 1617) zeigen in einem horizontal geteilten Schild jeweils unten das Familienwappen und oben das Abteiwappen mit Adler und Abtsstab.[67] Diese beiden Abtswappen lassen klar erkennen, dass es sich bei dem Adler um

66 Die Grabplatten der Äbte Heribert Artopoeus († 1600) und Nicolaus Schoegens († 1665) sind indes nur mit dem einfachen Familienwappen, ohne Bezug auf das Abteiwappen, geschmückt. Sie werden ebenso aus der Betrachtung ausgeschlossen wie die Grabplatten der Äbte Adam von Hertzenrath († 1483) und Matthias Francken († 1722), die sich (heute?) ganz ohne Wappenschmuck zeigen.

67 Siehe Abbildung bei Stiene: Inschriften (Anm. 62), S. 109, 111. Wisplinghoff: Brauweiler (Anm. 10), S. 212 f. nennt den 1617 verstorbenen Abt »Johann Koblenz«, der auf seiner Grabplatte jedoch als »Ioannes Widdicch« firmiert, da er aus Widdig stammte.

Abb. 8: Wappen des Abtes Johannes Widdig († 1617). (Foto: Markus Jansen, Frechen)

das Wappen der Abtei und nicht – noch verstärkt im Fall, dass sie einst farbig gefasst waren – den Reichsadler handelte. (Abb. 8)

Bemerkenswert ist aber, dass die größere Gruppe der Brauweiler Abtswappen diesen Zusammenhang verschleiert. Sie zeigen das Familienwappen des jeweiligen Abts auf der Brust eines Adlers, der nicht mehr an die Eingrenzung des Wappenschildes gebunden ist, sondern als Einzelfigur plastisch hinter dem Wappen steht. In seiner (heraldisch) rechten Klaue trägt er den Abtsstab und auf der (heraldisch) rechten Schulter eine Mitra.[68] Im Falle des barocken Grabmals des Abts Edmund Schmitz ist der Adler mit dem Familienwappen sogar als vollplastische Figur dem Grabmal aufgesetzt.[69] (Abb. 9) Dieselbe Anmutung haben auch die Wappen des letzten Brauweiler Abts Anselm von Aldenhoven im Kaiser- und Äbtesaal beziehungsweise über dem Portal der Prälatur. Ihres silbernen Hintergrunds entstiegen, bleibt diesen Adlern wenig, um sie nicht doch

68 Dabei handelt es sich um die Grabplatten der Äbte Philipp Brewer († 1672), Martin Klingen († 1693), Alexander von Richterich († 1709), Matthias Grein († 1731), Beda Groten († 1753) und Amandus Herriger († 1778).

69 Clemen/Polaczek: Kunstdenkmäler (Anm. 31), S. 48. Die Statue des Grabmals ist heute inschriftlich dem dritten Abt des Klosters Wolfhelm zugewiesen. Es ist aber gut denkbar, dass sie einst den Abt Schmitz zeigte und später umgedeutet wurde. Ähnliches ist für das ähnlich prachtvolle Barockgrab des Abts Matthias Franken belegt, dessen Statue heute inschriftlich dem hl. Martin zugewiesen ist. Diese Figur, die just sein Nachfolger Edmund Schmitz errichten ließ, stellte aber ursprünglich Franken dar und wurde erst sekundär zu einer Statue des Heiligen umgewidmet; Stiene: Inschriften (Anm. 62), S. 144.

Abb. 9: Wappen des Abtes Edmund Schmitz († 1731). (Foto: Markus Jansen, Frechen)

als wirkliche Reichsadler zu deuten. In diesem heraldischen Kniff ist ein weiterer Grund zu sehen, warum Brauweiler in der Literatur wiederholt als Reichsabtei gedeutet wurde.[70] Und dies ist ein Missverständnis – so könnte man meinen –, das ganz im Sinne der frühneuzeitlichen Äbte war. (Abb. 10)

An dieser Stelle gilt es aber nochmals die grundsätzliche Frage zu bedenken, welcher Adler im Brauweiler Wappen eigentlich dargestellt ist. Das Wappenprivileg von 1547 bezeichnet ihn schlicht als »aquila nigra unius capitis«,[71] doch sowohl sein inhaltlicher Bezug zur ottonischen Stifterin Mathilde als auch seine spätere Deutung implizieren ihn als Reichsadler.[72] Seit dem späten 12. Jahrhundert ist der Adler als Symbol der römisch-deutschen Herrscher belegt, zunächst als einköpfiges, seit dem ersten Drittel des 15. Jahrhunderts aber als zweiköpfiges Wappentier.[73] In der Folge wird der einköpfige Adler

70 Vgl. dazu Anm. 22.

71 Pfarrarchiv Brauweiler 3.

72 Dieser inhaltliche Bezug wird dadurch nahegelegt, dass die Passage zum Wappen mit dem expliziten Verweis auf Mathilde beginnt: »Praeterea, ut predictos abbatem et conventum monasterii in Bruwiler, quod a serenissima Mechtildi filia quondam Ottonis secundi predecessoris nostri in Imperio auguste memorie, ut accepimus, fundatum est, uberiori gratia et liberalitate nostra prosequamur, motu proprio, scientia et autoritate supradictis eisdem abbati et conventui eorumque successoribus dedimus et concessimus ac tenore presentium damus et concedimus haec infrascripta arma sive sigillum«, Pfarrarchiv Brauweiler 3. Es folgt die Beschreibung des Wappens.

73 Müller: Allegorische Darstellungen (Anm. 18), S. 399 verbindet die Einführung eines zweiköpfigen Reichsadlers mit der Kaiserkrönung Sigmunds 1433.

Abb. 10: Wappen des Abtes Anselm Aldenhoven über dem Mitteltrakt der Prälatur, um 1785. (Foto: Markus Jansen, Frechen)

als Sinnbild des römisch-deutsche Königtums, der doppelköpfige, meist mit Nimben versehene Adler jedoch als Sinnbild des Kaisertums gedeutet.[74] In seiner doppelköpfigen Form taucht er etwa in den Reichsstädten Bremen und Köln auf.[75] Doch wenngleich der Reichsadler als ein zentraler Baustein gerade reichsstädtischer Ikonografie gelten darf,[76] muss dies nicht bedeuten, dass er zwingend als Doppeladler dargestellt wurde. Die Reichsstädte Aachen und Dortmund etwa führten einen einköpfigen Adler in ihren Wappen.[77] Gleiches gilt für die Reichsabtei Echternach, deren schwarzer Adler auf silbernen

74 Müller: Allegorische Darstellungen (Anm. 18), S. 400.

75 In Bremen zierte der doppelköpfige Reichsadler etwa den Schild der berühmten Rolandsfigur, vermutlich aber nicht von Beginn an, sondern erst seit deren Überarbeitung von 1508, Gudrun Gleba: Repräsentation, Kommunikation und öffentlicher Raum: Innerstädtische Herrschaftsbildung und Selbstdarstellung im Hoch- und Spätmittelalter, in: Bremisches Jahrbuch 77 (1998), S. 125–152, hier S. 145. Für Köln verbindet Steuer: Wappen (Anm. 36), S. 50 die Aufnahme des Reichsadlers mit der Erhebung der Stadt zur Reichsstadt 1475. Allerdings findet sich die Verbindung von Adler und Stadtwappen bereits in einigen Malereien in den unterschiedlichen Handschriften der Chronik Agrippina, die teils vor 1475 entstanden, zu deren Datierung Robert Meier: Heinrich van Beeck und seine ›Agrippina‹. Ein Beitrag zur Kölner Chronistik des 15. Jahrhunderts. Mit einer Textdokumentation, Köln/Weimar/Wien 1998, S. 2ff.

76 Dazu Bernd Roeck: Reichsstädtische Rathäuser der frühen Neuzeit und ihre Bildprogramme, in: Rainer Müller (Hg.): Bilder des Reiches, Sigmaringen 1997, S. 274–295, hier vor allem S. 292.

77 Ernst von Oidtman: Das Wappen der Stadt Aachen, in: ZAGV 19,2 (1897), S. 1–17; Albert Huyskens: Siegel, Wappen und Fahnen der Stadt Aachen, in: ZAGV 63 (1950), S. 5–25;

Abb. 11: Wappen der Burtscheider Äbtissin Anna Francisca d'Awans († 1788) mit (Reichs-) Krone über dem Schild mit dem Familienwappen. (Foto: ArthurMcGill, Wikimedia Commons)

Grund dem Brauweiler Wappen durchaus ähnelt. Für Brauweiler bedeutet dies wiederum, dass der einköpfige Adler nicht zwingend eine »nur« königliche Assoziation evoziert haben muss, sondern genauso wie sein doppelköpfiger Verwandter kaiserlichen beziehungsweise Reichsbezug gehabt haben kann. So meint Rainer A. Müller: »Der Adler war im 15. Jahrhundert und zu Beginn der Frühen Neuzeit das Symbol des Reiches in so eindeutiger und unangefochtener Form, daß seine Verwendung im politischen Kontext nie mit mißdeutigen Interpretationen rechnen mußte«.[78]

Der Adler war hingegen auch für Reichsabteien kein zwingendes heraldisches Werkzeug. Beispielhaft sei hier auf die Reichsabtei Burtscheid verwiesen, deren Äbtissinnen ihren Rang durch eine über dem Wappen platzierte Krone ausdrückten. Auch wenn die genaue Entwicklung dieser Krone noch viele Fragen aufwirft,[79] lässt sich zumindest festhalten, dass man auch Brauweiler – wenn auch spät – nachzog. Im spätbarocken Kaisersaal präsentiert sich das um 1785

August Meininghaus: Wappen und Siegel der freien Reichsstadt Dortmund, in: Beiträge zur Geschichte Dortmunds und der Grafschaft Mark 40 (1932), S. 1–42.
78 Müller: Allegorische Darstellungen (Anm. 18), S. 399.
79 Hiltmann: Stand der Heraldik (Anm. 1), S. 314.

Abb. 12: Reliefmedaillon Mathildes mit Krone im sog. Kaisersaal, um 1785. (Foto: Markus Jansen, Köln)

angebrachte Abteiwappen bekrönt und schlägt so einen innerräumlichen Bezug zur Darstellung der Stifterin Mathilde, deren in einem Stuckmedaillon gezeigtes Porträt ebenfalls als Ausweis ihrer kaiserlichen Herkunft bekrönt ist. (Abb. 11 und 12)

Letztlich muss zu einem gewissen Grad offenbleiben, ob der Brauweiler Adler die Abtei nun als königlich, kaiserlich oder gar als Reichsabtei propagieren sollte. Eine genaue Untersuchung des Adlers, die dessen Bezug zu Kaiser und/oder König und dem parallelen Dualismus zwischen Kaiser und Reich untersucht, ist noch ein Desiderat. Es drängt sich hier aber der Verdacht auf, dass die Suche nach Eindeutigkeit vielleicht eine zu moderne Herangehensweise ist. Nichtsdestominder bleibt das Entsteigen des Adlers aus dem Rahmen seines Schildes eine bemerkenswerte heraldische Entwicklung, die mit dem Bezug zum Reichswappen zusammenhängen muss. Für kein anderes Wappentier ist Ähnliches, soweit bekannt, belegt.

Allerdings ist die wissenschaftliche Heraldik mit ihrem mehrheitlich mittelalterlichen Fokus noch nicht weit genug fortgeschritten, um sicher beurteilen zu können, ob diese heraldischen Praktiken in Brauweiler nun den Rahmen des Üblichen sprengten oder ob sich dem parallele Entwicklungen an die Seite stellen lassen, die den Brauweiler Pseudoreichsadlern den Charakter des Exzeptionellen nehmen.

4. Resümee

Am Beispiel des Wappens der Abtei Brauweiler lassen sich zentrale Aspekte des Wesens der Heraldik aufzeigen: Die klösterliche Heraldik ist zwar ein Nachzügler in der Welt der Wappen, aber dies hebt ihren wissenschaftlichen Erkenntniswert eher, als dass es ihn schmälert. Sie wird dadurch zu einem aufschlussreichen Studienobjekt, da sich die geistlichen Wappen aus einem Fundus etablierter Formen bedienen konnten und hier den getroffenen Entscheidungen eine konkrete narrative Reflexion unterstellt werden darf. Zudem erweisen sich (klösterliche) Wappen als Medien, die erzählen und die verorten. Sie können, kondensiert im Symbol, von der Geschichte und dem Rang ihres Trägers künden, personelle Netzwerke zeichnen und auf Anciennität verweisen. Darüber hinaus leistet auch die klösterliche Heraldik ihren Beitrag zu einer Analyse des frühneuzeitlichen Wandels heraldischer Formen und Figuren. Ihnen ist eine unerwartete Ambiguität zu eigen, die Spielraum in Darstellung und Deutung lässt. So konnte etwa die Veränderung der Positionierung existenter Elemente die Aussage eines Wappens durchaus verschieben. Förmliche Privilegien scheinen hier hinter der konventionellen Praxis zurückzustehen und kommen eher dann zur Geltung, wenn es um die Untermauerung von Rang und Beziehungen geht. Die wissenschaftlich betriebene Heraldik erlebt derzeit einen Aufschwung, der das Bewusstsein für neue und alte Fragen schärft. Jedoch führt jede neue Erkenntnis zu noch mehr neuen Fragen, die die Fruchtbarkeit des Feldes erweisen.

Verführung durch Erziehung

Werner Kirsch – Erzieher, Ordensburgmann, HJ-Oberbannführer

von Rainer Hülsheger

Vorangegangene Betrachtungen[1] zum Aufstieg von NSDAP-Mitgliedern zeigen generell, dass diejenigen hohe Stellungen erreichten, bei denen das Regime eine besonders ausgeprägte ideologische Überzeugung wahrnahm. Dies schloss man zum Beispiel aus einer frühen Mitgliedschaft in der NSDAP und agitatorischen Einsätzen vor Ort während der sogenannten »Kampfzeit« vor 1933, zum Beispiel im Rahmen der NSDAP-Kampforganisation SA, der Hitlerjugend (HJ), des Deutschen Turnerbundes oder des Nationalsozialistischen Lehrerbundes (NSLB). Nähe zum Reichsorganisationsleiter (ROL) und Führer der Deutschen Arbeitsfront (DAF) Robert Ley sowie Teilnahme an den Lehrgängen der Landesführerschulen und der sogenannten »Ordensburgen« versprachen die Aussicht auf einen Aufstieg in den NS-Organisationen und der Gesellschaft. Für viele der Teilnehmer an diesen Lehrgängen erfüllten sich diese Karrierehoffnungen allerdings nicht. Der Grund mag darin zu suchen sein, dass Ley schulische Leistungen nicht als Aufnahmekriterium für den Besuch der NS-Ordensburgen gefordert hatte. Bei hoher weltanschaulicher Überzeugung und körperlicher Einsatzbereitschaft verblieben sie in der Wehrmacht oder wurden in der unteren Ebene der Besatzungsverwaltungen in Polen beziehungsweise der Reichskommissariate Ostland und Ukraine als Gebietskommissare eingesetzt.

1 Vgl. Rainer Hülsheger/Franz Albert Heinen: Von der NS-Ordensburg Vogelsang zum Reichskommissariat Ostland, in: Cygnea, Schriftenreihe des Stadtarchivs Zwickau 19 (2021), S. 67–89; Cygnea, Schriftenreihe des Stadtarchivs Zwickau 20 (2022), S. 57–67 (Teil 2) und Rainer Hülsheger: Von der NS-Ordensburg Vogelsang ins Reichskommissariat Ostland, Karriere des Führeranwärters Dr. Joachim Seeger, Manuskript 2022. Zur Quellenlage: Im Landesarchiv NRW, Abteilung Rheinland fand sich Werner Kirschs Entnazifizierungsakte. Die im offiziellen Fragebogen der britischen Besatzungsverwaltung 1948 von Kirsch selbst aus dem Gedächtnis gemachten Angaben konnten weitestgehend durch die zur Verfügung gestellten Dokumenten der verschiedenen Bundes-, Stadt- und Heimatvereinsarchive ergänzt und verifiziert werden. Ihnen möchte ich bei dieser Gelegenheit mein herzliches Dankeschön für die Kooperation sagen. Daneben habe ich auch auf einschlägige Publikationen zur NSDAP in Kirschs oberbergischer Heimat, die Kameradschaftsblätter der NS-Ordensburg Vogelsang und meine eigene Veröffentlichung zu den Adolf-Hitler-Schulen zurückgegriffen.

Waren die starke Verhaftung in der NS-Ideologie und Einsatzbereitschaft allerdings auch mit geistigen Fähigkeiten gepaart, die zum Beispiel durch einen akademischen Titel, Staatsexamina oder Hochschulstudien zum Ausdruck kamen, standen einigen die Tore zum Aufstieg offen. Der vorliegende Aufsatz untersucht exemplarisch Lebensweg und Karriere des HJ-Oberbannführers Werner Kirsch.

1. Erste nationalistische Prägungen im Elternhaus

Werner Kirsch stammte aus einer eingesessenen, angesehenen Lehrerfamilie.[2] So war bereits sein Großvater Lehrer im Kreis Bernkastel/Mosel gewesen.[3] Sein Vater August Kirsch, verheiratet mit Emilie Kirsch, geborene Christ, bekleidete die Stelle eines Hauptlehrers an der Evangelischen Volksschule in Niederseßmar, einem heutigen Stadtteil von Gummersbach.[4] Söhne waren die beiden in Niederseßmar geborenen Walter Kirsch (21. Mai 1900–8. März 1957),[5] und Werner Kirsch (6. Januar 1906–12. November 1990).[6]

Dem heranwachsenden Werner Kirsch dürfte sein sechs Jahre älterer Bruder Walter, der nach seinem Abitur an der Oberrealschule in Gummersbach noch vom 21. Juni bis zum 7. Dezember 1918 als Soldat im Ersten Weltkrieg gedient hatte, als Vorbild gedient haben. Die militärische Niederlage des deutschen Kaiserreiches und dessen Untergang, die Umstellung auf das demokratisch-parlamentarische Parteiensystem der Weimarer Republik, die drückenden Bedingungen des Vertrages von Versailles, die Reparationslasten und wirtschaftlichen Schwierigkeiten sind von diesem sicherlich bewusst wahrgenommen und im Familienkreis ausgetauscht worden.

Walter Kirsch besuchte das Lehrerseminar in Gummersbach, studierte an der Universität Köln und wurde im Oktober 1925 Volksschullehrer an der evangelischen Volksschule in Dümmlinghausen im Kreis Gummersbach. Seit dem 1. Juli 1932 wirkte er als Amtsleiter des Nationalsozialistischen Lehrerbundes (NSLB) im Oberbergischen Kreis und trat am 1. Mai 1933, mithin drei Monate nach dem NSDAP-Wahlsieg und der Regierungsübernahme durch Adolf Hitler, der NSDAP als Mitglied bei. Der Dank der Partei ließ nur drei Monate auf sich warten. Nach dem »Gesetz zur Wiederherstellung des Berufsbeamtentums«

2 LAV NRW R, Best. NW 1000-EÜ, Sign. 6124 Bl. 47.
3 LAV NRW BR-PE-11287.
4 Stadtarchiv Gummersbach, Archivauskunft vom 14. Januar 2024.
5 Ebd.
6 Stadt Remscheid, Melderegisterauskunft, Archiv vom 12. Dezember 2023.

Abb. 1: Werner Kirsch als Lehrer der Landesführerschule Königswinter I im Jahr 1934. Bundesarchiv-Lichterfelde R_9361_II_518559_0009

vom 7. Mai 1933 gab der bisherige Schulrat Rosenkranz des Oberbergischen Kreises sein Amt auf. Nachfolgend wurde Walter Kirsch mit dem 13. August 1933 kommissarischer Schulrat und im Herbst 1934 ordentlicher Schulrat des Oberbergischen Kreises, womit er den Höhepunkt seines Aufstiegs im nationalsozialistischen Deutschland erreicht hatte.[7]

Die Ereignisse des Ersten Weltkriegs und die depressiven Notlagen der Nachkriegszeit, unter denen die kleinbäuerliche Landwirtschaft im Oberbergischen Kreis besonders stark litt, bestimmten auch die Jugend des heranwachsenden Werner Kirsch. So wurden der Oberbergische Kreis und der Siegkreis zu den wichtigsten Agitationsbezirken des im oberbergischen Niederbreidenbach geborenen späteren NSDAP-Reichsorganisationsleiters (ROL) und Führers der Deutschen Arbeitsfront (DAF) Robert Ley, der bereits 1925 zum kommissarischen NSDAP-Gauleiter im Rheinland ernannt worden war. Ihm stand als fanatische Stütze unter anderem der Lehrer Bruno Friedrich aus Rebbelroth im Kreis Gummersbach zur Seite. Beide reisten von Ort zu Ort, organisierten politische Versammlungen und gründeten zahlreiche NSDAP-Ortsgruppen,[8] im Jahre 1932 nämlich 33 Ortsgruppen und 3 Stützgruppen.[9] Wahlhilfe wurde 1933 den

7 Stadtarchiv Gummersbach, Auskunft vom 10. Januar 2024.
8 Karl Schröder: Aufstieg und Fall des Robert Ley, Siegburg 2008, S. 70 ff.
9 Heinz-Wilhelm Brandenburger: Ley-Land, Köln 1988, S. 54.

Nationalsozialisten auch von einem Teil der dortigen evangelischen Geistlichen zuteil, da sie glaubten, sie könnten mit den »starken nationalen Kräften [...] in bewusstem Gottesglauben [...] ein neues freies geeintes Deutschland auferbauen«.[10] Diese von den oberbergischen evangelischen Geistlichen getragene gutgläubige Einstellung gegenüber den nationalistischen Agitatoren mag auch die evangelische Lehrerfamilie Kirsch geprägt haben. Jedenfalls gelang es der NSDAP im Oberbergischen zu den Reichstagswahlen im Jahre 1932 überdurchschnittlich viele Stimmanteile zu erringen, und zwar am 31. Juli circa 46 Prozent und am 6. November circa 45 Prozent.[11] Reichsweit erreichte sie im November 1932 eine Quote von 33,1 Prozent.[12]

2. *Biologie-Studium – Abstammungs- und Rasselehre*

Nach der Erziehung im elterlichen evangelischen Haus[13] besuchte Werner Kirsch von 1912 bis 1916 die Volksschule in Niederseßmar[14] und sodann in den Jahren 1916 bis 1925 die Oberrealschule in Gummersbach, die er im März 1925 mit dem Abitur abschloss.[15]

Dem Berufsweg seines Bruders folgend, studierte Werner Kirsch von 1925 bis 1927 an der Technischen Hochschule in Darmstadt,[16] wo er die Fächer Mathematik und Naturwissenschaften belegte.[17] Vom 2. Mai 1927 bis zum 19. März 1932 war er als Student der Universität Bonn immatrikuliert.[18] Dort besuchte er Unterrichtsveranstaltungen in Physik, Chemie, Biologie und Philosophie.[19] Er nahm an Kursen über Morphologie und Systematik, Mineralogie, Ökologie und Ästhetik sowie an Bestimmungspraktika und -übungen teil.[20] Im Fach Biologie dozierte Prof. Siegfried Veit Simon zur Vererbungslehre – einer Pflichtveranstaltung für Biologen und Mediziner ab 1933.[21] Prof. Adolf Borgert führte in die Abstammungslehre ein. Der 1933 der NSDAP und SA

10 Schröder: Robert Ley (Anm. 8), S. 256.
11 Brandenburger: Ley-Land (Anm. 9), S. 174.
12 Wolfgang Benz/Hermann Graml/Hermann Weiß (Hg.): Enzyklopädie des Nationalsozialismus, München 2007, S. 661.
13 BA Lichterfelde, R_9361_III_568158_203.
14 Ebd.
15 LAV NRW R, Best. NW 1000-EÜ, Sign. 6124 Bl. 003.
16 BA Lichterfelde, R_9361_III_568158_203.
17 Universitätsarchiv der TU Darmstadt, E-Mail vom 3. Januar 2024.
18 Archiv der Universität Bonn, E-Mail vom 25. Juli 2024.
19 BA Lichterfelde, R_9361_II_518559_008.
20 Archiv der Universität Bonn, E-Mail vom 25. Juli 2024.
21 Wolfgang Alt/Klaus Peter Sauer: Biologie an der Universität Bonn, Bonn University Press 2016, S. 93 f.

beigetretene Dr. Hermann Wurmbach lehrte zur vergleichenden Entwicklungsgeschichte. In seinem 1940 publizierten Vortrag »Biologische Grundlagen für die Bevölkerungspolitik« befürwortete er die Zuchtwahl mittels Sterilisation einzelner Menschen und die Nürnberger Rassegesetze.[22] Das Kirsch später auf der Landesführerschule in Königswinter attestierte Spezialwissen in Vererbungslehre und sogenannten Rassenfragen war hier grundgelegt worden. Am 7. Mai 1932 bestand er nach Ablegung der Staatsarbeiten in Biologie und Chemie[23] in Bonn die erste Staatsprüfung für das höhere Lehramt.[24] Mithin verbrachte er bis zur ersten Staatsprüfung circa sieben Jahre als Student an den Universitäten Darmstadt und Bonn. Regelmäßig hatte er in den Semesterferien seinen Wohnsitz von Darmstadt[25] beziehungsweise Bonn[26] ins Oberbergische verlegt und sich sogar in den Sommersemestern 1930 und 1931 von der Universität Bonn beurlauben lassen.[27] Ein Grund mag seine Arbeit als Fabrikarbeiter und Maurer zur Finanzierung des Studiums gewesen sein.[28]

Am 1. Januar 1932 trat er der NSDAP bei, und zwar der Ortsgruppe Derschlag im oberbergischen Gummersbach.[29] Mit seinem Beitritt vor dem 30. Januar 1933, dem Datum der Ernennung Hitlers zum Reichskanzler, zählte er parteiamtlich zu den alten Parteigenossen, die überzeugte Nationalsozialisten waren und nicht vornehmlich aus opportunistischen Gründen der NSDAP beigetreten waren. Mit seinem Beitritt zur SA bereits am 1. Oktober 1932 rechnete er auch zur Garde der »Alten Kämpfer«.[30]

3. *Studienreferendar – HJ-Jungvolkführer – SA-Wehrsportreferent*

Nach dem Staatsexamen fand Kirsch mit seiner Fächerkombination aus Physik, Chemie und Biologie schnell eine Stelle an der Oberrealschule Gummersbach, wo er bis Juni 1933 als Studienreferendar tätig war[31] und ein monatliches Anfangsgehalt von 350 Reichsmark[32] erhielt. Zwecks Erringung der Laufbahnbefähigung für den höheren Schuldienst fertigte er eine Assessorarbeit im Fach

22 Ebd., S. 35 f.
23 BA Lichterfelde, R_9361_II_518559_008.
24 Ebd.
25 Stadtarchiv Darmstadt, Archivauskunft vom 10. Januar 2024.
26 Stadtarchiv Bonn, Archivauskunft vom 17. Januar 2024.
27 Archiv der Universität Bonn, E-Mail vom 25. Juli 2024.
28 BA Lichterfelde, R_9361_II_518559_008.
29 BA Lichterfelde, R_9361_II_518559_009.
30 Ebd.
31 Ebd.
32 LAV NRW R, Best. NW 1000-EÜ, Sign. 6124 Bl. 007.

Biologie an.[33] Mit der Aufnahme seiner Lehrtätigkeit trat er am 1. November 1932 dem Nationalsozialistischen Lehrerbund (NSLB) bei und übernahm bis zum 1. April 1933 dessen Posten als Kreiskassenwart.[34] Nach dem HJ-Prinzip »Jugend führt Jugend« leitete er als junger Lehrer und HJ-Jungvolkführer Gruppen 10–14jähriger Jungen von November 1932 bis 15. Juni 1933,[35] womit er insbesondere die HJ in seinem oberbergischen Heimatort mitaufbaute.[36] Als SA-Mitglied stieg er am 8. April 1933 zum SA-Scharführer auf[37] und leitete vom 15. Juli bis 20. September 1933 als Wehrsportreferent[38] die SA-Standarte Oberbergisch Land Nr. 65,[39] eine mitgliederstarke Organisation, die dank Eroberung der Straßen und Säle zum 1. März 1932 bereits 1.156 SA-Männer in 16 SA-Stürmen in den einzelnen Gemeinden des Oberbergischen zählte.[40] Als Wehrsportreferent oblag ihm insbesondere die verstärkte vormilitärische Ausbildung und Wehrertüchtigung der SA-Jugend.[41]

4. *Lehrer der DAF-Landesführerschule I in Königswinter*

Im Mai 1933 hatte Robert Ley in Königswinter für die Deutsche Arbeitsfront (DAF) die frühere Villa Barthels, bekannt als Adam-Stegerwald-Haus, Tagungszentrum eines katholischen Sozialvereins und Mutter-Kind-Erholungsheim des Deutschen Gewerkschaftsbundes, beschlagnahmt. Als Reichsschulungsleiter schuf er dort in der Hauptstraße 56/60 eine Schulungsstätte für die weltanschauliche Schulung politischer Leiter der NSDAP und der DAF, die am 24. Juli 1933 unter dem Namen »Robert-Ley-Schule« als Landesführerschule Königswinter I eröffnet wurde.[42] (Abb. 2) Ab 1935 hieß sie »Reichsschulungsburg«. Eine weitere Landesführerschule, Königswinter II, richtete Ley 1937 nach dem im Oktober 1936 erfolgten Ankauf des Hotel Mattern ein. Zu den DAF-Lehrgängen beider Landesführerschulen, zuständig für die 16 westlichen Gaue, kamen 1936–1939 bis zu einem Viertel der reichsweiten Teilnehmer. Neben den beiden

33 BA Lichterfelde, R_9361_II_518559_008.
34 BA Lichterfelde, R_9361_II_518559_014.
35 Ebd.
36 Karl Schröder: Die »Adolf-Hitler-Schule des Gaues Köln-Aachen« oder die Utopie vom »neuen Menschen«. (Ein Beitrag zur Geschichte der Städte Waldbröl und Königswinter), in: Heimatblätter des Rhein-Sieg-Kreises 56 (1988), S. 165–175, hier S. 170.
37 BA Lichterfelde, R_9361_II_518559_014.
38 Ebd.
39 Brandenburger: Ley-Land (Anm. 9), S. 56.
40 Ebd., S. 57.
41 Benz/Graml/Weiß (Hg.): Enzyklopädie (Anm. 12), S. 821.
42 Die Landesführerschule diente ab 1943 als Lazarett.

Abb. 2: DAF-Landesführerschule Königswinter I, später Reichsschulungsburg, ca. 1933. (aus Ansgar Klein: Königswinter und das Siebengebirge. Geschichte-Berichte-Gedichte. Heimatverein Siebengebirge e. V. 1926–1978, o. O., o. Jg., S. 15)

Landesführerschulen bestimmte die DAF in großem Maße die städtebauliche und wirtschaftliche Entwicklung Königswinters.[43] In diesem Sinne wirkten insbesondere auch die Entwürfe des Vogelsang-Architekten Clemens Klotz[44] aus Köln und Franz Josef Krings (1886–1968)[45] aus Königswinter, dem Verfasser von Plänen eines kolossalen KdF-Hotels[46] für Königswinter. Das Schloss Drachenburg diente, 1940 ebenfalls in den Besitz der DAF gefallen, ab 1942 als Adolf-Hitler-Schule.[47] (Abb. 3)

Die Unterrichtsziele der Landesführerschulen bestanden in der »Vermittlung nationalsozialistischer grundsätzlicher Stellungnahmen zu den Gebieten der Innenpolitik, Außenpolitik, Rassen- und Vererbungslehre, Wirtschafts- und Sozialpolitik, Geschichte und Geopolitik […]«.[48] Ein Blick auf die inhaltlich

43 Ansgar Sebastian Klein: Aufstieg und Herrschaft des Nationalsozialismus im Siebengebirge, Essen 2008, S. 231 f.
44 Clemens Klotz war auch Architekt der NS-Ordensburgen Vogelsang und Krössinsee.
45 NSDAP-Mitglied seit 1. Mai 1933; Auskunft von Ansgar Klein, E-Mail vom 27. Januar 2024.
46 KdF – Kraft durch Freude, Freizeitorganisation der DAF.
47 Rainer Hülsheger: Die Adolf-Hitler-Schulen 1937–1945, Weinheim 2015, S. 64 ff.
48 Organisationsbuch der NSDAP, München 1937, S. 81.

Abb. 3: Das Schloss Drachenburg in Königswinter ist ab 1942 eine Adolf-Hitler-Schule. Archiv Vogelsang, Sammlung Rainer Hülsheger

vergleichbaren Vorträge der im benachbarten Bad Honnef seit Juli 1934 unter anderen von Robert Ley eröffneten Gauführerschule mag auch die Ziele der Landesführerschulen I und II erhellen: »Deutsche Geschichte auf rassischer Grundlage«, »Führertum«, »Grundanschauung des Nationalsozialismus«, »Deutsches Arbeitertum«, »Rassenkunde«, »Wirtschaft«, »Presse«, »Propaganda«, »Marxismus und Judentum«, »Kommunalpolitik«, »Judenfrage und Freimaurerei«, »Deutsches Recht aus Deutscher Ehre«, »Arbeitsdienst und Arbeitsdienstpflicht«, »Blut und Boden«.[49] Daneben gehörten auch Exkursionen zu den Schlachtfeldern des Ersten Weltkriegs in Belgien, an denen auch Werner Kirsch im Jahre 1935 teilnahm, zum Schulungsprogramm.[50]

49 Zitiert nach Klein: Aufstieg und Herrschaft (Anm. 40), S. 239.
50 LAV NRW R, Abt. Rheinland, Bestand NW 1000-EÜ, Sign. 6124 Bl. 007.

Schulleiter beziehungsweise Hauptstellenleiter der Landesführerschule I wurde der ehemalige Rebbelrother Lehrer Bruno Friedrich,[51] geboren am 15. Februar 1896.[52] Dieser war bereits 1923 der NSDAP beigetreten und hatte sich total der Agitation und Gründung von NSDAP-Ortsgruppen im Oberbergischen hingegeben, sodass er 1929 seinen Dienst als Lehrer aufgab und hauptberuflich für die NSDAP arbeitete.[53] In Folge wurde er von Robert Ley im Mai 1933 für die Schulleiterstelle an der Landesführerschule Königswinter I benannt.[54] Schnell machte er Karriere als NSDAP-Ortsgruppenleiter und Beigeordneter der Stadt Königswinter.

Neben dem fanatischen und kirchenfeindlich eingestellten Nationalsozialisten Bruno Friedrich holte Robert Ley mit Werner Kirsch einen weiteren Kampfgefährten aus dem Oberbergischen als Sportlehrer und Adjutanten des Schulleiters an die Landesführerschule I.[55] Beide kannten sich bereits aus dem Kreis Gummersbach. Kirsch verzog am 26. Oktober 1933 von seinem Heimatort Niederseßmar nach Königswinter in die Hauptstraße 56/60[56], wo er zunächst eine Lehrerwohnung im Gebäude der Landesführerschule I bezog.

Die offizielle Vereidigung als Adjutant der Schulleitung und Sportlehrer innerhalb des Reichschulungsamtes der NSDAP und DAF fand am 25. Februar 1934 in Köln statt,[57] nachdem Kirsch zuvor seine arische Abstammung versichert hatte.[58] Neben der Leitung der Ortsgruppe Königswinter des Reichsluftschutzbundes[59] übernahm er ab dem 1. April 1934 weltanschauliche Schulungsaufgaben von NSDAP-Ortsgruppen.[60]

Der Anstellung als Mitarbeiter des Reichsschulungsamtes folgte mit Wirkung vom 1. Oktober 1934 die fortlaufende Beurlaubung des Studienreferendars Kirsch aus dem Staatsdienst.[61] Sodann bezog er ein monatliches Grundgehalt von 350 Reichsmark.[62] Nach der Verleihung des Dienstgrades »Bereitschaftsführer« am 1. Januar 1935[63] erhöhte sich sein Monatsgehalt auf 450 Reichsmark,[64] womit er das Zwei- bis Dreifache des deutschen Durchschnittsverdienstes bezog.

51 Ebd., Bl. 004.
52 Klein: Aufstieg und Herrschaft (Anm. 40), S. 233.
53 Schröder: Robert Ley (Anm. 8), S. 73.
54 Ebd., S. 75.
55 BA Lichterfelde, R_9361_II_518559_008.
56 Stadt Königswinter, Melderegisterauskunft vom 18. Januar 2024.
57 BA Lichterfelde, R_9361_II_518559_008.
58 BA Lichterfelde, R_9361_II_518559_009.
59 Ebd.
60 BA Lichterfelde, R_9361_II_518559_014.
61 BA Lichterfelde, R_9361_II_518559_009.
62 LAV NRW R, Best. NW 1000-EÜ, Sign. 6124 Bl. 007.
63 BA Lichterfelde, R_9361_II_518559_014.
64 LAV NRW R, Best. NW 1000-EÜ, Sign. 6124 Bl. 007.

Auf dieser finanziellen Grundlage schloss er am 18. Juli 1934 in Remscheid die Ehe mit der am 22. Februar 1910 geborenen Else Engels, der einzigen Tochter des Remscheider Fabrikanten Hermann Engels, des Inhabers einer Werkzeugfabrik für Feilen und Raspeln.[65] Mit der Eheschließung mietete das Ehepaar im Jahre 1935[66] eine Etagenwohnung in der Von-Claer-Str. 15. in Königswinter,[67] wo sie jahrelang wohnen blieben.[68] Am 4. Oktober 1935 kam die Tochter Ingeborg und am 16. April 1937 sein Sohn Werner zur Welt.[69] Sein monatliches Gehalt stieg so um eine Haushalts- und Kinderzulage von circa 170 Reichsmark.[70]

Auf dem 1933 geschaffenen städtischen Sportplatz[71] leitete Kirsch als Sportlehrer von Oktober 1933 bis 1935 den morgendlichen Frühsport und nach den nachmittäglichen Vorträgen die sportlichen Abschlussveranstaltungen.[72] Er hatte das Fach Leibesübungen an der Universität Bonn belegt,[73] war bereits seit 1920 Mitglied des Reichsbundes für Leibesübungen (DRL)[74] und seit 1925 des Akademischen Turnbundes.[75] Als Wehrsportreferent der SA hatte er praktische Erfahrungen auf dem Feld der vormilitärische Ausbildung der Jugend gewonnen. Er besaß den C-Schein des Reichskuratoriums für Jugendertüchtigung,[76] das sich die Erziehung der Jugend zu Körperertüchtigung zum Ziel gesetzt hatte. Vorrangiges Ziel dieser Körperertüchtigung war die Habitualisierung geistig-seelischer Eigenschaften, wie Zucht, Ordnungsliebe, Kameradschaft und Opferbereitschaft.

Mit seinen an der Universität Bonn erworbenen Qualifikationen in Biologie, Physik und Chemie sowie seinen Staatsexamina war Kirsch unter seinem Niveau eingestellt. Auf Grund seines besonderen Interesses für Vererbungs- und Abstammungslehre wurde er im Jahre 1935 Mitglied der Westdeutschen Gesellschaft für Familienkunde (WGfF).[77] Zwecks Vertiefung dieser besonderen Kenntnisse und deren methodischer Schulung nahm er an einem Sonderlehrgang der Landesführerschule mit dem Thema »Die Grundzüge der Vererbungslehre« teil,[78] der vom 28. August bis zum 7. September 1935 am Werlsee östlich von Berlin stattfand. Zweck des Lehrgangs war die Ausstellung eines Rednerausweises für

65 Historisches Zentrum Remscheid, E-Mail vom 21. Februar 2024.
66 Westdeutsche Gesellschaft für Familienkunde (WGfF), E-Mail vom 17. Februar 2024.
67 BA Lichterfelde, R_9361_II_518559_014.
68 LAV NRW R, Best. NW 1000-EÜ, Sign. 6124 Bl. 044.
69 Stadtarchiv Gummersbach, Archivauskunft vom 14. Januar 2024.
70 BA Lichterfelde, R_9361_II_518559_009.
71 Heimatverein Siebengebirge, Ansgar Klein, E-Mail vom 27. Januar 2024.
72 Klein: Aufstieg und Herrschaft (Anm. 40), S. 239.
73 BA Lichterfelde, R_9361_II_518559_008.
74 LAV NRW R, Abt. Rheinland, Bestand NW 1000-EÜ, Sign. 6124 Bl. 005.
75 Ebd., Bl. 003.
76 BA Lichterfelde, R_9361_II_518559_008.
77 WGfF: E-Mail vom 17. Februar 2024.
78 BA Lichterfelde, R_9361_II_518559_012.

Rassefragen.[79] Nach dem Kursus bescheinigte ihm dessen Leiter Hans Dietel (1908–1941) am 14. September 1935: »Ein feiner offener, zuverlässiger Mensch mit klarer weltanschaulicher Linie und gutem Wissen (besonders hervorzuheben sind seine Kenntnisse in der Vererbungslehre)[80], sportlich ausgezeichnet; in der Führung einwandfrei; ein gern gesehener Kamerad; sehr gut geeignet für den Schulungsdienst«.[81] Hans Dietel war 1934 Schulungsleiter an der Gauführerschule Augustusburg und ab 1. Januar 1935 Lehrer für Rassenfragen an der Reichsführerschule[82] in Bernau bei Berlin.[83] Im April 1936 berief ihn Reichsorganisationsleiter Ley zum Schulungsleiter für das Fach »Rassen- und Vererbungslehre« an die NS-Ordensburg Vogelsang in der Eifel und schließlich 1939 zum Burgkommandanten Vogelsangs.[84] Mit der Empfehlung eines Hans Dietel war Kirschs weiterer Karriereweg vom Sportlehrer in Königswinter zum Lehrer für Rassefragen an der NS-Ordensburg Vogelsang geebnet.[85]

5. Lehrer für Rassefragen in der NS-Ordensburg Vogelsang

Im April 1936 fand die offizielle Indienststellung Vogelsangs als Schulungsanlage für Führeranwärter der NSDAP statt. Gleichzeitig mit der Berufung Hans Dietels im April 1936 zum dortigen Schulungsleiter wurde auch Kirsch nach Vogelsang versetzt,[86] ausgestattet mit dem Zertifikat Dietels, besondere Kenntnisse in Vererbungslehre und eine sehr gute Eignung für den Schulungsdienst zu besitzen. Mit dem Tandem Dietel-Kirsch fand das Unterrichtsanliegen der weltanschaulichen Schulung der Vogelsanger Führeranwärter seinen Schwerpunkt in der Inszenierung der pseudo-wissenschaftlichen Hypothese von der angeblichen Höherwertigkeit arisch-germanisch-deutscher und der Minderwertigkeit anderer Völker – insbesondere der Juden. Erziehungsziel war eine im Charakter verankerte Formung, eine Habitualisierung der politischen Leiter, die als nicht veränderbares Instinktverhalten abrufbereit verfügbar war, und zwar zum Ziele der Versklavung anderer Völker beziehungsweise deren Auslöschung.

79 BA Lichterfelde, R_9361_II_518559_012.
80 Führt 1935 sein Interesse für Vererbungslehre auch zum Eintritt in die WGfF? Vgl. E-Mail vom 17. Februar 2024.
81 BA Lichterfelde, R_9361_II_518559_015.
82 Ehemalige Gewerkschaftsschule in Bernau.
83 Hartmut Dietel: Album, Kopie in Sammlung Heinen, 2003.
84 Stefan Wunsch: Exkurs, Lehrpersonal, in: Klaus Ring/Stefan Wunsch (Hg.): Bestimmung: Herrenmensch. NS-Ordensburgen zwischen Faszination und Verbrechen, Dresden 2016, S. 228 f.
85 LAV NRW R, Abt. Rheinland, Bestand NW 1000-EÜ, Sign. 6124 Bl. 004.
86 Ebd.

Während Dietel mit seiner Familie in Gemünd wohnte, lebte Kirsch als Kameradschaftsführer zusammen mit den Führeranwärtern seines Jahrgangs in Vogelsang. Der Wohnsitz der Familie blieb weiterhin in Königswinter. Mit der Wahrnehmung der Schulungsaufgabe in Vogelsang erhöhte sich sein monatliches Grundgehalt auf 475 Reichsmark.[87]

So wie Kirsch bereits im Jahre 1935 mit den Schulungsteilnehmern der Landesführerschule Königswinter I eine zweitägige Fahrt zu den Kriegsschauplätzen des Ersten Weltkriegs in Belgien unternommen hatte, begleitete er auch 1936 eine solche Tour von Vogelsang aus mit mehreren Bussen.[88] Ein von dem Vogelsanger Führeranwärter W. Pallas II 10 (2. Hundertschaft, 10. Kameradschaft) in den Kameradschaftsblättern »Der Orden« vom Januar 1938[89] verfasster Text über eine solche Fahrt vermittelt in seiner erlebnishaft-propagandistischen Aufarbeitung einen Einblick in dessen erzieherische Zielsetzung. Die Kolonne der Vogelsanger Busse fuhr über Lüttich und Brüssel nach Kortrijk und Menin in Westflandern, wobei von den Busfenstern aus die vorbeiziehenden wallonischen und flandrischen Städte und ihre Bewohner nach rassistischen Mustern positiv oder negativ eingeordnet wurden. Weiter ging die Fahrt zu den Schlachtfeldern bei Ypern, der Höhe 60, Langemarck und Poelkapelle. Die Kommentare des Verfassers zu den deutschen Soldatenfriedhöfen sind nicht geprägt von Trauer und Mitleid über das Schicksal der Gefallenen. Sie lauten unter anderem vielmehr: »Gefallen für Dich und mich – für uns!« und »Es sind die Stunden, in denen man Kraft und Willen zum Kampf schöpft« und »[...] unendlich stolz auf Dich – Deutschland und auf Euch, Ihr stummen grauen Helden in Flanderns kühler Erde«. Deutlich wird der bezweckte Aufruf, sich nämlich mit den gefallenen deutschen Soldaten zu identifizieren, den Stolz auf Deutschland fest zu verinnerlichen, um so den Willen und kämpferische Kräfte für einen Rachefeldzug gegen Frankreich zu mobilisieren. Dieser Totenkult war auch ein während des Zweiten Weltkriegs in Vogelsang regelmäßig zelebriertes Ritual.

6. *Schulführer der Adolf-Hitler-Schule 3 Köln-Aachen*

Am 19. April 1937 fand in der NS-Ordensburg Krössinsee in Hinterpommern die Eröffnungsfeier von zehn Adolf-Hitler-Schulen (AHS) und die Einschulung

87 LAV NRW R, Abt. Rheinland, Bestand NW 1000-EÜ, Sign. 6124 Bl. 007.
88 Ebd.
89 Der Orden, Kameradschaftsblätter der Ordensburg Vogelsang, 1. Folge, Januar 1938, S. 7ff.

Abb. 4: Werner Kirsch als Schulführer der Adolf-Hitler-Schule 3 gemeinsam mit Adolf-Hitler-Schülern, ca. 1937. Archiv Vogelsang, Sammlung Rainer Hülsheger

der ersten 12jährigen Jungen statt. Hitler hatte bereits am 15. Januar 1937 sein Einverständnis zum Aufbau dieses neuen Schultyps unter dem Namen »Adolf-Hitler-Schule« gegeben. Am 17. Januar 1937 hatten der Reichsorganisationsleiter der NSDAP und Führer der DAF Robert Ley und der Reichsjugendführer (RJF) Baldur von Schirach (1907–1974) eine schriftliche Vereinbarung getroffen, der zufolge die DAF die finanziellen Mittel und Gebäude sowie die RJF mit der Hitler-Jugend (HJ) die Schüler und Erzieher in das Projekt einbringen sollten. In diesem Zusammenhang ernannte Ley im Jahre 1938 den Vogelsanger Lehrer für Rasselehre Dietel zu seinem Beauftragten für die neu geschaffenen Adolf-Hitler-Schulen und von Schirach den Berliner HJ-Gebietsführer und Arzt Dr. Kurt Petter (1909–1969) zum AHS-Inspekteur mit dem Auftrag zur Auswahl der Erzieher.[90]

90 Hülsheger: Adolf-Hitler-Schulen (Anm. 44), S. 20ff.

Der überwiegende Teil der von Petter ausgesuchten Schulführer und Erzieher waren junge 25–30jährige Lehrer und HJ-Führer, mithin Jung-Nationalsozialisten, die ihre Prägung durch den Ersten Weltkrieg und die Wirren der Nachkriegszeit in der Weimarer Republik erhalten hatten. Zu dieser Kategorie gehörte auch Kirsch, sodass er mit der Empfehlung von Ley und Dietel am 1. April 1937 zum Schulführer der AHS 3 Köln-Aachen im Range eines HJ-Bannführers ernannt wurde,[91] verbunden mit einem Monatsgehalt von 500 Reichsmark.[92] Während Kirsch sich bislang als evangelisch bezeichnet hatte, traten er und seine gesamte Familie 1937 aus der evangelischen Kirche aus und bezeichneten sich als gottgläubig (ggl).[93]

Der Aufbau der zehn AHS war durch Umzüge geprägt, sodass sie nur vom 19. April bis 13. Juli 1937 in der NS-Ordensburg Krössinsee untergebracht waren. Der Wohnsitz der Familie Kirsch verblieb allerdings für diese knapp drei Monate in Königswinter, sodass Kirsch als Schulführer in der Burg Krössinsee unterkam. Am 14. September 1937 zogen alle zehn AHS und damit auch der Schulführer Kirsch zur NS-Ordensburg Sonthofen um. Seine Ehefrau Else mit der Tochter Ingeborg und dem in Königswinter geborenen Sohn Werner August Hermann bezogen erst vier Monate später am 15. Januar 1938 eine Wohnung im Haus Hörner in der Ordensburgstraße in Sonthofen.

Kirsch drängte darauf, als Soldat für das nationalsozialistische Deutschland zu kämpfen, sodass seine Tätigkeit als Schulführer der AHS 3 häufig durch Lehrgänge und Einberufungen unterbrochen wurde. Vom 24. Oktober 1938 bis 21. Januar 1939 nahm Kirsch als Schütze an einem Ausbildungslehrgang in der 4. Kompanie Panzer Abwehr Abteilung 7 teil.[94] Kurzfristig kehrte er ab 21. Januar 1939 als Schulführer zur AHS 3 in Sonthofen zurück.[95] In der Vorbereitungsphase zum Überfall auf Polen am 1. September 1939 wurde er am 28. August 1939 zum aktiven Wehrdienst einberufen.[96] Jedoch blieb es ihm versagt, wie die meisten seiner ehemaligen Ordensburg-Kameraden, am »Polenfeldzug« teilzunehmen. Vielmehr versetzte man Kirsch ab dem 9. September 1939 zur 1. Kompanie Panzer Abwehr Abt. 268 ins rückwärtige Operationsgebiet der Westfront als Teil des Heeresgruppenkommandos C. Hier erlebte er am 1. Oktober 1939 seine Beförderung zum Gefreiten und am 1. Januar 1940 zum Unteroffizier.[97] Seine

91 Bundesarchiv BArch 1/3048 S. 49.
92 LAV NRW R, Best. NW 1000-EÜ, Sign. 6124 Bl. 007.
93 Stadt Sonthofen, Meldekarte Kirsch, E-Mail vom 20. Februar 2024.
94 BA Lichterfelde, R_9361_III_568158_204.
95 AHS 3, Elternbrief, 18. Oktober 1940, S.1, Privatbesitz Rolf Voß, Leichlingen.
96 BA Lichterfelde, R_9361_III_568158_204.
97 Ebd.

Stellvertretung in der Schulführung der AHS 3 übernahm währenddessen der Kollege Elfried Leveringhaus.[98] Entsprechend seinem militärischen Ehrgeiz ließ Kirsch sich vom 5. Februar bis 3. Mai 1940 zu einem dreimonatigen Offiziers-Anwärter-Lehrgang in Wünsdorf[99] abkommandieren, der für ihn am 3. Mai mit der Ernennung zum Reserveoffiziers-Anwärter (R. O. A.) und am 4. Mai mit der Versetzung zur Panzer-Jäger-Ersatz-Abteilung 157 seinen Abschluss fand.[100] Mit der folgenden Unabkömmlichkeitsstellung (UK) am 8. Mai 1940 fand zunächst seine Entlassung aus der stehenden Truppe statt,[101] sodass er wieder als Schulführer der AHS 3 in Sonthofen fungierte[102] und nicht an dem am 10. Mai 1940 begonnenen »Frankreichfeldzug« teilnehmen konnte.

Als allerdings am 1. Oktober 1941 seine AHS 3 von Sonthofen nach Königswinter umzog, nahm er bereits aktiv am »Russlandfeldzug« teil. Am 4. August 1942 übersiedelte seine Frau Else mit den beiden Kindern ohne ihn in die sogenannte Villa Thelen[103] im benachbarten Bad Honnef.[104] Ab Januar 1943 wurde der Wohnsitz nach Königswinter, und zwar in das Haus An der Helte 10, verlegt.[105]

7. *Kriegsdienst – »Hoffnung, beim letzten Einsatz dabei zu sein […] wir alle brennen darauf«*

Mit seiner sehnlichst erwarteten Einberufung verließ er am 10. September 1940 Sonthofen, um für ein nationalsozialistisches »Großdeutschland« zu kämpfen. Diese freudige Sehnsucht spricht aus einer Postkarte vom 29. September 1940 an seinen Kollegen Wilhelm Niemeyer der AHS 3: »Zu meiner großen Freude wurde ich nach langem Warten am 9.9. zu einem Zeitpunkt, wo ich allerdings nicht mehr damit gerechnet hatte, wieder eingezogen. Nach einigen Tagen kam ich dann zu meinem Feldtruppenteil. Wird unsere Hoffnung, beim letzten Einsatz dabei zu sein, in Erfüllung gehen? Wir alle brennen darauf. Kurz vor meinem Weggang von S.[onthofen] habe ich August Buttkereit[106] gebeten, zusätzlich neben dem bereits laufenden UK-Antrag ein Urlaubsgesuch für Dich

98 Hülsheger: Adolf-Hitler-Schulen (Anm. 44), S. 65.
99 Panzertruppenschule in Brandenburg.
100 BA Lichterfelde, R_9361_III_568158_204.
101 Ebd.
102 AHS 3, Elternbrief, 18. Oktober 1940, Privatbesitz Rolf Voß, Leichlingen, S. 1.
103 Erbauer Richard Thelen (1886/87); ab 1900 franziskanische »Höhere Töchterschule«; ab 1939 vom NS-Regime geschlossen; benutzt zur Ausbildung von Lehrerinnen und später als Hilfskrankenhaus.
104 Stadt Sonthofen, Meldekarte Kirsch, E-Mail vom 20. Februar 2024.
105 BA Lichterfelde, R_9361_II_518559_010.
106 Schulführer AHS 4 Moselland.

einzureichen. Hoffentlich stehst Du inzwischen in Sonthofen zur Verfügung. Ich grüße Dich herzlich mit Heil-Hitler! Dein Werner«.[107]

Es war kein Einzelfall, dass NS-Erzieher in ihrem fanatischen Glauben an das nationalsozialistische Deutschland darauf brannten, zum Kriegseinsatz zu kommen. So drängte unter anderem auch Herbert Roloff, Schulführer der AHS 7 Franken, wiederholt darauf, einberufen zu werden, kam schließlich im August 1943 zum Einsatz und fiel am 9. März 1944.[108] Hans Dietel, Lehrer für »Rassen- und Vererbungslehre« und Burgkommandant Vogelsangs, meldete sich freiwillig zum Einsatz und kam am 20. Mai 1941 als Fallschirmjäger auf Kreta ums Leben.[109]

Mit seiner Einberufung zum aktiven Dienst wurde Kirsch am 10. September 1940 zunächst als Feldwebel in den Stab seiner bisherigen Panzer-Jäger-Ersatz-Kompanie 157 einberufen und am 19. September zu deren Nachrichtenzug versetzt.[110] Die Schulführung übernahmen kommissarisch die Erzieher Karl Scholz und Hans Steinbronn.[111] Sein Wunsch, beim letzten Kampfeinsatz des Frankreichfeldzugs dabei zu sein, erfüllte sich damit allerdings nicht, denn am 22. Juni 1940 war bereits der Waffenstillstandsvertrag im französischen Compiègne abgeschlossen worden. Am 1. Januar 1941 erfolgte seine Ernennung zum Leutnant der Reserve und damit seine Aufnahme ins Offizierskorps, der am 7. Februar 1941 die Versetzung zur 1. Kompanie Panzer-Jäger-Abteilung 157 folgte,[112] die nach dem Waffenstillstand als Einheit der 57. Infanterie-Division zum Küstenschutz am Atlantikwall in der Normandie eingesetzt war. Diese wurde im Mai 1941 nach Südostpolen verlegt, um am Angriff auf die Sowjetunion am 22. Juni 1941 teilzunehmen. Mit dieser Division nahm er als Stabsoffizier und Führer seiner Kompanie vom 9. bis 18. Juli 1941 am Durchbruch durch die sogenannte Stalin-Linie teil[113], dem am 21. Juli die Auszeichnung mit dem Eisernen Kreuz II. Klasse folgte. Im weiteren Kriegsverlauf in der Ukraine, unter anderem in den Pripjetsümpfen,[114] wurde er am 15. November 1941[115] mit dem Eisernen Kreuz I. Klasse,[116] am 30. April 1942 mit dem Sturmabzeichen[117] und am 28. Juli 1942

107 LAV NRW R, Best. NW 1000-EÜ, Sign. 6124 Bl. 063–064.
108 Hülsheger: Adolf-Hitler-Schulen (Anm. 44), S. 31.
109 Wunsch: Lehrpersonal (Anm. 81), S. 228 f.
110 BA Lichterfelde, R_9361_III_568158_204.
111 Hülsheger: Adolf-Hitler-Schulen (Anm. 44), S. 65.
112 BA Lichterfelde, R_9361_III_568158_204.
113 Ab 1929 von der UdSSR zwischen Ostsee und Schwarzem Meer errichtete Befestigungsanlage.
114 Sumpflandschaft im Süden von Belarus und im Nordwesten der Ukraine.
115 BA Militärarchiv, RW 59/2176.
116 Verliehen nur für besondere Tapferkeit vor dem Feind und hervorragende Verdienste in der Truppenführung.
117 Verliehen bei drei Sturmangriffen in vorderster Linie mit der Waffe in der Hand.

mit der Ost-Medaille »Winterkampf Osten«[118] seitens der 57. Infanterie-Division ausgezeichnet.[119] Nach der Beförderung zum Oberleutnant am 1. Januar 1943[120] diente er als Ordonanzoffizier[121] im Stab des Generalmajor Otto Fretter-Pico der 57. Infanterie-Division. Wegen einer schweren Verwundung,[122] verbunden mit der Verleihung des Verwundeten-Abzeichens,[123] wurde er am 29. August 1943 zur Panzerjäger-Ersatzabteilung 7 versetzt, und zwar zwecks UK-Stellung[124] und Abkommandierung zur AHS 3 in Königswinter.[125]

Sein monatliches Gehalt als Schulführer war auch während seines aktiven Wehrmachtseinsatzes von 1941 bis 1943 durchbezahlt worden und steigerte sich bis auf 690 Reichsmark.[126]

8. *»Kriegsheld« – HJ-Oberbannführer – Schulführer*

Der bereits im Jahre 1942 in der HJ-Rangordnung zum Oberbannführer[127] beförderte Kirsch übernahm somit im Herbst 1943 wieder die Schulführung der AHS 3 in der Drachenburg oberhalb Königswinters. In dieser Position bezog er von Februar 1943 bis März 1945 ein monatliches Grundgehalt von durchschnittlich 725 Reichsmark, das noch durch eine Haushalts- und Kinderzulage von circa 174 Reichsmark ergänzt wurde.[128]

Seine Schüler erlebten mit ihm einen mit Tapferkeitsauszeichnungen hochdekorierten Offizier, der manchen Jungen als Vorbild und zur Nachahmung diente. Während andere AHS »Kriegshelden«[129] zu Vorträgen einluden, besaß die AHS 3 mit ihm einen eigenen »Helden«, den die Schüler zudem, wie an den AHS üblich, mit »lieber Schulführer« oder mit dem vertraulichen »Oberbannführer, du« ansprechen konnten.[130] Manche Schüler empfanden ihn allerdings auch als Despoten, dem es auf Grund seiner schweren Verwundung und einer

118 Verliehen für Bewährung im Kampf gegen den bolschewistischen Feind und den russischen Winter vom 15. November 1941 bis 15. April 1942.
119 BA Lichterfelde, R_9361_III_568158_203.
120 BA Militärarchiv, RW 59/2077.
121 Bundesarchivsignatur B 563/22415 und LAV NRW R, Best. NW 1000-EÜ, Sign. 6124 Bl. 004.
122 LAV NRW R, Abt. Rheinland, Bestand NW 1000-EÜ, Sign. 6124 Bl. 004.
123 Ebd.
124 BA B 563-1 Kartei_K_606_548.
125 LAV NRW R, Best. NW 1000-EÜ, Sign. 6124 Bl. 004.
126 Ebd., Bl. 007.
127 Ebd., Bl. 006.
128 BA Lichterfelde, R_9361_II_518559_010.
129 Hülsheger: Adolf-Hitler-Schulen (Anm. 44), S. 156.
130 LAV NRW R, Best. NW 1000-EÜ, Sign. 6124 Bl. 006.

in den ukrainischen Pripjatsümpfen[131] gefangenen Wolhynischen Fieberinfektion[132] ins Gehirn geschlagen hätte.[133]

Kirsch unterrichtete die naturwissenschaftlichen Fächer Physik/Chemie und Biologie.[134] Obwohl deren empirisch-induktiver Ansatz sich grundsätzlich einer deduktiven Beeinflussung entzieht, wurden sie an den AHS gleichwohl den Vorgaben der nationalsozialistischen Ideologie unterworfen. Dies führte dazu, dass in den Fächern Physik und Chemie nur deren praktische Anwendung im Vordergrund stand. Das von Kirsch in Bonn studierte Fach Biologie lieferte allerdings für die NS-Rassisten den sozial-darwinistischen Ansatz ihrer unmenschlichen NS-Rassenideologie. Diesen hatte Kirsch verinnerlicht, sodass Dietel im September 1935 – wie erwähnt – dessen gute Kenntnisse in der Vererbungslehre und ein gutes Schulungsgeschick bescheinigte, was 1936 zu seiner Berufung als Rasselehrer nach Vogelsang und 1937 als Schulführer der AHS 3 führte.

Im AHS-Grundsatzkonzept heißt es zur NS-Rassenkunde: »Die Biologie endlich schafft das geistige Rüstzeug zum Verständnis der Rassenkunde, der Grundlage der nationalsozialistischen Weltanschauung«.[135] Der AHS-Biologieunterricht übertrug in aufeinanderfolgenden Schuljahren die im Pflanzen- und Tierreich erarbeiteten Evolutions- und Erbgesetze auf den menschlichen Bereich, so dass in Schüleräußerungen, wie »es erschien uns sinnvoll, dass das, was für Pflanzen und Tiere gilt, auch auf die menschliche Rasse übertragbar ist«, deren Naturgemäßheit und Objektivität als nicht hinterfragbar erschien. Den ideologischen Kern dieser Rassenkunde nahmen sie gar nicht wahr, sodass es nicht verwundert, wenn ehemalige Schüler der AHS 3 im Jahre 1948 bekunden, »dass Kirsch in keiner Weise einen politischen Druck auf sie ausgeübt hätte«.[136] In Folge verinnerlichten sie die im Unterricht behandelten »Erbgesundeinheitsgesetze« und die sich daraus ergebende Praxis zur Selektion und Tötung sogenannter fremdrassiger und minderwertiger Menschen als ein Naturrecht der angeblich höherwertigen nordisch-germanischen Rasse.

Die AHS 3 scheint auf der Drachenburg ein Eigenleben geführt zu haben. Allerdings lud sie in Königswinter auch zu Musikvorträgen ein, half nach Bombenangriffen beim Aufräumen von Trümmern und Bergen von Toten und Verwundeten[137]

131 Sumpflandschaft im Süden von Belarus und im Nordwesten der Ukraine.
132 »Wolhynisches Fieber«, benannt nach der ukrainischen Landschaft Wolhynien, wo die Krankheit zuerst in Erscheinung trat.
133 Hülsheger: Adolf-Hitler-Schulen (Anm. 44), S. 65.
134 LAV NRW R, Best. NW 1000-EÜ, Sign. 6124 Bl. 020.
135 Hülsheger: Adolf-Hitler-Schulen (Anm. 44), S. 171.
136 LAV NRW R, Best. NW 1000-EÜ, Sign. 6124 Bl. 020.
137 Winfried Biesing: Schloss Drachenburg und der Burghof im Wandel der Zeit, Königswinter 1997, S. 110.

und veranstaltete gelegentliche Propagandamärsche,[138] ähnlich wie am 16. April 1944 anlässlich eines Abitur-Abschlusslehrgangs in Sonthofen.[139] Allerdings stellten die AHS 3-Schüler auch HJ-Streifen in Königswinter, die im September 1944 Jungen aufspürten und festnahmen, die von den Schanzarbeiten am Westwall weggelaufen waren. Andere Ausreißer wurden von AHS 3-Schülern zum Arbeitserziehungslager gemeldet.[140]

Mit der nahenden Westfront wurden im Sommerhalbjahr 1944 die jüngeren Klassen nach Wasserburg am Inn evakuiert[141] beziehungsweise Anfang 1945 zu ihren Eltern nach Hause geschickt.[142] Die Abschlussklasse AHS 3/41 befand sich im Februar/März 1945 in der NS-Ordensburg Sonthofen, um dort noch am 7. März 1945 das Notabitur abzulegen.[143] In Folge verblieben im Frühjahr 1945 nur noch rund 50 ältere Schüler mit ihrem Schulführer Kirsch in der Drachenburg.[144]

9. *Wehrwolfeinsatz der »Kampfgruppe Kirsch«*

Im Rahmen der am 16. Dezember 1944 beginnenden Ardennenoffensive wurden Freiwillige für sogenannte Wehrwolfeinsätze zwecks Erkundungs- und Sabotageeinsätze im westlich besetzten Gebiet rekrutiert. Zu diesem Zweck formierte sich auf der Drachenburg in Königswinter eine circa 30-köpfige »Kampfgruppe Kirsch«. Sie bestand aus 17- bis 18jährigen Schülern der Klassen AHS 3/40 und AHS 3/41, die der Schulführer selbst unter Appell an ihren Idealismus ausgesucht und zusammen mit Angehörigen der Waffen-SS auf dem Burggelände ausbildete. Dazu gehörte auch der AHS 3-Schüler Heinz Petry aus Euskirchen und sein 16-jähriger Kamerad, die zusammen mit drei weiteren AH-Schülern am 21. Februar 1945 hinter den amerikanischen Linien abgesetzt wurden, um die Rurfrontüberschreitung der Amerikaner auszuspionieren. Sie wurden allerdings am folgenden Tage von der US-Armee festgenommen und am 29. März 1945 durch ein US-Militärgericht zum Tode verurteilt.[145]

138 Schröder: Adolf-Hitler-Schule (Anm. 33), S. 173.
139 Hülsheger: Adolf-Hitler-Schulen (Anm. 44), S. 203.
140 Klein: Aufstieg und Herrschaft (Anm. 40), S. 607.
141 Biesing: Schloss Drachenburg (Anm. 134), S. 110.
142 Ralf Hamacher: unveröffentlichtes Manuskript, 2024, S. 7.
143 Hülsheger: Adolf-Hitler-Schulen (Anm. 44), S. 243.
144 Biesing: Schloss Drachenburg (Anm. 134), S. 110.
145 Hülsheger: Adolf-Hitler-Schulen (Anm. 44), S. 234 ff.

10. Bataillonsführer der »AHS-Volkssturm-Kampfgruppe«

Der Führererlass Hitlers vom 25. September 1944 beziehungsweise dessen Veröffentlichung am 18. Oktober hatte alle 16- bis 60jährigen Männer zum Kriegsdienst im sogenannten Volkssturm verpflichtet. Im Folgenden formierte sich ein Volkssturm Siegkreis, zu dem unter anderem neben Männern aus Honnef und Königswinter, insbesondere auch ältere Schüler der AHS 3 Köln-Aachen, zum Beispiel die Klasse AHS 3/42 der Geburtsjahrgänge 1929/30, somit 16- bis 17jährige Jungen, zählten, womit er den Beinamen »AHS-Volkssturm-Kampfgruppe« erhielt. Die Vereidigung der Volkssturmmänner fand am 12. November 1944 statt.[146] Die 1. Kompanie führte Hubert Henseler aus Königswinter.[147] Als Bataillonsführer des Volkssturms Siegkreis ließ Schulführer Kirsch mit Hilfe der Schüler in der Drachenburg unter deren Haupttreppe ein riesiges Waffenlager anlegen, das kistenweise mit Pistolen, Kleinkalibergewehren, Karabinern, Sturmgewehren, Panzerfäusten und Handgranaten angefüllt war. Außerdem hatte er durch scharf bewachte französische Kriegsgefangene[148] auf dem Gelände der Burg einen Stollen in den Berg treiben lassen, wo Panzerfäuste deponiert wurden. Im Schlosspark unterhalb der Burg trainierte er die Volkssturmmänner und feuerte seine Schüler an, sich keinesfalls zu ergeben, sondern den Amerikanern Widerstand zu leisten.[149]

Nach dem Einsatz in der Ardennen-Offensive im Dezember 1944 war die 62. Volksgrenadier-Division (62. VGD)[150] aus der Eifel über Bonn nach Remagen und auf die rechtsrheinische Seite zurückgedrängt worden. Im Siebengebirge befehligte seit dem 11. März 1945 Oberst Arthur Jüttner die Abwehrkämpfe der 62. VGD.[151] Ihr wurde auch der Volkssturm Siegkreis und damit auch Bataillonsführer Kirsch im Rang eines Oberleutnants zugeordnet.[152] Er führte seine ihm anvertrauten minderjährigen Schüler in die schweren Abwehrkämpfen am Brückenkopf der Ludendorff-Brücke im Bereich Unkel und Erpel sowie in eine Riegelstellung an der Löwenburg.[153] Mehrere Schüler der AHS 3 wurden wegen

146 Klein: Aufstieg und Herrschaft (Anm. 40), S. 608.
147 LAV NRW R, Best. NW 1000-EÜ, Sign. 6124 Bl. 038 und 040.
148 In Königswinter gab es circa 890 Zwangsarbeiter; vgl. Klein: Aufstieg und Herrschaft (Anm. 40), S. 560.
149 Hülsheger: Adolf-Hitler-Schulen (Anm. 44), S. 64 ff.
150 Die nach dem Attentat auf Hitler ab dem 20. Juli 1944 aufgestellten Volksgrenadier-Divisionen bestanden gegen Ende des Krieges unter anderem aus Luftwaffensoldaten, versprengten Soldaten und Volkssturmeinheiten; sie unterstanden truppenrechtlich und disziplinarisch dem Reichsführer SS Heinrich Himmler.
151 LAV NRW R, Best. NW 1000-EÜ, Sign. 6124 Bl. 004.
152 BA, ZA 11/Örtl. Kontrollblatt P 4 Kirsch, Werner.
153 Biesing: Schloss Drachenburg (Anm. 134), S. 110.

ihrer besonderen Einsatzbereitschaft und Tapferkeit durch Oberst Jüttner mit dem Eisernen Kreuz ausgezeichnet.[154]

Am 7. März 1945 konnte die 1. US-Armee die Ludendorff-Brücke bei Remagen erobern und rechtsrheinisch einen Brückenkopf bei Erpel aufbauen. Mit dem weiteren Vorrücken der Amerikaner am 9. und 10. März im Bereich Honnef/Rhöndorf befürchtete die Bevölkerung heftige Häuserkämpfe und den Verlust ihres Lebens, sodass man weiße Fahnen vorbereitet hatte, um sie zu hissen und eine Übergabe zu signalisieren. Kirsch jedoch hatte die Männer und die AHS 3-Schüer des Volkssturms Siegkreis propagandistisch und »mit außerordentlicher Schärfe« so eingestellt, dass sie auch mit der Schusswaffe »rücksichtslos« gegen Zivilpersonen vorgehen sollten, um das Hissen weißer Fahnen zu verhindern.[155] Eine derartige Beeinflussung musste umso effektiver gewesen sein, sprach er doch damit 16- bis 17jährige Adolf-Hitler-Schüler an, die ihn als Kriegshelden bewunderten und ihm als Schulführer vertrauten und gehorchten.

In der Nacht des 9. März 1945 um 4:30 Uhr drang eine von Kirsch[156] geführte fünfköpfige Volkssturmstreife[157] in den Hof des Hauses Löwenburger Str. 34 des Reichbahnarbeiters Peter Küster in Honnef ein und nahm dort unter den anwesenden Familienangehörigen und Nachbarn eine weiße Fahne wahr, die zum Hissen angefertigt worden war. Ein Mitglied der Volkssturmstreife schoss daraufhin ohne Vorwarnung mit einer Pistole auf den in den Hof tretenden Peter Küster. Am folgenden Tag verstarb der Schwerverletzte im Notlazarett des Lehrerinnenheims in Honnef.[158]

Am 9./10. März eroberten die amerikanischen Truppen Honnef.[159] Am 12. März erhielt die 1. Kompanie des Volkssturms Siegkreis den Mobilisierungsbefehl zur Verteidigung Königswinters, dem allerdings nur 15 Männer folgten. Am 13./14. März nahmen die US-Streitkräfte Hohenhonnef, die Löwenburg, Rhöndorf und am 16. März Königswinter ein.[160] Die von Kirsch vorbereitete Sprengung der Drachenburg fand jedoch nicht statt, da zuvor ein Junge seiner Kampfgruppe die Zündschnüre durchtrennt hatte.[161] Damit war die Drachenburg nach dem 12. März verlassen und wurde von der Bevölkerung geplündert. Am

154 Schröder: Adolf-Hitler-Schule (Anm. 33), S. 174.
155 LAV NRW R, Best. NW 1000-EÜ, Sign. 6124 Bl. 038.
156 Ebd., Bl. 021.
157 Ebd., Bl. 039.
158 LAV NRW R, Best. NW 1000-EÜ, Sign. 6124 Bl. 039.
159 Klein: Aufstieg und Herrschaft (Anm. 40), S. 614 f.
160 Ebd.
161 Ebd., S. 65 ff.

15. März wurde sie von US-Truppen besetzt.[162] Im OKW-Kriegstagebuch heißt es dazu: »Der Drachenfels ging verloren. Kämpfe bei Königswinter«.[163]

Mit der Aufgabe des Widerstandes in Königswinter am 12. März bereitete Kirsch seine Flucht vor. Er nahm sich den Panjewagen der AHS 3-Gärtnerei, belud ihn mit Lebensmitteln aus dem Lager der Schule, bespannte ihn mit einem Muli und floh mit einigen Schülern[164] in Richtung Bayern. Seine Familie hat er in Königswinter zurückgelassen, denn diese meldete sich dort erst am 22. Februar 1946 ab.[165] Sein Ziel war möglicherweise Wasserburg am Inn, da dort jüngere Schüler der AHS 3 und aus Iglau die gesamte AHS 12 Böhmen und Mähren evakuiert waren.[166] Wasserburg wurde erst am 3. Mai 1945 von der US-Armee besetzt.

Die offizielle Auflösung[167] aller AHS und damit auch der AHS 3 vollzog AHS-Kommandeur Kurt Petter im Beisein der anwesenden Schulführer Ende März 1945 im Hof der NS-Ordensburg Sonthofen.[168]

11. Internierungslager für Kriegsverbrecher und NSDAP-Funktionäre

Es ist nicht nachvollziehbar, wann und wo Kirsch von alliierten Truppen festgesetzt worden ist. Nach seinen eigenen Angaben befand er sich insgesamt von August 1945 bis zum 30. April 1948 in alliierten Internierungslagern.[169] Am 18. Januar 1946 wurde er aus der britischen Kriegsgefangenenzone in Ostholstein entlassen, wo deutsche Kriegsgefangene unter britischer Oberaufsicht bei Nutzung vorhandener deutscher Kommandostrukturen bis Anfang März 1946 interniert waren. Im Rahmen dieser Selbstverwaltung übte Kirsch im holsteinischen Oldenburg als Kompanie-Chef im Stab seiner im Ruhrkessel gefangen genommenen 62. VGD Hilfsdienste aus.[170] Diese Kriegsgefangenenzone wurde nach Entlassung potentiell gering Belasteter zunehmend verkleinert und schließlich Anfang März 1946 aufgelöst. Kirsch wurde jedoch nicht nach Hause entlassen, sondern ins Internierungslager für Kriegsverbrecher, Funktionäre der NSDAP und staatliche Funktionsträger in Recklinghausen-Hillerheide überstellt.

162 Ebd.
163 Kriegstagebuch OKW, Lagebericht vom 16. März 1945, S. 1178.
164 Karl Schröder bezeichnet diese Jungen als AHS-Volkssturm-Kampfgruppe, die sich der 38. SS-Division Nibelungen anschloss; vgl. Schröder: Adolf-Hitler-Schule (Anm. 33), S. 174.
165 Stadt Königswinter, Melderegisterauskunft vom 18. Januar 2024.
166 Hülsheger: Adolf-Hitler-Schulen (Anm. 44), S. 85.
167 Ebd., S. 243.
168 Karl Schröder verortet die Auflösung der AHS 3 in Wasserburg am Inn; vgl. Schröder: Adolf-Hitler-Schule (Anm. 33), S. 174.
169 LAV NRW R, Best. NW 1000-EÜ, Sign. 6124 Bl. 008.
170 BA, ZA 11/örtliches Kontrollblatt P.4 Kirsch, Walter.

Hier arbeiteten englische und kanadische Vernehmungsoffiziere, die 1939 als Englischlehrer an den AHS in Sonthofen unterrichtet hatten. Kirsch traf also auf ehemalige Kollegen.[171] Hier nahm er die Aufgabe eines Camp-Kulturwartes wahr, eine Tätigkeit, die er laut Bescheinigung der britischen Lagerleitung mit viel Geschick und Einsatzbereitschaft ausgeübt hat.[172] Am 16. Mai 1947 fand seine Verlegung in das Internierungslager für NS-Funktionäre in Delmenhorst-Adelheide statt. Dort beschäftigte man ihn in den letzten zehn Wochen vor seiner Entlassung als »Chief-Clerk« im »Camp Record Office«, also im Schreibbüro des Lagers. Auf dem Entlassungszeugnis bestätigte man ihm seine guten Englischkenntnisse in Wort und Schrift sowie tüchtige und gewissenhaften Leistungen, verbunden mit einer Einstellungsempfehlung für derartige Tätigkeiten.[173] Die endgültige Entlassung zu seiner Familie erfolgte am 30. April 1948 über das Internierungslager Recklinghausen.[174] Wohl auf Veranlassung der Ehefrau hatten im Jahre 1947 einige Bekannte, zum Beispiel Mitbewohner, Ortsansässige und Handwerker, wohlwollende Entlastungsschreiben,[175] allerdings ohne Erwähnung seines vielfältigen beruflichen Einsatzes für das nationalsozialistische Deutschland, geschrieben, um seine Entlassung aus der Internierung zu beschleunigen.[176] Ab dem 4. Mai 1948 war Kirsch dann polizeilich in Remscheid, Sichelstr. 4, dem Haus seiner Schwiegereltern, gemeldet.[177] Dort war zwischenzeitlich von Königswinter aus seine Frau Else Kirsch mit ihren Kindern untergekommen, wie Kirsch am 18. Januar 1946 angab.[178]

12. Entnazifizierung als »Minderbelasteter«

Nach der Entlassung aus dem Internierungslager Recklinghausen am 30. April 1948 und seiner polizeilichen Anmeldung in Remscheid am 4. Mai 1948 hatte er zwecks Klärung seiner NS-Mitgliedschaften und -ämter den offiziellen Fragebogen der britischen Besatzungsverwaltung wahrheitsgemäß auszufüllen. Seine Unterschrift ist mit dem Datum des 23. Juni 1948 versehen. In Würdigung der Angaben des genannten Fragebogens empfahl der deutsche Entnazifizierungsunterausschuss am 12. Juli 1948 die Einstufung als »Minderbelasteter« in die

171 Hülsheger: Adolf-Hitler-Schulen (Anm. 44), S. 250.
172 LAV NRW R, Best. NW 1000-EÜ, Sign. 6124 Bl. 035.
173 Ebd., Bl. 034.
174 Ebd., Bl. 031.
175 Es handelte sich um sogenannte Persilscheine.
176 LAV NRW R, Best. NW 1000-EÜ, Sign. 6124 Bl. 044, 047, 050, 052.
177 Ebd., Bl. 026.
178 BA, ZA 11/örtliches Kontrollblatt P.4 Kirsch, Walter.

Kategorie III 2b, der sich der Hauptausschuss Remscheid am 4. Oktober 1948 anschloss. Dem zugehörigen Protokoll ist wörtlich zu entnehmen: »K[irsch] gab in der Verhandlung zu, dass er ein überzeugter Nationalsozialist gewesen ist. [...] Die Spruchkammer kam abschließend zu dem Urteil, dass Kirsch [...] sehr aktiv für die Belange der NSDAP bis zum Schluss eingetreten ist«.[179] Als »Minderbelasteter« wurde er einer Beschäftigungsbeschränkung unterworfen, die ihm zwar zugestand, seine bisherige Stellung als Chemiker wahrzunehmen, jedoch nicht in einem höheren Rang.[180]

Schon vor seiner Entlassung aus der britischen Internierung hatte ihn der tödliche Schuss seiner Volkssturmeinheit auf den Reichsbahnarbeiter Peter Küster am 9. März 1945 eingeholt, indem am 15. Januar 1947 eine Kölner Rechtsanwaltskanzlei im Namen der Witwe Helena Küster bei der Staatsanwaltschaft Bonn »Strafanzeige gegen den ehemaligen Volkssturmkommandeur Kirsch, Königswinter, wegen Mordes«[181] erhob. Am 24. September 1948 stellte die Oberstaatsanwaltschaft Bonn allerdings das Verfahren ein, da mehrere Angehörige der damaligen Volkssturmeinheit die Einlassung des Kirsch bestätigt hätten, er hätte den unerwarteten Pistolenschuss nicht verhindern können.[182] Damit entfiel am 4. Oktober 1948 für den Entnazifizierungshauptausschuss auch der Vorwurf des Mordes, sodass es im Protokoll heißt: »Irgendeine strafbare Handlung, die sich gegen die Menschlichkeit richtete, war K[irsch] ebenso wenig nachzuweisen, wie Fälle von Denunziation«.[183]

Am 1. Februar 1950 beantragte Kirsch beim Hauptentnazifizierungsausschuss NRW in Düsseldorf die Umstufung in Kategorie V als »Entlasteter«.[184] Tatsächlich wurde er am 18. September 1950 in Kategorie IV als »Mitläufer« eingereiht, und zwar mit der Auflage, bis zum 18. September 1952 keine Ehrenämter in politischen und berufsständischen Organisationen zu bekleiden.[185]

13. Ordensburgmänner – Dauerprägung

Kirsch stand allerdings noch in den 1950er Jahren mit ehemaligen NS-Ordensburgmännern in Kontakt, wie sich aus einer Kameradenliste mit mehr als 400

179 LAV NRWR, Best. NW 1000-EÜ, Sign. 6124 Bl. 020.
180 Ebd., Bl. 017.
181 LAV NRW R, Best. NW 1000-EÜ, Sign. 6124 Bl. 039.
182 Ebd., Bl. 025, 027, 021.
183 Ebd., Bl. 025, 027, 020.
184 Ebd., Bl. 068.
185 Ebd., Bl. 064.

Namen des Jahres 1958 ergibt.[186] Die »braunen Kameraden« dieser Organisation trafen sich als »Alteburger« regelmäßig von 1954 bis 1997 in Königswinter. Sie verband ihre nationalistisch-völkische Gesinnung und der gemeinsame Aufenthalt in den NS-Ordensburgen Vogelsang und Krössinsee. Welchen Erinnerungswert besaß dieser Ort für sie?[187]

Infolge des durchgehenden Interesses Werner Kirschs für Abstammungslehre und Familienkunde trat er im Jahre 1963 erneut der Westdeutschen Gesellschaft für Familienkunde (WGfF) bei und veröffentlichte in den Jahren 1964 bis 1978 einige Aufsätze in den Vierteljahresheften der WGfF zur evangelischen Gemeinde Veldenz/Mosel, der Region seiner Vorfahren, und zur Ahnenreihe seiner Kinder Ingeborg und Werner Kirsch.[188] »Unheilbar erkrankt und erblindet« verstarb er am 12. November 1990 in Remscheid unter der Berufsbezeichnung Chemiker.[189]

14. Zusammenfassung

Die Darstellung der Mordtaten der deutschen NS-Herrschaft an der eigenen und europäischen Bevölkerung in Texten, Bildern und Filmen rufen Schrecken, Schauder, Abscheu, Mitleid, Rührung und tiefste Ablehnung dieser und anderer menschenverachtender Ideologien hervor. Die Darstellung der Opfer erklärt uns jedoch nicht die Genese und Motivationslage der Täter, sei es die der in Lagern und Gefängnissen am Mitmenschen tätigen Mordgesellen noch die der im Hintergrund agierenden Theoretiker, Ideologen, Politiker, Schreiberlinge, Ober- und Unterführer sowie Erzieher und Lehrer. Diese Biographie möge zeigen, wie Werner Kirsch im Umfeld der elterlichen Familie, des Studiums an deutschen Universitäten der späten 1920er und frühen 1930er Jahre in willentlicher Übereinstimmung mit dem nationalistischen Zeitgeist aufwächst. In dieser Identifikation gestaltet er im Netzwerk der NS-Organisationen seine Karriere, indem er selbst als Lehrer Vermittler der rassistischen NS-Ideologie und damit Verführer seiner ihm anvertrauten Schüler wird. Damit nicht genug, sucht und findet er seinen aktiven Einsatz im kriegerischen Eroberungs- und Vernichtungskrieg der deutschen Wehrmacht in Osteuropa.

186 BA Ludwigsburg, B 162–26252, Bl. 13. Zu den Alteburgern« siehe F. A. Heinen: »Braune Kameraden« – zu den Bundestreffen der »Alteburger«. Die Nachkriegsorganisation ehemaliger NS-Ordensjunker 1950 bis 1997 im Spiegel ihrer Rundbriefe, in: GiK 60 (2013), S. 169–198.

187 Klein: Aufstieg und Herrschaft (Anm. 40), S. 231 f.

188 WGfF: E-Mail vom 17. Februar 2024.

189 Historisches Zentrum Remscheid, E-Mail vom 21. Februar 2024.

Zwar konnte der Ordensburgmann Werner Kirsch nicht wie etwa Friedrich Neugebauer und Joachim Seeger bis zur Verwaltungsebene des Reichskommissariats Ostland in Riga aufsteigen, jedoch erreichte er als Mitarbeiter des Reichsschulungsamtes und als Schulführer der AHS 3 Köln-Aachen die höhere Beamtenlaufbahn, und in der Hitlerjugend stieg er auf zum Oberbannführer. Erste Sprossen dieses Aufstiegs sind seine frühen Mitgliedschaften vor 1933 in NSDAP, SA, NSLB und Deutschem Turnerbund. Seine aktive Tätigkeit als HJ-Jungvolkführer und SA-Wehrsportreferent im Oberbergischen bewegte Robert Ley als Reichsschulungsleiter, diesen einheimischen Aktivisten 1933 als Lehrer und Adjutant der Schulleitung an die Landesführerschule I in Königswinter zu holen. Auf Grund seiner im Universitätsstudium erworbenen Kenntnisse in Vererbungslehre kam er 1936 auf Empfehlung Hans Dietels als Lehrer für Rassefragen an die NS-Ordensburg Vogelsang, die 1937 als Sprungbrett zu seiner Berufung als Schulführer der AHS 3 diente. Kirsch brannte jedoch darauf, über die ideologische Prägung seiner Schüler hinaus als Offizier der Wehrmacht aktiv für die Eroberung West- und Osteuropas seitens NS-Deutschlands zu kämpfen. Nach Wiederaufnahme seiner Tätigkeit als Schulführer im Jahre 1944 fanatisierte er in Weiterführung dieses Kampfes seine ihm anvertrauten Schüler und führte sie 1945 in aussichtlose Abwehrkämpfe gegen die US-Armee im Bereich des Siebengebirges. Im Jahre 1948 gibt er im Entnazifizierungsverfahren zu, ein überzeugter Nationalsozialist gewesen zu sein. Noch 1958 steht er auf der Kameradenliste ehemaliger Ordensburgmänner, die sich regelmäßig in Königswinter, der Stadt seines NS-Aufstiegs, treffen.

Vom Schlusslicht zum Primus

Der »Luftschutz« der Universitäts- und Stadtbibliothek Köln im Zweiten Weltkrieg

von Heidrun Edelmann

1940 klagte Hermann Corsten, Direktor der Kölner Universitäts- und Stadtbibliothek (USB), diese habe in den letzten Jahren von der Bonner Universitätsbibliothek das Fünfzehnfache an Büchern entleihen müssen, als sie selbst nach dort verleihen konnte.[1] Da der USB stets die Mittel gefehlt hatten, um ihre großen Lücken vor allem bei den geisteswissenschaftlichen Beständen zu schließen, bildete sie in der Statistik des auswärtigen Leihverkehrs das Schlusslicht unter den »gebenden« Bibliotheken.[2] Corsten fand, dies sei mit der »Würde und dem Ansehen der Universität Köln« nicht zu vereinbaren.[3] Nach 1945 fand sich die USB dagegen als Primus unter den westdeutschen Bibliotheken wieder. Diese Metamorphose verdankte sie dem Umstand, dass ihre Bücher als »städtisches« Kulturgut entgegen der vom zuständigen Ministerium in Berlin vorgegebenen Linie komplett vor einer Vernichtung im Bombenkrieg geschützt worden waren. (Abb. 1)

1.

Im Sommer 1935 hielt der Stuttgarter Bibliothekar und Wissenschaftshistoriker Franz Hammer auf der Jahresversammlung des Vereins deutscher Bibliothekare in Tübingen ein Referat zum Thema »Luftschutz in Bibliotheken«. Wenn ein Luftkrieg komme, erläuterte Hammer, würden sich nach der Idee des »totalen Krieges« die Kampfhandlungen nicht auf ein Gefechtsgebiet begrenzen lassen, sondern durch »rücksichtslose Zerstörungsarbeit weit hinter der Front die Zivilbevölkerung und damit die Widerstandskraft der Front selbst

1 UAK, 9/712, Denkschrift Corsten vom 5. September 1940.
2 Berechnet nach Betriebsstatistiken im Jahrbuch der deutschen Bibliotheken Jg. 14 (1920) bis Jg. 31 (1940).
3 UAK, 9/712, Denkschrift Corsten vom 5. September 1940.

zu zermürben« versuchen. Die Bibliotheken gerieten dadurch in eine Gefahr, die »ihrem Umfang wie ihrer Art nach in der Geschichte des Bibliothekswesens ohne Vorgang« sei. Hammer beschrieb dann erstaunlich sachkundig die verheerende Wirkung verschiedener Bombenarten und erörterte so systematisch wie anschaulich, welche aktiven und passiven Maßnahmen die deutschen Bibliotheken dagegen zum Schutz ihrer Bestände ergreifen könnten. Wer gehofft hatte, der Referent würde am Ende probate Ratschläge erteilen, sah sich getäuscht. Ja, Hammer führte alle angedachten Lösungen selbst stringent ad absurdum. Angesichts der Ungeheuerlichkeit möglicher Zerstörungen einen lediglich »hypothetischen Charakter der Luftgefahr zu betonen«, hielt er indessen angesichts der »Riesenorganisation«, welche das Reich zum »Luftschutz« aufbaue, und der »Millionenbeträge«, die es dafür aufwende, nicht für angängig. Abschließend wies der Referent darauf hin, dass die »Luftgefahr« alle Gefahren in sich bündele, von denen Bibliotheken »normalerweise« bedroht seien, sodass eine Sicherung dagegen »eo ipso« in keinem Fall schade. Mutig bemerkte Hammer vor den deutschen Bibliothekaren: »Sollte eines Tages, was unser aller Wunsch ist, der Luftkrieg von allen Völkern verfemt werden, dann wird unsere Arbeit nicht umsonst gewesen sein«.[4] Dem einen oder anderen mag der subversive Hintersinn des Referats aufgegangen sein. Hammer hatte nämlich keineswegs einem »Luftschutz« der Bibliotheken während des Ausleihbetriebes das Wort geredet, sondern dem Schutz der Bücher Vorrang vor deren unbedingter »Nutzbarmachung« eingeräumt.

Hammers Referat hörten auch Bibliothekare aus Köln. Dort hatte die Stadtverwaltung 1920 die Bücher der Kölner Handelshochschule und der Akademie für praktische Medizin per Verordnung mit denen der Stadtbibliothek zu »Abteilungen« einer virtuellen »Universitäts- und Stadtbibliothek« vereinigt. Die drei Büchersammlungen wurden der 1919 aus dem Boden gestampften Universität zwar »zur dauernden Nutznießung für ihre Zwecke« übergeben, blieben aber im Eigentum der Kommune.[5] Für die Versorgung der Hochschule mit Literatur war nur diese billige Lösung in Frage gekommen, denn die Protagonisten einer aus der Stadtkasse zu finanzierenden Universität hatten deren Kosten halsbrecherisch heruntergerechnet, um die Zustimmung der Stadtverordneten für ihr Projekt zu gewinnen. Zur Kontrolle dieser »städtischen« Universität gab es ein Kuratorium, dem qua Amt der Oberbürgermeister vorsaß. Ein »Zweiter

4 Franz Hammer: Luftschutz in Bibliotheken, in: Zentralblatt für Bibliothekswesen 52 (1935), S. 496–505.

5 HAStK, Best. 550 Schulamt/A 13 Geschäftsgang, Bd. 5 – 1915–1920, Verordnung der Stadtverwaltung vom 14. Mai 1920, S. 221 f.; ebd., Best. 902/137, Vertrag zwischen dem Preußischen Staat und der Stadt Köln vom 27./29. Mai 1919, S. 19–28.

Abb. 1: Prof. Dr. Hermann Corsten (Foto: www.grevenarchivdigital.de | Kölnische Rundschau)

geschäftsführender Vorsitzender« vertrat ihn und agierte einflussreich wie ein Kurator der Universität. Er gab über den Kopf des Direktors der Stadtbibliothek hinweg, dem satzungsgemäß die »Oberleitung« der drei Abteilungen oblag, auch die Richtung vor, in welche sich die USB entwickelte. Hingegen unterstanden die anderen Universitätsbibliotheken in Preußen dem Kultusministerium beziehungsweise seit Mai 1934 dem Reichsministerium für Wissenschaft, Erziehung und Volksbildung. Deshalb wurden die Regeln preußischer Bibliothekspolitik in Köln oft grob verletzt, und man briet hier manche »Extrawurst«.[6]

1933, in den Monaten des politischen Umbruchs, trat Hermann Corsten als Direktor der Kölner USB an. Corsten war der Kandidat »Berlins«, der die Kölner Bibliothek enger an das Kultusministerium binden sollte. Nach dem plötzlichen Tod des bisherigen Direktors im Frühjahr 1933 empfahlen prominente Mitglieder des Preußischen Beirats für Bibliotheksangelegenheiten, der das Ministerium beschlussreif beriet, Corsten für dieses Amt.[7] Der »Märzgefallene« bewarb sich im Sommer 1933 auch bereits als »Parteigenosse« und erfüllte damit die Voraussetzung für eine Leitungsfunktion. Um ihn gegenüber

6 UAK, 17/4864a, Kultusministerium an Eckert am 18. Dezember 1924.

7 UAK, 17/865, Empfehlungsschreiben Hugo Anders Krüss vom 1. Juli 1933 (AS); LAV NRW, Abt. Rheinland, NW 1049/23634, Empfehlungsschreiben Erich von Rath vom 6. Juli 1933, Bl. 18.

Konkurrenten so aufzustellen, dass der frischgebackene Kölner Personaldezernent Julius Ludwig, ein »alter Parteigenosse«, der in der Stadtverwaltung das Berufsbeamtengesetz vollstreckte,[8] nicht umhinkäme, Corsten zu favorisieren, bescheinigte man diesem überdies wortreich, ein aktiver Nationalsozialist und seit langem dem Kampf sowie den Zielen Adolf Hitlers verbunden zu sein. Corsten selbst beteuerte dies in seinem Lebenslauf.[9]

Eine »Dienstanweisung für den Direktor der Universitäts- und Stadtbibliothek« unterstellte Corsten im Oktober 1934, wie es die Satzung von 1920 gebot, dem Kölner Oberbürgermeister in dessen doppelter Funktion als Vorsitzender des Kuratoriums der Universität wie als Oberhaupt der Kölner Stadtverwaltung. De facto war diese Differenzierung belanglos, denn die Tagespolitik machte, nunmehr in gelegentlicher Abstimmung mit dem mächtigen Gauleiter, der die Universität als Staatskommissar überwachte, wiederum der jeweilige Geschäftsführende Vorsitzende des Kuratoriums. Köln feierte Corsten, als er 1934 den Umzug zweier zu einer »Hauptabteilung« zu verschmelzenden Abteilungen der USB ins Hauptgebäude der Universität perfekt managte. (Abb. 2) Da man die USB bei der Bauplanung schlichtweg *ausgespart* hatte, war dieses Domizil für Bibliothekszwecke allerdings ungeeignet, und dass sich das Magazin hier auf drei langgestreckten Ebenen unter dem Dach befand, hätte Corsten spätestens nach Hammers Tübinger Vortrag beunruhigen müssen. Die Medizinische Abteilung der USB, die sich seit 1920 in relativer Autonomie erfolgreich unter ihrem Leiter Gottfried Kricker entwickelt hatte, behielt, wie von Corsten empfohlen, 1934 ihren Sitz inmitten der Krankenanstalten Lindenburg.[10]

Corsten vernetzte sich mit einflussreichen Professoren der Kölner Universität und ließ sich in Projekte einbinden, die eine Verschiebung der Grenzen des Reiches nach Westen »wissenschaftlich« rechtfertigten. Stolz erklärte er 1937, die Bibliothek beteilige sich »freudig« an den Arbeiten, »die der Universität Köln innerhalb der raumpolitischen Forschung und vor allem auf dem Gebiete der rheinischen Geschichte und Landeskunde vom neuen Staate zugewiesen« worden seien.[11] Corsten setzte sich damit ins Boot derer, die ihre Forschung bald als »kriegswichtig« verkauften und erwarteten, dass die Bibliothek dieser fortgesetzt zuarbeitete.

8 Zu Julius Ludwig: LAV NRW, Abt. Rheinland, NW 1000/ 22712 und NW 1037-A/REG, 7018; Generallandesarchiv Karlsruhe (GLA), Abt. 465 f., Nr. 197–198.

9 Details zu diesem Vorgang demnächst in meiner Monographie über die Geschichte der USB als städtischer Einrichtung zwischen 1920 und 1954.

10 Über das dort perfektionierte »System« eines abgestimmten Vorgehens von Institutsbibliotheken und Zentrale berichtete Kricker vielbeachtet 1937 auf dem Bibliothekartag in Köln, in: Zentralblatt für Bibliothekswesen 54 (1937), S. 448–468.

11 Hermann Corsten: Die Universitätsbibliothek Köln, Werden und Gestaltung, in: Zentralblatt für Bibliothekswesen 54 (1937), S. 413–421.

Abb. 2: Blick auf das Hauptgebäude der Universität zu Köln von Südwesten, Heinrich Ebelung, um 1936. Köln, Kölnisches Stadtmuseum, Graphische Sammlung, Inv.-Nr. G 28685d-1 (Foto: © Rheinisches Bildarchiv Köln: rba_d064823)

2.

Nach 1933 war »Luftschutz« den »Volksgenossen« als eine Art Volkssport zur Gewohnheit geraten. Das NS-Regime stimmte die Menschen damit zwar auf den Krieg ein, den es vorbereitete, stellte die drohenden Gefahren aber als beherrschbar dar. Wenige Wochen nach dem Tübinger Bibliothekartag 1935 erließ die Reichsregierung das »Deutsche Luftschutzgesetz«. Es regelte, welchen Behörden der Luftschutz oblag und wer »luftschutzpflichtig« war, welche Regeln befolgt werden mussten und welche Strafen bei Zuwiderhandlung drohten, schließlich welcher Versicherungsschutz Personen zustand, die bei Luftschutzübungen zu Schaden kamen.[12]

12 Luftschutzgesetz vom 26. Juni 1935, Reichsgesetzblatt (= RGBl). I, S. 827.

Den Schutz von Kulturgut erwähnte das neue Gesetz nicht.[13] Auch die Bibliothekare wurden mit Fragen des Luftschutzes vorerst nicht direkt behelligt. Erst nach dem Erlass dreier Durchführungsverordnungen Anfang Mai 1937[14] stand kurz darauf der Punkt »Maßnahmen bei Kriegsgefahr« auch auf der Tagesordnung des Reichsbeirates für Bibliotheksangelegenheiten, der aus dem preußischen Beirat für Bibliotheksangelegenheiten hervorgegangen war. Dieser schlug vor, die Luftschutzkeller der Bibliotheken, wie bei der Bayerischen Staatsbibliothek bereits geschehen, auch für »die Aufnahme des kostbarsten Bibliotheksbesitzes« herzurichten.[15] Es dauerte zwei Jahre, ehe unmittelbar vor Beginn des Überfalls deutscher Truppen auf Polen das Reichsluftfahrtministerium am 26. August 1939 »Richtlinien für die Durchführung des Luftschutzes in Museen, Büchereien, Archiven und ähnlichen Kulturstätten« erließ. Die Richtlinien unterschieden a) »kulturhistorisch bedeutende und schlechthin unersetzliche Kunstwerke«, b) »Werke der Kunst und Wissenschaft, die besonders wertvoll, aber nicht zu a zu rechnen« seien, sowie c) »alle übrigen Kunstgegenstände«. Für erstere sollte unter Heranziehung eigenen Personals eine »Verbringung in unbedingt sichere, nach Möglichkeit bomben- und feuersichere Räume« vorbereitet werden. Werke der Kategorie zwei wären, weil »ein Abtransport in größerem Umfang wegen Mangel an Kräften und Beförderungsmitteln« sich nicht durchführen ließe, »in den Luftschutzräumen der Anstalt« unterzubringen. Die »übrigen« Gegenstände hätten an Ort und Stelle zu verbleiben, wo sie »durch Sicherung der Fenster und Türen nach Möglichkeit gegen Splitter- und Kampfstoffwirkung von Fliegerbomben« geschützt werden müssten.[16] Verglichen mit dem Szenario, das Franz Hammer 1935 entworfen hatte, muten diese »Richtlinien« weltfremd an.

Am 1. September 1939 stellte die Universität zu Köln ihren Lehrbetrieb bis Anfang 1940 ein. Doch gemäß einem Erlass des Reichserziehungsministeriums hatten nicht nur die Staats- und Landes-, sondern auch die Bibliotheken der geschlossenen Hochschulen ihren Betrieb soweit aufrecht zu erhalten, dass sie den »Anforderungen der Bedarfsstellen 1. Ordnung und der militärischen und wirtschaftlichen Kommandostellen« genügen konnten. Außerdem sollten sie für Stellen, die kriegswichtige Aufgaben wahrnähmen – wozu auch die Universitäten

13 Erich Hampe: Der Zivile Luftschutz im Zweiten Weltkrieg, Dokumentation und Erfahrungsberichte über Aufbau und Einsatz, Frankfurt am Main 1963, S. 530f.

14 1., 2. und 3. Durchführungsverordnung zum Luftschutzgesetz vom 4. Mai 1937, RGBl. I, S. 559–566.

15 Manfred Komorowski: Die Tagungsprotokolle des Reichsbeirats für Bibliotheksangelegenheiten (1937–1943), in: Bibliothek – Forschung und Praxis 16 (1992), S. 66–98.

16 Reichsministerialblatt, Nr. 40 vom 1. September 1939, S. 1386; 4. Luftschutzangelegenheiten. Richtlinien für die Durchführung des Luftschutzes in Museen, Büchereien, Archiven und ähnlichen Kulturstätten.

gehörten –, »kriegswichtige[s] Schrifttum« bereithalten.[17] Hugo Andres Krüss, der Generaldirektor der Berliner Staatsbibliothek und Vorsitzende des Reichsbeirats für Bibliotheksangelegenheiten, der sich 1933 »vorbehaltlos in den Dienst des ›neuen‹ Staates« gestellt hatte,[18] erklärte Ende 1939 gegenüber dem Völkischen Beobachter: »Und da sind wir stolz darauf, daß die Staatsbibliothek im Gegensatz zu den führenden Instituten der feindlichen Westmächte ihren Betrieb (...) unverändert fortführt. Die große Bibliothèque Nationale in Paris, das British Museum in London, sie alle schlossen bei Kriegsausbruch sofort«.[19] Wer wie Karl Preisendanz, der Direktor der Heidelberger Universitätsbibliothek, zu dieser Zeit bereits eine Verlagerung von Bibliotheksgut auch nur erwog, musste sich »Ängstlichkeit und Furcht vor Krieg« vorwerfen lassen.[20]

Im Mai 1940 fielen erste Bomben auf Köln. Großer Schaden entstand nicht. Als im Herbst stärkere Angriffe folgten, wurde die Stadt zur »Luftgefahrenzone I« erklärt.[21] Jetzt erkundigte sich auch das Reichserziehungsministerium, das sich nie an den Direktor der Bibliothek, sondern stets an das Kuratorium der Universität wandte, ob und wie man in Köln »die Inkunabeln und die sonstigen wertvollen Werke« gegen die »Luftgefahr« schützte.[22] Mitte Dezember berichtete Erich Evertz, der das Amt des Geschäftsführers kommissarisch verwaltete, nach Rücksprache mit dem Bibliotheksdirektor,[23] die fraglichen Werke lägen sicher im »bomben- und feuersicheren Tresor der Universitätskasse«; »sonstige Kunstschätze« besitze die Universität Köln nicht.[24]

Im Juni 1941 ernannte Peter Winkelnkemper, seit Anfang 1941 Kölner Oberbürgermeister, mit Zustimmung von Gauleiter Josef Grohé Julius Ludwig zum neuen »Geschäftsführenden Kurator« der Universität.[25] Der einstige Beigeordnete für Organisation und Personal hatte im Mai 1937 ein neu eingerichtetes Dezernat für Kunst und Kultur übernommen[26] und Ende des Jahres ehrgeizig versucht,

17 UAK, 9/539, Erlass W E 3064 des Reichserziehungsministeriums vom 12. September 1939.
18 Jan-Pieter Barbian: Literaturpolitik im »Dritten Reich«. Institutionen, Kompetenzen, Betätigungsfelder, München 1995, S. 776.
19 Völkischer Beobachter vom 26. November 1939, zitiert nach Werner Schochow: Die Preußische Staatsbibliothek 1918–1945. Ein geschichtlicher Überblick. Mit einem Quellenteil, Köln/Wien 1989, S. 124–126, hier S. 125.
20 Armin Schlechter: Die Universitätsbibliothek, in: Wolfgang U. Eckart/Volker Sellin/Eike Wolgast (Hg.): Die Universität Heidelberg im Nationalsozialismus, Heidelberg 2006, S. 95–121, hier S. 108.
21 Horst Matzerath: Köln in der Zeit des Nationalsozialismus. 1933–1945, Köln 2009, S. 475.
22 UAK, 9/712, Erlass vom 5. Oktober 1940, erwähnt in Evertz an Reichserziehungsministerium am 18. Dezember 1940.
23 UAK, 9/712, Kuratorium an USB am 14. Oktober 1940.
24 UAK, 9/712, Evertz an Reichserziehungsministerium am 18. Dezember 1940.
25 Kölnische Zeitung vom 1. Juli 1941.
26 Der neue Tag vom 13. Mai 1937; Matzerath: Nationalsozialismus (Anm. 21), S. 297.

die USB »aus dem Verbande der Universität zu lösen und der Stadtverwaltung zu unterstellen« – vergeblich dank Corstens überzeugender Gegenargumente.[27] Ludwig galten die Buchbestände der USB, deren Eigentümerin ja nach wie vor die Kommune war, als wertvolles städtisches Kulturgut. Geschäftsführender Kurator der Universität und Kulturdezernent in Personalunion, war er fortan der direkte Vorgesetzte des Bibliotheksdirektors. Auch das Amt des »Reichsverteidigungs-Referenten und Abwehrbeauftragten der Universität Köln«[28] sichert ihm einigen Einfluss.

3.

Im Sommer 1941 mehrten sich die Bombenangriffe auf die Stadt, zielten aber nach wie vor erst auf strategisch bedeutsame Einrichtungen.[29] Ende Juli ordnete das Ministerium für Luftfahrt an, »besonderes Gewicht auf den Luftschutz kulturhistorisch bedeutender und schlechthin unersetzlicher Kunstwerke« zu legen. Das schloss Bücher ein. Wo es keine Möglichkeit zur Unterbringung in »bomben- und feuersicheren Räumen« gebe, seien »Splitterschutzmaßnahmen« zu ergreifen.[30] Ludwig ermahnte Corsten daraufhin, besonders wertvolle Bestände »beschleunigt« in »bomben- und feuersicheren Räumen« unterzubringen.[31] Er wandte sich zugleich an die Dekane der Fakultäten und forderte sie auf, die Sammlungen der Instituts- und Seminarbibliotheken, die in Köln besonders umfangreich waren, »bomben- und feuersicher« unterzubringen. Bibliotheksdirektor Corsten werde »zur Erfassung und Sicherstellung« der in Frage kommenden Bestände direkt an die Leiter der Institute und Seminare herantreten.[32] Rektor Otto Kuhn, von Ludwig ebenfalls einbezogen, verlieh dieser Aufforderung Nachdruck, indem er die Dekane aufforderte, ihm binnen vier Wochen über den Vollzug der Anordnung zu berichten.[33] Die Professoren, die inzwischen in der Regel »kriegswichtig« forschten und lehrten, ermaßen durchweg nicht, welche Gefahr auch den dezentralen Büchersammlungen drohte. Zwar ließ etwa der Wirtschaftshistoriker Bruno Kuske, der Leiter der Kölner Hochschularbeitsgemeinschaft für Raumforschung, dem die SS bald ein Forschungsprogramm zur

27 UAK, 553/30, Corsten an das Kuratorium am 7. Januar 1938.
28 UAK, 9/540, Ludwig an Fahrbereitschaftsleiter (FBL) am 4. Mai 1944 und dieser an Ludwig am 8. Mai 1944.
29 Matzerath: Nationalsozialismus (Anm. 21), S. 475.
30 UAK, 67/635, Erlass des Reichserziehungsministeriums vom 29. Juli 1941.
31 UAK, 9/712, Ludwig an Corsten am 11. August 1941, mit Notiz am 22. September 1941.
32 UAK, 67/635, Ludwig an Dekan der Medizinischen Fakultät am 11. August 1941.
33 UAK, 67/635, Kuhn an Dekane am 15. August 1941.

»wissenschaftlichen« Legitimierung der Okkupation von Teilen der Niederlande, Belgiens und Westfrankreichs übertrug,[34] in seinem Institut »einige besonders wertvolle alte Bücher« aussortieren, weigerte sich aber, weitere Bestände sichern zu lassen, weil die Seminarmitglieder diese für ihre Arbeiten »laufend benötig-t[en]«.[35] Das Institut für Arbeitspolitik, dessen Bücher sich in einem Kellergeschoss befanden, schlug vor, in einem »Ernstfall« an den Fenstern »Sandkästen« anzubringen.[36] Ernst Walb, Dekan der WiSo-Fakultät, fasste zusammen, dass für die meisten Fakultätsangehörigen ein Aussortieren »nicht in Frage komme«. Abgesehen von kompletten Zeitschriftenjahrgängen gäbe es an seiner Fakultät keine »unersetzlichen Bestände«. Aber auch die könne der Lehrbetrieb nicht entbehren.[37] Institute der Philosophischen Fakultät brachten »wertvolle Bücher« in Kellerräume und in das Stadtarchiv.[38] An Ideen, wie Wertvolles gegen Bomben zu schützen sei, fehlte es indessen nicht. Rektor Kuhn schlug Ludwig vor, im großen Büchermagazin der Bibliothek »einige Querwände aus Asbeston« einziehen zu lassen. Denn durch Bomben verursachte Brände, fachsimpelte der Zoologe, führten erfahrungsgemäß zu starker Rauchentwicklung, was die Lokalisierung eines Brandherds erschwere.[39]

Am einfachsten hatten es die Mediziner. Weil ihre Fachliteratur ganz überwiegend in der Medizinischen Abteilung der USB zentralisiert war, gab es in den Instituten und Kliniken nur kleine Präsenzbibliotheken. Man habe jedoch überall »Feuerwachen« eingesetzt, und die Stadtverwaltung habe gefährdete Räume in den Dachgeschossen mit »Flammschutz« imprägniert.[40] Da Bombenangriffe nach wie vor auf Sicht geflogen wurden und nachts stattfanden, galten auch die durch Verordnungen von 1939 und 1940 geregelten Verdunklungsmaßnahmen[41] immer noch als probater Schutz. Doch ließ sich das Büchermagazin der Medizinischen Abteilung der USB in der Lindenburg nicht ordnungsgemäß verdunkeln, sodass 1941 nach dem Ende des Sommers die bis dahin auf die Bedürfnisse der Mediziner abgestimmten Öffnungszeiten vom Abend in die Tagesstunden verlegt werden mussten.[42]

34 Marc Engels: »Wirtschaftsgemeinschaft des Westens«. Bruno Kuske und die wirtschaftswissenschaftliche Westforschung zwischen Kaiserreich und Bundesrepublik, Aachen 2007, S. 283 ff.
35 UAK, 9/712, von Kuske beauftragte Person an WiSo-Dekanat am 25. September 1941.
36 UAK, 9/712, Institut für Arbeitspolitik an Dekan Walb am 15. September 1941.
37 UAK, 9/712, Walb an Rektor Kuhn am 3. Oktober 1941.
38 UAK, 9/712, Kauffmann an Rektor am 15. und 19. September 1941.
39 UAK, 9/712, Kuhn an Ludwig am 15. August 1941.
40 UAK, 67/635, Dekan Medizinische Fakultät am 15. September 1941.
41 Geregelt durch Verordnungen vom 23. Mai 1939 und vom 22. Oktober 1940; www.wikiwand.com/de/Verdunkelung (Luftschutz); [Stand: 06.12.2023].
42 UAK, 9/538, Kricker an Kuratorium am 15. September 1941.

Am 9. September 1941 trafen Bomben das Gebäude der hessischen Landesbibliothek in Kassel. Es brannte komplett aus.[43] Etwa 350.000 von rund 400.000 Bänden gingen verloren.[44] Wenige Tage später legte Corsten Ludwig zwei Rechnungen über jeweils 36 Überstunden vor, die im Hauptgebäude bei der »Sicherstellung der wertvollen Bücherbestände in den Kellerräumen« geleistet worden waren. »Und wer ›bezahlt‹ die Überstunden unserer Soldaten?«, vermerkte Ludwig mit dickem Stift auf einem der Schreiben und ließ Alter und »Militärverhältnis« der Begünstigten ermitteln.[45] Wie von Ludwig erbeten, reichte Corsten kurz darauf einen detaillierten Kostenvoranschlag für die weitere »Sicherstellung« ein.[46] Seine geschäftsmäßige Art zu kalkulieren glich jener, mit der er im Herbst 1934 beim Umzug der USB in den Neubau geglänzt hatte. Doch während es Ludwig jetzt darum ging, städtisches Kulturgut zu bewahren, sah Corsten seine Aufgabe darin, die Benutzung der Bücher zu gewährleisten. Obwohl dem Kulturdezernenten die Motive suspekt waren, die dem geschäftigen Verhalten des Bibliotheksdirektors womöglich zugrunde lagen, bewilligte er die kalkulierten 500 Überstunden.[47]

Den von Ludwig verlangten Bericht über die getroffenen Schutzmaßnahmen lieferte Corsten nicht fristgerecht, denn er befand sich auf »Einkaufsfahrten«.[48] Nachdem das Reich 1940 westliche Nachbarländer besetzt hatte, nutzte er dies, um dort zu »Inflationspreisen«[49] Bücher zu erwerben. Es ging ihm darum, die großen Lücken vor allem bei den Geisteswissenschaften nachhaltig zu schließen, blieben doch auch ihm, wie schon seinem Vorgänger, die dafür erforderlichen Anschaffungsmittel verwehrt. Corsten organisierte auch den »Kauf« einer wertvollen Bibliothek aus dem Besitz verfolgter Jüdinnen zu einem Spottpreis, den die USB allerdings nie bezahlte,[50] und übernahm Bücher aus beschlagnahmten Klosterbibliotheken.[51] Noch im Krieg wuchs so der Bestand der Hauptabteilung beachtlich an.

43 Komorowski: Tagungsprotokolle (Anm. 15), S. 95.
44 Georg Leyh: Die deutschen wissenschaftlichen Bibliotheken nach dem Krieg, Tübingen 1947, S. 129.
45 UAK, 9/712, Corsten an Ludwig am 15. September 1941 und Anm. Ludwig auf dem Schreiben.
46 UAK, 9/712, Corsten an Ludwig am 23. August 1941.
47 UAK, 9/712, Ludwig an Corsten am 18. September 1941.
48 Christiane Hoffrath: Bibliotheksdirektor im Nationalsozialismus. Hermann Corsten und die Universitäts- und Stadtbibliothek Köln, Köln 2012, S. 129–131.
49 Archiv des Landschaftsverbandes Rheinland D 1.3, 11413, Bericht Apffelstaedt am 30. November 1942.
50 Hoffrath recherchierte die Geschichte der Übernahme der Richterschen Sammlung durch die USB gründlich und verlieh damit der Provenienzforschung einen wichtigen Impuls; Christiane Hoffrath: Bücherspuren. Das Schicksal von Elise und Helene Richter und ihrer Bibliothek im »Dritten Reich«, 2. Aufl. Köln 2010.
51 Hoffrath: Corsten (Anm. 48), S. 135–138.

Von Ludwig neuerlich dazu aufgefordert, berichtete Corsten Anfang Oktober 1941, dass man »mit der Sicherstellung weiterer wertvoller Bestände der Bibliothek begonnen« habe. In den Kellermagazinen der Universität lägen nunmehr »alle Inkunabeln«, »die kostbare isländische Sammlung« sowie »die Syndikats- und Wallraf-Bibliothek«, insgesamt etwa 50.000 Bände. Man benötige noch etwa zwei Wochen, dann sei »aller menschlichen Voraussicht nach alles geschehen, um den wertvollsten Besitz der Bibliothek vor Fliegerangriffen zu schützen«.[52] Für den Bibliotheksdirektor schien sich die Frage einer Sicherung der Bücherbestände gegen »Feindeinwirkungen« damit erledigt zu haben.

Nach einem vergleichsweise ruhigen Winter erprobte die britische Air Force in der Nacht auf den 13. März 1942 auch an Köln eine neue Taktik des Flächenbombardements auf Großstädte. Der bis dahin schwerste Luftangriff, eine Aufeinanderfolge von Leucht-, Brand- und Sprengbomben, zerstörte nunmehr auch Wohnhäuser und Fabriken. Die Effektivität ihres Vorgehens ließ die Militärs hoffen, dass die von dem »moral bombing« betroffenen Stadtbewohner sich vom NS-Regime abwenden würden.[53] Ende April 1942 verbrannte in Kiel bei einem Flächenbombardement ziviler Ziele ein Großteil der Universitätsbibliothek; der Verlust belief sich auf etwa 250.000 Bände.[54]

Günstige Wetterbedingungen ließen Köln zum Experimentierfeld einer weiteren Eskalation des Bombenkriegs werden. In der Nacht auf den 31. Mai 1942 warfen mehr als eintausend britische Flugzeuge innerhalb kurzer Zeit ihre Fracht über dem Stadtgebiet ab. Der sogenannte »1.000-Bomber-Angriff« richtete erhebliche Schäden an Gebäuden der Universität sowie an den Kliniken und Instituten der Lindenburg an. Die Zerstörungen an Wohnhäusern und Infrastruktur waren so verheerend, dass ein Fünftel der Bewohner die Stadt verließ. Corsten war nach längerer krankheitsbedingter Abwesenheit soeben wieder nach Köln zurückgekehrt und berichtete einem Wiener Kollegen, dass die Universität zwar »mehrere 1.000 Fenster und Türen« verloren habe, die Bestände der Bibliothek aber unbeschädigt geblieben seien. Man gehe jetzt daran, »grosse Abteilungen des Magazins sicher zu stellen«,[55] was vorerst aber nichts anderes bedeutete, als weitere Bücher aus den besonders gefährdeten oberen Stockwerken nach unten zu verfrachten. Anfang Juli 1942 standen sämtliche Zeitschriftenreihen sowie der alphabetische Gesamtkatalog im Keller des Hauptgebäudes.[56] Auch der alphabetische Hauptkatalog der

52 UAK, 9/712, Corsten an Ludwig am 4. Oktober 1941.
53 Matzerath: Nationalsozialismus (Anm. 21), S. 476.
54 Leyh: Bibliotheken (Anm. 44), S. 133.
55 Corsten an Teichl am 26. Juni 1942, zitiert nach Hoffrath: Bücherspuren (Anm. 50), S. 161.
56 UAK, 9/539, Notiz Ludwig vom 15. Juli 1942.

Medizinischen Abteilung, die in der Lindenburg über keinen Keller verfügte, kam dort unter, während die übrigen Kataloge für die »laufende Benutzung« im Lesesaal blieben.[57]

Nach dem »1.000-Bomber-Angriff« sorgte sich Kricker um die ausgeliehene Literatur. Er bat den Dekan der Medizinischen Fakultät, dafür Sorge zu tragen, dass die Benutzer diese nicht länger als unbedingt nötig behielten und auch nicht in Dachzimmern aufbewahrten. Um den Verlust von teilweise unersetzbarer Literatur zu vermeiden, empfehle es sich, diese mit in den »Schutzraum« zu nehmen.[58] Doch wie sich herausstellte, waren etliche »wertvolle Bücher, besonders [...] einzelne Bände aus Zeitschriftenreihen« bei dem Großangriff bereits vernichtet worden. Vorsichtig tastend ersuchte Kricker das Kuratorium zu erwägen, entweder »die Ausleihe überhaupt einzustellen und allein die Benutzung von Büchern im Lesesaal der Bibliothek zu gestatten« oder aber den zur Ausleihe berechtigten Personenkreis sowie die noch ausleihbaren Bücher einzuschränken. Schließlich wäre zu entscheiden, ob die Bibliothek weiterhin Bücher nach auswärts versenden solle.[59] Kricker unterrichtete den Dekan der Mediziner von diesem »Antrag« und bat ihn, die Fakultät entsprechend beschließen zu lassen. Er rückte damit von der Maxime ab, den Leihverkehr um jeden Preis aufrechtzuerhalten. Bezeichnenderweise war Kricker in Köln der einzige wissenschaftliche Bibliothekar, dem eine zeitgenössische Quelle – nicht post factum ein »Persilschein« – eindeutig attestiert, dass er das NS-Regime ablehnte.[60] Wie sehr Ludwig Krickers Vorstoß begrüßte, illustrieren seine zustimmenden Randbemerkungen an dessen Schreiben. Demnach lehnte der Geschäftsführende Kurator jede weitere Ausleihe rundweg ab, und auch der Versand von Büchern nach auswärts, fand er, hätte »längst eingestellt« werden müssen.[61] Überhaupt seien die bis dahin getroffenen Maßnahmen angesichts der »verschärften Luftangriffe auf Köln [...] genauestens zu überprüfen und im größten Umfange auszuschöpfen«.[62]

Hermann Corsten, der sich Anfang Juli 1942 mit der Bibliothekskommission des Senats der Universität abgestimmt hatte, sah die Sache anders. Die Frage einer Schließung der Medizinischen Bibliothek sei »vom Standpunkte der Gesamtbibliothek aus« zu behandeln. Wenn die medizinische Abteilung – die ein deutliches »Plus« im aktiven Fernleihverkehr vorweisen konnte, während

57 UAK, 9/540, Bericht über das Jahr 1942 vom 25. April 1943.
58 UAK, 67/635, Kricker an Güttich am 6. Juni 1942.
59 UAK, 9/539, Kricker an Kuratorium am 13. Juni 1942.
60 UAK, 9/537, Löhr an Corsten am 16. Januar 1936.
61 UAK, 9/539, Anmerkungen Ludwigs an Kricker an Kuratorium am 13. Juni 1942.
62 UAK, 9/539, Notiz Ludwig vom 15. Juli 1942.

das große »Minus« bei der Hauptabteilung nach wie vor die Achillesferse der Universitätsbibliothek bildete – nicht mehr nach auswärts verleihe, würde das »die Belange der Universitäts- und Stadtbibliothek Köln auf das erheblichste schädigen«. Die Folge wäre nämlich ein »automatischer Ausschluss« vom deutschen Leihverkehr, auf den man nach wie vor »in erheblichem Maße« angewiesen sei. Corsten spielte auf Kölns Lage als »Frontstadt« an, indem er zu bedenken gab, das Risiko, Bücher zu verlieren, würde durch die Ausleihe nach auswärts womöglich sogar verkleinert. Ludwig ließ sich davon überzeugen, dass die USB Literatur in »*nicht* fliegerbedrohte« Gegenden geben musste.[63] Doch hielt er eine »Abdrosselung« der Ausleihe im Stadtgebiet für »durchaus möglich und erforderlich« und bat Corsten Mitte Juli 1942, entsprechende Maßnahmen »für die gesamte Bibliothek« zu treffen.[64]

Im Frühjahr 1942 arbeitete die Berliner Staatsbibliothek »Richtlinien zur Sicherung von Bibliotheksgut vor Luftangriffen« aus und übergab diese dem Reichserziehungsministerium Mitte April zur Genehmigung und Weiterleitung »an alle größeren deutschen Bibliotheken«. Auf seiner Tagung im Sommer 1942 behandelte auch der Reichsbeirat für Bibliotheksangelegenheiten diesen Komplex, und der Generaldirektor der Bayerischen Staatsbibliothek drängte auf einen »Austausch der Erfahrungen bei Luftangriffen auf Bibliotheken und der von den verschiedenen Bibliotheken getroffenen Schutzmaßnahmen«.[65] Dass ein Treffen der Bibliotheksvorstände zustande gekommen wäre, ist nicht bekannt und eher unwahrscheinlich. Dennoch erließ das Reichserziehungsministerium Ende August 1942 die »Richtlinien zur Durchführung des Luftschutzes in Bibliotheken«.[66] Die Behörde konzedierte darin zwar, »die Erhaltung unersetzlichen und besonders wichtigen Bibliotheksgutes« müsste »jedem anderen Bestreben, auch dem, eine Weiterbenutzung der Bestände während des Krieges zu ermöglichen, unter allen Umständen« vorgehen. Die Einschränkung folgte aber direkt. Da es »kaum möglich« sei, für den gesamten Bestand einer Bibliothek »die größte Sicherungsstufe zu schaffen«, sollte dieser »in Gruppen gegliedert werden, für die je nach Wert und Wichtigkeit jeweils der höchsterreichbare Grad von Sicherheit anzustreben« sei. Indem sich das Reichserziehungsministerium an den »Richtlinien für die Durchführung des Luftschutzes in Museen, Büchereien, Archiven und ähnlichen Kulturstätten« von 1939 orientierte, definierte

63 UAK, 9/539, Corsten an Kuratorium am 7. Juli 1942, Randbemerkung Ludwigs am 9. Juli 1942 und Notiz am 15. Juli 1942.
64 UAK, 9/539, Ludwig an Corsten am 15. Juli 1942.
65 Komorowski: Tagungsprotokolle (Anm. 15), S. 94.
66 UAK 9/539, Richtlinien zur Durchführung des Luftschutzes in Bibliotheken, Erlass des Reichserziehungsministeriums vom 28. August 1942.

es sogenannte »Wertstufen«, nämlich »A. Einmalige und schlechthin unersetzliche Stücke aus allen Teilen der Bibliothek«, »B. Bibliothekarische Seltenheiten und Besonderheiten der Bibliotheken«, wozu auch Kataloge und Repertorien zählten, sowie »C. Alle übrigen Bestände der Bibliothek«. Die Gruppe C. werde »schon ihrer Masse wegen nur im Bibliotheksgebäude selbst durch besondere Maßnahmen geschützt werden können«, während die Kategorien A. und B. »aus der luftgefährdeten Heimatbibliothek entfernt und möglichst auf mehrere hierfür geeignete *Bergungsorte*« zu verteilen seien, an denen weder »Nässe« oder »Feuer«, noch »Sonnenbestrahlung«, »Wurmfraß« oder »Diebstahl« die Bücher gefährdeten. Zum Schutz der Gruppe C. folgten auf fünf engbedruckten Seiten bis ins Detail gehende praktische Ratschläge. Die Richtlinien empfahlen, Dachböden zu entrümpeln, Feuerlöschgeräte sowie Sand und Wasser bereitzustellen und nachts Brandwachen einzusetzen, Bränden »an Ort und Stelle mit Handfeuerlöschgeräten« zu begegnen sowie »Gartentore und hintere Eingänge« für die Feuerwehr geöffnet sowie Türen im Gebäude unverschlossen zu halten. Bei einem Stromausfall sei der Feuerwehr mit »Laternen mit Kerzen« sowie »elektrischen Taschenlampen« die Orientierung zu ermöglichen. Alle Bibliotheksbeamten sollten Ausweiskarten bekommen, die ihnen einen Zutritt zur »Brandstätte« erlaubten. »Abstellorte und Abstellräume« für das im »Schadensfall« zu bergende »Bibliotheksgut« seien vorzuhalten. Es folgen akribische Belehrungen über die Brennbarkeit verschiedener Bedruckstoffe und Regalarten sowie der Hinweis darauf, geborgene Bestände gegen Diebstahl zu schützen. In größeren Bibliotheken sollte der »Verlauf eines Luftangriffs mit anschließendem Brand nach Art eines militärischen Planspiels« trainiert und bei der technischen Durchführung der Maßnahmen die »Luftgaukommandos und die örtlichen Luftschutzleiter« herangezogen werden. Das alles kam einem Pfeifen im dunklen Wald gleich. Wenige Tage nach dem Erlass der Richtlinien verheerte in der Nacht auf den 3. September 1942 ein Luftangriff die Badische Landesbibliothek Karlsruhe.

Ludwig bewog das Ereignis, entschieden dafür zu sorgen, dass Vergleichbares in Köln nicht geschähe. Unter Hinweis auf »die völlige Vernichtung« mehrerer großer deutscher Bibliotheken unterbreitete er Rektor Friedrich Bering, Kuhns Nachfolger seit dem Frühjahr 1942, seine Bedenken, die USB in der Stadt zu belassen. Es sei »dringend erforderlich, dass diese wertvolle und zum großen Teil unersetzliche Büchersammlung baldmöglichst aus Köln weggebracht« werde. Eine »etwaige Störung des Universitätsbetriebes« müsse hinter die »Frage der Sicherheit« zurückzutreten. Ludwig verwies als Vorbild auf Heidelberg – seine Alma mater –, wo man »ohne jede Rücksicht auf den Universitätsbetrieb« eine »völlige Räumung der Bibliothek« verfügt hätte. Das traf zwar nicht zu,[67] sollte aber seine Anordnung legitimieren. In Köln sei »die Gefahr naturgemäß viel größer«. Ludwig präsentierte auch bereits Orte, an denen sich »ein Teil der wichtigsten Bestände« unterbringen ließe: zwei Schlösser in der Nähe von Sinzig, beide mit großen Räumen und günstig gelegen. Es gebe dort eine Nachtwache, und Löschwasser stehe zur Verfügung, Schläuche seien bestellt, Regale noch aufzustellen. Er versicherte dem Rektor, auch der Abtransport der Bücher werde »verhältnismäßig einfach« sein. Die Nähe der beiden Bergungsorte erlaube es sogar, in dringenden Fällen Bücher von dort zurückzuholen.[68]

Als Kulturdezernent der Stadt Köln hatte Ludwig bereits Erfahrungen im Umgang mit zu sicherndem Kulturgut gesammelt. Die Kölner Museen waren schon seit Kriegsbeginn geschlossen.[69] »Sämtliche Bestände« wurden »an sichere Orte ausgelagert« und dort auch bewacht.[70] Wilhelm Ewald, langjähriger Leiter unter anderem des Kölner Historischen Museums und während des Zweiten Weltkriegs mit der Auslagerung der »beweglichen« Kunstwerke der Kommune beauftragt,[71] erklärte nach dem Krieg, Ludwig habe »in seinem Amte sehr wesentliche Verdienste um die Erhaltung unserer Kölnischen Kunstschätze« erworben, »während die meisten anderen Städte sehr große Verluste zu verzeichnen« gehabt hätten.[72] Es kam der Bergung der Kunstschätze aus Kölner Museen und der Evakuierung der USB gleichermaßen zugute, dass beide Maßnahmen bei Ludwig zusammenliefen und dieser zugleich als Kulturdezernent wie als Geschäftsführender Kurator der Universität handelte. Zum Teil gelangte zu bergendes Gut wohl sogar in gemeinsamen Transporten an dieselben Orte vor allem in der späteren französischen Besatzungszone.[73] Doch Ludwigs Anordnung, die USB komplett auszulagern, ging weit über das hinaus, was der Erlass des Reichserziehungsministeriums vom August des Jahres zuließ, und um die Auslagerung zu realisieren, waren noch etliche Hindernisse zu überwinden.

67 Schlechter: Universitätsbibliothek (Anm. 20), S. 108.
68 UAK, 28/748, Ludwig an Bering (Manuskript) am 10. Oktober 1942.
69 Matzerath: Nationalsozialismus (Anm. 21), S. 301.
70 Peter Fuchs (Hg.): Chronik zur Geschichte der Stadt Köln, Bd. 2, Köln 1991, S. 216.
71 https://de.wikipedia.org/wiki/Wilhelm_Ewald_(Heraldiker) [Stand: 19.01.2024]; Wilhelm Ewald in: Galerie der Professorinnen und Professoren der Universität zu Köln, https://professorenkatalog.uni-koeln.de/person/show/5293 [Stand: 25.01.2024].
72 Generallandesarchiv Karlsruhe, Abt. 465 f, Nr. 197, Bl. 142 f., Erklärung Wilhelm Ewald am 4. Dezember 1949.
73 In Berichten des Schweizer Generalkonsuls Franz-Rudolph von Weiss (1944–1945) ist davon mehrfach die Rede. Hanns Jürgen Küsters/Hans Peter Mensing (Hg.): Kriegsende und Neuanfang am Rhein, München 1986, passim.

4.

Zunächst erhoben Rektor Bering und Bibliotheksdirektor Corsten Bedenken. Eine komplette Verlegung der Universitätsbibliothek müsse scheitern, da es keine Transportmöglichkeiten gebe, vor allem aber fehle Treibstoff für Lastkraftwagen. Corsten schlug vor, stattdessen noch mehr Bücher in den Kellern der Universität unterzubringen, und zwar in den »luftschutzsicheren Räumen«. Das schütze die noch im Obergeschoss stehenden wertvollen Bücher besser als ein Abtransport, denn auch das »Land« werde ja »gar nicht selten von englischen Fliegern besucht«. Der Direktor fand, es bedürfe nur »einer Anzahl von Brettern«, um die Bücher dort »sicher und vor Wasser geschützt« aufzubewahren.[74] Offenbar um seine Vorbehalte gegen Ludwigs Anordnung zu stützen, legte er dem Geschäftsführenden Kurator sogar einen Brief des Kölner Professors Gerhardus Kallen vor, der zu Studien in Heidelberg weilte und Corsten als Vorsitzender der Gesellschaft für Rheinische Geschichtskunde verbunden war. Der Historiker fand, »die Karlsruher« seien »wenig gewöhnt« gewesen, hätten dann »freilich den Volltreffer« abbekommen, wären nun »allzu ängstlich« und machten »Katastrophenpolitik«. Doch würden die Bücher mit einer »einfachen Evakuierung« noch nicht »gerettet«. An einem »Sicherungsort« drohten ihnen vielmehr »andere Gefahren [...] (Verlust, Mäuse, Ordnung)«, ganz abgesehen »von unendlichen Schwierigkeiten des Transportes«. Dazu komme die »Gefährdung des Lehrbetriebes an der Universität«. Ludwig unterstrich die Passage, in der Kallen die Feuersbrunst in Karlsruhe herunterspielte, versah das Wort »Katastrophenpolitik« mit einem dicken Fragezeichen und merkte an: »Zerstörung der Landesbibliothek war eine Katastrophe«.[75]

Noch im Oktober 1942 reiste Ludwig zum »Erfahrungsaustausch« nach Heidelberg, wo mit einer Räumung der Universitätsbibliothek begonnen worden war.[76] Er suchte auch die Leitung der zerstörten Landesbibliothek Karlsruhe auf, um sich darüber unterrichten zu lassen, was man dort »während des Brandes gemacht« habe. In Köln werde eine Evakuierung der Universitäts-Bibliothek »voraussichtlich bald [...] beginnen«, hatte er dem Bibliotheksdirektor geschrieben, diese könne aber »naturgemäß bei den heutigen Schwierigkeiten nur langsam vor sich gehen«.[77] Ludwig befürchtete, in Köln den Wettlauf gegen die Zeit zu verlieren. Zunächst in der Südeifel und im Raum Trier fragte er schriftlich bei

74 UAK, 9/539, Bering an Ludwig am 13. Oktober 1942.

75 UAK, 9/539, Kallen an Corsten am 18. Oktober und Randbemerkung Ludwigs am 2. November 1942.

76 UAK, 9/540, Ludwig an UB Heidelberg am 7. Oktober 1942.

77 UAK, 9/540, Ludwig an LB Karlsruhe am 7. Oktober 1942.

Besitzern »nicht luftgefährdet[er]« Gebäude an, ob sie der Kölner Bibliothek Räume überlassen könnten. Die Stadt gehöre zu den »meist luftgefährdeten Gebieten der deutschen Westmark«. Die Verluste »wertvollsten Kulturgutes« seien im Reich bereits groß, und die verantwortlichen Stellen hätten die Pflicht, kulturelle Werte, die »noch vorhanden« seien, »vorbeugend« zu schützen.[78] Drei von elf Adressaten schickten eine Absage. Zu jenen, die positiv antworteten, sandte Ludwig Corsten, der die Gebäude in Begleitung des Bibliotheksoberinspektors Jakob Thomann prüfte, im Falle ihrer Eignung Nutzungsverträge abschloss und vertrauenswürdige ortsansässige Personen für die Bewachung der Kisten gewann.[79]

In Gegenden, die sich von Köln aus noch gut erreichen ließen, fanden sich bald keine zum sicheren Lagern von Büchern geeigneten Gebäude mehr. Ludwig reiste persönlich in »süddeutsche Verlagerungsorte«, mit denen Verhandlungen schwebten, um Zusagen zu erwirken.[80] Anfang 1943 gelang es ihm, Räume im Schloss Salem am Bodensee zu reservieren, die allerdings bald an die Dornier-Flugzeugwerke abgetreten werden mussten.[81] Bibliotheken, die Bücher aus bombengefährdeten Städten auslagern wollten, konkurrierten nicht nur mit anderen Kulturinstituten, sondern auch mit Rüstungsbetrieben, die in der Regel Vorrang genossen.[82] Bei den noch verfügbaren Orten galt es, Vor- und Nachteile gegeneinander abzuwägen, wobei die Ansprüche notgedrungen sanken. Bald schien die Entfernung von Köln keine entscheidende Rolle mehr zu spielen, wenn der betreffende Ort nur sicheren Stellraum für Bücherkisten verhieß. Corsten konnte sich auf den »alten Kämpfer« und Kölner Beigeordneten für Schule und Kultur Wilhelm Niemeyer berufen, als er sogar an den Gauleiter der Bayerischen Ostmark in Bayreuth schrieb, dem das prächtige Kloster Banz unterstand. In dessen ausgedehnten Gewölbekellern lagerte seit 1941 Kulturgut, das der Einsatzstab Reichsleiter Rosenberg in besetzten Ländern geraubt hatte. Der »Parteigenosse Dr. Corsten« erhielt einen Korb, denn man benötigte den Platz im Kloster bereits für die stark gefährdeten Bestände des Nürnberger Germanischen Museums.[83] Am Ende gelang es noch, Nutzungsverträge mit Gebäudebesitzern im Westerwald und bei Limburg/Lahn sowie in der Nähe von Würzburg und der Umgebung von Heilbronn zu schließen.

78 UAK, 9/540, Liste der angeschriebenen Gebäudebesitzer.
79 UAK, 553/1, unter anderem Bericht über Besichtigungsreise im Dezember 1942 vom 22. Dezember 1942.
80 UAK, 9/540, Abwesenheitsankündigung an Oberbürgermeister (OB) Winkelnkemper (als Erstem Vorsitzenden des Kuratoriums) am 19. Januar 1943.
81 UAK, 9/540, Telegramm der Dornier-Werke Friedrichshafen an Kuratorium am 24. Juni 1943.
82 Hampe: Luftschutz (Anm. 13), S. 520.
83 UAK, 553/2, Corsten an Gauleiter Fritz Wächtler am 6. März 1943 und UAK, 9/539, Gauleitung Bayreuth an Corsten am 17. März 1943.

Julius Ludwig argwöhnte, dass Bibliotheksdirektor Corsten seiner Anordnung vom Oktober 1942, den innerörtlichen Leihverkehr einzuschränken, nur ungern Folge leistete. Was er seinerzeit konziliant im Ton als Bitte geäußert hatte, verfügte er daher Ende Januar 1943 mit Nachdruck. Der Leihverkehr sei »unverzüglich« einzuschränken, und Corsten solle »über das Veranlasste« berichten.[84] Lapidar teilte dieser mit, dass sich aus den »Maßnahmen zur Sicherstellung der Bibliothek gegen Feindeinwirkung« die Einschränkung des Leihverkehrs »automatisch« ergebe und die Ausleihe in nächster Zeit »wahrscheinlich vollständig zum Erliegen« kommen werde. Doch riet er Ludwig, »schon wegen der psychologischen Wirkung auf die Benutzerkreise« von einer diesbezüglichen »Anordnung« abzusehen.[85] So kam es, dass Ernst Walb, der Leiter des Seminars für Revisions- und Treuhandwirtschaft von Corsten noch im Juni 1944 erwartete, wirtschaftswissenschaftliche Literatur an einem Bergungsort im Bergischen Land »in Regalen« so aufzustellen, dass Studierende seiner Fakultät sie dort benutzen und ihr Studium »ordnungsmäßig durchführen« könnten. Auch für die wissenschaftliche Arbeit werde diese Literatur »dringendst benötigt«.[86] Forschung, die 1944 noch stattfand, war in der Regel »kriegswichtig« und bot den Beteiligten »nicht zuletzt Schutz vor einer Einberufung zur Wehrmacht«.[87]

In der Lindenburg wurden die zur Auslagerung vorgesehenen Bücher seit Januar 1943 nicht mehr verliehen, desgleichen ältere deutsche und ausländische Zeitschriften und Serien sowie die entsprechende Literatur der Institutsbibliotheken.[88] Mochte Corsten über eine Einschränkung des Leihverkehrs der Optik halber nicht offen reden, teilte Kricker dem Dekan der Medizinischen Fakultät Mitte Februar 1943 unverblümt mit, es werde ein »wesentlicher Teil der Bibliothek« zur »Sicherung gegen Fliegerschäden« nach auswärts geschafft. Neuere Bücher und Zeitschriften verblieben vorerst in Köln, könnten aber, »um sie möglichst vielen Benutzern zugänglich zu machen«, nur noch im Lesesaal eingesehen werden,[89] wo es fortan längere Öffnungszeiten gäbe.[90]

Parallel zu der Suche nach Orten für die Unterbringung der Büchermassen galt es, die Finanzierung der Aktion zu sichern, Versandkisten zu beschaffen und Transportmittel zu organisieren. Nach einem Erlass vom Frühjahr 1942 hatte

84 UAK, 9/539, Ludwig an Corsten am 27. Januar 1943.
85 UAK, 9/539, Corsten an Ludwig am 5. Februar 1943.
86 UAK, 553/2, Walb an Corsten am 29. Juni 1944.
87 Hans-Peter Ullmann: Die Universität zu Köln im Nationalsozialismus. Wege einer städtischen Hochschulgründung zwischen später Weimarer Republik und Bundesrepublik, Göttingen 2024, S. 325.
88 UAK, 9/540, Bericht über das Jahr 1942 vom 25. April 1943.
89 UAK, 67/635, Kricker an Dekan Güttich am 10. Februar 1943.
90 UAK, 9/540, Bericht über das Jahr 1942 vom 25. April 1943.

der »Eigentümer oder Besitzer« der Sachen die Kosten für eine Verlagerung zu tragen.[91] Das war im Falle der USB bekanntlich die Kommune. Ludwig forderte die Bibliothek auf, die Kosten für eine Bergung des gesamten Bestands zu kalkulieren. Paul Körholz, Corstens Stellvertreter, legte eine solche Berechnung Anfang November 1942 vor, sprach aber reserviert von einer »etwaigen Überführung [...] an weniger luftgefährdete Orte«. 1934 habe der Umzug innerhalb des Stadtgebietes rund 50.000 Reichsmark gekostet. Inzwischen sei der Bestand um etwa 30 Prozent gewachsen, und es fielen jetzt auch Mittel für die Reichsbahn und längere Landtransporte an. Demnach beliefen sich die Transportkosten auf 180.000 und die für Kisten und Packmaterial auf 30.000 sowie die für 30 Arbeiter über fünf Monate auf weitere 30.000 Reichsmark. Für »Überwachung und Dienstreisen« veranschlagte Körholz 30.000 und für »etwaige Mieten, bauliche Veränderungen« sowie »unvorhergesehene« Ausgaben setzte er 20.000, als Gesamtsumme 270.000 Reichsmark an.[92]

Den Kämmerer der Stadt, der das Geld bereitstellen sollte, musste Ludwig erst ins Bild setzen, welche Gefahr von »feindlichen Fliegerangriffen« für unersetzbares »Kulturgut« ausging. Zwar habe man in Köln, noch bevor ein ministerieller Erlass dies anordnete, die wertvollsten Bestände der USB bereits in Kellerräumen des Universitätshauptgebäudes untergebracht. Doch sei diese Maßnahme, behauptete Ludwig, »von vornherein als eine vorübergehende und behelfsmäßige« gedacht gewesen. Der Rektor der Universität, die Bibliothekskommission und das Kuratorium wären nun übereingekommen, den gesamten Bestand in verschiedenen »Schlössern, Klöstern und sonstigen geeigneten Räumlichkeiten« unterzubringen. Ludwig erbat dafür 300.000 Reichsmark aus der Stadtkasse.[93] Doch im Rathaus mahlten die Mühlen langsam. Wie Ludwig sechs Wochen nach seinem Antrag vom Kämmerer erfuhr, war der Oberbürgermeister grundsätzlich mit einer Evakuierung der Universitätsbibliothek einverstanden; für eine »nachprüfbare Vorlage« benötige er aber eine genaue Berechnung der Kosten »nach Art und Höhe«.[94] Umgehend erbat Ludwig von Corsten eine entsprechende Aufstellung,[95] der daraufhin mehrere Kölner Spediteure kontaktierte. Die kalkulierten Gesamtkosten beliefen sich nunmehr auf 302.000,– Reichsmark.[96] Sichtlich gereizt, versicherte Ludwig dem Kämmerer am 28. Januar 1943, dass eine »nochmalige Überprüfung« der bereits vor zweieinhalb Monaten ermittelten

91 UAK, 9/539, Kölner Polizeipräsident an Ludwig am 5. April 1943.
92 UAK, 9/537, Körholz i. V. Corstens an Kuratorium am 6. November 1942.
93 UAK, 9/539, Ludwig an Kämmerer Türk am 10. November 1942.
94 UAK, 9/539, Kämmerer an Kuratorium am 23. Dezember 1942.
95 UAK, 9/539, Ludwig an Corsten am 30. Dezember 1942.
96 UAK, 9/539, Ludwig an Corsten am 22. Januar 1943.

Kosten zu keinem neuen Ergebnis geführt habe und eine exakte Kalkulation verständlicherweise unmöglich sei, 300.000,– Reichsmark aber »mit Sicherheit« ausreichen würden und er darum bitte, die Mittel »nunmehr möglichst bald« zu bewilligen.[97]

Hatte die Bilanz des Flächenbombardements im Frühjahr 1942 die Briten vorerst von weiteren Attacken auf Köln absehen lassen, kam es im Februar 1943 zu neuen Luftangriffen mit Toten, Verletzten und zerstörten Gebäuden.[98] Dies trug vermutlich dazu bei, dass Oberbürgermeister Winkelnkemper den – von ihm ernannten – Ratsmitgliedern am 11. März 1943 schließlich eine Vorlage zur Finanzierung einer »Bergung der Buchbestände der Universitätsbibliothek« unterbreitete. Es lasse sich »mit Rücksicht auf die zunehmenden feindlichen Fliegerangriffe« nicht mehr verantworten, dass »die kostbaren, zum Teil unersetzbaren Bestände der Universitätsbibliothek« in Köln verblieben. Sie seien »unverzüglich in Sicherheit« zu bringen. Da der Etat der Universität Mittel hierfür nicht vorsehe, müssten die Kosten als außerplanmäßige Ausgabe verbucht werden. Der Rat, inzwischen zwar »ohne materielle Mitentscheidungsrechte«,[99] stimmte zu, und der Oberbürgermeister genehmigte die beantragte Summe.[100]

Auch als die Mittel für eine Komplettverlagerung der USB-Bestände bewilligt waren, gab es noch etliche Hindernisse, diese ins Werk zu setzen, denn weder verfügte man über genug Transportbehältnisse und -fahrzeuge noch flossen die zugesagten Mittel unbürokratisch, und die Suche nach weiteren Bergungsorten dauerte an. Da die Auslagerung der Kunstschätze der Stadt parallel lief, half Ludwig als Kulturdezernent der Stadt der USB womöglich fürs Erste mit Verpackungsmaterial und Transportkapazitäten aus. Es gelang, bis März 1943 über 18.000 Bände in die beiden Schlösser bei Sinzig zu bringen.[101]

Seit Anfang 1943 kümmerte sich Ludwig um Transportkisten. Diese mussten stabil, durften aber mit 60 × 50 × 50 Zentimetern nicht größer sein, als dass zwei Mann sie mit Büchern gefüllt tragen konnten. Holzkisten waren ein rares Gut, nicht nur weil Holz der Bewirtschaftung unterlag, sondern auch weil 1942 in Köln und an anderen bombardierten Orten der Region eine Reihe von Kistenfabriken abgebrannt war.[102] Um seinen Wünschen gegenüber Behörden, deren

97 UAK, 9/539, Ludwig an Kämmerer Türk am 28. Januar 1943.
98 Matzerath: Nationalsozialismus (Anm. 21), S. 480.
99 Ebd., S. 501.
100 HAStK, Bestand 410 Beschlussbücher/Protokolle, 1813–1945, A 60 Niederschriftsbuch Nr. 7 für Verwaltung für Schule und Kultur, 1934–1945, Auszug aus der Niederschrift über die Beratung mit den Ratsherren am 11. März 1943. – Einen Bescheid darüber erhielt Ludwig erst zeitversetzt: UAK, 9/539, OB an Kuratorium am 23. März 1943.
101 UAK, 553/2, Corsten an Ludwig am 9. März 1943.
102 UAK, 28/748, Corsten an Kuratorium Anfang März 1944.

Hilfe er bei dem Bergungsvorhaben benötigte, Nachdruck zu verleihen, verwies Ludwig stets auf den zahnlosen Erlass vom 28. August 1942, mit dem »der Herr Reichsminister für Wissenschaft, Erziehung und Volksbildung [...] die Sicherung unserer Bibliothek vor Luftangriffen angeordnet« hätte, und interpretierte diesen auch gegenüber einem hohen Beamten im Regierungspräsidium sehr frei. Unterkünfte in »nichtluftgefährdeten« Gebieten habe man bereits ausfindig gemacht. Nur noch die Frage des Transports, vor allem aber jene des »Verpackungsmaterials« wäre noch zu lösen. Man benötige 585 Kubikmeter Holz und 5.400 Kilo Nägel und er erbitte Unterstützung bei der Beschaffung. Angesichts der »Luftlage« bestehe »höchste Dringlichkeit«.[103] Ludwig spannte Corsten ein, der sich telefonisch um Holz bemühte und auch – vergeblich – in einer Strafanstalt anfragte, ob dort Kisten gebaut werden könnten.[104] Er wandte sich außerdem direkt an das Forst- und Holzwirtschaftsamt im Regierungspräsidium und erbat geeignetes Nadelschnittholz; vorerst genügten 150 Kubikmeter, den Rest wolle man später abrufen. Die erforderlichen »Holzscheine« möchten »baldmöglichst« übersandt werden.[105] Als die Sache nicht vorankam, ersuchte Ludwig den Kölner Polizeipräsidenten als örtlichem Luftschutzleiter, die Sicherstellung der Universitätsbibliothek förmlich anzuordnen und ihm eine entsprechende »Ermächtigung« zu erteilen.[106] Zwei Wochen später verwies dieser den Dezernenten lediglich darauf, dass die Kosten für eine solche Maßnahme – was Ludwig längst wusste – zulasten des Eigentümers oder Besitzers der Gegenstände gingen.[107] Als das Forst- und Holzwirtschaftsamt auch nach einem Monat noch nicht reagierte, bat Ludwig dort »dringlichst um beschleunigte Erledigung«.[108] Doch der Engpass bei Kistenholz bestand fort, und die bürokratischen Hürden erwiesen sich bei den Versuchen, Einkaufsscheine für Nadelholz zu bekommen, als extrem hoch.[109] Als Corsten Ende Januar 1944 sogar die Kriegswirtschaftsstelle im Reichsforschungsrat um solche Einkaufsscheine ersuchte, kam sein Schreiben zurück mit der Aufforderung, ein beiliegendes Formblatt auszufüllen, in dem er unter anderem hätte versichern müssen, dass die USB das Holz in »institutseigener Werkstatt« verarbeiten würde.[110] Wie Hermann Corsten sich

103 UAK, 9/539, Ludwig an Oberregierungsrat Herfeldt beim Regierungspräsidenten/Reichsverteidigungs-Kommissar Wirtschaft am 28. Januar 1943.
104 UAK, 553/2, Corsten an Strafanstalt Rheinbach am 8. Januar 1943.
105 UAK, 9/539, Ludwig an Forst- und Holzwirtschaftsamt am 4. Februar 1943.
106 UAK, 9/539, Ludwig an Kölner Polizeipräsident am 19. März 1943.
107 UAK, 9/539, Polizeipräsident an Kuratorium am 5. April 1943.
108 UAK, 9/539, Ludwig an Forst- und Holzwirtschaftsamt am 11. März 1943.
109 UAK, 553/2, Korrespondenz Corsten mit zuständigen Stellen noch im Jahre 1944.
110 UAK, 553/2, Corsten an Kriegswirtschaftsstelle im Reichsforschungsrat am 31. Januar 1944 und deren Antwort am 14. Februar 1944.

erinnert, standen am Ende genügend Kisten nur bereit, weil ein »verständnisvoller Lieferant« diese »ohne Holz- und Eisenscheine« überließ.[111]

Mitte Juni 1943 setzte eine Serie von vier Luftangriffen mit verheerender Wirkung ein. In drei Sommernächten fielen mehr Bomben auf Köln als bis dahin im gesamten Krieg.[112] Die Innenstadt lag »in Schutt und Asche«. Außer Industrieanlagen und öffentlichen Gebäuden, darunter große Museen, wurden nicht zuletzt dichtbesiedelte Wohnviertel zerstört. Tausende starben, Hunderttausende verließen obdachlos die Stadt. Bei der Evakuierung der USB, die trotzdem voranschritt, blieben die Transportmittel ein Engpass. Anfang Juli 1943, als noch etliche Bücherkisten der Auslagerung harrten, trat Rektor Bering an den Präsidenten der Kölner Reichsbahndirektion heran, der zuvor bereits Lastwagen zum Abtransport von Büchern zur Verfügung gestellt hatte. Obwohl, wie Bering fürchtete, inzwischen »vielleicht durch die Brände auch Verluste an Wagen« entstanden seien, bäte er doch »herzlichst« darum, wiederum wöchentlich eine Fahrt zu ermöglichen, die jeweils zwei Tage dauern würde. Man sei, wie der Präsident sich denken könne, »in größter Sorge um unsere Bibliothek, die zum Teil niemals wieder ersetzbare Werke« enthalte.[113] Bis Mitte Oktober 1943 konnten weit über 2.000 Kisten mit Kölner Büchern an 13 überwiegend in der Eifel gelegenen Orten geborgen werden, und 80.000 Bände lagen in Kellern der Universität. Corsten berichtete Ludwig, damit seien »die wesentlichen Bestandteile der Bibliothek sichergestellt«, sodass diese »nach menschlichem Ermessen kein wesentlicher Verlust mehr treffen« könne. In absehbarer Zeit werde die gesamte Bibliothek »aus dem Gefahrenbereich der Stadt Köln« entfernt sein.[114] Nach erneuten heftigen Bombardements Anfang November 1943 kam es in Köln bis zum Frühjahr 1944 zu keinen schweren Angriffen mehr. Doch jedes öffentliche Leben war empfindlich gestört.[115]

Anfang März 1944 setzten erneut heftige Bombardements ein. Jetzt wurden auch sogenannte »Bombenteppiche« gelegt, und es kamen massive Sprengkörper zum Einsatz, die Gebäude bis in die Luftschutzkeller hinein durchschlugen.[116] Da sich noch etliche tausend Bücher in der USB befanden und die von der Reichsbahn gestellten Transportmittel »bei weitem nicht« ausreichten, um sie zügig in Sicherheit zu bringen, schrieb Rektor Bering an den mächtigen Gauleiter Grohé.

111 Hermann Corsten: Die Universitäts- und Stadtbibliothek Köln im zweiten [!] Weltkriege, in: Im Schatten von St. Gereon. Erich Kuphal zum 1. Juli 1960, Köln 1960, S. 53–65, hier S. 58.
112 Nicholas Stargardt: Der deutsche Krieg 1939–1945, Frankfurt am Main 2015, S. 423.
113 UAK, 28/748, Bering an Präsidenten der Kölner Reichsbahndirektion am 6. Juli 1943.
114 UAK, 553/2, Corsten an Kuratorium am 18. Oktober 1943.
115 Matzerath: Nationalsozialismus (Anm. 21), S. 301, 480 ff.
116 Ebd., S. 483.

Dieser möge veranlassen, dass einer Transportfirma, die gewöhnlich für die Universität arbeite, erlaubt werde, mit ihren Lkws weiter als wie bisher zulässig 50 Kilometer über die Stadtgrenze hinaus zu fahren.[117] Daraufhin argwöhnte der Fahrbereitschaftsleiter für den Stadt- und Landkreis Köln, dass das betreffende Unternehmen den 50-km-Radius bis dahin ohne Erlaubnis überschritten hätte und stellte Ermittlungen an.[118] Akte »administrativer Enge«[119] wie dieser verzögerten den endgültigen Abtransport der Bücher. Mit seinem Titel »Reichsverteidigungs-Referent und Abwehrbeauftragter der Universität Köln« im Briefkopf griff Julius Ludwig erfolgreich ein.[120] Bald rollten wieder Lkw mit Büchern.

Die Ende 1942 begonnene komplette Auslagerung der Bücher der USB stand nach wie vor im Widerspruch zu den Vorgaben des Reichserziehungsministeriums. Dieses schritt ein, als viele wissenschaftliche Bibliotheken versuchten, ihre »Gesamtbestände« zu bergen, nachdem im Sommer 1943 ein Großteil der Hamburger Staats- und Universitätsbibliothek, die nur einen kleinen Teil ihrer Bücher ausgelagert hatte, verbrannt war.[121] Die »wissenschaftliche Lehre und Forschung« werde durch solche eigenmächtigen Aktionen »stark beeinträchtigt«, hieß es, zumal die »wenigen arbeitsfähig gebliebenen wissenschaftlichen Bibliotheken den gesteigerten Ansprüchen des Leihverkehrs nicht mehr gewachsen« seien. Bevor Bergungsmaßnahmen durchgeführt würden, welche die »Benutzbarkeit [...] entscheidend einschränk[t]en«, sei daher die Erlaubnis des Ministers einzuholen und dieser auch von bereits begonnenen Maßnahmen zu unterrichten.[122] Das war wiederum eine ministerielle Anordnung, die einer »friedensmäßigen Benutzung« trotz der »sich rasch steigernden Gefährdung« Vorrang einräumte.[123] Ludwig ignorierte sie im Falle der »städtischen« Bibliothek in Köln geflissentlich.

Der Reichsbeirat für Bibliotheksangelegenheiten befasste sich mit dem Thema »Bergungsmaßnahmen« erstmals auf seiner sechsten und letzten Sitzung am 24. November 1943 in Berlin, offenbar unter dem Eindruck schwerer Luftangriffe auf die Stadt an den Vortagen. Als Theodor Lockemann, der Direktor der Universitätsbibliothek Jena, zu fragen wagte, »welche Stellung zwischen der Forderung nach Sicherung der Bestände und dem dringenden Bedürfnis, dem

117 UAK, 9/540, Bering an Grohé am 5. April 1944.
118 UAK, 9/540, Fahrbereitschaftsleiter an Kuratorium am 15. April 1944.
119 Hampe: Luftschutz (Anm. 13), S. 515.
120 UAK, 9/540, Ludwig an Fahrbereichsleiter am 4. Mai 1944 und dieser an Ludwig am 8. Mai 1944.
121 Bis zum Ende des Kriegs verbrannten dort von einst 850.000 Bänden rund zwei Drittel; Leyh: Bibliotheken (Anm. 44), S. 104.
122 UAK, 28/748, Erlass vom 29. Oktober 1943.
123 Hampe: Luftschutz (Anm. 13), S. 518.

wissenschaftlichen Arbeiter wichtige Literatur zur Verfügung zu stellen, einzunehmen sei«,[124] beharrte der Vorsitzende Hugo Andres Krüss darauf, es müssten die Bibliotheken »wissenschaftliche Arbeit in kriegswichtigem Umfange« ermöglichen, und die anwesenden Herren stimmten ihm zu.[125]

Um die Siegeszuversicht der Deutschen nicht zu erschüttern, spielten die gleichgeschalte Presse und der Rundfunk das Ausmaß der alliierten Luftangriffe und der entstandenen Schäden durchweg herunter.[126] Auch die verbrannten Bibliotheken waren in den Publikationen der Bibliothekare ein Tabu, wiewohl das Thema seit 1940 als *Elefant im Raum* gestanden haben muss. Abgesehen von dem klugen Referat Franz Hammers im Jahre 1935 kam das Thema »Luftgefahr« im Zentralblatt für Bibliothekswesen nicht mehr zur Sprache. Im Jahrbuch der deutschen Bibliotheken, welches für das Rechnungsjahr 1939/40 im Falle der Landesbibliothek Kassel noch einen Bestand von »389 003 bibliographischen Einheiten« genannt hatte, fand sich in dem im März 1943 erschienenen 33. und letzten Band vor Kriegsende nur der verstohlene Eintrag »im Aufbau«. Zu Kiel und Karlsruhe hieß es jeweils lapidar, die Bibliothek sei »z. Z. geschlossen«.[127] Die 1942 ins Mai/Juni-Heft des Zentralblatts eingerückte Meldung, in Konstantinopel seien bei einem Brand in der Universität 25.000 Bände einer Fakultätsbibliothek »den Flammen zum Opfer gefallen«, klingt in Anbetracht des Schweigens über die in Deutschland bereits verbrannten Bücher bizarr.[128] Das letzte während des Krieges erschienene Zentralblatt gab einen Erlass des Reichserziehungsministeriums vom 13. August 1943 bekannt. Darin beanspruchte das Ministerium, einen »Wiederaufbau« der zerstörten wissenschaftlichen Bibliotheken und ihrer Bestände dereinst von Berlin aus straff zentral zu organisieren.[129]

Unterdessen schritt in Köln die Bergung der Bücher voran. Technisch oblag diese Mammutaufgabe dem Personal der USB, das auch die Transporte begleitete. Aus der Medizinischen Abteilung wurden bis Ende März 1944 in 378 Kisten 23.015 Bände fortgeschafft;[130] rund 5.700 Dubletten ließen sich im Keller des Gesundheitsamtes verstauen.[131] Mitte Juli 1944 berichtete Corsten, es sei

124 Lockemann gehörte einem Widerstandskreis an; »Siegeszuversicht« zu verbreiten lag ihm offenbar fern. Er starb unter den Trümmern der Bibliothek, deren Direktor er war.

125 Komorowski: Tagungsprotokolle (Anm. 15), S. 98.

126 Stargardt: Krieg (Anm. 112), S. 429.

127 Jahrbuch der deutschen Bibliotheken 31 (1940, S. 54; 32 (1941), S. 54; 33 (1943), S. 54f.

128 Zentralblatt für Bibliothekswesen 59 (1942), S. 290.

129 Wiederaufbau der durch Kriegseinwirkung zerstörten oder beschädigten öffentlichen wissenschaftlichen Bibliotheken, in: Zentralblatt für Bibliothekswesen 60 (1944), S. 430–432.

130 UAK, 9/540, Bericht über das Jahr 1943 o. D. (Eingang beim Kuratorium am 9. Juni 1944).

131 UAK, 9/538, Bericht über das Jahr 1945 vom 5. April 1946.

die »Sicherstellung« der Bestände der Hauptabteilung »im wesentlichen abgeschlossen«. Nur im Universitätsmuseum verbliebene Reste wären noch zu packen und abzutransportieren. Die Räumung der Medizinischen Abteilung komme gut voran und werde ebenfalls bald beendet sein. Die Bücher befänden sich jetzt an 17 Orten, wo sie inzwischen neuen Gefahren ausgesetzt wären. Denn weil der Bedarf an Lokalitäten noch immer steige, drohten ständig »Eingriffe von lokalen und anderen Behörden«. Es empfehle sich, die Kisten fortan mindestens einmal pro Monat von Bibliotheksbeamten kontrollieren zu lassen. Eventuell müsste es in Zukunft von einzelnen »zentral gelegenen Punkten aus« eine ständige Aufsicht geben. Für die Bibliotheksverwaltung ließe sich dafür eine »Ausweichstelle« in der Festung Ehrenbreitstein, in Bruch/Kreis Wittlich oder in Bacharach am Rhein einrichten.[132] Ludwig begrüßte Corstens Anregung wärmstens.[133] Aber im Chaos der Endphase des Zweiten Weltkrieges gelang eine Bewachung der Kisten an den Bergungsorten mehr schlecht als recht. Doch befanden sich die Bücher dort in Sicherheit, bevor für die Stadt im Herbst 1944 die schlimmste Phase des Luftkriegs begann. Im Deutschen Reich belief sich der Verlust an wissenschaftlicher Literatur bereits Ende August 1944 auf rund sieben Millionen Bände.[134]

5.

Köln wurde bis in den März 1945 hinein bombardiert und war bei Kriegsende wie keine andere westdeutsche Großstadt zerstört und entvölkert. Trotz zweier Treffer wiesen Büros und Lesesäle der Hauptabteilung der USB lediglich zerborstene Fenster und Türen auf,[135] größere Schäden die Regale des Magazins. Dass die Kataloge und der Lesesaalbestand im Keller des Hauptgebäudes verschont geblieben waren, dürfte bei den Flächenbombardements mit Spreng- und Brandbomben und der Zerstörungen besonders an der nahegelegenen Lindenburg reines Glück gewesen sein.[136] In der Hauptabteilung konnte schon bald wieder ein Lesesaal öffnen.[137] Im April 1946 begann hier in kleinem Umfang die Ausleihe.[138]

132 UAK 9/540, Corsten an Kuratorium am 17. Juli 1944.
133 UAK 9/540, Randbemerkung Ludwig an Corsten an Kuratorium am 17. Juli 1944.
134 Barbian: Literaturpolitik (Anm. 18), S. 33.
135 UAK, 27/162, Josef Kroll: Denkschrift für die Wiedereröffnung der Kölner Universität o. D. (1945), S. 28; Corsten in: Nachrichten für wissenschaftliche Bibliotheken (1951), S. 14.
136 Hampe: Luftschutz (Anm. 13), S. 529.
137 UAK, 27/162, Josef Kroll: Denkschrift für die Wiedereröffnung der Kölner Universität o. D. (1945), S. 28.
138 UAK, 28/748, Notiz am 24. April 1947.

In der ruinierten Lindenburg dauerte der Wiederaufbau länger, und ein Lesesaalbetrieb fand vorerst nur behelfsmäßig statt.[139] An den Bergungsorten, die größtenteils in der französischen Besatzungszone lagen, gab es keine Verluste. Bis zum Herbst 1947 gelangten alle Bücher zurück nach Köln. Lediglich rund 3.500 Bände fehlten, sei es, dass sie im Keller der Hauptabteilung von Wasser verdorben, gestohlen oder während des Krieges von Benutzern nicht zurückgegeben worden waren.[140]

Auf dem Territorium des zukünftigen Bundeslandes Nordrhein-Westfalen hatten bei Kriegsende die Landesbibliotheken Dortmund und Düsseldorf, die Universitätsbibliotheken Bonn und Münster, die Bibliothek der Technischen Hochschule Aachen sowie die Stadtbibliotheken Aachen und Dortmund, Duisburg und Essen substantielle Zerstörungen an Gebäuden und vielfach erhebliche Verluste an Büchern zu beklagen. Im benachbarten Bonn war die Universitätsbibliothek im Oktober 1944 »bis auf die Umfassungsmauern völlig zerstört« und außer wichtigen Katalogen rund ein Viertel des Bestandes, der 1940 noch über 663.000 Bände umfasst hatte, vernichtet worden. Die Universitätsbibliothek Münster hatte zu spät mit der Evakuierung begonnen, sodass etwa 360.000 Bände, zwei Drittel des Bestandes, verbrannt waren und es »keinen einzigen vollständigen Katalog mehr« gab.[141]

Die Unversehrtheit ihrer Bestände und die vergleichsweise geringfügigen Schäden an ihren Räumlichkeiten katapultierten das vormalige Schlusslicht Universitäts- und Stadtbibliothek Köln 1947 an die Spitze der Bibliotheken in Westdeutschland. Ihr unversehrter Alphabethischer Hauptkatalog bildete die Grundlage für den Zentralkatalog des 1946 gegründeten Landes Nordrhein-Westfalen, zu dessen Standort der nordrhein-westfälische Landtag im März 1947 die USB bestimmte.[142] Deren wissenschaftliches Personal wuchs gegenüber 1939 beträchtlich an.[143] Der Pendelverkehr mit der Bonner Universitätsbibliothek, von dem bis in den Krieg hinein ganz überwiegend Köln profitiert hatte, war wieder aufgenommen worden. »Das Verhältnis des Gebens und Nehmens hatte sich zwischen den beiden Bibliotheken allerdings umgekehrt«,[144] denn in Bonn fehlte nach dem Brand vom Oktober 1944 vor allem jene geisteswissenschaftliche Literatur,[145] die vor dem Krieg überproportional Köln ausgeliehen hatte.

139 UAK, 9/538, Bericht über das Jahr 1945 vom 5. April 1946.
140 Corsten: Universitäts- und Stadtbibliothek (Anm. 11), S. 64.
141 Leyh: Bibliotheken (Anm. 44), S. 55, 167–171 und passim.
142 Verwaltungsbericht der Stadt Köln 1945/47, S. 53.
143 Jahrbuch der deutschen Bibliotheken 30 (1939) und 34 (1950).
144 Charlotte Schürfeld: Die Universitätsbibliothek Bonn 1921–1968. Erlebte Bibliotheksgeschichte, Bonn 1974, S. 96f.
145 Leyh: Bibliotheken (Anm. 44), S. 55.

Auch das Bibliothekar-Lehrinstituts des Landes NRW als zentrale Ausbildungsstätte des bibliothekarischen Nachwuchses wurde 1947 in Köln angesiedelt. Die 1949 ebenfalls hier neugegründete Notgemeinschaft der Wissenschaft teilte der USB drei »Sondersammelgebiete« zu, was ihr erkleckliche Fördermittel bescherte. Keine andere Universitätsbibliothek kam dafür in Frage.[146]

146 Ragnhild Rabius: Die Entwicklung der wirtschafts- und sozialwissenschaftlichen Sondersammelgebiete bei der Universitäts- und Stadtbibliothek Köln, Köln 1979, S. 64.

Das Kölner Deportationsverfahren von 1954 im Licht der Presseberichterstattung der Kölnischen Rundschau

von Theresa Rose

Die Deportation der Juden war eine *conditio sine qua non* für die Shoah. In den besetzten Gebieten des Ostens hatten die Nationalsozialisten ein gewaltiges System aus Ghettos, Konzentrations- und Vernichtungslagern errichtet. Dort entschieden sie, unter dem Lärm des Krieges, möglichst unbemerkt von der Weltöffentlichkeit, ihre Opfer der Vernichtung zu überantworten.[1] Doch obgleich den Deportationen bei der Ermordung der Juden eine entscheidende Bedeutung zukommt, waren sie in der Nachkriegszeit selten Gegenstand von Strafverfahren.[2] Eines wurde 1954 vor dem Kölner Schwurgericht verhandelt. Dr. Emanuel Schäfer, Franz Sprinz und Kurt Matschke wurden bezüglich der Deportationen aus Köln der schweren Freiheitsberaubung im Amt mit Todesfolge angeklagt. Alle drei erhielten geringe Haftstrafen: Sprinz drei Jahre Zuchthaus, Matschke zwei. Schäfer war bereits 1953 für Tötungsverbrechen als Befehlshaber der Sicherheitspolizei (SiPo) und des Sicherheitsdienstes der SS (SD) in Serbien zu sechseinhalb Jahren Zuchthaus verurteilt worden. Durch die Gesamtstrafenbildung erhielt er lediglich weitere drei Monate.[3] Doch wie hat die bundesdeutsche Öffentlichkeit das Verfahren wahrgenommen? Der Prozess stieß insbesondere bei den regionalen Tageszeitungen auf Interesse, die Kölnische Rundschau, der Kölner Stadtanzeiger und die Neue Rhein-Zeitung berichteten kontinuierlich von den vier Verhandlungstagen.[4] Der vorliegende Beitrag konzentriert sich auf die Berichterstattung der Kölnischen Rundschau. Im Zentrum steht die Frage: Was sagt die Presseberichterstattung über den Geist der damaligen Zeit aus beziehungsweise über die Bereitschaft, sich mit der nationalsozialistischen Vergangenheit auseinanderzusetzen? Da der Berichterstatter

1 Vgl. Christiaan F. Rüter: Ost- und westdeutsche Strafverfahren gegen die Verantwortlichen für die Deportation der Juden, in: Anne Klein/Jürgen Wilhelm (Hg.): NS-Unrecht vor Kölner Gerichten nach 1945, Köln 2003, S. 45–56, hier S. 45. – Der vorliegende Aufsatz basiert auf einer Seminararbeit der Verfasserin, die im Juli 2023 an der Universität zu Köln im Rahmen des Seminars »Ghettos im Holocaust: Entstehung – Funktionen – Wahrnehmungen« bei Prof. Dr. Habbo Knoch geschrieben wurde.

2 Vgl. ebd. S. 47.

3 Vgl. JuNSV Bd. XII. Lfd. Nr. 403a, S. 575.

4 Vgl. LAV NRW R, Gerichte, Rep. 231, 516.

nicht ausdrücklich eine Meinung formuliert, sind nur indirekt Rückschlüsse möglich: Regen die Beiträge zu einer kritischen Auseinandersetzung an? Dazu wären Hintergrundberichte, welche die Bedeutung der Deportationen für die Verwirklichung der Shoah hervorheben und Berichte über Opfer notwendig. Werden diese Aspekte thematisiert? Oder wird ein gesellschaftlicher Konsens erkennbar, der das vergangene Unrecht relativierte? Welches Bild entsteht von den Tätern? Dient es der gesellschaftlichen Abgrenzung oder Integration? Welchen Aspekten wird Raum geschenkt und welchen nicht? Zur Beantwortung der aufgeworfenen Fragen wird die Berichterstattung mit den in der Urteilsschrift veröffentlichten Aussagen abgeglichen.[5]

Der Beitrag beginnt mit einer Einführung in die Geschichte der Deportationen aus Köln. Als zentrale Quelle dient hier die Urteilsschrift des Verfahrens aus der Sammlung Justiz und NS-Verbrechen.[6] Danach wird kurz das Verhältnis der Öffentlichkeit der damaligen Zeit zu den NS-Verfahren für die Zeit zwischen 1945 und 1949 erläutert, um dann genauer die vergangenheitspolitische Entwicklung der frühen Bundesrepublik zu beleuchten. Anschließend wird in das Kölner Deportationsverfahren eingeführt. Darauf folgt die Analyse der Artikel der Kölnischen Rundschau. Sie sind den Prozessakten angehängt und im Landesarchiv NRW, Abteilung Rheinland archiviert. Es wurde mit den Artikeln der Kölnischen Rundschau aus dem Zeitungsarchiv der Universität zu Köln gearbeitet.[7]

Zu dem Verhältnis von Öffentlichkeit und Strafverfahren wegen nationalsozialistischer Gewaltverbrechen (NSG) sind zahlreiche Veröffentlichungen erschienen: Norbert Frei analysiert in seiner Monografie »Vergangenheitspolitik«[8] den politischen Umgang mit der nationalsozialistischen Vergangenheit in den frühen 1950er Jahren. Daran anknüpfend untersucht Heiko Buschke in »Deutsche Presse, Rechtsextremismus und nationalsozialistische Vergangenheit«,[9] wie vergangenheitspolitische Ereignisse in den Zeitungen thematisiert wurden. In »Zwischen Justiz und Tagespresse«[10] konzentriert sich Cord Arendes auf die Konstruktion von Täterbildern. Dennoch sind NSG-Strafverfahren und die begleitende Berichterstattung keinesfalls erschöpfend erforscht. Dies trifft

5 Vgl. JuNSV Bd. XII. Lfd. Nr. 403a.
6 Vgl. ebd.
7 Vgl. Kölnische Rundschau, 7.–10. Juli 1954, Nr. 155–158.
8 Norbert Frei: Vergangenheitspolitik. Die Anfänge der Bundesrepublik und die NS-Vergangenheit, München 2012.
9 Heiko Buschke: Deutsche Presse, Rechtsextremismus und nationalsozialistische Vergangenheit in der Ära Adenauer, Frankfurt am Main 2003.
10 Cord Arendes: Zwischen Justiz und Tagespresse. »Durchschnittstäter« in regionalen NS-Verfahren, Paderborn 2012.

insbesondere auf die kleineren, regionalen Verfahren, wie das Kölner Deportationsverfahren, zu.

1. Die Deportationen von Juden aus Köln

Ein konsistenter Antisemitismus war bereits in den 1920er Jahren zentraler Bestandteil der nationalsozialistischen Ideologie, der auf breite Zustimmung innerhalb der deutschen Bevölkerung stieß.[11] Mit der »Machtergreifung« Hitlers und der NSDAP 1933 wurden dann umgehend antijüdische Maßnahmen durchgesetzt, die die gesellschaftliche Ausgrenzung der Juden forcierten. Durch die Nürnberger Gesetze von 1935 wurde die Rassenideologie rechtlich verankert. So verloren deutsche Juden ihre politischen Rechte und durften in der Folge keine ehelichen Verbindungen mit nicht-jüdischen Deutschen eingehen. Gleichzeitig kam es immer wieder zu Gewaltaktionen, die in den reichsweit organisierten Novemberpogromen von 1938 gipfelten. Ziel war zunächst die Zwangsausweisung aller deutschen Juden.[12] Mit dem Überfall auf Polen, am 1. September 1939, radikalisierte sich die antijüdische Gewalt hin zu systematischen Mordaktionen während des Vernichtungskriegs gegen die Sowjetunion. Wann genau die Entscheidung zur sogenannten ›Endlösung der Judenfrage‹, der Ermordung aller europäischer Juden entstand – vieles deutet auf den Spätsommer 1941 hin –, ist in der Forschung umstritten.[13] Die Beschlüsse der sogenannten Wannsee-Konferenz im Januar 1942 waren diesem Prozess folglich nachgelagert. Seit Oktober 1941 wurden Juden aus dem Deutschen Reich, so auch aus Köln, kontinuierlich in den Osten deportiert. Ab Dezember 1941 wurden Kölner Juden im Deportationslager Köln-Müngersdorf unter widrigen Umständen konzentriert.[14] Die organisatorische Vorbereitung für die Deportationen musste auf Anweisung des Judenreferats der Gestapo die Jüdische Gemeinde Köln übernehmen. Die Betroffenen wurde in einem Schreiben der »Bezirksstelle Rheinland der Reichsvereinigung der Juden in Deutschland, Büro Köln«[15] aufgefordert, sich zu einem bestimmten Zeitpunkt in den Messehallen Köln für ihren »Abwanderungstransport«[16] bereit zu stellen. Ferner musste

11 Dieter Corbach: 6.00 Uhr ab Messe Köln-Deutz. Deportationen 1938–1945, Köln 1994, S. 16.
12 Dieter Pohl: Holocaust. Die Ursachen, das Geschehen, die Folgen, Freiburg 2000, S. 28–32.
13 Ebd., S. 60.
14 Vgl. Kurt Schlechtriemen: »Laut über das Unmenschliche reden!« Lebensgeschichten zum Deportationslager Köln-Müngersdorf 1941–1945, Köln 2021, S. 11.
15 JuNSV Bd. XII. Lfd. Nr. 403a, S. 582.
16 Ebd.

eine Vermögenserklärung für alle Familienangehörigen ausgefüllt und noch vorhandene Fahrräder und Schreibmaschinen ausgehändigt werden. Es galt, 50 Reichsmark mitzubringen. Zumeist mussten die eingeteilten Personen sich am Vortag in einer Messehalle einfinden, die mit Stacheldraht umzäunt und von Polizei und SS umstellt war. Die Gebäude wurden während der Wintermonate nicht geheizt, und es gab lediglich Stroh oder Sägespäne, auf denen man verweilen musste. Die Betroffenen wurden listenmäßig erfasst, erhielten eine »Evakuierungsnummer, die sie anheften und mit der sie ihr Gepäck beschriften mußten«.[17] Das Gepäck wurde auf Wertgegenstände durchsucht und Geld, Schmuck und Medikamente entnommen. Mitunter kam es auch zu »Leibesvisitationen«[18]. Danach zwang man die jüdischen Mitbürger, sich schriftlich kommunistischer Betätigungen schuldig zu bekennen. Ein anwesender Gerichtsvollzieher händigte anschließend eine schriftliche Verfügung aus, wonach »das gesamte Vermögen auf Grund § 1 des Gesetztes über die Einziehung kommunistischen Vermögens vom 26. Mai 1933 in Verbindung mit weiteren Vorschriften zugunsten des Deutschen Reiches eingezogen wurde«.[19] Für dieses Prozedere wurde laut Staatsanwaltschaft Köln »nahezu das gesamte Personal der Kölner Staatspolizeistelle und Angehörige der Polizei, Kriminalpolizei, des Arbeitsamtes und des Oberfinanzpräsidenten herangezogen«.[20] Wiederholt kam es zu verbalen und physischen Übergriffen. Meist am frühen Morgen musste die für die Deportation bestimmte Gruppe unter Bewachung zügig zum Bahnhof Deutz marschieren. (Abb. 1) Ein Transport umfasste bis zu 1.000 Menschen. Sie wurden in Eile in alte Personen- oder Güterwagen der Reichsbahn geladen, zunächst pro Abteil acht Personen, »später zehn und mehr Menschen«.[21] Die Wagen wurden vor der Abfahrt von außen verriegelt, von bewaffneten Kommandos in separaten Wagen begleitet und nur während eines Halts geöffnet. Dieter Corbach hat eine Aufstellung aller Transporte versucht, räumte aber ein, dass »eine unbedingt korrekte Auflistung in Köln wohl nicht mehr möglich ist«.[22] Die Deportationstransporte fuhren nach Lodz, Riga, Lublin, Minsk, Theresienstadt und Ausschwitz. In der Urteilsverkündung des hier zu verhandelnden Strafverfahrenes wird von über 11.500 aus Köln deportierten Juden gesprochen, von denen nur 300 überlebt haben sollen.[23]

17 JuNSV Bd. XII. Lfd. Nr. 403a, S. 582.
18 Ebd.
19 Ebd.
20 Ebd.
21 JuNSV Bd. XII. Lfd. Nr. 403a, S. 581 f.
22 Corbach: 6.00 Uhr (Anm. 11), S. 56.
23 Vgl. JuNSV Bd. XII., Lfd. Nr. 403a, S. 581.

Abb. 1: Kölner Messe im Mai 1940. Sinti und Roma vor ihrer Deportation. Köln, NS-Dokumentationszentrum der Stadt Köln/Privatbesitz, Bp 5416

2. Anfänge der NSG-Verfahren und die deutsche Öffentlichkeit

Den 8. Mai 1945 hat die Mehrheit der Deutschen zunächst nicht als einen Tag der Befreiung wahrgenommen. Deutschland verlor seine staatliche Souveränität, wurde »entlang der Oder-Neiße-Linie verkleinert«[24] und in vier Besatzungszonen aufgeteilt. Der alliierte Kontrollrat übernahm mit der »Berliner Erklärung« vom 5. Juni 1945 die uneingeschränkte Regierungsgewalt. Die IMT-Charta[25] schuf die Grundlagen für die justizielle Ahndung von NS-Verbrechen.[26] Damit wurde erstmals die Ahndung von Völkerrechtsverletzungen ermöglicht (Verbrechen gegen den Frieden, Kriegsverbrechen, Verbrechen gegen die Menschlichkeit) und diese neuen Rechtsgrundsätze konnten rückwirkend angewendet

24 Hannah Arendt: Besuch in Deutschland, in: Marie L. Knott/Elke Geisel (Hg.): Hannah Arendt. Zur Zeit. Politische Essays, Berlin 1986, S. 43–70, hier S. 43.

25 IMT steht für International Military Tribunal. Mit der Charta vereinbarten die Alliierten die institutionellen und rechtlichen Grundlagen für ein internationales Militärtribunal, vor dem sich dann die 24 »Hauptkriegsverbrecher« in Nürnberg verantworten mussten. Vgl.: Kim C. Priemel/Alexa Stiller: NMT. Die Nürnberger Militärtribunale zwischen Geschichte, Gerechtigkeit und Rechtsschöpfung, Hamburg 2013, S. 9.

26 Arendes: Justiz (Anm. 10), S. 80f.

werden.[27] Der Nürnberger Hauptkriegsverbrecher-Prozess zielte jedoch nicht nur auf den Nachweis der individuellen Schuld. Die Deutschen sollten mit den Verbrechen, die von Deutschen und in ihrem Namen verübt wurden, konfrontiert werden, um so der gesellschaftlichen Akzeptanz des Nationalismus den Boden zu entziehen und den Aufbau einer neuen demokratischen Kultur vorzubereiten. Im Oktober 1945 wurde der Prozess eröffnet und knapp ein Jahr später die Urteile verkündet: In zwölf Fällen wurde die Todesstrafe ausgesprochen, sieben Personen wurden zum Teil zu sehr hohen Haftstrafen verurteilt und drei Personen freigesprochen.[28] Das Urteil stieß laut amerikanischer Meinungsumfragen auf breite Zustimmung. 80 Prozent der Befragten gaben an, dass sie das Verfahren für fair und 55 Prozent, dass sie das Urteil für gerecht hielten. Doch verweisen Annette Weinke und Heiko Buschke darauf, dass die Zustimmung auf der Vorstellung beruhte, mit dem Verfahren sei die Frage der Schuld geklärt und die Bevölkerung dadurch kollektiv entlastet.[29]

Die Zustimmung schwand, als die Strafverfolgung ausgedehnt wurde. Auf Kritik stieß unter anderem, dass alliierte Kriegsverbrechen nicht geahndet wurden und die weitere Strafverfolgung den Rechtsgrundsatz »nulla poena sine lege« verletze.[30] Unterstellt wurde den Alliierten, die Deutschen als Volk insgesamt demütigen zu wollen. Mit dem politischen Schlagwort der »Siegerjustiz« wurde die Notwendigkeit negiert, die nationalsozialistischen Verbrechen aufzuklären, zu ahnden und zu sühnen. Man sah sich selbst als Opfer, den Verführungen erlegen, die die nationalsozialistische Propaganda und Ideologie auf die Deutschen ausgeübt hatten.[31] Dass Gewalt und ein konsistenter Antisemitismus von Beginn an integrale Bestandteile der nationalsozialistischen Ideologie waren und auf breite Zustimmung stießen, wurde schlicht ignoriert. Auch wurde die Tatsache verdrängt, dass die Gewalt nicht erst mit Kriegsbeginn einsetzte, sondern Ausgrenzung, Enteignung und Ausschreitungen gegen Juden vor den Augen der Öffentlichkeit stattfanden und sich viele indirekt oder direkt an den Verbrechen beteiligt hatten. Hinzu kam die wachsende Kritik an der Entnazifizierung. Das »Gesetz zur Befreiung von Nationalsozialismus und Militarismus«, das im März 1946 in Kraft trat, stieß Ende 1946 nur bei

27 Annette Weinke: Die Verfolgung von NS-Tätern im geteilten Deutschland. Vergangenheitsbewältigung 1949–1969 oder: Eine deutsch-deutsche Beziehungsgeschichte im Kalten Krieg, Paderborn 2002, S. 24 f.

28 Ebd., S. 26.

29 Ebd. S. 27; Buschke: Presse (Anm. 9), S. 41.

30 Der Rechtsgrundsatz garantierte ein strafrechtliches Rückwirkungsverbot und forderte, dass Gesetzte hinreichend bestimmt formuliert sein müssten; vgl. Weinke: Verfolgung (Anm. 27), S. 27.

31 Ebd., S. 27.

34 Prozent der Befragten auf Zustimmung. Diese sank Anfang 1949 auf 20 Prozent ab.[32] Angesichts der großen Zahl der von der Säuberungspolitik Betroffenen wuchs auch die Menge ihrer Kritiker. Anstelle der »Aufarbeitung der Vergangenheit«[33] traten vergangenheitspolitische Maßnahmen, die die Integration der Täter vorbereiteten.

3. Vergangenheitspolitik der frühen Bundesrepublik

Mit der Gründung der Bundesrepublik im Mai 1949 erhofften sich große Teile der Bundesdeutschen nicht nur die Zurückgewinnung der politischen Souveränität, sondern auch eine grundlegende Korrektur der alliierten Denazifizierungspolitik.[34] Als im September der Bundestag und die Koalition aus CDU, FDP und DP vereidigt wurden, überboten sich die Parteien mit Amnestieforderungen. Mit dem Schlagwort der »tabula rasa« wurde ein radikaler Schlussstrich unter die Vergangenheit beansprucht, noch bevor an Wiedergutmachungsleistungen hinsichtlich der Opfer gedacht wurde.[35] Immer wieder wurden die Verbrechen der (Nach-)Kriegsjahre mit dem Verweis auf »verwirrte Zeitverhältnisse«[36] relativiert. So begründete Prof. Dr. Friedrich Grimm – der Vordenker des rechten Flügels der FDP und später Verteidiger von Franz Sprinz – in einer Denkschrift die Notwendigkeit einer Generalamnestie damit, »daß, im Sinne einer höheren Gerechtigkeit, eine Straftat, die unter außergewöhnlichen Verhältnissen begangen ist, nicht die gleiche Behandlung verdient wie die Straftat, die unter normalen Umständen geschah«.[37] Das Straffreiheitsgesetz von 1949 wurde gegen Bedenken der Alliierten mit einem breiten fraktionsübergreifenden Konsens durchgesetzt und am 31. Dezember 1949 veröffentlicht.[38] Amnestiert wurden Straftaten, die vor dem 15. September 1949 begangen und mit Freiheitsstrafen von bis zu sechs Monaten oder Bewährungsstrafen bis zu einem Jahr sowie Geldstrafen bis zu 5.000 D-Mark geahndet worden waren.[39] Bewusst einkalkuliert wurde dabei, dass zahlreiche NS-Straftäter von dem Gesetz profitierten. Damit

32 Ebd.; Buschke: Presse (Anm. 9), S. 39 f.
33 Theodor W. Adorno: Was bedeutet: Aufarbeitung der Vergangenheit, in: Ders. (Hg.): Eingriffe. Neue kritische Modelle, Frankfurt am Main 1968, S. 125–146.
34 Frei: Vergangenheitspolitik (Anm. 8), S. 29 ff.
35 Ebd., S. 28.
36 Konrad Adenauer zitiert nach Frei, ebd., S. 31.
37 Friedrich Grimm zitiert nach Kristina Buchna: *Nationale Sammlung an Rhein und Ruhr.* Friedrich Middelhauve *und* die nordrhein-westfälische FDP 1945–1953, München 2010, S. 62.
38 Frei: Vergangenheitspolitik (Anm. 8), S. 45 f.
39 Andreas Eichmüller: Keine Generalamnestie, München 2012, S. 39.

weichte die Regierung den anti-nationalsozialistischen Gründungskonsens auf und bestätigte die weitverbreitete Schlussstrich-Mentalität.[40] Dies begünstigte die Verharmlosung von NS-Verbrechen, da die Notwendigkeit der Strafverfolgung und Sühne in Frage gestellt und somit das Leid der Opfer relativiert wurde. Der Boden für weitere Maßnahmen, die auf die Integration von NS-Belasteten zielten, war bereitet.

Im Februar 1950 drängten FDP und DP verstärkt auf die ›Liquidation‹ der Entnazifizierung. Dabei wurde unter anderem den »Ausgangsüberlegungen der Alliierten jede Berechtigung«[41] abgesprochen und deren Vorgehen mit Verbrechen gleichgesetzt. Auch CDU/CSU und SPD stimmten, wenn auch gemäßigter, in den Chor der Kritiker ein. Schließlich ging es um das Gewinnen von Wählerstimmen. Das von Eugen Kogon geforderte Recht auf politischen Irrtum als Argument gegen die Entnazifizierung wurde dann auch von dem rechten Parteienspektrum aufgegriffen, um das Handeln überzeugter Nationalsozialisten zu verklären.[42] Da ein solcher Abschluss nur auf Länderebene zu erreichen war, einigte man sich auf die Erstellung »bundeseinheitlicher Empfehlungen«.[43] FDP und DP konnten ihre Forderungen nicht durchsetzen und so blieben die Verfahrenseinstellungen und die Aufhebung »sämtlicher Restriktionen«[44] Minderbelasteten, Mitläufern und Entlasteten (Gruppen III, IV und V) vorbehalten. Die Debatte führte jedoch zu einer weiteren Diskreditierung der Säuberungspolitik in der Öffentlichkeit. Das neue demokratische System verlangte die Integration der zahlreichen Mitläufer. »Aufgrund ihrer Masse«[45] wurden sie dann zu einem Machtfaktor und begannen, »die Bedingungen ihrer Integration zu einem erheblichen Teil selbst«[46] zu bestimmen.

Währenddessen rückte die Versorgung der nach Kriegsende entlassenen Beamten und Berufssoldaten auf die Tagesordnung. Im April 1951 wurde das »Gesetz zur Regelung der Rechtsverhältnisse der unter Artikel 131 des Grundgesetzes fallenden Personen«[47] vom Bundestag verabschiedet. Jene Beamten, die nach 1945 aus politischen Gründen entlassen und bei der Entnazifizierung nicht als Hauptbeschuldigte oder Belastete eingestuft worden waren, konnten nun auf ihre »früheren Positionen zurückkehren beziehungsweise Versorgungsansprüche

40 Frei: Vergangenheitspolitik (Anm. 8), S. 53.
41 Ebd., S. 55.
42 Ebd., S. 56.
43 Ebd., S. 59.
44 Ebd., S. 61.
45 Norbert Frei: Das Problem der NS-Vergangenheit in der Ära Adenauer, München, Landsberg am Lech 1996, S. 188.
46 Ebd.
47 Frei: Vergangenheitspolitik (Anm. 8), S. 83.

geltend machen«.[48] Bezeichnend für das vergangenheitspolitische Klima war, dass selbst die KPD für eine Berücksichtigung von Gestapo-Beamten plädierte, solange »der ein anständiger Mensch geblieben ist«.[49] Die Bezeichnung der Profiteure als »Geschädigte«[50] oder sogar »Opfer«[51] und der Leistungen als »Wiedergutmachung«[52] verschleierte die Mitverantwortung der Beamten und Offiziere während des »Dritten Reiches«.[53] Die besatzungspolitischen Maßnahmen wurden in Unrecht verkehrt. Besonders prägnant formulierte der BGH eine solche Vorstellung: Demnach hätten die Beamten sich vor allem »legitimen Aufgaben verpflichtet« gefühlt und während des Nationalsozialismus die »aufgezwungene Bindung überwiegend nur unwillig, unter scharfer innerer Ablehnung und unter schärfsten Terror ertragen«.[54] Folge dieser Reintegrationsmaßnahme war die weitgehende Wiederherstellung personeller Kontinuität. Die reintegrierten Beamten begegneten den Wiedergutmachungsleistungen gegenüber den tatsächlichen Opfern des »Dritten Reiches« mit Vorbehalten und im Bereich der Justiz wurde die gerichtliche Verfolgung von NS-Straftaten vielfach bewusst vernachlässigt.[55]

Die Ratifizierung des Generalvertrags am 26. Mai 1952 kündigte die weitgehende Widerherstellung der Souveränität der Bundesrepublik an.[56] Gleichzeitig wuchs der Wunsch nach einem neuen Amnestiegesetz als symbolischer Schlussstrich unter die Besatzungszeit. Doch als im August 1952 der Zentralrat der Juden sich für eine Amnestie zugunsten in Deutschland lebender Holocaustüberlebender einsetzte, reagierte Bundesjustizminister Thomas Dehler noch mit Zurückhaltung.[57] Derweil wurde Dehler von seinem Parteifreund Ernst Achenbach ›bearbeitet‹. Achenbach und Friedrich Grimm waren bereits im Frühjahr 1952 erneut mit der Forderung nach einer Generalamnestie an die Öffentlichkeit getreten.[58] Konkrete Überlegungen entstanden dann aber erst nach der Bundestagswahl im Herbst 1953. Dabei wurden bereits die Fragen von Befehlsnotstand und Zusammenbruch thematisiert. Am 17. Juli 1954 wurde das »Gesetz über den Erlaß von Strafen und Geldbußen und die Niederschlagung von Strafverfahren

48 Frei: Problem (Anm. 45), S. 189.
49 Frei: Vergangenheitspolitik (Anm. 8), S. 80.
50 Ebd., S. 82.
51 Ebd., S. 96.
52 Ebd., S. 89.
53 Ebd., S. 96.
54 BGH zitiert nach Frei, ebd., S. 95.
55 Vgl. ebd., S. 85; Frei: Problem (Anm. 45), S. 189; Constantin Goschler: Wiedergutmachung. Westdeutschland und die Verfolgten des Nationalsozialismus 1945–1954, München 1992, S. 238.
56 Frei: Vergangenheitspolitik (Anm. 8), S. 103.
57 Ebd., S. 104 f.
58 Ebd., S. 106.

und Bußgeldverfahren«[59] verabschiedet. Zwar profitierten von dem Gesetz relativ wenige NS-Täter, doch fielen darunter mitunter auch schwere Verbrechen wie Totschlag. Mit dem Zusammenbruchs-Paragrafen wurden drohende oder verhängte Haftstrafen von bis zu drei Jahren amnestiert, sofern sie »unter dem Einfluß der außergewöhnlichen Verhältnisse des Zusammenbruchs in der Zeit zwischen dem 1. Oktober 1944 und dem 31. Juli 1945«[60] verübt worden waren. Damit wurde die Verantwortung vieler Täter verschleiert. Die Aufnahme des Motivs des Befehlsnotstands mit den Worten »in der Annahme einer Amts-, Dienst- oder Rechtspflicht, insbesondere eines Befehls«[61] nährte die gesellschaftliche Legende, es wäre unmöglich gewesen, sich den Befehlen zu entziehen. Zudem forderte der Zusatz, wenn dem »Täter nach seiner Stellung oder Einsichtsfähigkeit [nicht] zuzumuten war, die Straftat zu unterlassen«,[62] Angeklagte förmlich dazu auf, sich auf den Putativnotstand zu berufen. Als symbolischer Schlussstrich unter das Besatzungsrecht diente § 20. Fast alle »Strafregistervermerke über Verurteilungen durch Spruchgerichte«[63] wurden gelöscht. Davon profitierten vor allem jene, die in der britischen Zone wegen ihrer Zugehörigkeit zu einer verbrecherischen Organisation verurteilt worden waren.

4. Das Kölner Deportationsverfahren von 1954

Das Kölner Deportationsverfahren fiel in die Hochphase dieser Vergangenheitspolitik. Das zweite Straffreiheitsgesetz von 1954 stand kurz vor seinem Abschluss. Viele NS-Straftäter und -Belastete waren bereits gesellschaftlich integriert. Die Auseinandersetzung mit der NS-Vergangenheit wurde gemeinhin als abgeschlossen betrachtet. Die Amnestie- und Integrationspolitik führte auch zu einer immer geringeren Bereitschaft seitens der Justiz, NS-Verbrechen zu verfolgen. So sank die Zahl der neu eingeleiteten Ermittlungsverfahren 1954 auf ein Rekordtief.[64] Daher ist es auch nicht verwunderlich, dass das Verfahren durch die Initiative eines Opfers – Fritz Rotter – zustande kam. Rotter beschuldigte Kölner Gestapobeamte, seinen Bruder und dessen Frau nach Theresienstadt deportiert und ermordet zu haben. Daraufhin bat der damalige Kölner Stadtdirektor Ernst Fresdorf die Staatsanwaltschaft, »ein Ermittlungsverfahren gegen

59 Frei: Vergangenheitspolitik (Anm. 8), S. 101 f.
60 Ebd., S. 123.
61 Ebd.
62 Ebd.
63 Ebd., S. 126.
64 Ebd., S. 128.

Unbekannt zu eröffnen«.[65] Im Frühjahr 1952 nahm die Staatsanwaltschaft die Ermittlungen bezüglich der Deportationen von Juden auf, die Deportationen von Sinti und Roma wurden nicht mit verhandelt. Zunächst wurde gegen 34 ehemalige Gestapobeamte ermittelt.[66] Schlussendlich wurden nur Dr. Emanuel Schäfer, Franz Sprinz und Kurt Matschke angeklagt.

Dr. Emanuel Schäfer wurde am 20. April 1900 als Sohn eines Hotelbesitzers in Hultschin (Oberschlesien) geboren. Nach dem Besuch des Gymnasiums in Rybnik wurde er 1925 in Rechtswissenschaften an der Universität Breslau promoviert. Zwischen 1928 und 1933 leitete er als Kriminalkommissar die Breslauer Mordkommission. Kurz nach der »Machtergreifung« Adolf Hitlers wurde er zum Leiter der »politischen Polizei in Breslau«[67] und einige Monate später zum Kriminalrat ernannt. Früh bekannte er sich zum Nationalismus, ab »1930 oder 1931«[68] war er förderndes Mitglied der SS, 1933 trat er der SA bei und bewarb sich im Mai für die Aufnahme in die NSDAP, welche ihm aber erst 1937 gewährt wurde. Ab 1934 übernahm er die Leitung der Staatspolizeistelle Oppeln. 1936 folgte der Beitritt in die SS. Bis 1939 war er zum SS-Obersturmbannführer aufgestiegen. Schäfer wurde zudem als Leiter der Sicherheitspolizei und des Sicherheitsdienstes (SD) – wie Eric Johnson schreibt – von Hitler mit dem »Unternehmen Tannenberg« beauftragt.[69] Dann leitete Schäfer die Staatspolizeistelle in Kattowitz, und 1940 folgte seine Beförderung zum Oberregierungs- und Kriminalrat. Im Oktober 1940 übernahm er die Leitung der Kölner Gestapo, bis er im Januar 1942 zum Befehlshaber der Sicherheitspolizei (SiPo) und des SD in Serbien berufen wurde. Danach nahm er ebenfalls als Befehlshaber an der »Rundstedt-Offensive« in Südbelgien teil und wurde von dort nach Triest beordert. Nach dem Krieg geriet er in amerikanische Gefangenschaft, wurde jedoch schnell entlassen und lebte unter falschem Namen zunächst im Sauerland und dann in Köln.[70] Schäfer wurde im Juni 1953 für seine Tätigkeit als Befehlshaber der SiPo und des SD in Serbien wegen Beihilfe zum Mord und Mord zu sechseinhalb Jahren Zuchthaus verurteilt. Verhandelt wurde dabei die Ermordung von 6.000 jüdischen Frauen und Kindern und von zwei jugoslawischen Männern.[71]

65 LAV NRW R Gerichte, Rep. 231, 512, S. 1.
66 Vgl. Edith Raim: Justiz zwischen Diktatur und Demokratie. Wiederaufbau und Ahndung von NS-Verbrechen in Westdeutschland 1945–1949, München 2013, S. 1127.
67 JuNSV Bd. XII. Lfd. Nr. 403a, S. 576.
68 Ebd.
69 Vgl. Eric A. Johnson: Der Nationalsozialistische Terror. Gestapo, Juden und gewöhnliche Deutsche, Berlin 2000, S. 67.
70 Ebd., S. 64–69; JuNSV Bd. XII. Lfd. Nr. 403a, S. 576 f.; Kerstin Freudiger: Die juristische Aufarbeitung von NS-Verbrechen, Tübingen 2002, S. 198 f.
71 Vgl. JuNSV Bd. XI Lfd. Nr. 362, S. 145.

Franz Sprinz wurde am 9. Februar 1904 in Friedrichshafen als Sohn eines Drogeriebesitzers geboren. Nach dem Besuch des Gymnasiums in Friedrichshafen und nach verschiedenen Semestern unter anderem an den Universitäten Tübingen, München und Berlin bestand er 1935 das juristische Staatsexamen in Württemberg. Bereits 1932 war er in die SA und in die NSDAP eingetreten. 1935 wurde er Mitglied des SD in Stuttgart und als Oberscharführer in die SS übernommen. Danach arbeitete er für den SD als Abschnittsleiter in Allenstein und Koblenz. 1939 wurde er von der Gestapo übernommen und 1941 zum stellvertretenden Leiter der Gestapo Dortmund befördert. Im Februar 1942 trat er die Nachfolge Schäfers in der Gestapo Köln an. Diese leitete er bis Februar 1944. Nach seiner Beförderung im April 1944 zum Oberregierungsrat, wurde er als Kommandeur einer Einsatzgruppe in Ungarn und Kroatien eingesetzt. Mittels falscher Papiere – die ihn als »SS-Unterscharführer Prinz«[72] auswiesen – gelang es ihm, aus russischer und amerikanischer Gefangenschaft zu fliehen. Danach tauchte er in Dortmund für sechs Jahre unter und meldete sich 1952 zunächst in Köln und dann in Dortmund polizeilich an.[73]

Kurt Matschke wurde am 4. Mai 1908 in Dormsel (Oberschlesien) als Sohn eines Gutsobersinspektors geboren. Auch er studierte nach dem Besuch des Gymnasiums in Groß-Strelitz an der Universität Breslau Rechtswissenschaften, jedoch musste er das Studium auf Grund finanzieller Schwierigkeiten ohne Abschluss beenden. Im Juli 1932 wurde er Mitglied der SS und trat im August in die NSDAP ein. Ab 1934 arbeitete er zunächst in Breslau für die Gestapo und wechselte 1935 nach Saarbrücken. Nach abgelegter Prüfung wurde er 1936 zum Kriminalkommissar erhoben. Er arbeitete zunächst im »Referat II a (Bekämpfung des Kommunismus und Marxismus) und wechselte dann in Abteilung II – einschließlich II b (Kirchen, Sekten, Juden, Freimaurer)«.[74] Von Herbst 1941 bis September 1942 war er im Rahmen der Einsatzgruppe B in Russland tätig.[75] Danach wurde er zur Gestapo Köln versetzt und leitete dort das Referat II b (Kirchen, Sekten, Juden, Freimaurer) und später die Abteilung II. Nach dem Krieg wurde er vom Spruchgericht Bergedorf 1948 zu zwei Jahren Haft wegen Mitgliedschaft in verbrecherischen Organisationen verurteilt.[76]

Gegen die drei ehemaligen Gestapobeamten wurde bereits bezüglich des gleichen Gegenstands im Juni 1953 verhandelt. Das Verfahren gegen Schäfer musste damals aufgrund eines Nervenzusammenbruchs abgetrennt werden.

72 JuNSV Bd. XII. Lfd. Nr. 403a, S. 178.
73 Ebd., S. 177 f.; Johnson: Terror (Anm. 69), S. 69 f.
74 JuNSV Bd. XII. Lfd. Nr. 403a, S. 579.
75 Ebd.
76 Vgl. JuNSV Bd. XII. Lfd. Nr. 403a, S. 578 f.

Sprinz und Matschke wurden 1953 zu drei beziehungsweise zwei Jahren Zuchthaus verurteilt. Doch nachdem sie mit einem Revisionsantrag am BGH erfolgreich waren, musste sich das Kölner Schwurgericht erneut mit ihnen befassen. Die Staatsanwaltschaft klagte Dr. Emanuel Schäfer, Franz Sprinz und Kurt Matschke »der fortgesetzten Beihilfe zur schweren Freiheitsberaubung im Amt mit Todesfolge«[77] an:

> »[…] jeder durch eine fortgesetzte Handlung zu Köln in den Jahren 1941 bis 1945 durch die Tat wissentlich dazu Hilfe geleistet zu haben, dass Beamte vorsätzlich und widerrechtlich Menschen eingesperrt oder auf andere Weise des Gebrauchs der persönlichen Freiheit beraubt haben, wobei die Freiheitsentziehung über eine Woche gedauert hat und der Tod vieler der der Freiheit Beraubten durch die Freiheitsentziehung oder der ihnen während derselben widerfahrene Behandlung verursacht worden ist. Die Angeschuldigten haben bei der Verschleppung der jüdischen Bevölkerung Kölns in den Jahren 1941–1945 in gehobenen Stellungen mitgewirkt. Bis auf einige sind die Verschleppten ermordet worden oder an Hunger und Entkräftung gestorben.«[78]

Die Hauptverhandlung wurde am 6. Juli 1954 eröffnet und innerhalb von vier Tagen abgeschlossen. Das Verfahren stieß insbesondere bei der regionalen Presse auf Aufmerksamkeit. Im Folgenden wird die Berichterstattung der Kölnischen Rundschau besprochen. Diese berichtete kontinuierlich von den vier Verhandlungstagen. Die Artikel erschienen immer zeitversetzt einen Tag später.

5. *Die Presseberichterstattung der Kölnischen Rundschau*

Mit der Überschrift »Wieder ein Gestapo-Prozeß in Köln«[79] machte die Kölnische Rundschau am 7. Juli 1954 ihre Leser auf die Eröffnung des Hauptverfahrens tags zuvor aufmerksam. (Abb. 2) Das Verfahren stieß scheinbar keinesfalls auf breites öffentliches Interesse, »ganze sieben Zuhörer«[80] wohnten der Hauptverhandlung bei. Hingegen verweist der Autor des Artikels auf einen »Publikumsdrang«,[81] als in der Woche zuvor »gegen eine 23-jährige Frau aus Brühl verhandelt wurde, die ihr zweijähriges uneheliches Kind an einem Fensterhaken erhängt hatte«.[82] Der in dem Artikel gesuchte Vergleich lässt

77 LAV NRW R Gerichte, Rep. 231, 517, S. 126.
78 LAV NRW R Gerichte, Rep. 231, 517, S. 31 f.
79 Kölnische Rundschau, 7. Juli 1954, Nr. 155.
80 Ebd.
81 Ebd.
82 Ebd.

Mittwoch, 7. Juli 1954 RUNDSCHAU Nummer 155

13 500 Kölner Juden wurden deportiert

Wieder ein Gestapo-Prozeß in Köln

Hohe Gestapo-Beamte vor dem Schwurgericht - Schwere Freiheitsberaubung im Amt mit Todesfolge

Sonderbericht der „Rundschau"

BS Köln. „Die Gestapo war in Köln ausgesprochen schlapp. Die ruhigen, alten Beamten ließen die Sachen an sich herankommen und entwickelten keine eigene Aktivität", erklärte in dem am Dienstag eröffneten Prozeß vor dem Kölner Schwurgericht der 53 Jahre alte ehemalige Polizeioberst und SS-Oberführer, Befehlshaber der Sicherheitspolizei und des Sicherheitsdienstes in Serbien, Dr. Emanuel Schäfer, der von Oktober 1940 bis Januar 1942 Leiter der Kölner Gestapo war. Er hat sich jetzt wegen schwerer Freiheitsberaubung im Amt mit Todesfolge zu verantworten.

Dr. Schäfer wurde bereits am 20. Juni 1953 wegen Beihilfe zum Mord und wegen Totschlags in zwei Fällen zu sechs Jahren und sechs Monaten Zuchthaus verurteilt. Es handelt sich in dem neuen für vier Tage angesetzten Prozeß um die Judendeportationen aus Köln, die unter ihm im Jahre 1941 begannen und von seinem Nachfolger, dem 50jährigen ehemaligen Oberregierungsrat Franz Sprinz und dem 48jährigen ehemaligen Kriminalrat Kurt Matschke fortgesetzt wurden.

„Zwar Unrecht, aber rechtens!"

Sprinz, der das juristische Referendar- und Assessorexamen abgelegt hat, wurde im Herbst 1940 zur Geheimen Staatspolizei versetzt. Im Juni 1932 trat er in die NSDAP ein, 1935 in die SS und war von Februar 1942 bis Februar 1944 Leiter der Geheimen Staatspolizei in Köln als Nachfolger von Dr. Schäfer. „Dem Antisemitismus habe ich", so betonte er gestern vor dem Schwurgericht, „nie die entscheidende Bedeutung beigemessen. Der ‚jüdische Parasitismus' ...

Der jüdische „Parasitismus ..."

„Nein" gesagt

„Ein Kerl mit meiner Figur ..."

Nur 600 Juden kamen wieder

In 9½ Stunden ein Wolkenkratzer

Neuer Bau-Weltrekord in Neuyork — Für 300 DM Arbeiter-Tageslohn

Nochmals: Streit um den Düsenjäger-Flugplatz

Ein Flugblatt lag auf dem Richtertisch zu Köln — Wenn ein Wurstfabrikant ...

Den Inhalt nicht gekannt

Fotografieren verboten

„Weiße" und „schwarze" Straßen

Lufthansa-Piloten nach den USA

Neues „Heilmittel" forderte 13 Todesopfer

Abb. 2: Schlagzeile der Kölnischen Rundschau am 7. Juli 1954, Kölnische Rundschau, Nr. 155

womöglich erkennen, dass der Autor diesen Interessensunterschied sehr wohl nachvollziehen konnte, da keine Notwendigkeit bestand, beide Verfahren in Beziehung zu setzten. Deutlich wird auch, dass die Bevölkerung in dieser Zeit sich eher für den spektakulären Unterhaltungswert einer privaten Tragödie interessierte, anstatt sich anlässlich des Verfahrens mit der ›Tragödie‹ der jüngsten Vergangenheit zu beschäftigen. So gab es auch keine Vorberichtserstattung, die die Kölner über das Geschehen und das Schicksal ihrer jüdischen Mitbürger aufklärte. Die Verlesung der Anklage wird auffällig kurz summarisch zitiert: »wegen schwerer Freiheitsberaubung im Amt mit Todesfolge« und: »Es handelt sich [...] um Judendeportationen aus Köln, die unter ihm [Schäfer] im Jahre 1941 begannen und von seinem Nachfolger, dem 50jährigen ehemaligen Oberregierungsrat Franz Sprinz und dem 46 jährigen ehemaligen Kriminalrat

Kurt Matschke fortgesetzt wurden«.[83] Damit wird die Einordnung der Deportationen als *conditio sine qua non* für den Holocaust und somit der eigentliche Inhalt des Verfahrens unterschlagen: Die Vernichtung der Kölner Juden als Teil der Shoah.[84] In einer Unterüberschrift wird lediglich erwähnt: »13.500 Kölner Juden wurden deportiert«.[85] Die Reduktion der jüdischen Schicksale auf eine Zahl schafft eine Abstraktion, die eine Vorstellung von dem mörderischen Geschehen erschwert. Gerade durch den regionalen Bezug hätte das Verfahren konkrete Erinnerungen der Kölner Stadtbevölkerung an ihre jüdischen Mitbürger und die Ereignisse wecken können. Auch im weiteren Verlauf finden sich kaum Informationen über das eigentliche Geschehen. Denn den Aussagen der Opferzeugen wird wenig Aufmerksamkeit geschenkt.

a) Die Angeklagten

Hingegen wird den Selbstaussagen der Angeklagten weit mehr Raum gewährt. Bei der Wiedergabe der Angaben zur Person erwähnt der Autor, dass Schäfer »bereits am 20. Juni 1953 wegen Beihilfe zum Mord und wegen Todschlags in zwei Fällen zu sechs Jahren und sechs Monaten Zuchtahaus verurteilt«[86] wurde. Unterschlagen wird, dass das Urteil sich aber im Wesentlichen auf die Ermordung von 6.000 Frauen und Kindern bezog.[87] Anzunehmen ist, dass dem Autor kein Versehen unterlaufen ist: Die Ermordung von Frauen, aber insbesondere die von Kindern, ist gesellschaftlich stärker tabuisiert und scheint weniger geeignet, das Bild einer prinzipiell integren Persönlichkeit zu zeichnen. So wird auch nicht erwähnt, dass Matschke zwischen September 1941 bis September 1942 als Mitglied der Einsatzgruppe B in Russland tätig war. Fraglich ist, warum das Gericht dies nicht bei der Urteilsfindung berücksichtigte, da es doch ausdrücklich bei den Angaben zur Person erwähnt wird. Denn diese Tatsache steht der behaupteten Unkenntnis von den Massenmorden diametral entgegen. In diesem Rahmen war er bereits daran beteiligt. Matschke und Sprinz präsentieren sich als ideologisch Verführte. So bekundet Sprinz: »Ich habe ehrlich an den nationalsozialistischen Staat geglaubt bis zuletzt und für ihn Opfer gebracht«.[88]

Weiter versichert er – auch dem Autor dürfte der innere Widerspruch dieser Aussage nicht entgangen sein –, dem Antisemitismus keine Bedeutung

83 Kölnische Rundschau, 7. Juli 1954, Nr. 155.
84 Vgl. Rüter: Strafverfahren (Anm. 1), S. 45.
85 Kölnische Rundschau, 7. Juli 1954, Nr. 155.
86 Ebd.
87 Vgl. Freudiger: Aufarbeitung (Anm. 70), S. 199.
88 Kölnische Rundschau, 7. Juli 1954, Nr. 155.

beigemessen zu haben, das zu lösende Problem wäre hingegen der »jüdische Parasitismus«[89] gewesen. Diese Vokabel wird völlig unreflektiert durch eine Zwischenüberschrift herausgestellt. Der Autor scheint kein Bewusstsein für die Opfer zu haben. Wenig später wird Matschke mit der entwertenden Bezeichnung der zu seiner Zeit noch ansässigen Juden als »Restbestände«[90] zitiert.

Schäfers Selbstverteidigung knüpft an die vergangenheitspolitischen Debatten und relativierenden Deutungsmuster der damaligen Zeit an. Zunächst beruft er sich auf den Rechtspositivismus, indem er sein Handeln von den damals geltenden Gesetzen und Normen getragen erklärt:[91] »Die Nürnberger Gesetze waren damals allen Richtern und Staatsanwälten bekannt, heute erklären sie sie als verbrecherisch. Die Juden waren durch die Gesetze außerhalb der Volksgemeinschaft gestellt. Es war zwar, wie ich heute weiß, Unrecht, aber trotz allem rechtens«.[92]

Der Artikel stellt durch eine Zwischenüberschrift »Zwar Unrecht, aber rechtens«,[93] die Position Schäfers als bedeutsam heraus. Allerdings haben die Nürnberger Gesetze weder die Deportationen vorgesehen noch sie gesetzlich legitimiert. Zudem wurden sie von den Alliierten mit Kontrollratsgesetz Nr. 1 aufgehoben. Auch Schäfer scheint sich im Klaren zu sein, dass der von ihm konstruierte Zusammenhang keine hinreichende Begründung darstellt. Daher fügt er ergänzend hinzu, er habe die Deportationen als »Kriegsmaßnahme«[94] interpretiert: »In einer Dienstbesprechung mit dem damaligen Gauleiter Grohe nach einem Bombenangriff hieß es, die Juden müßten ihre Wohnung für die ausgebombten Volksgenossen räumen. Sie richteten sich daraufhin das Fort Müngersdorf als Wohnung ein. Bis dann eine von Heydrich unterzeichnete Anordnung herauskam, die Juden zu evakuieren«.[95]

Damit wurden in der damaligen bundesrepublikanischen Öffentlichkeit etablierte Rechtfertigungsstrategien aufgegriffen, und eine geläufige war, wie Alexander Mitscherlich erläuterte, »den Krieg als ein Absolutum zu nehmen. Nun war eben Krieg, man hatte sich zu fügen«.[96] Auch Sprinz konstruierte einen Ursachenzusammenhang zwischen den Deportationen und dem Kriegsgeschehen.

89 Kölnische Rundschau, 7. Juli 1954, Nr. 155.
90 Ebd.
91 Vgl. Peter Krause: Der Eichmann-Prozeß in der deutschen Presse, Frankfurt am Main 2002, S. 60.
92 Kölnische Rundschau, 7. Juli 1954, Nr. 155.
93 Ebd.
94 Ebd.
95 Ebd.
96 Alexander Mitscherlich zitiert nach Herbert Jäger: Verbrechen unter totalitärer Herrschaft: Studien zur nationalsozialistischen Gewaltkriminalität, Frankfurt am Main 1982, S. 371.

So kommentierte er den Hinweis des Richters auf »das sogenannte Wannsee-Protokoll«[97] zur Ermordung der europäischen Juden mit der Reproduktion einer propagandistischen Erfindung der Nationalsozialisten: »Wir befanden uns in einem sogenannten Deutsch-Jüdischen Krieg und ich habe die vom Reichssicherheitshauptamt getroffenen Maßnahmen als kriegsbedingt angesehen. [...] Die Juden waren als Feinde zu betrachten und den Angehörigen eines feindlichen Volkes gleichzustellen«.[98]

Wäre eine kritische Auseinandersetzung mit den Inhalten des Verfahrens ein Anliegen des Autors gewesen, hätte er nicht dann diese – vermutlich in der bundesdeutschen Öffentlichkeit noch zirkulierende – Legende aufklären müssen? Sprinz verweist in einem in dem Artikel nicht ganz vollständig wiedergegebenen Zitat auf alliierte Kriegsverbrechen: »Auch im Ausland wurden ja die Deutschen interniert und wurde ihr Vermögen beschlagnahmt. In Frankreich beispielsweise sind Hunderte, Tausende umgekommen«.[99] Auf welche konkreten historischen Ereignisse Sprinz anspielte, ist nicht ersichtlich. Doch war es eine in der bundesrepublikanischen Gesellschaft weitverbreitete Strategie der Schuldabwehr, alliierte ›Kriegsverbrechen‹ hervorzuheben, um so die nationalsozialistischen Gewaltverbrechen zu relativieren. Die Verbrechen des Holocaust waren jedoch nicht an das »Bestehen eines Kriegszustandes gebunden«[100] und dienten auch nicht der Bekämpfung eines militärischen Gegners.[101] Vielmehr wurde der Ausnahmezustand des Krieges ausgenutzt, um die Vernichtung möglichst unbemerkt durchzuführen. Cord Arendes weist darauf hin, dass durch die Umdeutung des Holocaust in Kriegsverbrechen die Taten den »Charakter einer kriminellen Handlung«[102] verloren. Denn »Kriegsverbrechen wurden als (logische) Folgeerscheinung von Kriegen angesehen«.[103] Der Zivilisationsbruch bestand jedoch gerade darin, wie Dan Diner verdeutlicht, dass jüdische Menschen »grundlos einer totalen Vernichtung überantwortet«[104] wurden.

Die verharmlosende Darstellung Schäfers, dass die Juden sich, nachdem sie ihre Wohnungen verlassen mussten, das »Fort Müngersdorf als Wohnung« eingerichtet hätten, bevor sie durch eine Anordnung Heydrichs »evakuiert«[105]

97 Kölnische Rundschau, 7. Juli 1954, Nr. 155.
98 Ebd.
99 Ebd.
100 Arendes: Justiz (Anm. 10), S. 86.
101 Vgl. Freudiger: Aufarbeitung (Anm. 70), S. 9.
102 Arendes: Justiz (Anm. 10), S. 86.
103 Ebd.
104 Dan Diner: Gegenläufige Gedächtnisse. Über Geltung und Wirkung des Holocaust, Göttingen 2020, S. 15.
105 Kölnische Rundschau, 7. Juli 1954, Nr. 155.

worden seien, wird durch keine Gegendarstellung korrigiert. Da die Angeklagten ihre Verantwortung nicht gänzlich wegdiskutieren konnten, versuchten sie diese zu minimieren, indem sie auf ihr angeblich korrektes Verhalten und auf die herrschenden Bedingungen verweisen:[106] So habe Schäfer sich beim ersten »Transport von 1.000 Juden [...] persönlich überzeugt, daß die Menschen in Wagen dritter Klasse untergebracht waren. Aerztliche Betreuung sei vorhanden gewesen«.[107] Sprinz fügt dem später noch hinzu: »Einmal habe ich mich in den Messehallen von den Vorbereitungen zur Evakuierung von 800 Juden überzeugt. Krankenschwestern waren vorhanden und auch ein Arzt«.[108] Dies entsprach jedoch nicht den Tatsachen. Ärzte oder Krankenschwestern wurden nicht engagiert, um sich vor oder während der Deportationen um das leibliche Wohl der Opfer zu kümmern. Vielmehr mussten sich die Opfer, wie eine Zeugin richtigstellt, einer demütigenden Leibesvisitation unterziehen, wobei ihnen alle Wertsachen abgenommen wurden.[109] Die Aussagen der Täter wurden durch zwei Entlastungszeugen gestützt. So berichtet eine Gestapoangestellte, die unter Matschke arbeitete: »Wir mußten uns auf den Bahnsteigen überzeugen, ob irgendwelche Hilfe nötig war. Man ging keinesfalls rigoros vor«.[110] Wie Schäfers Kraftfahrer schildert, habe Schäfer einmal beobachtet, dass die Abteile der Deportationstransporte überbesetzt waren, daraufhin »habe [er] furchtbar gewettert und befohlen, daß statt zehn nur acht Menschen in ihnen befördert werden sollten«.[111]

Worauf liefen die Selbstverteidigungen hinaus? Die Angeklagten präsentierten sich als Befehlsempfänger ohne eigenen Tatwillen.[112] Sprinz betonte nicht eigeninitiativ gehandelt zu haben, »Transporte« wären »ja schon vorausgegangen«, er habe sich »nicht störend in das bereits eingespielte Verfahren einschalten«[113] wollen. Durch Matschkes Abteilung als Referatsleiter II sei »alles nur rein dienstmäßig gelaufen«.[114] Die Transportkommandos, »die die Juden nach dem Osten brachten«, hätten sich zwar bei ihm zurückgemeldet,

106 Vgl. Jan E. Schulte: Im Zentrum der Verbrechen: Das Verfahren gegen Oswald Pohl und weitere Angehörige des SS-Wirtschafts-Verwaltungshauptamtes, in: Kim C. Priemel/Alexa Stiller (Hg.): NMT: Die Nürnberger Militärtribunale zwischen Geschichte, Gerechtigkeit und Rechtschöpfung, Hamburg 2013, S. 67–100, hier S. 87.
107 Kölnische Rundschau, 7. Juli 1954, Nr. 155.
108 Ebd.
109 Ebd.
110 Kölnische Rundschau, 8. Juli 1954, Nr. 156.
111 Ebd.
112 Vgl. Isabel Heinemann: Rasse, Lebensraum, Genozid: Die nationalsozialistische Volkstumspolitik im Fokus von Fall 8 der Nürnberger Militärtribunale, in: Priemel/Stiller (Hg.): NMT (Anm. 106), S. 100–126, hier S. 117.
113 Kölnische Rundschau 7. Juli 1954, Nr. 155.
114 Ebd.

doch habe er »nie Reklamationen, Beschwerden usw. [ge]hört«.[115] Wer hätte sich nach erfolgter Deportation noch beschweren können? Daher wäre er der Meinung gewesen, »daß alles reibungslos vonstatten«[116] gegangen sei. Schäfer beanspruchte, er habe »nur den Erlaß des Berliner Sicherungshauptamtes [...] durchgeführt!«.[117] Die Verantwortung wurde, wie häufig, einzig der NS-Führung zugeschrieben. Die Aussagen suggerieren, dass die ehemaligen Beamten sich an die Befehle des Reichsicherheitshauptamtes gebunden fühlten. Pflichtbewusst hätten sie Gehorsam geleistet, ohne über die verbrecherischen Ziele der NS-Führung unterrichtet gewesen zu sein. Denn im Kern laufen die Selbstverteidigungen darauf hinaus, dass die Angeklagten nichts von dem geplanten und durchgeführten Judenmord gewusst hätten und daher auch kein Unrechtsbewusstsein entwickeln konnten: So behauptete Sprinz: »nie [habe er] an eine Liquidierung gedacht, vielmehr an eine Ansiedlung im Osten«.[118] Die Täter machten sich so zu »Opfern« der NS-Führung. Ein Narrativ, an das viele Leser anknüpfen konnten.

b) Die Zeugen

Diesen Behauptungen standen vor Gericht fünf gegenteilige Zeugenaussagen gegenüber. Davon zitiert der Artikel zwei relativ unbestimmte Aussagen. So erklärte eine Gestapoangestellte: »Wir wußten zwar, daß die Juden nicht wiederkommen und daß im Osten etwas passieren würde [...], aber ändern konnten wir ja nichts«.[119] Ein wesentlicher Teil der Aussage wird hingegen nicht zitiert: »Ende 1942 und Anfang 1943 seien sich dann alle unter den Angestellten darüber im klaren [sic!] gewesen, dass die deportierten Juden umgebracht würden«.[120] Ein Kriminalobersekretär sagte aus: »Ende 1943 habe ich mich von der Gestapo abgesetzt. Ich wollte nichts mehr davon wissen«.[121] Dabei wird verschwiegen, dass der Zeuge erklärte, er habe die »Umsiedlung für Tarnung gehalten, nichts Gutes für die Juden geahnt und sich deshalb vor weiterer Heranziehung gedrückt«.[122] Eine Aussage, die der von den Angeklagten behaupteten Unmöglichkeit der Befehlsverweigerung entgegensteht. Deutlicher ist die zitierte Aussage einer weiteren Zeugin, die als Unterüberschrift

115 Kölnische Rundschau, 7. Juli 1954, Nr. 155.
116 Ebd.
117 Ebd.
118 Ebd.
119 Kölnische Rundschau, 8. Juli 1954, Nr. 156.
120 JuNSV Bd. XII. Lfd. Nr. 403a, S. 588.
121 Kölnische Rundschau, 8. Juli 1954 1954, Nr. 156.
122 JuNSV Bd. XII. Lfd. Nr. 403a, S. 589.

übernommen wird: »Von 1943 an allerdingst [sic!] wußten die Beamten, was die Transporte bezweckten«.[123]

Von besonderer Bedeutung scheinen für den Artikel Zeugenaussagen, die keinen Aufschluss über das Geschehen geben, aber die Angeklagten als integre Bürger charakterisierten. Davon finden sich insgesamt sechs Stück. So versichert ein »ehemaliger Kriminalobersekretär«, Schäfer sei der »beste Vorgesetzte gewesen [...], unter [...] Sprinz habe man immer ein unsicheres Gefühl gehabt«.[124] Wenig später wird Sprinz durch die Zitation anderer Aussagen charakterlich in ein günstigeres Licht gerückt: Ein ehemaliger »Gegner des Nationalsozialismus, der später selbst flüchten mußte«, stellte Sprinz als Mensch das beste Zeugnis aus: »Nie wieder habe ich solch einen Mieter gehabt; ich möchte, er wäre noch heute bei mir«.[125] Ein ehemaliger Dortmunder Gestapobeamter bezeugte, Sprinz sei von allen Vorgesetzten »der beste gewesen«.[126] Dann werden Zeugen zitiert, die dessen »Korrektheit und Pflichtbewußtsein«[127] betonen. Vermutlich ist dem Autor des Artikels nicht aufgefallen, dass dies im möglichen Widerspruch steht zu der Selbstaussage des Angeklagten, nur »einmal«[128] habe er einen Transport überprüft. Womöglich hätte ein pflichtbewusster Beamter mindestens jeden zweiten Transport kontrolliert? Anschließend werden Aussagen von Entlastungszeugen zitiert, die suggerieren, dass die Täter im inneren Widerspruch zu den ergangenen Befehlen standen: »In den letzten Wochen, um die Wende 1943/44, kam er [Sprinz] abends nach Hause; er war nicht einverstanden mit dem kölschen Klüngel!«.[129] Eine »Rechtsanwältin, deren Mann mit dem zweiten Kölner Transport deportiert« worden war, sagte aus, »Schäfer solle sich einmal geäußert haben, alles ginge von der Gauleitung aus, sie sei, ›total übergeschnappt‹«.[130]

Dabei ist auffallend, dass sich bei den Aussagen der Entlastungszeugen häufig Kontextinformationen finden, die deren Glaubwürdigkeit unterstützen sollen: ein »Gegner des Nationalsozialismus, der später selbst flüchten mußte«,[131] eine »Rechtsanwältin, deren Mann mit dem zweiten Kölner Transport deportiert wurde«.[132] Die drei zitierten Opferzeugen werden hingegen auf ihre jüdische Herkunft und den Status als Opfer reduziert. So schreibt der Berichterstatter »Eine

123 Kölnische Rundschau, 8. Juli 1954, Nr. 156.
124 Ebd.
125 Ebd.
126 Ebd.
127 Ebd.
128 Kölnische Rundschau, 7. Juli 1954, Nr. 155.
129 Kölnische Rundschau, 8. Juli 1954, Nr. 156.
130 Kölnische Rundschau, 9. Juli 1954, Nr. 157.
131 Kölnische Rundschau, 8. Juli 1954, Nr. 156.
132 Kölnische Rundschau, 9. Juli 1954, Nr. 157.

Jüdin«[133] oder ein »Jude«[134], nur in einem Fall hat die Zeugin ein Alter: »Eine heute 61jährige Jüdin«,[135] ansonsten bleiben sie ohne Geschichte, anonym, es gibt kein Vorher oder Nachher, wir erfahren nichts über ihren Beruf, Wohnort oder wie es ihnen nach dem Krieg ergangen ist. Dies schafft eine Distanz zu den Opfern, die nicht vermuten lässt, dass sie ebenfalls Kölner Bürger waren und erschwert eine mögliche Einsicht in ihr Schicksal. Der Eindruck wird dadurch verstärkt, dass die Opferzeugen – anders als die Täter und sie entlastende Zeugen – grundsätzlich paraphrasiert und nicht wörtlich zitiert werden. Es findet sich nur ein wörtliches Zitat, als eine damals 61-jährige Jüdin berichtet, dass die Opfer vor der Deportation nach Theresienstadt körperlich untersucht wurden. Auch Wertgegenstände, wie »Uhren, Ringe, Armbänder und anderer Schmuck sowie die auf Befehl mitzubringenden 50 Mark«[136] wurden ihnen abgenommen. Alte Menschen seinen »ohne Pflege« gewesen und nun das wörtliche Zitat: »im eigenen Schmutz umgekommen«.[137] Ein andere Opferzeugin berichtete von Misshandlungen in der Kölner Messehalle und auf dem Deutzer Bahnhof und dass sich eine Frau aus Verzweiflung vergiftete. Doch sogleich wird relativierend hinzugefügt, dass die Zeugin auf die Frage, ob sie die Angeklagten wiedererkenne, »keine positive Antwort geben«[138] konnte. Ein Opferzeuge, »der bis 1945 durch zwölf Lager gegangen war«, schildert, dass in Riga »24.000 Menschen zusammengelegt waren« und »Massenerschießungen von 300 bis 400 Personen seien keine Seltenheit gewesen«.[139] Von den 1.000 Personen, mit denen er deportiert wurde, hätten nur »30 bis 35«[140] überlebt. Nicht erwähnt wird, dass der Mann dabei seine »Frau, Kinder, Mutter und Geschwister«[141] verloren hatte.

c) Das Plädoyer der Staatsanwaltschaft, die Verteidigung und das Urteil

Der Staatsanwalt Dr. Klein forderte für Schäfer und Sprinz »drei Jahre, für Kurt Matschke zwei Jahre Zuchthaus«.[142] Als Begründung führt Dr. Klein aus: »Der Nationalsozialismus hat an den Juden einen Völkermord geplant und durchgeführt«.[143] Dies ist das erste Mal, dass die übergeordnete Kategorie des Geschehens,

133 Kölnische Rundschau, 8. Juli 1954, Nr. 156.
134 Kölnische Rundschau, 9. Juli 1954, Nr. 157.
135 Kölnische Rundschau, 8. Juli 1954, Nr. 156.
136 Ebd.
137 Ebd.
138 Ebd.
139 Kölnische Rundschau, 9. Juli 1954, Nr. 157.
140 Ebd.
141 JuNSV Bd. XII. Lfd. Nr. 403a, S. 584.
142 Kölnische Rundschau, 9. Juli 1954, Nr. 157.
143 Ebd.

der Völkermord, benannt wird. Doch das handelnde Subjekt ist in diesem Satz ein Ding, hier findet also eine Entpersonalisierung statt; ein sogenannter Ismus hat den Völkermord verübt. Den handelnden Personen seiner Zeit wird eine gewisse Neutralität gewährt. Die Angeklagten hätten dem »grausigen Mordvorhaben Handlangerdienste«[144] geleistet. Entschuldigend, so könnte man es deuten, spricht Dr. Klein von der ganz »raffinierten Tarnung«,[145] die das Mordvorhaben verschleiert habe. Ein in diesen Jahren oft zitiertes Argument für die Unkenntnis der Bevölkerung über die Verbrechen. Auch wenn er überzeugt sei, dass das »Wannsee-Protokoll [...] auch durch die Hände der Angeklagten gegangen ist«.[146]

Durch die Rede des Verteidigers von Franz Sprinz, Prof. Dr. Friedrich Grimm, werden hoch virulente Argumentationsmuster der damaligen vergangenheitspolitischen Debatte aufgegriffen. Mit dem Schlagwort der »juristischen Demobilmachung«[147] diskreditierte Grimm die alliierte Rechtsprechung als ›Siegerjustiz‹ und forderte das Gericht auf, »den Grundsatz der tabula rasa zur Geltung zu bringen«.[148] Er betrachtete es als ein ungeschriebenes, aber geltendes Prinzip des Völkerrechts, nach kriegerischen Konflikten alle in diesem Zusammenhang begangenen Vergehen zu amnestieren.[149] Der Prozess sei ein »Drama des gesetzestreuen Beamten«, die Angeklagten hätten sich in einer »Notstandslage« befunden, daher sei »keiner von ihnen schuldig«.[150] Grimm glaubte sich, womöglich zu Recht, in Übereinstimmung mit großen Bevölkerungsteilen. So lässt auch der Autor der Kölnischen Rundschau vermutlich nicht zufällig seinen Artikel vom 9. Juli 1954 mit den Worten Grimms enden: »Was der Staat befahl, wurde für recht erachtet. Die Angeklagten haben sich dem Legalismus gebeugt. Ich bin der Meinung, daß keine Verurteilung erfolgen kann«.[151]

Das Gericht sprach die drei Angeklagten wegen fortgesetzter Beihilfe zur schweren Freiheitsberaubung im Amt schuldig. Schäfer wurde zu einem Jahr Zuchthaus verurteilt.[152] Auf dem Weg der Gesamtstrafenbildung erhielt er nur weitere drei Monate.[153] Bei Sprinz und Matschke wurde die »erschwerende Qualifikation (mit Todesfolge)«[154] hinzugezogen, da diese »durch Gerüchte

144 Kölnische Rundschau, 9. Juli 1954, Nr. 157.
145 Ebd.
146 Ebd.
147 Ebd.
148 Ebd.
149 Eichmüller: Keine Generalamnestie (Anm. 39), S. 106, 430 f.; Buchna: Nationale Sammlung (Anm. 37), S. 63.
150 Kölnische Rundschau, 9. Juli 1954, Nr. 157.
151 Ebd.
152 Kölnische Rundschau, 10. Juli 1954, Nr. 158.
153 Vgl. Rüter: Strafverfahren (Anm. 1), S. 46.
154 Kölnische Rundschau 10. Juli 1954, Nr. 158.

und […] Berichte«[155] von dem Judenmord erfahren hätten. Sprinz erhielt drei Jahre und Matschke zwei. Landgerichtsdirektor Schwengers begründete das Urteil damit, dass die Hauptschuldigen Heydrich, Himmler und Hitler seien, die Angeklagten kämen »nur als Gehilfen in Frage, aus eigener Initiative hätten sie nichts gemacht«.[156] Schwengers wies die Berufung der Verteidigung auf »bindende Befehle«[157] zurück. Die Angeklagten hätten die Deportationen als Unrecht erkannt. Der Autor paraphrasiert dann weitere Ausführungen des Richters nicht korrekt: »Liegt aber Notstand vor, dann seien die Angeklagten schuldig der Beihilfe zur schweren Freiheitsberaubung im Amt«.[158] Vielmehr hatte Schwengers die Berufung zurückgewiesen, da die Angeklagten überzeugte Nationalsozialisten waren, die »ihre Dienste freiwillig angeboten«[159] haben. Unerwähnt lässt der Artikel, dass der Richter den von den Angeklagten konstruierten Zusammenhang von den Deportationen als »kriegsbedingte Maßnahme« korrigierte, indem er das ursächliche Tatmotiv benannte: Die »Ausrottung einer den Haupttätern [Hitler und den Leitern des Reichssicherheitshauptamtes, Heydrich und Eichmann] verhassten Rasse, die nun bei der Gelegenheit und unter Tarnung des Krieges beschleunigt und radikal durchgeführt werden sollte«.[160] Insgesamt entsteht der Eindruck, dass der Autor kein ausgeprägtes Interesse hat, die damals verbreiteten Narrative und Strategien der Schuldabwehr aufzuklären.

6. *Fazit*

In einer Nachbetrachtung der Schwäbischen Zeitung vom 17. September 2020 heißt es: »Schon 1955 zog er [Franz Sprinz] mit seiner Frau ins Haus der Mutter nach Friedrichshafen. Dass er plötzlich auftauchte, 33 Jahre nachdem er die Stadt mit dem Abitur in der Tasche verlassen hatte, gab keinen Anlass zur Verwunderung. Es passte ja, dass er seine Mutter im Geschäft unterstützte: ›Sie war schon alt, sie schaffte den Betrieb alleine nicht mehr‹, sagt heute Gerd Teichmann«.[161]

155 Kölnische Rundschau 10. Juli 1954, Nr. 158.
156 Ebd.
157 JuNSV Bd. XII. Lfd. Nr. 403a, S. 594.
158 Kölnische Rundschau, 10. Juli 1954, Nr. 158.
159 JuNSV Bd. XII. Lfd. Nr. 403a, S. 594.
160 Ebd., S. 591.
161 Harald Ruppert: Das unauffällige Leben eines Nazi-Täter in Friedrichshafen, in: Schwäbische Zeitung, 17. September 2020 (https://www.schwaebische.de/regional/bodensee/friedrichshafen/der-unauffaellige-franz-sprinz-185260) [Aufruf vom 17.04.2024].

Blickt man heute, fast 70 Jahre nach dem Verfahren, zurück auf die verhängten Strafen, kann man schwerlich den Eindruck abstreifen, dass es sich um sehr milde Urteile gehandelt hat. Wenig später führten die ehemals Angeklagten ein vermutlich normales Leben in der bundesrepublikanischen Gesellschaft. Zwischen dem veröffentlichten Bewusstsein des Journalisten und dem öffentlichen Bewusstsein der damaligen Gesellschaft besteht eine hohe Kongruenz. Die vergangenheitspolitischen Maßnahmen hatten bereits die Bereitschaft zur Integration der NS-Täter auch gesetzlich schon festgestellt. Dabei scheint es weniger bedeutend, ob die Täter im Sinne der Anklage schuldig waren, von den Morden wussten, im Bewusstsein des Unrechts gehandelt hatten oder überzeugte Nationalsozialisten waren. Wobei wesentliche Indizien bereitwillig unterschlagen wurden, zum Beispiel biografische Fakten. Bedeutender scheint für den Autor zu sein, ob die Angeklagten in die Integrationsgesellschaft der 1950er Jahre passen. Die Mehrheit der zitierten Zeugenaussagen diente dazu, die Angeklagten als anständige Bürger auszuweisen. Aufklärung war nicht die Zielrichtung der Berichterstattung. Vielmehr wurde gesellschaftlich etablierten Deutungsmustern Raum geschenkt, die das Unrecht relativierten, wie zum Beispiel die Umdeutung der Deportationen als Kriegsmaßnahme, die Diskreditierung der alliierten Strafverfolgung als Siegerjustiz. Die Schuld wurde externalisiert, allein auf die engste Riege der NS-Führung projiziert.[162] Dies zieht sich von den Aussagen der Täter über die Plädoyers des Staatsanwalts und des Verteidigers bis hinein in das Urteil.

Das Kölner Deportationsverfahren war ein früher Prozess, der eine Holocaust-Thematik zum Gegenstand hatte. Bemerkenswert ist, dass der Autor dafür kein Bewusstsein gehabt zu haben scheint. Anstelle des Holocaust wurde die mögliche Reintegration der Täter verhandelt. Der kumulativen Gewaltprozess, der in die Shoah mündete und die Verantwortung einer Vielzahl von Akteuren, ohne die die Ermordung von sechs Millionen Juden nicht zu verwirklichen gewesen wäre, wurde verdrängt. Die Enteignung, Demütigung und Ermordung der Kölner Juden fand nur in den an den Rand gedrängten Aussagen der Opfer statt. Erinnerungen sollten nicht sein. Eine Auseinandersetzung mit den Opfern des Nationalsozialismus lässt sich dort nicht finden. Als handele es sich um Täter ohne konkrete Opfer, die sich nur durch Zahlen zusammenfassen lassen. Der Autor schaffte Distanz zu den Opfern. Die Opfer wurden marginalisiert. Die Gewalt wiederholte sich, freilich auf einer anderen Ebene: »Die Ermordeten sollen noch um das einzige betrogen werden, was unsere Ohnmacht ihnen schenken kann, das Gedächtnis«.[163]

162 Arendes: Justiz (Anm. 10), S. 95.
163 Adorno: Aufarbeitung (Anm. 33), S. 128.

Frauen, Kinder und Gelehrte

Kölner Wachsbossierungen im Kölnischen Stadtmuseum

von Anna Pawlik

Johann Wolfgang von Goethe berichtet von seiner Köln-Reise im Jahr 1815: »Die den Reisenden zugemessene Zeit war zu kurz, als dass man von allem Bedeutenden hätte völlige Kenntnis nehmen können, jedoch versäumte man nicht, den Herrn Dom-Vicarius Hardy zu besuchen, einen merkwürdigen achtzigjährigen muntern Greis, der, bey angebornem, entschiedenem Talent und Kunsttrieb, von Jugend auf sich selbst bildete [...]. Am meisten jedoch hat er sich dem Wachsbossiren ergeben [...]. Diese Gegenstände, hinter Glas, in ohngefähr fußhohen Kästchen, sind mit buntem Wachs harmonisch, dem Charakter gemäß colorirt. Sie eignen sich dereinst in einem Cölnischen Museum sorgfältig aufbewahrt zu werden; denn man wird hiedurch so deutlich angesprochen [...]. Die stille Wirkung eines solchen Mannes in seinem Kreise verdient recht deutlich geschildert zu werden, ein Geschäft, welches Herr Canonicus Wallraff mit Vergnügen übernehmen wird, da er [...] diesem würdigen Greis auf dem Lebens- und Kunstwege gewiß manche Anregung verdankt«.[1]

So berichtet Goethe von seinem Besuch beim Kölner Domherrn Kaspar Bernhard Hardy (Abb. 1), der offenbar großen Eindruck hinterlassen hatte beim Weimarer Gelehrten. Diesen Eindruck teilten zu Lebzeiten Hardys auch die Kölner. Schon der Kölner Künstlerbiograf Johann Jakob Merlo wusste Ausführliches über Kaspar Bernhard Hardy zu berichten, so sah er in ihm »eine ehrwürdige Erscheinung in der Kunstgeschichte Kölns«:[2] Hardy wurde 1726 in Köln geboren und ging bereits zu Schulzeiten künstlerischen Fingerübungen nach, er zeichnete, schnitzte Kameen und bossierte in Wachs, bevor er sich für einige Zeit der Malerei in Öl widmete, während er am Priesterseminar studierte. Hier wie da nahm er sich vor allem dem Kopieren berühmter und weniger berühmter

1 Johann Wolfgang von Goethe: Ueber Kunst und Alterthum, Bd. I, Stuttgart 1818, S. 22–24, hier S. 23 f.

2 Johann Jakob Merlo: Kölnische Künstler in alter und neuer Zeit, Düsseldorf 1895, Sp. 326–329; Siehe auch Edward J. Pyke: A biographical Dictionnary of Wax Modellers, Oxford 1973, S. 63–65.

Abb. 1: Wachsbossierung von Kaspar Bernhard Hardy, Ludwig Hagbolt, um 1810. Köln, Kölnisches Stadtmuseum, Inv.-Nr. HM 1903/19 (Foto: Historisches Archiv mit Rheinischem Bildarchiv, Tobias Kreusler, rba_d064738)

Werke an.[3] Einen Nerv der Zeit traf er jedoch mit seinen Wachsbossierungen: »Er fertigte Bildnisse in athmender Naturtreue, Charakter-Figuren voll psychologischer Wahrheit, idyllische Gegenstände aus denen die reinsten, zartesten Empfinden hervorsprechen«,[4] schwärmt Merlo. Neben den Wachsbossierungen schuf Hardy auch Kleinbronzen und physikalische Instrumente.[5] Beliebtheit und Verbreitung förderte Hardy durch die erschwinglichen Preise, zu denen er seine Werke anbot. Auch Goethe verließ den »muntern Greis« mit insgesamt acht Bossierungen gen Weimar.[6]

Die Modellierung und Bossierung blieben für Hardy »Nebeneinkünfte«, er war Vikar am Hohen Dom zu Köln, blieb Zeit seines Lebens bevorzugt innerhalb der Mauern seiner Heimatstadt, bevor er am 17. März 1819 hochbetagt starb. Dabei blieb die Kunst des Bossierens in elfenbeinfarbenem oder farbigen Wachs stets diejenige Fertigkeit, die in der Stadtgesellschaft große Beliebtheit erfuhr. Nach seinem Tod ehrten ihn zahlreiche Gäste bei der Trauerfeier im Dom, bei der sein langjähriger Freund Ferdinand Franz Wallraf eifrig Spenden für die

3 Claudia McDaniel-Odendall: Die Wachsbossierungen des Caspar Bernhard Hardy (1726–1819), Diss. Stuttgart 1990, S. 14–26.
4 Merlo: Kölnische Künstler (Anm. 2), Sp. 327.
5 McDaniel-Odendall: Wachsbossierungen (Anm. 3), S. 18–21.
6 Klassik Stiftung Weimar, Kunstsammlungen. – Berichte von Besuchen bei Hardy siehe McDaniel-Odendall: Wachsbossierungen (Anm. 3), S. 24–26.

Abb. 2: Wachsbossierung von Ferdinand Franz Wallraf, Ludwig Hagbolt, um 1822. Köln, Kölnisches Stadtmuseum, Inv.-Nr. HM 1891/35 (Foto: Rheinisches Bildarchiv Köln, Wolfgang F. Meier, rba_d033359)

Totenfeier und ein würdiges Epitaph sammelte.[7] (Abb. 2) Besonders eindrucksvoll in Erinnerung blieb auch die 45-strophige »Ode an Hardy«, die Wallraf aus Anlass des 50-jährigen Künstlerjubiläums im Jahr 1799 seinem Freund widmete. Hier heißt es zu Hardys Kunstfertigkeit: »Bald sie aus rohem Wachsklotz, aus rauhem Erz / Mit kräft'gem Meissel zaubern zu Wesen hin, / Lernt' ich nun kennen: wenn so iedem / Spieldruck der Finger die Bildung folgte«.[8]

Nun ist die Gattung der Wachsbossierung bis heute in der Kunstwissenschaft eher ein Randthema, wenngleich zahlreiche Museen kleinplastische Werke aus Wachs in ihren Sammlungen beherbergen. Auch zur Sammlung des Kölnischen Stadtmuseums gehören insgesamt 52 Werke aus dem 17. bis 19. Jahrhundert, 19 davon aus der Hand Hardys – erinnert sei an Goethes Wunsch, Hardys Bossierungen würden dereinst in einem »Cölnischen Museum« aufbewahrt werden.

Die geringe Wertschätzung für diese Objekte lässt sich schon bis in die Anfangszeit dieser Gattung zurückverfolgen. So schrieb der Kunsthistoriker Gustav Pazaurek 1912: »Später wurde die Ceroplastik geradezu ein Gewerbe und suchte das illusionsstörende Moment […] durch eine übertrieben

7 McDaniel-Odendall: Wachsbossierungen (Anm. 3), S. 23; Das Grabmal wurde, wahrscheinlich aufgrund dessen, dass Wallraf selbst bereits ein hohes Alter erreicht hatte, nicht ausgeführt.

8 Ferdinand Franz Wallraf: Ausgewählte Schriften, Köln 1861, S. 358–365, sowie Erklärungen S. 365–376; siehe auch McDaniel-Odendall: Wachsbossierungen (Anm. 3), S. 26–37.

illusionsfördernde Realistik wettzumachen, die sogar so weit ging, daß man den Reliefporträtköpfen des 17. und 18. Jahrhunderts natürliche Haare, Gewebe, Spitzen oder Metallschmuck hinzufügte. Damit aber war die Materialpimpelei vollendet«.[9] Diese eher verächtlich vorgetragene Bewertung von Wachsporträts kann nicht darüber hinwegtäuschen, dass diese sich gleichwohl im bürgerlichen Milieu seit dem 16. Jahrhundert großer Beliebtheit erfreuten, ja gar mit großer Leidenschaft gesammelt wurden. Ein herausragendes Beispiel dafür ist die lebensgroße Büste des Johann Wilhelm von Löffelholz (1558–1600) im Germanischen Nationalmuseum in Nürnberg, die vielleicht nach dessen Tod entstand und den Nürnberger Patrizier und Kaufmann in stolzer Pose und fein ausgearbeiteter standesgemäßer Kleidung zeigt.[10] Auch in den Beständen des Kölnischen Stadtmuseums zeigen sich solche frühen Zeugnisse, die zudem mit einem historisch bedeutsamen Namen verbunden sind: Es handelt sich hierbei um drei Wachsbossierungen, die aus dem Besitz der französischen Königin Maria de Medici (1575–1642) stammen. Maria de Medici kam am 12. Oktober 1641 nach Köln und tätigte bis zu ihrem Tod im Juli 1642 zahlreiche Stiftungen an Kölner Kirchen. Drei ihrer »spanischen Bilder« wurden 1963 vom Kölnischen Stadtmuseum angekauft.[11]

Die in Fachkreisen kritisch beäugte Kunstfertigkeit erfuhr um 1700 eine Entwicklung hin zum Kuriosen und Pathologischen, die bisweilen bis heute für die gesamte Gattung nachwirkt – man denke nur an die eigenen Besuche bei Madame Tussauds in London, dessen Ursprünge im Übrigen in der Arbeit von Marie »Madame« Tussaud (1761–1850) liegen, die zu Beginn ihrer Laufbahn in Paris die Köpfe prominenter Revolutionsopfer modellierte.

Das plastische Modellieren von Bildnissen, Landschaften und Gegenständen aus Wachs, genannt »bossieren« von französisch »bosse«, übersetzt »Buckel« oder »rundliche Erhöhung«, wurde nach dem Zeugnis Plinius des Älteren (23/24–79) in antiker Zeit als künstlerische Leistung hoch geschätzt.[12] Im 18. Jahrhundert blühte die Porträtkunst in Wachs, die sogenannte Ceroplastik (lateinisch »cerare«, mit Wachs überziehen); in Großbritannien, Nordamerika, Italien sowie an den

9 Gustav E. Pazaurek: Guter und schlechter Geschmack im Kunstgewerbe, Stuttgart/Berlin 1912, S. 44.

10 Porträtbüste des Johann Wilhelm von Löffelholz, Nürnberg, um 1600, Wachs, Glas, Pappe, Holz, Nürnberg, Germanisches Nationalmuseum, Inv.Nr. Pl. O. 797; https://objektkatalog.gnm.de/wisski/navigate/56736/view [Stand: 26.05.2024], dort weiterführende Literatur.

11 KSM 1963/278, KSM 1963/279 sowie KSM 1963/280; Mario Kramp: »C'est trop!«. Maria von Medici in Köln, in: Stefan Lewejohann (Hg.): Köln in unheiligen Zeiten. Die Stadt im Dreißigjährigen Krieg, Köln/Weimar/Wien 2014, S. 127–137, hier: 135 f.

12 Reinhard Büll: Das große Buch vom Wachs. Geschichte, Kultur, Technik, München 1977, Bd. 1, S. 435–438.

deutschen Höfen, in aristokratischen und zunehmend auch in bürgerlichen Kreisen bemühte man sich um die Zusammenstellung möglichst umfangreicher plastischer Bildniszyklen – ganze Bildniskollektionen – berühmter Zeitgenossen und Regenten, aber auch von Dichterfreunden und persönlichen Bekannten.[13] Hier erfreuten sich besonders kleinformatige, handliche Reliefs großer Beliebtheit, die zu begehrten Sammlerobjekten wurden.[14] Auch die eigene Familie wurde in Wachs kleinformatig verewigt, und die Darstellungen von Landschaften und vielfigurigen Historien gerieten zu begehrten Sammlerobjekten. Ein wunderbares Beispiel für die Art und Weise, wie diese identisch großen Werke in den Wohnstuben zur Geltung gebracht wurden, ist der noch im Bild überlieferte Schauschrank aus der Sammlung des Kanonikus Johann Wilhelm Nehl, der 46 Wachsbossierungen – alle von Kaspar Bernhard Hardy – in einem Setzkastensystem zeigt. Diese Schränke wurden in Köln für Sammler eigens von dem Schreinermeister Theodor Commer gefertigt.[15]

Diese Sammlungen standen in einem größeren gesellschaftlichen und künstlerischen Zusammenhang: Während bis in die Barockzeit Bildnis- oder Porträtdarstellungen – oft als Büste – vor allem im herrschaftlichen Kontext der Repräsentation dienten, vollzog sich in der zweiten Hälfte des 18. Jahrhunderts ein Wandel, der schließlich von den üppig drapierten und ungemein erhabenen Büsten hinführte zu bescheidenen, stark auf den Menschen konzentrierte Darstellungen. Zu dieser bis ins 19. Jahrhundert von Individualität und einem zunehmenden Realismus geprägten Entwicklung gehörte auch, dass neben das klassische Material Marmor nun schlichtere Materialien wie Ton, Eisenguss, Porzellan, Gips oder eben Wachs traten, die zum einen eine gewisse Bescheidenheit ausdrücken sollten, zum anderen den Vorteil hatten, dass sie auch für das aufstrebende Bürgertum erschwinglich waren.[16] Die Bildhauerkunst reagierte mit

13 Zu großformatigen Wachsbildnissen siehe insbesondere Marthe Kretzschmar: Herrscherbilder aus Wachs. Lebensgroße Porträts politischer Machthaber in der Frühen Neuzeit, Berlin 2014. Grundlegend für die gesamte Gattung noch immer Julius von Schlosser: Tote Blicke. Geschichte der Porträtbildnerei in Wachs. Ein Versuch, hg. von Thomas Medicus, Berlin 1993.

14 Ders.: Bildnisreliefs und -medaillons: Porträts zwischen Grabmal und Sammelobjekt, in: Ebd., S. 433–439; Frank Matthias Kammel: Bildnisflut. Das Interesse am Antlitz, in: Ders. (Bearb.): Charakterköpfe. Die Bildnisbüste in der Epoche der Aufklärung, Nürnberg 2013, S. 18–35.

15 McDaniel-Odendall: Wachsbossierungen (Anm. 3), S. 53; Kurt Luthmer: Ein Schauschrank mit Wachsbossierungen der Kölner Domvikarius Kaspar Bernhard Hardy (1726–1819), in: Wallraf-Richartz Jahrbuch 3/4 (1926/27), S. 199–207. – Der Schrank wurde zuletzt vor wenigen Jahren bei Sotheby's in London wieder angeboten, Auktion Of Royal and Noble Descent, 24. Februar 2025, London, Lot 93.

16 Bernhard Maaz: Molchkopf und Profanation? Die Bildnisbüste als Form privaten und öffentlichen Gedenkens, in: Ders.: Skulptur in Deutschland zwischen Französischer Revolution und Erstem Weltkrieg, 2 Bde., Berlin, München 2010, Bd. 1, S. 193–225; Frank Matthias Kammel: Schonungslose Illusion. Das veristische Wachsporträt, in: Charakterköpfe (Anm. 17), S. 64–81.

diesen Neuerungen direkt auf sozial- und gesellschaftshistorische Veränderungen in der Epoche der Aufklärung: Man erkannte den Menschen zunehmend als individuelles Wesen mit Charakter und Interessen, wurde sich den besonderen Bedürfnissen von Kindern bewusst, pflegte innige Freundschaften und legte für moderne Errungenschaften wie etwa Erholung und Freizeit die geistigen und gesellschaftlichen Grundlagen.

Doch zurück zur Wachsplastik: Auffallend – und von Pazaurek mit besonderer Geringschätzung bedacht – ist die Verwendung verschiedener Materialien in dieser Zeit, vor allem in der großformatigen Wachsplastik: Die Dargestellten wurden bekleidet, sie tragen Perücken oder gar Echthaar, Augen, Edelsteine und Orden werden aus Glas und Metall an- und eingefügt. Unter den Wachsbossierern am Ende des 18. Jahrhunderts treten wenige hervor; sei es, weil die Quellenlage entsprechend umfangreich ist oder weil größere Objektgruppen erhalten sind. Bekannte Namen in dieser Zeit sind der Ire Samuel Percy (um 1753–1819), Joseph Graf Deym von Stritez (1750–1804), der in Wien unter dem Pseudonym Joseph Müller arbeitete, der Frankfurter Christian Benjamin Rauschner (1723–1793) und die Berliner Familie Eckstein.[17] In Köln machten sich vor allem zwei Wachsbossierer »im Nebenberuf« einen Namen: Der bereits vorgestellte Kaspar Bernhard Hardy und der Künstler Ludwig Hagbolt (1784–1846), der hier noch Thema sein wird.

Die im Kölnischen Stadtmuseum bewahrten kleinplastischen Werke Hardys zeigen unterschiedliche Bildmotive, meist farbige, ausdrucksstarke Einzelfiguren mit wenigen Attributen, die eine Zuschreibung an eine bestimmte Berufs-, Alters- oder Personengruppe verdeutlichen, wie etwa »Die kokette Gärtnerin« (KSM 1983/413), »Der Architekt« (KSM 1983/421), »Der genügsame Landmann« (KSM 2001/360) oder »Die geizige Alte« (KSM 2001/359). Sie gehören der Gattung sogenannter Genrebilder an, die alle Bereiche der inneren und äußeren Welt des menschlichen Alltags zeigen, dargestellt durch Personen in standesgemäßer Kleidung und stets sinnbildlich für die moralischen Kategorien des Bürgertums, wie etwa »Die kokette Gärtnerin« für die Natürlichkeit, die zu einem Zyklus der vier Jahreszeiten gehört, oder »Der gefällige Gärtner« (KSM 1983/417).[18] Daneben bewahrt die Sammlung des KSM Porträts berühmter Gelehrter, wie etwa »Der sterbende Rousseau« (KSM 2014/218) oder »Franklin

17 Frank Matthias Kammel: Dresdner Büsten aus staffiertem Wachs. Ein Beitrag zur kleinformatigen Keroplastik des späten 18. Jahrhunderts, in: Anzeiger des Germanischen Nationalmuseums 2012, S. 33–50, bes. S. 37–43; Anna Pawlik: Zur Materialvielfalt der Wachsbildnisse von Christian Benjamin Rauschner im späten 18. Jahrhundert, in: Anzeiger des Germanischen Nationalmuseums (im Druck).

18 McDaniel-Odendall: Wachsbossierungen (Anm. 3), S. 39.

Abb. 3: Zyklus »Die vier Lebensalter der Frau« (»Die Jungfrau« fehlt im Bestand des Kölnischen Stadtmuseums), Kaspar Bernhard Hardy, 1780–1800. Köln, Kölnisches Stadtmuseum, Inv.-Nr. KSM 1993/395 (Das Kind), KSM 1983/416 (Die Mutter), KSM 1983/414 (Die Großmutter) (Foto: Historisches Archiv mit Rheinischem Bildarchiv, Tobias Kreusler, rba_d064739_01)

vor einem Denkmal-Sockel« (KSM 1983/418). Religiöse Bildwerke finden sich im Œuvre des Domherrn Hardy erstaunlich wenig, ein seltenes Beispiel ist »Der hl. Bruno« (KSM 1983/424). Eine der wenigen mythologischen Szenen, die Hardy schuf, findet sich ebenfalls in der Sammlung des KSM, sie zeigt »Minerva, Merkur und den gefesselten Mars« (KSM 1983/425).

Vorgestellt werden soll hier ein vierteiliger Zyklus mit der Bezeichnung »Die vier Lebensalter der Frau«, von denen in der Sammlung des KSM »Das Kind«, »Die Mutter« und »Die Großmutter« erfasst sind (Abb. 3),[19] nicht vorhanden ist (bislang) »Die Jungfrau«. Alle Bildwerke zeigen meist ins Halbprofil gedrehte Halbfiguren unterschiedlicher Lebensalter bei typischen Tätigkeiten ihres Lebensalters, Spielen, [Nähen], das Kind wiegen, lesen. Durch die Wendung der Figuren zueinander ergeben die beiden ersten und die beiden letzten gewissermaßen Bildpaare.[20] Die kleinen Frauenbildnisse sind in gleich große gerahmte Kästen eingestellt von 22 Zentimetern Höhe, 18 Zentimetern Breite und circa 7 Zentimetern Tiefe.

Im Sinne eines »Memento Mori – Bedenke, dass du sterblich bist« hielten Darstellungen der menschlichen Lebensstufen, meist auf graphischen Blättern, ab dem 17. Jahrhundert Einzug in bürgerliche Wohnstuben. Hardys Varianten

19 Inventarnummern der Wachsbossierungen: »Das Kind« KSM 1993/395; »Die Mutter« KSM 1983/416; »Die Großmutter« KSM 1983/414 .

20 Eine ausführliche Beschreibung bei McDaniel-Odendall: Wachsbossierungen (Anm. 3), S. 55–61.

dieses Zyklus erfreuten sich in Köln und Umgebung großer Beliebtheit, sie konnten sowohl vollständig als wohl auch einzeln erworben werden. Wallraf erwähnte Hardys »Lebensalter der Frau« 1799 in seiner Ode: »[...] Lina! Bist noch Lina durch jegliches Stufenalter«.[21] In seinem Kommentar bezeichnete er den Zyklus als die Idealvorstellung des weiblichen Alters, »in den Beschäftigungen und in den geziemenden Geiste ihres Kostüms und ihrer Gefühle«.[22]

Hardys Frauenfiguren weisen erstaunliche Ähnlichkeiten auf, was sich technisch dadurch erklären lässt, dass er zunächst vier identische Köpfe schuf, die er dann mittels Feinmodellierung und Einsatz von Farben den Lebensaltern anpasste.[23] Hardy entnahm die Vorbilder für seine Darstellungen französischen Graphiken, verarbeitete aber auch zeitgenössische Diskurse, wenn er beispielsweise die Mutter mit dem nur lose eingewickelten Kind zeigt.[24] Der Philospoph und Pädagoge Jean-Jacques Rosseau (1712–1778) hatte festgestellt, dass Kinder aufgrund eines natürlichen Bewegungsdranges nicht zu eng gewickelt werden sollten, was in der gelehrten Pädagogik diskutiert und in der Praxis durchaus aufgegriffen wurde. Der Künstler Daniel Chodowiecki (1726–1801) orientierte sich an Rosseaus Lehren und zeigte erstmals in Deutschland die stillende Mutter mit einem kindgerechte gekleideten Säugling.[25]

Erwähnt werden soll noch ein weiterer Kölner Wachsbossierer, dessen Werke in der Sammlung des Museums für Angewandte Kunst Köln und des KSM vertreten sind: Ludwig Hagbolt, 1794 in Uerdingen geboren und 1846 in Köln verstorben.[26] Er und sein Bruder Jakob Hermann (1775–1849) waren Schüler von Kaspar Bernhard Hardy, Jakob betrieb seine Kunst ab 1802 lange Zeit in Amsterdam und London.[27] Ludwig Hagbolt hingegen fertigte in Köln zahlreiche, meist monochrom cremefarbene Wachsporträts, vor allem kleinformatige Profilbildnisse bekannter Persönlichkeiten aus der Domstadt (vgl. Abb. 1 und 2). Auch er fand durchaus lobende Worte bei Goethe, wenngleich dieser seine Konzentration auf die Porträtbildnisse offenbar bedauerte: »Ein Schüler dieses würdigen Mannes [Hardy], Herr Hagbold, beschäftiget sich mit ähnlichen Arbeiten; doch hat er bisher nur Profil-Portraite geliefert, denen man eine glücklich Aehnlichkeit nicht absprechen kann. Die Reinlichkeit und Feinheit der Kleidungs- und Putzstücke an diesen Bildern ist höchlich

21 Wallraf: Ausgewählte Schriften (Anm. 8), Strophe 21.
22 Ebd., S. 371.
23 McDaniel-Odendall: Wachsbossierungen (Anm. 3), S. 86–89.
24 Vgl. RBA, fm1558559, Hamburg, Museum für Kunst und Gewerbe. Hier zeigt Hardy das Kind noch eng gewickelt an der entblößten Brust der Mutter.
25 Dazu McDaniel-Odendall: Wachsbossierungen (Anm. 3), S. 58 f.
26 Pyke: Wax Modellers (Anm. 2), S. 62.
27 Merlo: Kölnische Künstler (Anm. 2), Sp. 320 f.; Pyke: Wax Modellers (Anm. 2), S. 61 f.

zu loben, und wenn er sie in der Folge, sowohl von vorn in voller Ansicht, ganz rund, als von der Seite, nur halb erhaben ausführen wird, so kann es ihm an Beyfall und Kunden nicht fehlen«.[28] Wenngleich Hagbolt nicht in dem Maße auch beruflich der kirchlichen Autorität in Köln nahestand wie Hardy qua Weihe und Amt, sind von Hagbolt bemerkenswert zahlreiche Bildnisse von Kölner Geistlichen überliefert, darunter der Domdechant Dr. Johann Hüsgen (1769–1841), Joseph von Hommer, Bischof von Trier (1824–1836; HM 1910/133) und der Kölner Erzbischof Ferdinand August von Spiegel (1824–1835; HM 1899/115, HM 1900/473 und KSM 1958/179), allesamt Zeitgenossen Hagbolts.

Nachdem J. P. Bachem dem Museum schon 1891 das Wachsbildnis von Ferdinand Franz Wallraf aus der Hand Hagbolts schenkte, kamen die Wachsbossierungen des Kölnischen Stadtmuseums in den Folgejahren meist durch Ankäufe aus dem Kunsthandel in die Sammlung. Nach einer langen Erwerbspause wurde ein Konvolut an Hardy-Bossierungen 1983 aus dem Museum für Angewandte Kunst an das Stadtmuseum überwiesen; zuvor gehörten sie zum Bestand des Wallraf-Richartz-Museums. Darauf folgen sukzessive Ankäufe aus dem Kunsthandel, die sich vor allem auf Wachse von Hardy konzentrierten, zuletzt 2012. Bevor sie diese Reise ins Museum antraten, gelangten Kölner Wachsbossierungen ausgehend von Kaspar Bernhard Hardy in die Wohnstuben der Stadt, der Region und darüber hinaus.

Dass sie bis heute bundesweit in Museen aufbewahrt, aber nur selten präsentiert und noch seltener wissenschaftlich untersucht werden, spiegelt die geringe Wertschätzung, die den kleinplastischen Werken schon im 18. und 19. Jahrhundert gegenüber den Werken der sogenannten »Hochkunst« entgegengebracht wurde. Dabei spielte zum einen das vermeintlich minderwertige Material eine Rolle – welches sonst eher zu vorbereitenden Arbeiten in der Bildhauerei und in Gussverfahren gebraucht wurde und nicht zu eigenständigem Wert kam –, ebenso wie die meist dilettantisch erlernte Fertigkeit von »Nebenberuflern«. Dabei sind sie als Zeugnisse der Kunst, mit der sich das gehobene (und weniger gehobene) Bürgertum in den Städten im Alltag umgab, von hohem Interesse für das Geistesleben ihrer Zeit. Nicht zuletzt ehren sie in den kleinformatigen Porträts geistige, naturwissenschaftliche und kulturelle Errungenschaften im Zeitalter der Aufklärung, die im Bürgertum aufgegriffen und verbreitet wurden.

28 Goethe: Kunst und Alterthum (Anm. 1), S. 24 f.; Vgl. Merlo: Kölnische Künstler (Anm. 2), Sp. 321.

Die Entdeckung und Zerstörung eines Luftschutz-Reliefs

von Andreas Altena

1. Die Entdeckung der Luftschutz-Propaganda im Agnesviertel

Ein bisher unbekanntes bauliches Relikt aus der Zeit des Nationalsozialismus wurde kürzlich durch die Kontaktaufnahme einer Anwohnerin der Weveling-hovener Straße Nr. 3–5 im Kölner Agnesviertel bekannt. Da an den Wohnhäusern größere Modernisierungsarbeiten anstanden, sollten dort vorhandene Fassadenreliefs aus dem Jahr 1935 entfernt werden. Einige Bewohner lehnten die Zerstörung der bildhauerischen Werke ab und versuchten die Wohnungsgenossenschaft davon abzubringen. Leider hatten sie damit keinen Erfolg, da eine Eintragung des Baudenkmals in die Denkmalliste der Stadt Köln bisher nicht erfolgt war. Der Grund hierfür ist höchstwahrscheinlich in der Tatsache zu suchen, dass die denkmalwürdigen Häuser mit ihrem historischen Bauschmuck einfach nicht bekannt waren. Jedenfalls konnten sich die engagierten Bewohner in dieser kulturell bedeutsamen Frage nicht durchsetzen, das Kölner Denkmalamt wurde verspätet informiert und zeigte wenig Interesse an dem bisher unbekannten Baudenkmal. Nachdem alle Relikte dem Schutt überantwortet waren, erhielt das Institut für Festungsarchitektur (CRIFA) das Schreiben der Anwohnerin mit der Bitte, sich um die historische Erforschung und die Dokumentation für die Nachwelt zu kümmern.

Aber um welche Art von Relikten handelte es sich überhaupt? Nach Mitteilung der erwähnten Anwohnerin waren bis zur Modernisierung der Häuser die ehemaligen Luftschutzkeller mit Gasschutztüren noch teilweise erhalten. Hinsichtlich der Reliefs ließ sich aufgrund überlassener Fotografien bei erster Sichtung feststellen, dass der Eingangsbereich eines der Häuser mit Steinplatten-Reliefs aus der NS-Zeit zum Thema »Luftschutz« versehen waren.

Im Eingangsbereich befand sich rechtsseitig ein großes Steinplatten-Relief mit Darstellung einer Szene unter dem Leitspruch »Luftschutz sichert dein Leben«. Der obere Teil des Reliefs zeigt eine städtische Silhouette mit zwei Wohn- oder Geschäftshäusern sowie einem Kirchturm und einem Hochhaus. Der angedeutete Stadtteil ist einem Luftangriff ausgesetzt, der hier in Gestalt eines einzelnen Flugzeugs und dreier herabstürzender Bomben dargestellt ist. Die Form des Flugzeugs ist stilisiert ausgeführt und lässt keine Merkmale eines bestimmten

Abb. 1: Fassadenrelief des Bildhauers Josef Pabst an der Wevelinghovener Str. 3–5, Köln (Foto: Urheber unbekannt)

Flugzeugtyps erkennen. Hinter dem rechtsseitigen Hochhaus richten sich Strahlen in Richtung des Flugzeugs, welche den Lichtstrahl eines Scheinwerfers der Flak veranschaulichen. Die Bomben sind perspektivisch in verschiedenen Größen abgebildet. Eine große Bombe, die das Bild im Vordergrund dominiert, schlägt in den Boden ein und aus vorderem Wohnhaus und Kirchturm schlagen Flammen. Der markante Kirchturm ist als Turm der Pfarrkirche St. Agnes zu identifizieren und das rechts abgebildete Hochhaus zeigt das siebzehnstöckige Hansahochhaus. Beide Gebäude sind im nahen Umfeld der Wevelinghovener Straße gelegen und fungieren im Motiv als Wahrzeichen. Unter dem Schriftzug »LUFTSCHUTZ SICHERT DEIN LEBEN«, der das Bild in einen oberen und

Abb. 2: Fassadenrelief mit Gasmaske an der Wevelinghovener Str. 3–5, Köln (Foto: Urheber unbekannt)

einen unteren Bereich aufteilt, ist eine Familie mit drei Kindern zu sehen, die sich in einem Gewölbe, dem Schutzraum, aufhält. Die links auf einem Stuhl sitzende Frau hält ein Kleinkind auf dem Schoß in den Armen. Der rechts stehende Mann hat den (vom Betrachter aus gesehen) rechten Arm auf die Schulter eines stehenden kleinen Jungen gelegt, der wiederum schutzsuchend seinen Arm um die Hüfte des Vaters gelegt hat. Mittig sitzt ein Mädchen auf einem Hocker, das eine Puppe hält und sich in Richtung der Mutter und des Kleinkinds wendet. Unter dem Hocker, perspektivisch davor, befindet sich ein Korb, dessen Inhalt nicht genauer bestimmbar ist. Der linke Arm des Vaters ist über dem Kopf des Mädchens in Richtung der Mutter gerichtet und seine Hand berührt ihre Schulter. Eine Deckenlampe erhellt die familiäre Szene und nimmt dem Gewölbekeller seine beunruhigende Dunkelheit. Es ergibt sich eine Komposition, die alle Abgebildeten in einer vertrauten, familiären Nähe zeigt. Zudem rahmt der Vater mit seinen Armen die Familie ein und zeigt so seine Rolle als Familienoberhaupt und Beschützer. Das für die Zeit des Nationalsozialismus typische Bild einer vorbildlichen deutschen Familie wird durch die Kleidung und Haartracht, so sie denn erkennbar ist, unterstrichen. Die Mutter trägt ein hochgeschlossenes Kleid mit breitem Kragen und hat die langen Haare züchtig zu einem Haarknoten am Hinterkopf gebunden. Ihre Tochter hat ihre Haare zeitgemäß zu Zöpfen gebunden und der Sohn trägt eine kurze Hose mit Hosenträgern, die an eine Lederhose im bayerischen Stil erinnert. Der Vater ist recht unauffällig mit Hemd und Hose gekleidet, allerdings mutet die Fußbekleidung wie hohe Schaftstiefel an, was auf eine zeittypische Uniformierung der NSDAP oder einer deren Gliederungen hindeuten würde.

Die Bomben und die aus dem Kirchturm und dem linken Haus schlagenden Flammen verleihen der Szene eine furchterregende Dramatik, wohingegen der untere Bildteil Schutz und Geborgenheit vermittelt. Die Schutzwirkung wird noch verdeutlicht durch den Einschlag der Bombe direkt oberhalb des Gewölbekellers, welcher ganz offensichtlich dadurch nicht beeinträchtigt wird.

Ein weiteres, kleineres und weniger künstlerisch gestaltetes Relief zeigt im oberen Teil eine Gasmaske und darunter, durch den Filtereinsatz der Gasmaske unterbrochen, wiederum den Schriftzug »LUFT – SCHUTZ SICHERT DEIN LEBEN«. Die Gasmaske ist etwas vereinfacht dargestellt, jedoch sind typische Merkmale wie Kopfbänder, Augengläser, Filter-Mundstück und Filtereinsatz erkennbar. Anhand der an den Augengläsern sichtbaren Gitter, der Form des Filtereinsatzes und der Gesamterscheinung lässt sich die Gasmaske als Rahmenmaske Modell 1917 des deutschen Heeres aus dem Ersten Weltkrieg identifizieren.[1] Masken dieser Ausführung wurden nach 1918 im Rahmen des Arbeitsschutzes in Gewerbe und Industrie sowie von der Reichswehr und nach 1933 in Restbeständen von der Wehrmacht verwendet. Dieser Gasmaskentyp war daher Mitte der 1930er Jahre noch sehr geläufig, zumal die neue Gasmaske für den aktiven zivilen Luftschutz, die sogenannte S-Maske, erst ab Frühjahr 1934 ausgeliefert wurde und die Volksgasmaske für die ganze Bevölkerung noch nicht entwickelt worden war.[2]

Eine andere Steinplatte im Eingangsbereich zeigte folgende Inschrift:

»ERBAUT 1935 BEAMTENWOHNUNGSVEREIN ZU KÖLN E▪G▪M▪B▪H VON ARCHITEKT B▪D▪A▪ FRANZ SEUFFERT – KÖLN«

Der Bauträger war demnach der am 15. Oktober 1898 gegründete Kölner Beamten-Wohnungsverein eGmbH,[3] der 1941 mit der Gemeinnützigen Beamten-Baugesellschaft Köln und der Köln-Nippeser Bau- und Spargenossenschaft zur heutigen Wohnungsbaugenossenschaft zu Köln eG (GWG) vereinigt wurde.[4] Bei Franz Seuffert (1885–1961) handelt es sich um einen Kölner Architekten,

1 Egidio Rossi/Marco Pisani/Andrea Brambilla: Der Gaskrieg im Ersten Weltkrieg. Gasschutz und Gasmasken bei den Armeen im Deutschen Reich, in Österreich-Ungarn und Italien, Wien 2021, S. 157, 161; [ohne Autor:] Zur Entwicklung des Gasschutzes Teil 2, in: August Schrimpff (Hg.): Gas- und Luftschutz, Zeitschrift für das gesamte Gebiet des Gas- und Luftschutzes der Zivilbevölkerung, Heft 2, 14. Jg. 1944, S. 30.

2 VESMA – Verteilungsstelle für S-Masken, Berlin (Hg.): Rundschreiben vom März 1934.

3 Die Abkürzung eGmbH bedeutet »eingetragene Genossenschaft mit beschränkter Haftung«. Diese Rechtsform war keine Gesellschaft im Sinne des Handelsgesetzbuchs, sondern eine Genossenschaft.

4 Zur Geschichte der GWG zu Köln e. G.: www.gwgzukoeln.de/ueber-uns/historie.html [Stand: 10.04.2023].

Abb. 3: Fassadeninschrift an der Wevelinghovener Str. 3–5, Köln (Foto: Urheber unbekannt)

der neben zahlreichen Mehrfamilienhäusern unter anderem in Nippes und in Lindenthal im Auftrag der »Köln-Lindenthaler vereinigten Spar- und Baugenossenschaft« einige bekannte Bauten wie das Herkuleshaus, Liebigstr. 145, in Neu-Ehrenfeld (1921) und das Kolpinghaus in Köln-Mülheim (1929) entwarf. Zudem wurden Wohnhäuser im gesamten Stadtgebiet nach seinen Plänen errichtet. Das Werkverzeichnis enthält in der Wevelinghovener Straße Nr. 7 ein Wohnhaus, die Bauten Nr. 3–5 sind jedoch nicht verzeichnet.[5] Seuffert war Mitglied im BDA, Bund Deutscher Architekten,[6] der bis in die Zeit des Nationalsozialismus eine Vereinigung freiberuflicher Architekten war. Im Jahr 1934 wurde der BDA »gleichgeschaltet« und fungierte seitdem als Standesvertretung der Architekten innerhalb der Reichskammer der bildenden Künste.

2. *Historische Einordnung*

Die Wohnhäuser müssen zwischen August und Dezember 1935 fertiggestellt worden sein, da noch Ende Juli 1935 innerhalb des Beamten-Wohnungsvereins über die Vergabe von Arbeiten für die Außengestaltung und die Einrichtung der Luftschutzkeller beraten wurde. Vorstand und Aufsichtsrat beschlossen, dass eine Verbindungstür mit Schleuse (Vorraum) zwischen den Häusern Wevelinghovener Straße Nr. 7 (Althaus) und Nr. 5 (Neubau) zum Luftschutzkeller installiert

5 Wolfram Hagspiel: Lexikon der Kölner Architekten vom Mittelalter bis zum 20. Jahrhundert, Köln 2022, S. 1851 f.

6 Heute »Bund Deutscher Architektinnen und Architekten BDA e. V.«.

werden solle. Zudem sollten die Luftschutztüren, Türzargen und Blendrahmen durch die Firma Geldschrank-Gesellschaft m. b. H. Peltz in Düsseldorf geliefert und eingebaut werden. Der Auftrag für die im Haustürbereich geplanten Plastiken mit künstlerischer Umsetzung des Themas »Luftschutz« wurden an Josef Pabst (1879–1950) vergeben. Die Kosten dafür wurden auf 435,– Reichsmark festgesetzt, sodass davon auszugehen ist, dass dem Leitungsgremium des Beamten-Wohnungsvereins bereits ein Kostenvoranschlag vorlag.[7] Der Bildhauer Pabst lebte seit 1909 in Köln und arbeitete überwiegend im Rheinland. Er hatte unter anderem um 1924 Plastiken für die Kölner Messehallen sowie fünf Fassadenfiguren für das Hansahochhaus geschaffen. In der Zeit des Nationalsozialismus passte Pabst seine Kunst der neuen NS-Ästhetik an und schuf beispielsweise Intarsienarbeiten im Gebäude des Reichsluftfahrtministeriums in Berlin und in der NS-Ordensburg Vogelsang.[8]

Die Ursprünge der Luftschutzbewegung reichen bis in die Zeit der Weimarer Republik zurück. In den 1920er Jahren befand sich das Deutsche Reich in der Situation, dass es durch den Versailler Vertrag am Aufbau einer Verteidigungsfähigkeit gegenüber der nach dem Ersten Weltkrieg in den meisten Nachbarstaaten etablierten »aerochemischen Waffe« gehindert war. Neue technische Möglichkeiten durch die Weiterentwicklung der Luftstreitkräfte mit Bombenflugzeugen, die höhere Reichweiten hatten und größere Bombenlasten tragen konnten, sowie die Verbesserung von chemischen Kampfmitteln, die aus der Luft versprüht oder als Gasbomben abgeworfen werden konnten, und die Entwicklung von Brandbomben ließen die Militärs neuartige Strategien ersinnen. Demnach sollten in zukünftigen Kriegen große Luftflotten strategische Angriffe auf industrielle Zentren und Großstädte im Kernland des Feindes durchführen, um innerhalb der ersten Kriegswochen die wirtschaftliche und moralische Basis der gegnerischen Kriegführung zu brechen. Verheerende Luftangriffe mit Spreng-, Brand- und Giftgasbomben sollten Bevölkerung und Industrie treffen und so die Kriegsentscheidung im feindlichen Hinterland herbeiführen. Gegen diese Luftkriegsstrategie wurden in den meisten Ländern militärische Luftabwehrmaßnahmen mit Flugabwehrgeschützen (Flak) und Abfangjägern sowie zivile Luftschutzmaßnahmen ergriffen. Der Luftschutz umfasste in der Regel die Ausbildung eines Teils der Bevölkerung in Bereichen wie Löschen von Entstehungsbränden, Sanitätsdienst, Gasabwehr mittels Gasmasken sowie

7 Dokument »Gemeinsame Sitzung von Vorstand und Aufsichtsrat am Mittwoch, 31. Juli 1935 – 17 Uhr – im Geschäftszimmer, Genter Str. 9«; HAStK, Bestand 7710 (Bau- und Siedlungsgenossenschaften), A 16 Beamten-Wohnungsverein zu Köln (gegr. 1898).

8 Wikipedia-Eintrag zum Bildhauer Josef Pabst: https://de.wikipedia.org/wiki/Josef_Pabst [Stand: 10.04.2023].

die Einrichtung von Luftschutzräumen in Kellern oder eigens errichteten Bunkern. Der zivile Luftschutz wurde erst durch das Pariser Luftfahrtabkommen 1926 erlaubt und in der Folge zaghaft aufgebaut.[9] Größere Anstrengungen unternahm ab 1933 die NS-Regierung, da der zivile Luftschutz in der zunächst verschleierten aggressiven außenpolitischen Agenda der Nationalsozialisten ein probates Mittel war, die außenpolitische und später militärische Expansion gegenüber den potenziell gegnerischen Luftstreitkräften Frankreichs und Polens zu decken. Die Luftschutzorganisation wurde dem neu geschaffenen Reichsluftfahrtministerium zentral unterstellt. Mit dem Luftschutzgesetz vom 26. Juni 1935 wurde die Grundlage für eine umfassende Mobilisierung der Zivilbevölkerung geschaffen.[10] Allerdings wurden viele Detailfragen wie der Bau von Luftschutzanlagen in Wohnhäusern bis zum Erlass von Durchführungsbestimmungen zurückgestellt. Vor allem der private Schutzraumbau konnte nicht flächendeckend durch staatliche Stellen geplant und finanziert werden, sodass mit der zweiten Durchführungsverordnung zum Luftschutzgesetz vom Mai 1937 den Bauträgern von Wohnhäusern eine Verpflichtung zum Schutzraumbau in Um- und Erweiterungsbauten sowie Neubauten auferlegt wurde. Die Kosten der Luftschutzräume wurden staatlicherseits nicht übernommen, konnten aber über Steuererleichterungen teilweise geltend gemacht werden.[11] Dennoch waren derartige zusätzliche Bauaufgaben mit finanziellen Lasten verbunden und wurden deshalb nicht gerne ausgeführt.

Offenbar hatte der Kölner Beamten-Wohnungsverein bereits im Jahr 1935, also zwei Jahre vor der gesetzlichen Schutzraumbaupflicht, trotz der zusätzlichen Kosten, die zu diesem Zeitpunkt mangels gesetzlicher Grundlage noch nicht steuerlich geltend gemacht werden konnten, ein großes Interesse am Bau von Luftschutzräumen. Außerdem wollte man die Luftschutzmaßnahmen an den Wohnhäusern künstlerisch und propagandistisch nach außen darstellen. Dazu engagierte der Vorstand einen bekannten Bildhauer und gab für die künstlerische Gestaltung einen Betrag von 435 Reichsmark aus. Die Beweggründe des Vorstands des Beamten-Wohnungsvereins für eine so frühzeitige und mit

9 Walter Haag: Aus der Geschichte des Luftschutzes: Reichswehr und Luftschutz 1919–1932 (Teil 1), S. 98–102, in: Heinrich Paetsch/Erich Schmitt (Hg.): Ziviler Luftschutz, vormals »Gasschutz und Luftschutz«. Wissenschaftlich-technische Zeitschrift für das gesamte Gebiet des zivilen Luftschutzes, Mitteilungsblatt amtlicher Nachrichten, Koblenz, 22. Jg. 1958, Heft Nr. 5.

10 Erich Hampe: Der zivile Luftschutz im zweiten Weltkrieg. Dokumentation und Erfahrungsberichte über Aufbau und Einsatz, Frankfurt am Main 1963, S. 17 ff.

11 Kurt Knipfer: Die Durchführungsbestimmungen zum Luftschutzgesetz, in: Gas- und Luftschutz, Zeitschrift für das gesamte Gebiet des Gas- und Luftschutzes der Zivilbevölkerung, Heft 5, 7. Jg. 1937, S. 113–121.

Außenwirkung versehene Investition in Luftschutzmaßnahmen lassen sich beim derzeitigen Forschungsstand nicht nachvollziehen. Jedenfalls waren die Reliefs ein seltenes Zeugnis früher Luftschutz-Propaganda im NS-Staat.

3. Kunsthistorische Einordnung und Beurteilung

Bemerkenswert am Motiv ist die Darstellung von zwei prominenten Kölner Bauwerken, der Agneskirche und dem Hansahochhaus. Das Bild des Untergangs der Stadt und ihrer herausragenden Gebäude in einem Flammenmeer wirkt auf den Betrachter, der die nachfolgenden Ereignisse kennt, geradezu prophetisch, was sicherlich in dieser Form weder Auftraggeber noch Künstler beabsichtigt hatten. Der direkte Bezug zu herausragenden Kölner Bauten unterstreicht – bei aller gebotener Zurückhaltung gegenüber der in Aussage und politischer Botschaft in der Regel abzulehnenden NS-Kunst – die Bedeutung des Kunstwerks für die Kölner Stadtgeschichte.

Die Reliefs von Josef Pabst lassen sich in Köln nur mit Flachreliefs von Willy Meller (1887–1974) im Portal des Evangelischen Gemeindehauses in Bayenthal vergleichen. Errichtet in den Jahren 1933/34 nach Plänen des Kölner Architekten Clemens Klotz (1886–1969), zeigen die Reliefs linksseitig Martin Luther mit Lutherrose und auf der rechten Seite einen SA-Mann sowie einen Reichsadler mit Hakenkreuz. Die rechtsseitigen Reliefs wurden nach Kriegsende abgeschlagen und sind nur noch in Umrissen erkennbar.[12] Meller erlangte Bekanntheit durch seine bildhauerischen Monumentalwerke für die nationalsozialistische Diktatur, beispielsweise die Plastiken in der NS-Ordensburg Vogelsang (unter anderem »Sportlerrelief« und »Fackelträger«) oder am Berliner Olympiastadion (»Deutsche Nike«). Auch Clemens Klotz entfaltete seine Tätigkeit durch die Gunst der NS-Machthaber und entwarf unter anderem die Bauten der NS-Ordensburg Vogelsang sowie die gigantische Ferienanlage des »KdF-Seebads Prora« auf Rügen.[13] Bis zur NS-Machtübernahme hatte Klotz, ebenso wie Seuffert, sein Geld mit der Planung von Wohn- und Geschäftshäusern in Köln verdient. Der Architekt Seuffert stand jedoch wie der Bildhauer Josef Pabst nie in der Reihe der vom NS-Staat bevorzugten Künstler. Pabst hatte in den 1920er Plastiken für die Kölner Messehallen

12 Beitrag »Das Martin-Luther-Haus«: www.kirche-bayenthal.de/ueber-uns/orte/gemeindehaus [Stand: 25.04.2023].

13 Beitrag »Das Dokumentationszentrum Prora in der Anlage des geplanten KdF-Seebades Rügen«: www.proradok.de [Stand: 25.04.2023].

Abb. 4: Fassadenreliefs von Willy Meller am Martin-Luther-Haus (Evangelisches Gemeindehaus), Köln-Bayenthal. (Foto: Andreas Altena, Köln)

und fünf Fassadenfiguren am Kölner Hansahochhaus (gemeinsam mit Franz Albermann, 1877–1959) erschaffen, die alle nicht erhalten sind.[14] Eine Verknüpfung der künstlerischen Wege der Kölner Clemens Klotz, Willy Meller und Josef Pabst findet sich schließlich im Großbauprojekt der NS-Ordensburg Vogelsang. Dort schuf Pabst Intarsienarbeiten, welche sich heute im Gebäude Landsbergstraße 16 in Köln befinden und vermutlich die letzten erhaltenen Werke dieses Künstlers darstellen.[15] Ob es sich jedoch bei den Reliefs und Inschriften um das vollständig erhaltene Bildhauerwerk handelt oder ob es ursprünglich einen weiteren Bildteil mit Darstellung von NS-Symbolen gab, die wie bei Mellers Ausgestaltung des Portals des Evangelischen Gemeindehauses nach 1945 abgeschlagen wurden, lässt sich anhand der vorhandenen ausschnittartigen Fotografien nicht beurteilen. Auch die genaue Anordnung und Lokalisation ist zurzeit nicht ganz nachvollziehbar.

14 Siehe Anm. 9.
15 Programm zum Tag des offenen Denkmals 9. September 2012: Privatmuseum »2.000 Jahre Geschichte im Vringsveedel« Landsbergstraße 16 E: https://web.archive.org/web/20120907021157/http:/www.stadt-koeln.de/mediaasset/content/pdf480/tag_des_offenen_denkmals_2012.pdf [Stand: 25.04.2023].

Die zerstörten Luftschutzreliefs waren ein einzigartiger Beleg für die Bildhauerarbeiten von Josef Pabst. Sie hatten im oben umrissenen Kontext einen außergewöhnlichen Stellenwert für die Kölner Geschichte des Nationalsozialismus, wenn auch betont werden muss, dass hier die mahnende und erinnernde Funktion hinsichtlich der frühzeitig erkennbaren aggressiven Ausrichtung des NS-Regimes und dessen wirksamer Propaganda einen bedeutsameren Aspekt darstellt als der künstlerische Wert. Im Zusammenhang mit der bildhauerischen Darstellung und der oben geschilderten frühen Entstehung hatten auch die baulichen Relikte der Luftschutzkeller einen historischen Wert, der eine mindestens teilweise Erhaltung und Dokumentation hätte nach sich ziehen müssen.

Das geschilderte Geschehen um das Luftschutzrelief ist überdies ein Beispiel für den nur graduellen Unterschied zwischen »Baudenkmal« und »eingetragenem Baudenkmal«. Der Eintrag in die Denkmalliste begründet eben nicht, wie vielfach falsch angenommen, die Denkmalwürdigkeit eines Bauwerks, sondern hat lediglich deklaratorischen Charakter und stellt zudem einen gewissen rechtlichen Schutz vor willkürlicher Veränderung oder gar Zerstörung her. Demnach kann ein nicht in die Denkmalliste eingetragenes Objekt durchaus ein Baudenkmal sein, ungeachtet der Gründe, die einer Eintragung bisher entgegenstanden. Laufend werden Bauwerke, die zunächst aufgrund massenhafter Verbreitung und/oder bloßer zeitlicher Neuartigkeit als keinesfalls schützenswert oder gar historisch betrachtet wurden, durch die Zeit seltener, im Auge der Öffentlichkeit ästhetischer (wenn auch Ästhetik kein Kriterium der Denkmalwürdigkeit ist), mit historischer Bedeutung aufgeladen und manchmal sogar als kunsthistorisch wertvoll erkannt. Insofern ist die Sensibilität der Öffentlichkeit hinsichtlich denkmalwürdiger Bauten besonders gefragt. Leider fehlte den Vertretern der Wohnungsgenossenschaft die Sensibilität im Umgang mit ihrem historischen Erbe oder zumindest der offene Geist, welcher Neugier und die richtigen Fragestellungen erst möglich macht. Die Zerstörung lässt sich nun nicht mehr rückgängig machen, aber die vorliegende Dokumentation mit historischer Einordnung trägt vielleicht dazu bei, die Sensibilität gegenüber nicht eingetragenen Baudenkmälern zu erhöhen.

Dieses historische Zeugnis wäre nicht bekannt geworden ohne das Engagement von Frau Elvira Bublitz, die wertvolle Informationen und Fotos übermittelte und somit eine nachträgliche Dokumentation erst möglich machte. Mein besonderer Dank gilt daher Frau Bublitz. Ebenfalls danken möchte ich Herrn Thomas Deres vom Historischen Archiv der Stadt Köln für die Unterstützung bei der Quellenrecherche.

Rezepte für Erkenntnisgewinn – ein Essay

von Sandro Kenda

»Enten legen ihre Eier in Stille, Hühner gackern dabei wie verrückt. Was ist die Folge? Alle Welt isst Hühnereier«. Diese Weisheit, so wird berichtet, wird Henry Ford, dem legendären Autopionier zugerechnet. Dabei ist es fast schon nebensächlich, ob sie einen wahren Sachverhalt beschreibt und sie wirklich von Henry Ford stammt oder eben nicht. Bei vielen Leserinnen und Lesern wird sie vermutlich Neugier auslösen, die Frage nach ihrem wahren Kern wird möglicherweise zum Nachdenken anregen. Es ist für mich schwer vorstellbar, dass jemand einem derartigen Einstieg in einen Text widersteht und sich abwendet. Zumindest einmal um die nächste Ecke gehen und schauen, was da noch kommt, erscheint selbst für weniger vorwitzige Zeitgeister als wahrscheinliche Option. Das moderne Storytelling verwendet zunehmend solche – legitimen – Kniffe und hat sich zu einem etablierten Werkzeug der zeitgemäßen Kommunikation gemausert. Nicht nur seriöse Journalisten und PR-Fachleute bedienen sich dieser wirkmächtigen Technik, auch in weiten Teilen der Wissenschaft hat sich die Erkenntnis durchgesetzt, mithilfe lebendiger Erzählweise mehr Menschen in den Bann zu ziehen. Warum auch nicht? Hat die Wissenschaft doch mit ihrem Erkenntnisgewinn eine unbestrittene Daseinsberechtigung und einen gesellschaftlichen Auftrag, so weit in die Mitte der Lebensrealität der Menschen vorzudringen, wie irgend möglich. Was also liegt näher, als Geschichte in einem luftigen Gewand zu präsentieren, ohne den Lesefluss hindernde Fußnoten, ohne den Zwang zur Beweisführung, stattdessen mit einer permanenten Verbindung der Vergangenheit mit der Gegenwart gesegnet, die die Geschichtsbegeisterten wie durch eine VR-Brille betrachtet in eine zeitenübergreifende Realität befördert. Niemand kann mit Bestimmtheit sagen, welchen Stellenwert die heutige Wirklichkeit in den Augen der künftigen Generationen haben wird. Der Versuch, Geschichte zu berühren, mit ihr in den Dialog zu treten und sie durch eine lebendige Darstellungsweise für weitere Zielgruppen erleb- und erfahrbar zu machen, wird hier unternommen. Die Entscheidung für die Erzählform der Anekdote ist dabei bewusst und mit großer Entschiedenheit getroffen worden. Ist sie doch wie geschaffen, eine in sich geschlossene Begebenheit aus dem realen Leben darzustellen und einen möglichen Erkenntnisgewinn daraus zu ziehen.

1. *Ein Zufallsfund und seine Folgen*

In der GiK-Ausgabe 69 (2022) wird in der Miszelle von Carlotta Kenda der Ursprung dieser spannenden Folge an Ereignissen beschrieben.[1] Zur Erinnerung: Für eine schulische Arbeit wurde anhand der in Köln verlegten Stolpersteine der Stellenwert der Erinnerungskultur in der Gesellschaft untersucht. Ein Zufallsfund gab der Geschichte die entscheidende Wendung. Carlottas Großeltern stellten im Februar des Jahres 2020 zwei Rezepte für diese Arbeit zur Verfügung, die 1938 für die Schwester des Großvaters ausgestellt worden waren. Das erste Rezept konnte nach der Behandlung durch den Kölner Kinderarzt Dr. Max Benjamin in einer Apotheke nicht eingelöst werden, mutmaßlich da er jüdischer Abstammung war. Ein weiteres Rezept, das anschließend bei einer zweiten Vorstellung in einer anderen Praxis von einem nichtjüdischen Allgemeinarzt mit identischer Diagnose ausgestellt wurde, wurde in derselben Apotheke vorgelegt und anstandslos akzeptiert. Soweit der zutiefst beschämende Sachverhalt.

Das NS-Dokumentationszentrum der Stadt Köln im EL-DE-Haus, das beim weiteren Quellenstudium im Rahmen der Nachforschungen zum Schicksal der jüdischen Familie Benjamin behilflich war, stellte fest, dass für diese Familie noch keine Stolpersteine verlegt worden waren. Wir nahmen das Angebot einer Patenschaft an, für die vierköpfige Familie Benjamin (Dr. Max Benjamin, Ehefrau Irma Benjamin, geborene Kahn, und die Kinder Carl und Irene) durch den Künstler Gunter Demnig zum nächstmöglichen Zeitpunkt Stolpersteine verlegen zu lassen. Die Patenschaft für jeweils einen der vier Stolpersteine wurde von zwei Familien innerhalb unserer Verwandtschaft, von engen Freunden und uns selbst übernommen. Die originalen Rezepte wurden dem EL-DE-Haus zur dauerhaften Verwahrung überlassen.

Unmittelbar im Anschluss begannen unter Anleitung des NS-Dokumentationszentrums intensive Recherchearbeiten. Wir konzentrierten uns auf die Nachverfolgung der Lebenswege der beiden Kinder Carl (* 1918, † 1945) und Irene, geborene Kahn, geschiedene Notowitz (* 1921, † 1988).

2. *Recherchen, Stolpersteine und Netzwerke*

Carl Benjamin (es gibt auch die Schreibweise Karl) flüchtete mit seinen Eltern und seiner Schwester in die Niederlande beziehungsweise wurde als Prokurist

1 Carlotta Kenda: Der jüdische Kinderarzt Dr. Max Benjamin und ein zweimal ausgestelltes Rezept, in: GiK 69 (2022), S. 355–357.

von seiner Firma kurz vor diesem Zeitpunkt nach Holland geschickt, hier ist die Quellenlage nicht eindeutig. Dort heiratete er im Juli 1942 Hanna Bloch, mit der er später gemeinsam in verschiedene Konzentrationslager deportiert wurde. Carl starb an den Folgen der Inhaftierung, Hanna überlebte die Konzentrationslager und heiratete später ihren Jugendfreund Walter Kohner, den sie aus ihrem gemeinsamen Heimatort Teplitz-Schönau in der damaligen Tschechoslowakei kannte, und emigrierte 1947 mit ihm nach Hollywood in die USA. 1955 bekamen Walter und Hanna ihre einzige Tochter Julie Kohner. Sie engagiert sich mit einer von ihr ins Leben gerufenen gemeinnützigen Organisation »Voices of the Generations« für die Aufrechterhaltung der Erinnerung an den Holocaust in den USA.

Irene Benjamin, geschiedene Notowitz, heiratete nach dem Krieg Benno Notowitz (es gibt auch die Schreibweise Notowicz), mit dem sie zwei Töchter bekam, Thamar (* 1946, † 2013) und Judith (* 1948). Judith Michael, geborene Notowitz, lebt heute in Israel und hat zwei Söhne, Tamir und Doron. Sie schrieb uns in einer sehr persönlichen Nachricht, dass ihr Großvater Dr. Max Benjamin stolz auf sie war, als sie im Jahre 1971 ihre Ausbildung zur Krankenschwester absolviert hatte. Benno Notowitz heiratete erneut. Aus dieser Beziehung ging um 1960 herum ein Sohn hervor. Dieser Sohn, Michael Notowitz, lebt heute in Düsseldorf. Er engagierte sich stark in der Erforschung der Familiengeschichte. Interessanterweise konnten wir Michael Notowitz nur mit der Hilfe von Terry Mandel ausfindig machen, deren Rolle etwas später in diesem Text näher erläutert wird. Terry ist während ihrer unaufhörlichen Suche auf geni.com auf Michael Notowitz gestoßen. Der Stammbaum offenbarte seinen Namen, daraufhin fand Terry in den USA Julie Kohner (auch zu ihr werden später im Text weitere Details genannt), mit deren Hilfe sie wiederum zur Email-Adresse von Judith Michael kam.

Eine weitere Besonderheit bei der Nachverfolgung des Schicksals der Familie Benjamin ist die Existenz von beeindruckenden Materialien. Es gibt ein englischsprachiges Buch, das sich sehr intensiv mit Teilen der Familie beschäftigt, die von Julie Kohner veröffentlichte Liebesgeschichte ihrer Eltern mit dem Titel »Hanna & Walter, a love story«.[2] Hier wird aus Sicht von Carls damaliger Ehefrau beziehungsweise Julies Mutter sichtbar, wie menschenverachtend die Nationalsozialisten insbesondere in den Jahren 1942 bis 1945 mit ihren Opfern umgegangen

2 Julie Kohner: Hanna and Walter. A love story, New York 2008; bei dieser Ausgabe handelt es sich um eine durch Julie Kohner, der Tochter von Hanna und Walter, überarbeitete Version des 1984 erschienenen gleichnamigen autobiographischen Werkes von Hanna, Walter und Frederick Kohner.

sind. Gleichermaßen beeindruckend wie verstörend ist die noch existierende Aufzeichnung einer US-amerikanischen TV-reality-show »This is your life« aus dem Jahre 1953[3], in der Hanna Bloch Kohner als Überraschungsgast zu Wort kommt. Beeindruckend, weil man Hanna Bloch Kohner, die mit Carl Benjamin in den Jahren der nationalsozialistischen Schreckensherrschaft verheiratet war, live zu sehen bekommt, und verstörend, weil es im bereits in den frühen 1950er Jahren hochkommerzialisierten US-Fernsehen offensichtlich keine Skrupel gab, eine schwer traumatisierte Frau nur wenige Jahre nach der Befreiung aus einem Konzentrationslager in einem Unterhaltungsformat sprichwörtlich vorzuführen.

Am 19. Oktober 2022 ergab sich zufällig für mich die Gelegenheit, an einer Stolpersteinverlegung im Kölner Stadtteil Marienburg in der Godesberger Straße vor dem Haus Nr. 8 der Familie Schindler (zufällige Namensgleichheit mit der aus dem gleichnamigen Film bekannten Fabrikantenfamilie Schindler) teilzunehmen. Interessant an diesem Termin waren zugleich mehrere Aspekte. Der Künstler Gunter Demnig nahm die Verlegung persönlich vor, Mitarbeiter des NS-Dokumentationszentrums waren anwesend und auffallend viele TeilnehmerInnen aus verschiedenen Gruppierungen, unter anderem eine Schulklasse des Königin-Luise-Gymnasiums in Köln. Diese Schulklasse beschäftigte sich intensiv mit der Geschichte ihrer jüdischen Schülerinnen und Schüler. Im Rahmen von historischen Projekten wurden Lebensläufe erforscht, dokumentiert und an die Schulzeit sowie die Verfolgung in unterschiedlicher Form erinnert. Auch der Lern- und Gedenkort »Jawne« in unmittelbarer Nachbarschaft dieser Schule ist ein Teil dieser Erinnerungskultur. Eine Dame, die eine frei gesprochene Rede in englischer Sprache hielt, stellte sich als Terry Mandel aus Berkeley, Kalifornien/USA vor, die als Urgroßenkelin, Enkelin und Tochter für die damals in die USA geflüchtete Familie Silberbach sprach. Einer der fünf Stolpersteine wurde für ihre Mutter Ingelore Silberbach verlegt. Dass Terry Mandel überhaupt von der Verlegung der Stolpersteine erfuhr und somit die Gelegenheit zur persönlichen Teilnahme an der Zeremonie erhielt, ist den Nachforschungen zum kürzlich erschienenen Buch »Jüdische Schülerinnen und Schüler an Kölner Gymnasien« zu verdanken.[4] Für sein überragendes Engagement und für die Veröffentlichung des Buches hat der projektverantwortliche Lehrer im Jahre 2022 den Deutschen Lehrkräftepreis erhalten. Ebenfalls wurde er mit einer weiteren wichtigen Anerkennung geehrt: Dirk Erkelenz erhielt im Januar 2024 im

3 Online verfügbar unter URL: https://www.youtube.com/watch?v=R4ckFEnn5Bo [Stand: 28.09.2024].

4 Dirk Erkelenz/Thomas Kahl (Hg.): Jüdische Schülerinnen und Schüler an Kölner Gymnasien: Ihre Geschichte(n) zwischen Integration, Ausgrenzung und Verfolgung, Berlin 2023.

Berliner Rathaus aus den Händen des Regierenden Bürgermeisters Kai Wegener für seinen Projektkurs Geschichte den Obermayer Award 2024.

In der Zeremonie in der Godesberger Straße vereinte sich alles, eine kluge Geschichtsstunde, eine berührende Trauerfeier für die über sechs Millionen Opfer des Nationalsozialismus, ein Zeichen von Zivilcourage, ein starkes Signal, was Kunst doch bewirken kann, und die Erkenntnis, dass es doch viele Menschen gibt, die einer Geschichtsvergessenheit trotzen. Dieses Erlebnis erinnerte mich zudem an das unermüdliche Wirken von Margot Friedländer, die als Augenzeugin selbst im hohen Alter mit großem Engagement die Erinnerung an das dunkelste Kapitel deutscher Geschichte aufrecht hält. Terry Mandel (geboren 1953) ist selbst keine Überlebende der Shoa, sie repräsentiert die zweite Generation der Nachfahren und kann daher sehr authentisch die Familiengeschichte vermitteln. Ohnehin wird die Gesellschaft in absehbarer Zeit auf die zweite und dritte Generation zurückgreifen müssen, wenn die Erinnerung weitergeführt werden soll. Tief beeindruckt von Terrys Rede kam in mir der Wunsch auf, die Nachkommen »unserer« Familie Benjamin über die bevorstehende Stolpersteinverlegung in Kenntnis zu setzen und ihnen damit eine Teilnahme zu ermöglichen, sollten sie es denn wünschen.

Die zum Teil ebenso komplizierten wie aufwändigen Nachforschungen brachten spannende Fakten zutage. In monatelanger Detailrecherche in genealogischen Datenbanken (beispielsweise geni.com), dank der Unterstützung durch das NS-Dokumentationszentrum am Appellhofplatz und mit weiteren verfügbaren Quellen konnten wir eine ganze Reihe an Nachfahren ermitteln und mit ihnen in Kontakt treten. Die Reaktionen dieser Menschen auf unsere Initiative waren nahezu durchweg überwältigend. Von großer Hilfe für die gemeinsamen Recherchen war die Beteiligung zahlreicher Helfer und Helferinnen, namentlich Terry Mandel als Nachkommin der Familie Silberbach, und weiterer engagierter Menschen in den USA, Belgien, den Niederlanden und Deutschland.

Am 18. Oktober 2023 um 14:30 war es dann so weit. Am Salierring 46 versammelte sich eine illustre Runde interessierter Bürger, um mit dem Künstler Gunter Demnig gemeinsam an der Zeremonie der Stolpersteinverlegung für die Familie Benjamin teilzunehmen. Die von uns identifizierten Nachkommen in den Niederlanden, den USA und aus Israel konnten aus verschiedenen Gründen nicht persönlich erscheinen. Spannend war aber die »Multiplikatorwirkung«, die durch einige der Teilnehmenden ausgelöst wurde. Der Leiter des Erzbischöflichen Archivs, Dr. Joachim Oepen, steuerte beispielsweise basierend auf eigenen Recherchen Originalfotos des Gebäudes bei, das ursprünglich vor der Vertreibung von der Familie Benjamin bewohnt wurde und heute nicht mehr existiert. Der Architekt Johannes Finkelstein war ebenso aufgrund eines hohen

Abb. 1: Stolpersteine nach der Verlegung am 18. Oktober 2023 vor dem Haus Am Salierring 46. (Foto: Sandro Kenda, Köln)

persönlichen Interesses wie auch durch einen interessanten Zufall anwesend. Einige Wochen vor der Stolpersteinverlegung stellte sich heraus, dass er für die Familie Finkelstein als Beirat der erst im Jahre 2023 gegründeten Hans und Bertold Finkelstein Stiftung bestellt worden war. Die Bayer AG hatte als Teil der historischen Aufarbeitung der Zwangsarbeit ihres Vorgängerunternehmens IG Farben diese Stiftung gegründet und Johannes Finkelstein in den Beirat berufen. Neben Terry Mandel, die sich zu diesem Zeitpunkt in Deutschland befand und sich die persönliche Teilnahme nicht nehmen ließ, war auch die Lehrerin Kathrin Steffens anwesend, die sogleich mit Terry eine Projektpartnerschaft an ihrer Schule vereinbarte. Aufgrund des unwirtlichen Ortes mit sehr viel Straßenlärm, der mit einer großen Innenstadtkreuzung mit mehrspurigem Autoverkehr und einem Kreuzungspunkt mehrerer Stadtbahnlinien größere Reden erschwerte, haben wir keine offizielle Ansprache geplant. Mit Avi Applestein war zudem der ehemalige Vorsitzende der Jüdischen Liberalen Gemeinde in Köln unter den Besuchern, der die Zeremonie mit einem sehr interessanten Redebeitrag spontan ergänzte. Da die Geräuschkulisse doch erträglicher war als angenommen und es uns zudem angemessen erschien, vervollständigte ich die Veranstaltung mit einigen spontanen Worten über die historischen Hintergründe und familiären Zusammenhänge in englischer Sprache. Schließlich sollte Terry Mandel als am weitesten gereiste Unterstützerin angemessen eingeschlossen werden.

Mediale Präsenz entwickelt seit Oktober 2022 ein von Terry Mandel gestartetes Non-Profit-Projekt, das unter dem Neologismus »the unerasure projekt« (www.unerasure.org) firmiert; die deutsche Schreibweise des Wortes »Projekt« ist dabei durchaus beabsichtigt (https://www.linkedin.com/in/rightthingsrightnow). Es hat zum Ziel, die Erinnerungskultur an die Verbrechen des Nationalsozialismus im Besonderen in den Vereinigten Staaten von Amerika und Deutschland zu bewahren und zu fördern. Terry bereiste zu diesem Zwecke ab Anfang Oktober 2024 für einige Monate Deutschland und ist mit verschiedenen staatlichen Institutionen, ideellen Gruppierungen sowie NGOs im permanenten Gespräch. Durch das wachsende Netzwerk wurden in diesem Zusammenhang eine Reihe von Gesprächsterminen vermittelt, die das Projekt in seiner Entwicklung unterstützen. Unter anderem beteiligen sich Institutionen wie der Landschaftsverband Rheinland in Bonn, die Antisemitismusbeauftragte des Landes NRW in der Staatskanzlei in Düsseldorf, der WDR mit Gesprächen über eine mögliche Kooperation mit der vom WDR entwickelten Stolperstein-App, verschiedene internationale und lokale Schulen sowie zahlreiche Persönlichkeiten aus Wirtschaft, Kultur und Zivilgesellschaft.

Das zweitägige Global Media Forum, das von der Deutschen Welle am 17. und 18. Juli 2024 im World Conference Center Bonn veranstaltet wurde, bot eine einzigartige interdisziplinäre Plattform für Medienschaffende sowie Entscheidungsträgerinnen und -träger aus Politik, Zivilgesellschaft, Kultur, Bildung, Wirtschaft und Wissenschaft aus aller Welt, um sich auszutauschen und voneinander zu lernen. Thomas Hallet, der Verantwortliche für die Stolperstein-App beim WDR und Terry Mandel bekamen in Rahmen dieser Veranstaltung die Gelegenheit, das »The Unerasure Projekt« unter großem Zuspruch einem weiten Publikum vorzustellen.

Wo ist nun der am Anfang der Schilderung erwähnte Erkenntnisgewinn? Nun, der von Carlotta Kenda geschilderte Fund der originalen Rezepte und die schulische Beschäftigung mit dem größten dezentralen Denkmal der Erinnerungskultur, den Stolpersteinen, hat eine beachtliche Aktivierung von geschichtlich interessierten Menschen der zivilen Stadtgesellschaft zur Folge. Vor dem Hintergrund der terroristischen Ereignisse vom 7. Oktober 2023 und des in weiten Teilen Europas und Deutschlands stattfindenden Diskurses über rechtspopulistische Bewegungen leisten die beschriebenen Aktivitäten einen kleinen und gleichermaßen wichtigen Beitrag zum demokratischen Diskurs, indem sie den Erkenntnisgewinn mehren.

Kölner Schreinsbücher des 13. und 14. Jahrhunderts in Transkription

Thea Buykens Typoskripte aus den 1930er Jahren jetzt digital verfügbar

von Carla Meyer-Schlenkrich

Die Kölner »Schreinskarten« und »Schreinsbücher« bieten eine faszinierende Zeitreise durch sieben Jahrhunderte Immobilientransaktionen in der Metropole am Rhein. Seit der ersten Hälfte des 12. Jahrhunderts bis zum Ende der Reichsstadt im späten 18. Jahrhundert dokumentieren sie detailliert den Besitz und die Übertragung von Grundstücken aus insgesamt 20 Kölner »Schreinsbehörden«. Keine andere Stadt im römisch-deutschen Reich verfügte über eine so früh einsetzende, kontinuierliche und umfassende Überlieferung von »Grundbüchern«. In diesen Einträgen sind nicht nur reguläre Hauskäufe festgehalten, sondern auch Erbregelungen, Erbleihe-, Renten- und Pfandgeschäfte sowie nachbarschaftliche Abmachungen, etwa zur gemeinsamen Nutzung von Latrinen oder Brunnen.

In der Forschung ist schon seit dem 19. Jahrhundert präsent, welchen besonderen, einzigartigen Schatz diese Schreinsüberlieferung zum einen für die Geschichte der Stadt Köln und – am bekanntesten – für unser Wissen um ihre Topographie in der Vormoderne,[1] zum anderen aber auch weit darüber hinaus für die Erforschung von Rechts-, Wirtschafts-, Sozial- und Alltagsgeschichte der vormodernen Stadt allgemein bildet.[2] Auch interdisziplinär und außerhalb der Fachwissenschaften in Familienforschung und Lokalhistorie werden sie rege genutzt.[3]

1 Siehe hier vor allem Hermann Keussens monumentales Werk zur mittelalterlichen Topographie Kölns, das die Gestalt der Plätze, Straßen und Gebäude in der Stadt aus den Schreinseinträgen vom Beginn der Aufzeichnung bis ins 16. Jahrhundert rekonstruiert und in Karten präsentiert, Hermann Keussen: Topographie der Stadt Köln im Mittelalter, 2 Bde., Bonn 1910/18, ND Düsseldorf 1986.

2 Zum Stand der Überlieferung wie auch der Forschung siehe den instruktiven Überblick in Rainer Opitz: Die Kölner Schreinsbücher. Eine Untersuchung zur Kodikologie und der Praxis ihrer Führung, in: Ders./Max Plassmann (Hg.): Die Schreinsbücher. Spiegel der Kölner Vormoderne, Köln 2017, S. 9–54.

3 Siehe etwa für interdisziplinäre Zugänge die linguistische Studie von Eva Büthe-Scheider: Die e-Apokope im Ripuarischen. Eine korpuslinguistische Untersuchung spätmittelhochdeutscher und frühneuhochdeutscher Quellen, Berlin/Boston 2017, oder die Auswertung der Schreinsbücher zur Kontextualisierung archäologischer Ergebnisse zum jüdischen Viertel Kölns im Mittelalter in den Arbeiten von Tanja Potthoff und Michael Wiehen, zum Beispiel

Angesichts der schieren Masse an überlieferten Schreinsbüchern ist ihre systematische Erschließung allerdings nach wie vor ein Desiderat. Während die 86 heute noch bekannten Kölner Schreinskarten des 12. Jahrhunderts schon im späten 19. Jahrhundert in größeren Teilen ediert wurden, sind von den rund 545 Schreinsbüchern bis heute nur zwei – der »Mühlenschrein« und das »Judenschreinsbuch« aus St. Laurenz – komplett gedruckt.[4] Zwar existieren prosopographische Auswertungen, für die vor allem Klaus Militzer in den vielen Jahren seiner Tätigkeit am Historischen Archiv der Stadt Köln einschlägige Quellen- beziehungsweise Regestenbände vorgelegt hat.[5] Doch ediert finden sich aus der großen Masse der Schreinsbücher nur punktuell ausgewählte Auszüge, oft zerstreut publiziert, die meisten noch in der monumentalen Köln-Edition von Leonard Ennen und Gottfried Eckertz aus dem 19. Jahrhundert.[6]

Dies.: »da man die Juden zu Colne sluch [...] inde die hus in der Judengassen verbrannt wurden«. Das Kölner Judenpogrom von 1349, in: Joachim Müller (Hg.): Archäologie des Glaubens. Umbrüche und Konflikte. Sitzung der Gesellschaft in Mainz am 5.–7. Juli 2017, Paderborn 2018, S. 21–36. Online verfügbar unter URL: https://journals.ub.uni-heidelberg.de/index.php/mitt-dgamn/issue/view/3966 [Stand: 23.07.2024]. Für außerakademisches Interesse an den Schreinsbüchern siehe die privat betriebene Website www.altes-koeln.de [Stand: 23.07.2024].

4 Robert Hoeniger (Hg.): Kölner Schreinsurkunden des zwölften Jahrhunderts. Quellen zur Rechts- und Wirtschaftsgeschichte der Stadt Köln, Bd. 1: Bonn 1884–1888, Bd. 2.1: Bonn 1893, Bd. 2.2: Bonn 1894. Moritz Stern/Robert Hoeniger: Das Judenschreinsbuch der Laurenzpfarre zu Köln/Berlin 1888; Horst Kranz: Die Kölner Rheinmühlen, Bd. 2: Edition ausgewählter Quellen des 13. bis 18. Jahrhunderts, mit einer Datenbank, Aachen 1993.

5 Etwa Klaus Militzer: Quellen zur Geschichte der Kölner Laienbruderschaften vom 12. Jahrhundert bis 1562/63, 4 Bde., Düsseldorf 2000; Ders.: Kölner Geistliche im Mittelalter, Bd. 1: Männer, Bd. 2: Frauen, Köln 2003/04. Das hohe Interesse der aktuellen Forschung an solchen Vorarbeiten spiegeln die Analysen zu den politischen Führungsschichten Kölns im Spätmittelalter aus der Feder von Cybele Crossetti de Almeida: Führende Kölner Familien im Spätmittelalter, Göttingen 2015 und Marc von der Höh (Habilitationsschrift, 2014, unpubliziert) sowie das laufende DFG-Projekt »Beginen in Köln: Sozialgeschichte urbaner Frömmigkeit vom 13. bis 15. Jahrhundert« von Letha Böhringer, in dem als Publikationen sowohl eine gedruckte Monographie zum Thema als auch eine digitale prosopographische Datenbank über die Kölner Beginen zur Weiternutzung durch die Forschungscommunity erarbeitet werden. Siehe bereits Letha Böhringer: Johannes Asen und die Erforschung der Kölner Semireligiosen, in: AHVN 206 (2003), S. 33–49; Dies.: Möglichkeiten und Grenzen der sozialen Einordnung von Kölner Beginen und ihren Familien, in: Sigrid Hirbodian (Hg.): Städtische Gesellschaft und Kirche im Spätmittelalter. Arbeitstagung auf Schloss Dhaun 2004, Stuttgart 2008, S. 167–188; Dies.: Merging into Clergy. Beguine Self-Promotion in Cologne in the Thirteenth and Fourteenth Centuries, in: Dies./Jennifer Kolpacoff/Hildo van Engen (Hg.): Labels and Libels. Naming Beguines in Northern Medieval Europe, Turnhout 2014, S. 151–186.

6 Leonard Ennen/Gottfried Eckertz: Quellen zur Geschichte der Stadt Köln, Bd. 1–6, Köln 1860–1879. Im Jahr 1937 schätzt Hans Planitz die bei Ennen und Eckerts abgedruckten Schreinseinträge auf circa 300 Stück, siehe die Einleitung in Hans Planitz/Thea Buyken: Die Kölner Schreinsbücher des 13. und 14. Jahrhunderts, Weimar 1937, hier S. 20*.

Eine Ausnahme von diesen Beobachtungen bildet die im Jahr 1937 gedruckt vorgelegte Edition von Hans Planitz (1882–1954) und Thea Buyken (1906–1993), die immerhin rund 2.500 Einträge aus verschiedenen Schreinsbüchern des 13. und 14. Jahrhunderts präsentiert.[7] Ihre Entstehung verdankt sich der intensiven Erforschung des Schreinswesens im Kreis um den Rechtshistoriker Planitz in den 1930er Jahren.[8] »Das alte heilige Köln mit seiner märchenhaften mittelalterlichen Tradition hatte es mir angetan«, so schrieb der 1920 an die neu eröffnete Kölner Universität gewechselte Ordinarius für Deutsches Recht in der Retrospektive: »Ich hatte mir die Aufgabe gestellt, die Geheimnisse des alten Köln zu ergründen, dessen Quellen 100 Jahre früher als die anderer Städte entstanden«.[9]

Wie Andreas Freitäger, Leiter des Historischen Archivs der Universität Köln, im Findbuch zu den erhaltenen Sachakten aus dem Projekt festgehalten hat, ist das Interesse für das Schreinswesen und seine Funktion für die Entstehung der städtischen Verfasstheit schon ab dem Sommersemester 1933 in der Lehre von Planitz festzustellen.[10] 1934 erschienen außerdem schon die ersten beiden Aufsätze zu diesem Thema aus seiner Feder.[11] Ab 1935 folgten die Habilitation seines Schülers Hermann Conrad, nach dem Krieg als Professor für Rechtsgeschichte an die Universität Bonn berufen, über »Schreinsbehörde und Schreinsakt bei den innerstädtischen parochialen Sondergemeinden Kölns bis zum Ausgang des 14. Jahrhunderts« sowie drei Dissertationen zu Rechtsgeschäften wie dem Rentenkauf und Schenkungen auf den Todesfall beziehungsweise zu einem Deutzer Schreinsbuch.[12]

7 Ebd.; der Band ist über die Universitäts- und Stadtbibliothek Köln online zugänglich unter URL: http://www.ub.uni-koeln.de/cdm/ref/collection/grhg/id/77595 [Stand: 12.07.2024].

8 Hans-Jürgen Becker: Die neue Kölner Rechtswissenschaftliche Fakultät von 1919 bis 1950, Tübingen 2021, S. 39f., S. 399f., S. 447f., S. 466–469.

9 Hans Planitz [ohne Titel], in: Nikolaus Grass (Hg.) Österreichische Geschichtswissenschaft der Gegenwart in Selbstdarstellungen, Bd. 2, Innsbruck 1951, S. 126–138, Zitat auf S. 126, hier zitiert nach Becker: Fakultät (Anm. 8), S. 39.

10 Andreas Freitäger: Historisches Archiv der Universität zu Köln, Findbuch Zugang 770. Seminar für Deutsches Recht: Arbeitsgemeinschaft zum Kölner Schreinswesen 1932–1937, Stand: Juli 2012, digital verfügbar unter: https://uniarchiv.uni-koeln.de/sites/uak/PDF/Findbuecher/770_Schreinsbuecher.pdf [Stand: 23.07.2024], siehe dazu auch die Seite »Ein Forschungsprojekt zum Kölner Schreinswesen (1932–1937)«, zuletzt aktualisiert am 16. April 2024, unter URL: https://uniarchiv.uni-koeln.de/bestaendeuebersicht-und-findbuecher/nichtamtliche-ueberlieferung/sammlungsbestaende/vorarchivische-sammlungen-lehr-und-forschungssammlungen/koelner-schreinswesen [Stand: 23.07.2024]. Die erhaltenen Altakten zum Schreinsbuch-Projekt gelangten schon im Sommer 2003 an das Universitätsarchiv und werden heute unter »Zugang 594« verwahrt.

11 Siehe dazu Becker: Fakultät (Anm. 8), S. 466–469, sowie Freitäger: Findbuch (Anm. 10).

12 Hermann Conrad: Liegenschaftsübereignung und Grundbucheintragung in Köln während des Mittelalters. Ein Beitrag zur Geschichte des deutschen Grundbuchs, Weimar 1935; Otto Cremer: Der Rentenkauf im mittelalterlichen Köln. Nach Schreinsurkunden des 12. bis

Politisch fällt die Entstehungszeit dieser Schriften zum Kölner Schreinswesen in die Hochphase der NS-Diktatur. Auf dem hochschulpolitischen Parkett war es in diesen Jahren stiller um Planitz geworden: Während er in der Aufbauphase der rechtswissenschaftlichen Fakultät im Jahrzehnt zuvor dreimal als Dekan gewählt worden war, 1929/30 sogar als Rektor der Gesamtuniversität amtierte und in dieser Funktion gemeinsam mit dem damaligen Oberbürgermeister Konrad Adenauer auch den Grundstein für das Hauptgebäude der Universität gelegt hatte, übernahm er in den 1930er Jahren keine vergleichbaren Aufgaben mehr. Nach der Darstellung von Hans-Jürgen Becker wurde er als »Demokrat und stark links orientiert« diffamiert und scheint auch wegen seines Eintretens für jüdische Kollegen in die Defensive geraten zu sein.[13] Auch die markanten Umbrüche in der eigenen Fachkultur, die Johannes Liebrecht 2018 in seiner Monographie zur Wissenschaftsgeschichte der »jungen Rechtsgeschichte« zum Thema macht, scheinen einen Rückzug auf Forschungsthemen begünstigt zu haben, die von »den unangenehmen Infragestellungen ihrer Gegenwart« unbelastet waren. Liebrecht erklärt sich so den »neuerlichen Editionseifer«, den er in der Zwischenkriegszeit bei den »methodisch konservative[n] und eher sorgsam veranlagte[n] unter den jüngeren Gelehrten« konstatiert.[14] Bis heute wurden die Arbeiten zum Kölner Schreinswesen aus dem Kreis um Planitz jedoch noch nicht näher auf ihre Zeitverhaftetheit untersucht.

Voraussetzung für diese Forschungen jedenfalls war eine intensive Erschließung der Schreinsdokumente, für die Planitz nach den Recherchen von Andreas Freitäger schon seit Beginn der 1930er Jahre wiederholt erfolgreich Gelder hatte einwerben können.[15] Erster Schritt dazu sollten die Exzerpte aus den im

14. Jahrhunderts. Mit Urkundenanhang, Würzburg 1936; Theo Jungbluth: Die Donatio post obitum und die Donatio reservato usufructu in den Kölner Schreinseintragungen des 12. bis 14. Jahrhunderts (Jur. Diss. Köln 1939), Düsseldorf 1939; Paul Schönrath: Das Deutzer Schreinsbuch (Jur. Diss. Köln 1936), Düsseldorf 1936.

13 Becker: Fakultät (Anm. 8), besonders S. 41. Nach dem Ende der NS-Herrschaft zählte der zu dieser Zeit an der Universität Wien lehrende Planitz zur Gruppe der »Reichsdeutschen«, die nach dem Beamtenüberleitungsgesetz eigentlich im österreichischen Staatsdienst nicht weiterbeschäftigt werden konnten. Die Wiener Fakultät für Rechtswissenschaften setzte sich jedoch mit der Begründung, er sei als vom NS-Regime unbelastet einzustufen, erfolgreich für seinen Verbleib an der Hochschule an, Roman Pfefferle/Hans Pfefferle: Glimpflich entnazifiziert. Die Professorenschaft der Universität Wien von 1944 in den Nachkriegsjahren, Göttingen 2014, S. 208 f., S. 336. – Siehe auch das Urteil bei Johannes Liebrecht: Die junge Rechtsgeschichte, Tübingen 2018, S. 316, Anm. 416, nach dem Planitz in den Kreis von Rechtshistoriker*innen zu rechnen sei, die »mit Abstrichen« ideologisch eher nicht dem Nationalsozialismus nahestanden.

14 Ebd., S. 274. Zu Planitz' Assistenten Hermann Conrad und den Schwierigkeiten auf dem Karriereweg, die er als »politisch nicht genehme[r] Dozen[t]« erlebte, ausführlicher Becker: Fakultät (Anm. 8), S. 180.

15 Freitäger: Findbuch (Anm. 10).

Historischen Archiv der Stadt verwahrten Schreinsbüchern sein, für die Planitz die 1931 bei dem Kölner Mediävisten Gerhard Kallen promovierte Historikerin Thea Buyken (ab 1932 von der Lieck-Buyken) gewinnen konnte.[16] Hans-Jürgen Becker hat dieses Zusammentreffen in seiner Geschichte der Kölner Rechtswissenschaftlichen Fakultät 2021 zwischen 1919 und 1950 als großen Glücksfall gewertet, da Buyken »in den klassischen Sprachen sehr bewandert und dazu eine exzellente Kennerin der Paläographie« gewesen sei. Mit ihrer Hilfe sei es Planitz gelungen, das Seminar für Deutsches Recht »zu einem sehr produktiven Forschungsinstitut aufzubauen«.[17]

In der Tat übernahm Buyken nicht nur hilfswissenschaftliche Tätigkeiten, sondern publizierte sowohl in Zusammenarbeit mit Planitz[18] als auch mit seinem Assistenten Hermann Conrad zu rechtshistorischen Themen.[19] Auch nachdem Planitz 1941 an die Universität Wien wechselte, blieb sie ihm verbunden, wie noch in den 1950er Jahren entstandene gemeinsame Veröffentlichungen belegen.[20] Zugleich war sie auch nach seinem Tod der Rechtsgeschichte treu, so zeigen es ihre editorischen Arbeiten und flankierende Publikationen zu den Konstitutionen Friedrichs II. von Hohenstaufen für sein Königreich Sizilien.[21] 1977 wurde ihr für ihr Werk daher die juristische Ehrendoktorwürde verliehen.[22]

Nicht mehr zugewandt hat sich Thea Buyken nach dem Zweiten Weltkrieg dagegen den Kölner Schreinsbüchern – und das, obwohl zahlreiche ihrer Vorarbeiten im Archiv für weitere Publikationen nie in den Druck gefunden hatten. Über mehr als ein halbes Jahrhundert lagerten diese Vorarbeiten – zwanzig Kartons mit maschinenschriftlichen Abschriften der Schreinsbücher aus dem Historischen Archiv der Stadt Köln, zum Teil handschriftlich ergänzt oder korrigiert – stattdessen offenbar weitgehend unbemerkt und unbenutzt in den

16 Thea Buyken: Enea Silvio Piccolomini. Sein Leben und Werden bis zum Episkopat, Bonn u. a. 1931. Für eine vollständige Bibliographie von Buykens Werken siehe Becker: Fakultät (Anm. 8), S. 447 f.

17 Ebd., S. 39 f.

18 Hans Planitz/Thea von der Lieck-Buyken: Das deutsche Grundpfandrecht, Weimar 1936.

19 Thea Buyken/Hermann Conrad (Hg.): Die Amtleutebücher der Kölnischen Sondergemeinden, Weimar 1936; Dies.: Ein frühes Statut der Amtleutegenossenschaft der kölnischen Sondergemeinde St. Martin, in: Zeitschrift der Savigny-Stiftung für Rechtsgeschichte GA 58 (1938), S. 808–810; Dies.: Das älteste Amtleutebuch der kölnischen Sondergemeinde St. Severin, in: Zeitschrift der Savigny-Stiftung für Rechtsgeschichte GA 59 (1939), S. 263–269; Dies.: Die ältesten Stadtbücher von Koblenz, in: Zeitschrift der Savigny-Stiftung für Rechtsgeschichte GA 59 (1939), S. 165–193.

20 Thea Buyken/Hans Planitz: Bibliographie zur deutschen Rechtsgeschichte, Frankfurt am Main 1952; Dies. (Hg.): Die Fronung, in: Zeitschrift der Savigny-Stiftung für Rechtsgeschichte GA 78 (1961), S. 39–63.

21 Siehe dafür die Bibliographie bei Becker: Fakultät (Anm. 8), S. 447 f.

22 Ebd., S. 40, Anm. 143.

Räumen des Seminars für Deutsches Recht der Universität zu Köln. Neu entdeckt werden konnten sie erst, als sie im Sommer 2012 – rund ein Jahrzehnt nach der Auflösung des Instituts – in das Universitätsarchiv abgegeben wurden: Heute sind sie dort als »Zugang 770« in 126 Nummern öffentlich zugänglich.[23]

Was nun macht diese Typoskripte zu einer besonderen Entdeckung? Zentral ist erstens die beeindruckende Menge an Schreinseinträgen des 13. und 14. Jahrhunderts, die Thea Buyken in den 1930er Jahren mit ihrer Schreibmaschine im Kölner Stadtarchiv unkompliziert lesbar erschlossen hat: Während in die gedruckte Edition von 1937 insgesamt 2.500 Nummern mit Schreinseinträgen aufgenommen wurden, umfassen die typographischen Vorarbeiten von Thea Buyken dafür mit geschätzt 12.000 Abschriften fast fünfmal so viele Einträge! Wie viele der Schreinsbücher bis 1400 damit insgesamt in Abschriften vorliegen, bleibt schwer abzuschätzen: Folgt man den Hochrechnungen von Planitz in der Einleitung zur gedruckten Edition, so ist von einer Gesamtzahl von 150.000 Einträgen auszugehen.[24] In der Edition wären demnach gerade einmal zwei Prozent, in Buykens Typoskripten dafür immerhin acht Prozent der erhaltenen Überlieferung berücksichtigt. Rainer Opitz freilich kommt in der Dokumentation seines einjährigen Forschungsprojekts zu den Schreinsbüchern 2012/13 zu anderen Zahlen: Auf die 55.076 Pergamentblätter, auf denen die rund 400 Schreinsbücher des 13. bis 18. Jahrhunderts stehen, passen nach seinen Schätzungen etwa 270.000 bis 310.000 Einträge.[25] Sollten sowohl die Hochrechnungen von Planitz als auch von Opitz grosso modo stimmen, so wäre rund die Hälfte aller vermuteten Schreinsbucheinträge im ersten Drittel der Laufzeit dieser Serie entstanden.

Ein zweiter Vorteil der Typoskripte von Thea Buyken ergibt sich retrospektiv aus dem heutigen Erhaltungszustand der Archivalien. Der Bestand hat zuletzt – von Dokument zu Dokument unterschiedlich starke – Schäden durch den Einsturz des Kölner Stadtarchivs im Jahr 2009 erlitten.[26] Bereits 1937 hatte jedoch Planitz beklagt, dass insbesondere die frühen Handschriften sowohl durch »Mäusefraß« als auch durch die intensive »Forschungstätigkeit« seit dem 19. Jahrhundert erheblich beeinträchtigt worden waren: »Hier war es die Kunst

23 Freitäger: Findbuch (Anm. 10). Nach den Angaben des Findbuchs liegen die Abschriften doppelt, das heißt unterteilt in zwei Serien, vor, erstens in der Folge der Signaturen der Schreinsbücher im HAStK (heute Bestand 101) und zweitens in der zeitlichen Gliederung »vor 1250«, »1251–1275«, »1296–1300«. Noch nicht näher überprüft ist, inwiefern beide Serien inhaltlich deckungsgleich sind; Serie 1 scheint jedoch mehr Material zu bieten.

24 Planitz/Buyken: Schreinsbücher (Anm. 7), S. 23*. Auch zitiert bei Opitz: Schreinsbücher (Anm. 2), S. 48.

25 Opitz: Schreinsbücher (Anm. 7), S. 25.

26 Siehe dazu das Vorwort von Bettina Schmidt-Czaia im Band: Schreinsbücher (Anm. 7).

meiner Mitarbeiterin, vieles noch zu erkennen, was anderen verborgen geblieben wäre«. Zwar seien auch völlig unleserliche Stellen geblieben, doch viele Lücken habe man »durch den Vergleich mit anderen Urkunden oder aus dem Sinn der Urkunde selbst« ergänzen können. Planitz verweist auch darauf, dass die Schreinsbücher schon zeitgenössisch nicht als Reinschriften zu bezeichnen seien: Das Schriftbild sei vielmehr häufig durch »kräftiges Durchstreichen«, durch Ergänzungen am Rand oder über der Zeile »verunstaltet und verstümmelt«; nachlässige Schreiber hätten zudem ganze Worte oder Satzteile vergessen.[27] Buykens Vorarbeiten erleichtern daher nicht nur das Lesen, sondern geben im Einzelfall auch wertvolle Hinweise für Verständnis und Interpretation der einzelnen Einträge.

Ein dritter Vorteil der Typoskripte liegt in der ungerichteten Auswahl der transkribierten Stücke. Obwohl Thea Buyken diesen Prozess nicht explizit kommentierte, kann angenommen werden, dass sie sich vom Zufall (und von der Lesbarkeit der Dokumente) leiten ließ. Auch in der Edition war man natürlich bemüht, in der Auswahl der Stücke möglichst viele Forschungsinteressen anzusprechen.[28] Wie Valerie Fuhrig in ihrer Masterarbeit über die Sondergemeinde St. Kolumba und den Erschließungsstand ihrer Schreinsbücher bis 1400 jedoch feststellte, ist das Sample der edierten Schreinseinträge nicht repräsentativ, sondern erscheint klar durch die rechtshistorischen Interessen der Herausgeber*innen an Erbleihe, Grundpfandgeschäften und Renten bestimmt.[29]

Als sich die im Jahr 2018 neu gegründete »Forschungsstelle Geschichte Kölns« unter der Leitung des Kölner Mediävisten Karl Ubl als einen Schwerpunkt die Beschäftigung mit der Kölner Schreinsüberlieferung setzte, wurde das Potential der Typoskripte von Thea Buyken für ein Pilotprojekt zur besseren editorischen Erschließung dieses Ausnahmebestands schnell erkannt.[30] Aufmerksam geworden auf sie sind wir durch den Leiter des Universitätsarchivs, Andreas Freitäger, dem herzlich für seine spontane Bereitschaft und Begeisterung zu danken ist, uns inhaltlich in diesen Bestand einzuführen und vor allem unkompliziert und unbürokratisch seine Digitalisierung zu ermöglichen. Unser zweiter Dank geht an Christiane Hoffrath, Dezernentin für die Historischen Bestände und Sammlungen der Universitäts- und Stadtbibliothek Köln (USB) sowie Leiterin

27 Planitz/Buyken: Schreinsbücher (Anm. 7), S. 28*.
28 Ebd., 1937, S. 20*–23*.
29 Valerie Fuhrig: Die Sondergemeinde St. Kolumba in der Forschung und die Erschließung ihrer Schreinsbücher, Masterarbeit am Historischen Institut der Univ. zu Köln, unter anderem S. 59, S. 61. Diese Masterarbeit entstand unter der Betreuung der Autorin.
30 Die Autorin war von 2019 bis 2022 Geschäftsführerin der »Forschungsstelle Geschichte Kölns«.

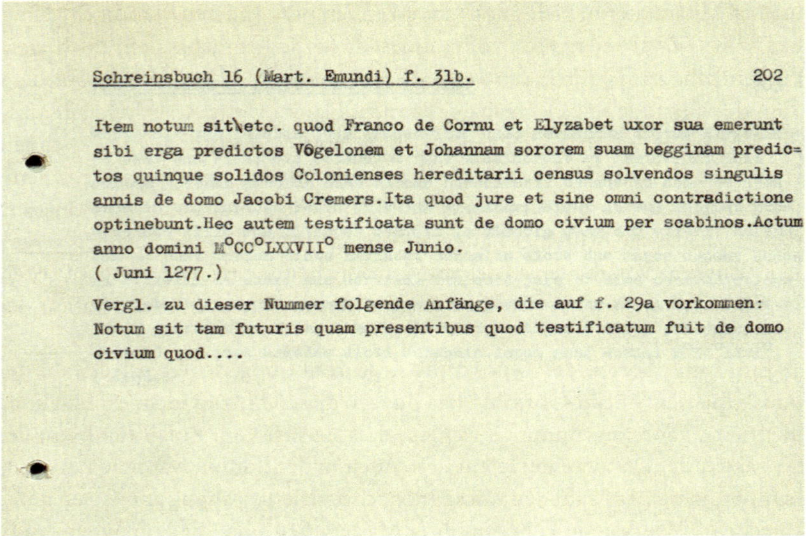
Schreinsbuch 16 (Mart. Emundi) f. 31b. 202

Item notum sit\etc. quod Franco de Cornu et Elyzabet uxor sua emerunt sibi erga predictos Vogelonem et Johannam sororem suam begginam predic= tos quinque solidos Colonienses hereditarii census solvendos singulis annis de domo Jacobi Cremers. Ita quod jure et sine omni contradictione optinebunt. Hec autem testificata sunt de domo civium per scabinos. Actum anno domini $M^{o}CC^{o}LXXVII^{o}$ mense Junio.
(Juni 1277.)

Vergl. zu dieser Nummer folgende Anfänge, die auf f. 29a vorkommen: Notum sit tam futuris quam presentibus quod testificatum fuit de domo civium quod....

Abb. 1: Maschinenschriftliche Abschrift eines Schreinsbucheintrags durch Thea Buyken, 1933–1937, Universitätsarchiv Köln [UAK], Zugang 770/16, f. 31b

der Digitalisierungsabteilung an der USB, die mit ihrem Team nur einige Treppen tiefer im selben Haus das professionelle Equipment und technischen Support zur Erstellung der Scans zur Verfügung stellte. Übernommen wurde diese Aufgabe durch Aiman Hasan, der als wissenschaftliche Hilfskraft an der Forschungsstelle Geschichte Kölns die Archivalien in einem ersten Schritt mit einem hochauflösenden Bookeye-Scanner jeweils im PDF-, JPG- und TIFF-Format scannen konnte.

Wie in Abb. 1 zu sehen, fertigte Thea Buyken die Transkriptionen auf DIN-A5-großen Blättern im Querformat an. Pro Rechtsgeschäft sah sie ein Blatt vor. Auf den Heftumschlägen vermerkte sie jeweils den Titel der transkribierten Schreinsbücher und ihre Laufzeit sowie die Signatur, unter der sie im Historischen Archiv der Stadt Köln zu finden sind. Die Kladden beziehungsweise Umschläge, in denen die Abschriften bis heute liegen, sind unterschiedlich dick, meist allerdings circa 100 Blätter stark. Auf den einzelnen Blättern sind in der ersten Zeile stets das jeweilige Schreinsbuch und die Folioangabe genannt, unter der der Eintrag zu finden ist, am rechten Rand hat Buyken eine zumeist fortlaufende Seitenzahl angegeben. Manchmal finden sich inhaltliche Anmerkungen von Thea Buyken, die sie zum Teil mit der Hand notierte. Neben maschinenschriftlichen haben sich auch einige wenige komplett handschriftlich notierte Transkriptionen erhalten.

Leider hat Buyken keine Notizen archiviert, nach welchen Kriterien sie die Einträge für die Abschriften auswählte. In einer Publikation von Hans Planitz aus dem Jahr 1934 haben sich dazu jedoch folgende Hinweise erhalten: »Die Arbeit begann mit dem Martinsschrein, und zwar so, daß alle Einträge bis 1250, sodann alle Einträge von 1271 bis 75, 1296 bis 1300, 1346 bis 1350, 1391 bis 1400 diplomatisch getreu abgeschrieben wurden. In ähnlicher Weise wurden Columba, Laurenz, der Schöffenschrein usw. behandelt. Zahlreiche bedeutende Nebenbücher, wie die Urteilsbücher aus dem Schöffenschrein, wurden ganz oder im Auszug untersucht. Die Arbeit ist noch im Gange«.[31]

Flankierend zu den Scanarbeiten und zu ihrer Kontrolle legte Aiman Hasan ein Bestandsverzeichnis an, das den Umfang der digitalisierten Seiten mit Informationen aus dem Findbuch des Universitätsarchivs sowie – wenn vorhanden – mit Links zu Fotografien der Originale im digitalen Lesesaal des Historischen Archivs der Stadt Köln verbindet. In einem zweiten Schritt wurde der Inhalt der Typoskripte mit dem Inhalt der gedruckten Edition von Planitz und Buyken aus dem Jahr 1937 abgeglichen. Bestätigt hat sich dadurch nicht nur, dass Buykens Typoskripte in der Tat sehr viel umfassender sind als die gedruckte Edition, für die sie als Vorlage dienen sollten. Festzustellen ist unter anderem auch, dass Transkriptionen aus zwei Schreinsbüchern der Bezirke Columba und Airsbach gar keinen Eingang in die Edition fanden. Andere Abschriften wie vor allem eine Schreinsordnung aus dem Jahr 1473 sowie zahlreiche Urkunden aus dem Amtleute-Archiv der Sondergemeinde Columba, die teilweise auf konkrete Schreinseintragungen verweisen, wurden von Planitz bereits in der oben genannten Publikation von 1934 als »Urkunden zur Kölnischen Rechtsgeschichte« gedruckt vorgelegt.[32] Interessant ist der Abgleich zwischen Typoskripten und den publizierten Editionen schließlich auch deshalb, weil schon die kursorische Durchsicht zahlreiche kleine Unterschiede zwischen den maschinenschriftlichen und den gedruckten Transkriptionen bezüglich Datierung, Umfang, Orthographie, Anmerkungen, Abkürzungen und Interpunktion feststellen lassen.[33]

31 Hans Planitz (Hg.): Urkunden zur kölnischen Rechtsgeschichte. Festgabe zur Tagung der deutschen Rechtshistoriker in Köln, 15.–17. Oktober 1934, Köln 1934, S. III–IV (Zur Einführung).

32 Ebd.

33 Beispiele dafür präsentierte Aiman Hasan auf dem 6. Kolloquium zur Geschichte Kölns am 28. Januar 2022 im Historischen Archiv der Stadt Köln.

In einem dritten Schritt wurden die Scans der Typoskripte mit dem automatischen Texterfassungsprogramm ABBY-Finereader durchsuchbar gemacht, das auch im Akademienprojekt »Capitularia« unter Leitung von Karl Ubl genutzt wird. Unser Dank gilt aus dem Team des Projekts insbesondere Britta Mischke und Alina Ostrowski, welche die Texterfassung durch das Programm entscheidend zu trainieren halfen, sodass die von Buyken transkribierten Texte in Word-Dateien abgespeichert werden konnten. Trotzdem war eine händische Korrektur der Ergebnisse notwendig, die von Aiman Hasan begonnen und dann vor allem von Lea Janßen, Patrick Hürter und Renate Bierman erfolgreich fortgesetzt wurde. Zur Kontrolle des Texts kamen in einem weiteren Arbeitsschritt die Scans, die Auszeichnungen der in den Einträgen genannten Personennamen, Orte und Datierungen. Seit April 2024 sind die Arbeiten zur Digitalisierung der Typoskripte abgeschlossen und können der Allgemeinheit über die Internetseite der Forschungsstelle Geschichte Kölns zur Verfügung gestellt werden.[34] Bei der Nutzung der Datei ist zu beachten, dass die Reihenfolge der Einträge im Dokument nicht der Abfolge in den originalen Schreinsbüchern entsprechen muss, da Buyken ihre Transkriptionen in mehreren Durchgängen anfertigte. Handschriftliche Korrekturen und Ergänzungen Buykens in den Typoskripten wurden in runde Klammern gesetzt.

Für uns verbindet sich mit der Publikation der Typoskripte einerseits die Hoffnung, durch die Fülle neu zugänglichen Materials aus den Schreinsbüchern zwischen Hoch- und Spätmittelalter das Interesse an und die inhaltliche Auseinandersetzung mit dieser berühmten, doch lange noch nicht ausgeschöpften Quellenserie wieder stärker anzuregen. Auch in der Lehre an den Universitäten Köln und Münster haben und wollen wir diese Themen daher weiter angehen. Andererseits sehen wir in den digitalisierten Abschriften Buykens eine ideale Voraussetzung, um mit ihnen eine automatisierte OCR-Texterkennung für eine breitere Erschließung der Schreinsbücher insgesamt zu trainieren. Ein erstes Pilotprojekt dafür entsteht bereits an der Universität Münster im Rahmen des Dissertationsprojekts von Valerie Fuhrig, das sich der kommunalen Selbstverwaltung und den Verschriftlichungsprozessen im Schreinswesen am Beispiel der Sondergemeinde St. Kolumba widmet und sich dafür intensiv mit den aus diesem Bezirk überlieferten vier Schreinskarten sowie zwölf genuinen Schreinsbüchern auseinandersetzt.

Fernziel ist die Entwicklung eines Online-Portals zur Kölner Schreinsüberlieferung, das digitale Faksimiles der Schreinsüberlieferung aus den verschiedenen

34 https://histinst.uni-koeln.de/forschung/forschungsstellen/geschichte-koelns [Stand: 24.08.2024].

Archiven zusammenführt und kombiniert mit einer halb-automatisiert zu erstellenden Volltext-Edition dieser Archivalien. Verbunden sein soll es im besten Fall mit Werkzeugen zu einer sukzessiven Erschließung durch Auszeichnungen in der Auszeichnungssprache TEI, Regesten und Sachkommentare. Wünschenswert wären künftig natürlich auch digitale kartographische Tools zur Visualisierung der reichhaltigen topographischen Schreinsbuch-Informationen sowie zur Vernetzung des Portals mit älteren Editionen und Forschungsarbeiten zur Schreinsüberlieferung – etwa Hermann Keussens »Topographie« von 1910, den prosopographischen Veröffentlichungen Klaus Militzers aus den Schreinsbüchern und nicht zuletzt den Editionen und Forschungsbeiträgen aus dem rechtshistorischen Kreis um Hans Planitz und Thea Buyken!

»Das Luftbild zeigt die Schönheit der Landschaft von einem neuen Standort«

Historische Luftbilder von Köln im Landesarchiv NRW

von Matthias Meusch

1. *Historischer Rückblick*

Schon kurz nach Erfindung der Fotografie wurden seit den 1850er Jahren die ersten Bilder aus der Luft aufgenommen.[1] Dies geschah zunächst vornehmlich aus Ballonen (Abb. 1). Seinen ersten Aufschwung erlebte das Luftbild an den Fronten des Ersten Weltkriegs. Vor allem im Stellungskrieg wurde es zur Feindaufklärung unerlässlich.[2] Nach dem Krieg und nach Aufhebung des Flugverbots in Deutschland entstanden eine ganze Reihe kleiner und größerer Firmen, die Aufnahmen aus der Luft zu ihrer ersten zivilen Blüte verhalfen. Sie boten ihre Dienste Kommunen, Behörden, Firmen oder Privatleuten an, die diese Bilder für eine Vielzahl unterschiedlichster Zwecke nutzten.[3] Während die kleineren Firmen sich weitgehend auf die Anfertigung von Schrägluftbildern beschränkten, propagierten die großen Firmen, wie die 1923 gegründete Aero Lloyd Luftbild GmbH, die 1926 zur Hansa Luftbild GmbH wurde, oder die seit 1924 bestehende Junkers Luftbildzentrale[4] die Nutzung des Luftbilds vor allem zur Landesvermessung mithilfe von Senkrechtluftbildern: 1937 schrieb

1 Das Zitat im Titel des Aufsatzes stammt aus Heinrich de Fries (Hg.): Deutschland aus der Vogelschau. Landschaft und Siedlung im Luftbild, bearb. v. Erich Ewald, Berlin 1925, S. 9.

2 Siehe dazu etwa Bernhard Siegert: Luftwaffe Fotografie. Luftkrieg als Bildverarbeitungssystem 1911–1921, in: Fotogeschichte. Beiträge zur Geschichte und Ästhetik der Fotografie 45/46 (1992), S. 41–54 oder zeitgenössisch: Adolf Miethe/Erich Ewald: Das Fliegerbild als Aufklärungsmittel, in: Adolf Miethe (Hg.): Die Technik im Zwanzigsten Jahrhundert, Ergänzungsband 5: Bauingenieurwesen, Küstenbefeuerung und Luftbilderkundung, Braunschweig 1920, S. 261–317.

3 Zu nennen wären hier zum Beispiel die Werbung, der Denkmal- und Heimatschutz, die Stadt- und Landesplanung, die Verkehrswegeplanung, die Forstwirtschaft, die Luftbildarchäologie oder auch wissenschaftliche Untersuchungen zu Geologie und Geomorphologie. Nicht zu vergessen sind die schon damals entstehenden, kommerziell sehr erfolgreichen Bildbände mit Luftbildern.

4 Zur Geschichte der Luftbildfirmen dieser Zeit siehe Marco Rasch: Das Luftbild in Deutschland von den Anfängen bis zu Albert Speer. Geschichte und Rezeption des zivilen »Stiefkinds der Luftfahrt«, Paderborn 2021, S. 109 ff.

Abb. 1: Zeppelin-Luftaufnahme des Kölner Doms, circa 1912–1914. LAV NRW R, RWB Nr. 3612/2 (Foto: Zeppelin-Archiv Werner Strumann, Münster)

der Geschäftsführer der Hansa Luftbild: »Die terrestrischen Verfahren sind viel zu langsam, zu zeitraubend, als daß sie in der Lage gewesen wären, diesen im wahrsten Sinne ins Ungemessene sich steigernden Anforderungen an das Vermessungswesen für die großen Aufgaben unserer Zeit überhaupt nur annähernd gerecht werden zu können«.[5]

Bereits 1926 hatte das Reichsamt für Landesaufnahme unter Zuhilfenahme der Photogrammetrie mit der Erstellung der Topographischen Grundkarte Deutschlands im Maßstab 1:5.000 begonnen.[6] Der 1920 gegründete Siedlungsverband Ruhrkohlenbezirk ließ in den Jahren 1926 bis 1931 das gesamte damalige Verbandsgebiet durch die Firma Hansa Luftbild befliegen.[7] Dieser Auftrag findet in einem zentralen Bericht der Landesplanung der Rheinischen Provinzialverwaltung

5 Wilhelm Gessner: Aus der Praxis der Luftbildmessung 1937, in: Luftbild und Luftbildmessung 15 (1937), S. 3–9, S. 5.

6 Sigfrid Schneider: Luftbild und Luftbildinterpretation, Berlin, New York 1974, S. 6ff.; Elke Dittrich: Der Flughafen Tempelhof. Der Filmbunker und die Hansa Luftbild in Tempelhof, Berlin 2013, S. 21.

7 Wolfgang Schulze/Günter Richard: Historische Luftbilder des Ruhrgebiets 1924–1938, Essen 1991, S. 4f. sowie Landesplanung der Rheinprovinz: Bericht über die Förderung des Karten- und Luftbildwesens durch den Rheinischen Provinzialverband, Schriften des Rheinischen Provinzialverbandes 1 (1935), S. 18.

zur Förderung des Luftbildwesens aus dem Jahr 1935 ebenso Erwähnung wie zwölf weitere unterschiedlich umfangreiche Projekte zur Erstellung von Luftbildplänen im Zuge von Vermessungsvorhaben im Rheinland.[8]

Glücklicherweise sind zahlreiche dieser frühen Luftbilder, Senkrecht- wie Schrägluftbilder, erhalten geblieben.[9] Eine der seit ihrer Gründung bedeutendsten Luftbildfirmen war die oben bereits erwähnte Hansa Luftbild GmbH. 1934 wurde das Luftbildwesen in Deutschland unter der Ägide des Reichsluftfahrtministeriums zentralisiert, indem alle damals maßgeblichen Firmen von der Hansa Luftbild übernommen wurden. Im Jahr 1939 hatte das Unternehmen in seinen Niederlassungen in Berlin, Münster und München insgesamt 400 Mitarbeiter, die Zentrale war im Berliner Flughafen Tempelhof untergebracht, die größte Zweigniederlassung befand sich in einem neu errichteten Zweckbau in Münster/Westfalen.[10] Leider wurde das Firmenarchiv in Tempelhof kurz vor Kriegsende vollständig zerstört.[11] Ein kleiner Teil jedoch, der in der Münsteraner Filiale an der Elbestraße gelagert gewesen war, blieb unbeschadet erhalten. Die Hansa Luftbild wurde nach Kriegsende zunächst durch die Alliierten stillgelegt, gründete sich aber schon bald als selbstständige Firma neu, zunächst unter dem Namen »Plan und Karte GmbH«, dann wieder unter ihrem ursprünglichen Namen. Firmenzentrale wurde die Niederlassung an der Münsteraner Elbestraße.

2. *Bestände der Hansa Luftbild im Landesarchiv NRW*

Zu diesen in Münster erhalten gebliebenen Luftbildern gehörten auch rund 16.000 Schrägluftaufnahmen der Hansa Luftbild und der 1934 in ihr aufgegangenen Firmen aus der Zeit zwischen den Weltkriegen. Diese Aufnahmen umfassen fast alle Teile des damaligen Deutschen Reichs;[12] die geographische

8 Ebd., S. 18 ff. Näheres zu diesem Bericht siehe unten in den Abschnitten 3 und 4.

9 So lagern etwa die Aufnahmen von der Befliegung des Siedlungsverbands Ruhr nach wie vor beim heutigen Regionalverband Ruhr und sind online im Geoportal Ruhr einsehbar (siehe https://luftbilder.geoportal.ruhr/, zuletzt abgerufen am 19.07.2024).

10 Bruno Weist: 40 Jahre Hansa Luftbild GmbH. Der Werdegang des Unternehmens, in: Luftbild und Luftbildmessung. Informationen der Hansa Luftbild GmbH (November 1963); Rudolf Burkhardt: 50 Jahre Hansa Luftbild, in: Bildmessung und Luftbildwesen 42 (1974), S. 2–5, S. 2.

11 Dazu Dittrich: Der Flughafen Tempelhof (Anm. 6), S. 91 ff.

12 Es gibt zwei umfängliche Ausnahmen: Aufnahmen von Gebieten östlich der Oder-Neiße-Linie lagern im Marburger Herder-Institut, zahlreiche Schrägluftaufnahmen des Ruhrgebiets wurden bereits in den 1960er-Jahren durch die Hansa Luftbild an den Siedlungsverband Ruhrkohlenbezirk verkauft und befinden sich heute beim Regionalverband Ruhr.

Zuordnung geschah damals anhand der zeitgenössischen Provinzial- beziehungsweise Ländergrenzen. So sind etwa von der preußischen Rheinprovinz 2.635 Bilder vorhanden, von der Provinz Westfalen 656 Aufnahmen. Circa 13.000 Bilder liegen als Glasplattennegative im Format 13 × 18 Zentimeter vor, daneben gibt es Zelluloid-Repronegative sowie einige Glas-Dias.[13]

Seit 1979 gab die Hansa Luftbild ihre nicht mehr benötigten Luftbildaufnahmen an das damalige Nordrhein-Westfälische Hauptstaatsarchiv in Düsseldorf ab, heute die Abteilung Rheinland des Landesarchivs NRW in Duisburg. In den darauffolgenden Jahrzehnten übernahm das Archiv von der Hansa Luftbild Hundertausende an Luftbildern, überwiegend Senkrechtaufnahmen aus der Zeit nach 1951.[14] Eine der ersten Ablieferungen im Jahr 1979 bestand aus den Schrägluftbildern der Zwischenkriegszeit; sie erhielten die Bestandssignatur RW 0229.

3. *Weitere Luftbildbestände im Landesarchiv NRW*

Da sich durch die Übernahme der umfangreichen Bildbestände der Hansa Luftbild schnell ein deutlicher Überlieferungsschwerpunkt im Bereich der im Landesarchiv NRW verwahrten AV-Medien bildete, wurden diese Bestände sukzessive um weitere Luftbilder erweitert. Diese kamen und kommen zum einen aus privaten Quellen, wie etwa dem Mönchengladbacher Luftbildfotografen Achim Schwarzer, dessen Nachlass im Umfang von circa 50.000 Negativen im Jahr 2015 in das Landesarchiv gelangte. Kleinere Erwerbungen galten dem Gelsenkirchener Fotografen Martin Frank, der auch zahlreiche Schrägluftaufnahmen, vor allem von Städten in Nordrhein-Westfalen, anfertigte oder dem Luftbildfotografen Uwe Muuß, der an der Entstehung des Luftbildatlas NRW beteiligt gewesen war. Darüber hinaus übernimmt das Landesarchiv in großem Umfang Luftbilder von Behörden und Dienststellen des Landes, wie dem Landesvermessungsamt NRW (heute Geobasis NRW), der Straßenbauverwaltung, den Wasserstraßen- und Schifffahrtsämtern oder der Polizeifliegerstaffel NRW. So sammelte sich über die Jahrzehnte ein Fundus von insgesamt über einer Million Luftbildaufnahmen an.

13 Es liegen außerdem rund 9.500 Papierabzüge vor, zum allergrößten Teil von vorhandenen Glasplatten; in einigen Fällen ist nur der Papierabzug vorhanden.

14 Die Ablieferung der letzten noch vorhandenen analogen Luftbilder erfolgte 2011. Bereits ein Jahr zuvor waren alle Abgaben seit 1979, die zunächst in Form eines Depositums erfolgt waren, dem Land NRW übereignet worden.

Ein für die hiesigen Betrachtungen wichtiger Bestand enthält rund 2.800 Schrägluftaufnahmen aus den 1920er und 1930er Jahren, die Städte, Land- und Ortschaften der damaligen Rheinprovinz zeigen. Die Bilder waren in den 1930er Jahren durch die damalige Landesplanung der Rheinischen Provinzialverwaltung gesammelt worden. In dem oben bereits erwähnten »Bericht über die Förderung des Karten- und Luftbildwesens« hieß es 1935: »Der hohe Wert geeigneter Schrägaufnahmen für die Förderung der Anschauung im Dienste des Natur- und Landschaftsschutzes, der Denkmalpflege, des Unterrichts, der historischen und archäologischen Forschung, der Planung usw. hat frühzeitig zur Herstellung solcher Luftbilder angeregt«. Wie in dem Bericht weiter ausgeführt wird, hatte die Landesplanung seit 1930 die planmäßige Herstellung von Schrägluftbildaufnahmen von »bemerkenswerten Bauten, Städte- und Landschaftsbildern« gefördert, darüber hinaus aber auch das vorhandene Material »der wichtigsten in der Rheinprovinz tätig gewesenen Luftbildfirmen« gesichtet und »eine Reihe insbesondere vom Standpunkt der Denkmalpflege und des Heimatschutzes bemerkenswerter und phototechnisch einwandfreier Bilder ausgewählt und zu einer Schrägaufnahmensammlung zusammengestellt«.[15]

Der Bestand mit der Archivsignatur RW 0261 umfasst geographisch die gesamte Rheinprovinz sowie das damals unter Verwaltung des Völkerbunds stehende Saargebiet. Er besteht aus Papierabzügen, größtenteils auf Karteikarten aufgeklebt, die Auskunft über den Inhalt des Bildes, die Luftbildfirma und in einigen Fällen auch über das Aufnahmedatum geben. Die Aufnahmen stammen zu einem großen Teil von der Firma Hansa Luftbild, darüber hinaus hat die Landesplanung Bilder von mindestens 15 weiteren Luftbildfirmen gesammelt, darunter etwa die Bildflug GmbH,[16] die Hamburger Luftbild GmbH, die Junkers Luftbildzentrale, die Luftbildgesellschaft Roeßler & Co., die Strähle Luftbild und die zunächst in Düsseldorf, später in Berlin ansässige Richard J. Kern Luftbild – um nur die größten zu nennen. Diese Firmen gingen entweder spätestens nach 1933 in der Hansa Luftbild GmbH auf, stellten ihre Tätigkeit ein oder existieren noch heute.

15 Vgl. Landesplanung der Rheinprovinz: Bericht (Anm. 7), S. 21 f. Da die Landesplanung nach 1946 auf die nordrhein-westfälische Landesregierung überging, gelangte diese Sammlung in die Staatskanzlei und wurde im Jahr 1980 von dort in das damalige Hauptstaatsarchiv Düsseldorf übernommen.

16 Die Junkers Luftbildzentrale war nach dem Zusammenschluss von Aero Lloyd und Junkers zur Lufthansa 1926 zunächst im Junkers-Verbund verblieben und firmierte ab 1932 als Bild-Flug GmbH mit Sitz in Bonn. Ab 1934 zur Hansa Luftbild gehörend, wurde die Filiale fünf Jahre später nach Münster verlegt; vgl. dazu Marco Rasch: Das Luftbild in Deutschland (Anm. 4), S. 151 ff.

4. Entstehungsbedingungen und -zwecke der Luftbildaufnahmen

Der Großteil dieser fast 100 Jahre alten Fotografien weist eine erstaunliche Qualität auf. Dabei muss man sich vor Augen halten, unter welchen Bedingungen diese Bilder damals entstanden sind. Schrägluftbilder wurden in der Regel freihändig, oft aus offenen Maschinen heraus angefertigt. Der Fotograf, damals Luftbildner genannt, musste sich dabei mit der schweren Plattenkamera in den Händen aus dem Flugzeug lehnen, während der Pilot versuchte, das Flugzeug möglichst ruhig und gerade beziehungsweise in einem unter Berücksichtigung von Witterung und Sonnenstand geeigneten Winkel zu manövrieren. Zudem musste der Fotograf darauf achten, dass ihm nicht Teile des Flugzeugs allzu weit ins Bild ragten.[17] So darf es nicht verwundern, dass nicht alle damals entstandenen Aufnahmen heutigen fotografischen Qualitätsstandards entsprechen können. Sie sind mitunter schief, in Teilen unscharf oder Teile des Bildes sind durch Dunst oder Wolken verdeckt. Hinzu kommt, dass eine nicht geringe Anzahl der noch erhaltenen Original-Glasplatten durch zeitgenössische Schwärzungen verstümmelt wurden. Seit 1934 mussten alle Luftaufnahmen »aus Gründen der Landessicherheit« einer Prüfstelle des Reichsluftfahrtministeriums zur Freigabe vorgelegt werden.[18] Dabei war damit zu rechnen, dass Teile des Bildes, die nach Auffassung des Ministeriums eines besonderen Geheimhaltungsschutzes bedurften – etwa Verkehrswege wie Brücken und Bahnlinien –, entfernt werden mussten.[19]

Leider ist heute in den meisten Fällen nur noch schwer feststellbar, zu welchen konkreten Zwecken diese Bilder jeweils angefertigt wurden. Einen Hinweis gibt der oben zitierte Bericht der Landesplanung aus dem Jahr 1935 – schon damals sollten die Bilder dem Denkmal- und Heimatschutz dienen. Einer der Protagonisten der Rheinischen Landesplanung dieser Zeit, Stephan Prager, schrieb 1959 rückblickend: »Die Sammlung der Luftbildsenkrechtaufnahmen

17 Siehe zu den Schwierigkeiten der Luftbilderstellung ausführlich Ruedi Weidmann: Swissair Luftbilder. Das Luftbildarchiv der Swissair. Zürich 2014, S. 16 und 22 sowie Fritz Thudichum: Die photogrammetrische Aufnahme vom Standpunkt des Photographen, in: Luftbild und Luftbildmessung 15 (1937), S. 34–38.

18 Erich Ewald: Einsatz des Luftbildes für die Aufgaben der Wirtschaft und Vermessung. Organisation des Luftbildwesens. Maßnahmen des Reichsluftfahrtministeriums, in: Luftbild und Luftbildmessung 20 (1940), S. 9–14, S. 12.

19 Als Beispiel sei eine Ansicht des Kölner Doms vom September 1929 (LAV NRW R, RW 0229 Nr. 27569) genannt. Das Bild zeigt die Kirche von Nordwesten, die im Hintergrund zu sehenden Rheinbrücken wurden auf dem Glasplattennegativ geschwärzt. Unter LAV NRW R, RW 0261 Nr. 85 existiert allerdings noch ein Papierabzug des Negativs, der das ganze Bild zeigt. Ganz ähnlich bei den Bildern LAV NRW R, RW 0229 Nr. 40416 und RW 0261 Nr. 86 von Juli 1933. Die Schwärzungen auf den Glasplatten sind in der Regel irreversibel.

sowie der Luftbildschrägaufnahmen ergab ein Archiv, das wesentlich zur Kenntnis der Landschaft und der Bauten unter besonderer Berücksichtigung der Denkmalpflege und des Heimatschutzes beitrug«.[20] Tatsächlich werden sie auch heute noch herangezogen, um Informationen über stark veränderte oder nicht mehr existierende Gebäude, Fassaden, Landschaften, Gärten oder Parks zu erhalten. Sie finden Anwendung in der historischen und archäologischen Forschung, lassen sich mit ihrer Hilfe doch archäologische Relikte im Boden gut identifizieren.[21] Schon zur Entstehungszeit der Luftbilder wurden diese auch von Geologen und Geographen genutzt. 1941 betonte Hans Bobek, wie geeignet das Luftbild zum Beispiel auch für die Erforschung der Geomorphologie des Wattenmeers, etwa hinsichtlich des Einflusses von Ebbe und Flut auf Inseln und Küste sowie auf unterschiedliche Formen von Anlandung und Abtragung, sei.[22]

Ein weiterer, damals nicht unbedeutender Entstehungszweck erscheint banal: Schrägluftbilder entstanden häufig als Nebenprodukt von Vermessungsbefliegungen. So nennt der oben bereits zitierte Bericht der Landesplanung der Rheinprovinz aus dem Jahr 1935 eine ganze Palette von Befliegungen, aus denen Luftbildpläne und Luftbildkarten zu Vermessungszwecken beziehungsweise als Grundlagen für Katasterkarten entstehen sollten: »Die fliegerphotographisch aufgenommenen Flächen in der Rheinprovinz umfassen vorwiegend die hochentwickelten Wirtschaftsgebiete, in denen durch die schnelle Entwicklung der Industrie- und Verkehrsanlagen sowie das Wachsen der Ansiedelungen die vorhandenen gebräuchlichen Kartenwerke schnell veralten [...] Hier besteht ein besonders lebhaftes Bedürfnis für die Beschaffung kartlicher Unterlagen des neusten Zustandes der genannten Anlagen«.[23] Der Bericht zählt insgesamt 13 Befliegungen der 1920er und 1930er Jahre auf, darunter eine Befliegung von Köln und Umgebung im Auftrag der Stadt Köln im Jahr 1930 sowie eine weitere Befliegung des Mittelrheintals von Köln bis Koblenz ebenfalls im Jahr 1930, beauftragt von der Landesplanung der Rheinprovinz. Eine bereits 1926 begonnene Befliegung des Regierungsbezirks Düsseldorf reichte zunächst im Süden nicht bis an das Kölner Gebiet

20 Stephan Prager: Landesplanungsgemeinschaft Rheinland. Ein Beitrag zur Entwicklung der Landesplanung in der Rheinprovinz, Tübingen 1959, S. 31 ff.

21 Helmut Windl: Die Entwicklung der Luftbildarchäologie, in: Fenster zur Urzeit. Luftbildarchäologie in Niederösterreich, Horn 1982, S. 17–20, S. 19 oder zeitgenössisch Erich Ewald: Einsatz des Luftbildes für die vorgeschichtliche Forschung in Deutschland. Luftbild und Vorgeschichte, in: Luftbild und Luftbildmessung 16 (1938), S. 19–22.

22 Hans Bobek: Luftbild und Geomorphologie, in: Luftbild und Luftbildmessung 20 (1941), S. 8–161.

23 Landesplanung der Rheinprovinz: Bericht (Anm. 7), S. 18.

Abb. 2: Panorama-Aufnahme der Stadt Köln, 28. August 1927. LAV NRW R, RW 0229, Nr. 20548 (Foto: Junkers Luftbildzentrale/Hansa Luftbild GmbH)

heran, die Lücke wurde 1933 durch eine Aufnahme des Rhein-Wupper-Kreises geschlossen. Finanziell beteiligt war die Stadt Köln außerdem an einer ebenfalls 1933 erfolgten Befliegung des Rheinischen Braunkohlereviers.[24] Es war nun nicht unüblich, dass bei diesen Senkrechtbefliegungen quasi nebenbei auch Schrägaufnahmen angefertigt wurden.[25]

Nicht zuletzt wurden diese Bilder, insbesondere natürlich die Schrägluftaufnahmen, wegen ihres ästhetischen Werts geschätzt. Sie entstanden in der Regel aus geringer Höhe und nahmen ein räumlich stark begrenztes Motiv in den Blick: ein Bauwerk, einen Industriebetrieb, eine bestimmte Landschaftsformation, ein Dorf oder eine Stadt beziehungsweise eine Teilansicht der Stadt. Es waren Kommunen, Behörden, Firmen oder Privatleute, die die Luftbildfirmen mit Aufnahmen für Wandkalender, Werbebroschüren, Prospekte, Festschriften oder Bildbände beauftragten.

24 Ebd., S. 18 ff.

25 Siehe dazu auch Matthias Meusch: Menschen und Tiere in wunderlicher Verkürzung. Zur Geschichte der Luftbildfotografie, in: Ders. (Hg.): Zeitreise über Ostfriesland. Die Region von Emden bis Wilhelmshaven in alten Luftaufnahmen (1927–1938), Jünkerath 2024, S. 4–13, S. 8.

Abb. 3: Köln, Altstadt von Südwesten, Mai 1930. LAV NRW R, RW 0261, Nr. 76 (Foto: Hansa Luftbild GmbH)

5. *Historische Luftbilder von Köln im NRW-Archivportal*

Neben den schon länger online verfügbaren circa 30.000 Senkrechtaufnahmen in Form von Luftbildplänen[26] wurden kürzlich nun auch die oben beschriebenen historischen Schrägluftbilder der Bestände RW 0229 (Provenienz: Hansa Luftbild) und RW 0261 (Provenienz: Staatskanzlei NRW/Landesplanung der Rheinprovinz) in das nordrhein-westfälische Archivportal[27] eingestellt. Die Bilder können dort recherchiert, angesehen und auch heruntergeladen werden.[28] Beide Bestände enthalten insgesamt rund 450 Schrägluftbilder von Köln, die in den Jahren zwischen den Weltkriegen entstanden sind.[29] Es wurden Bilder aus unterschiedlichen Flughöhen aufgenommen, die damit unterschiedliche

26 Zu nennen sind hier vor allem Luftbildpläne im Maßstab 1:5.000 (Bestände RW 0230, RW 0435, RW 0436 und RW 0437) sowie im Maßstab 1:10.000 (Bestand RW 0434) aus den Jahren 1925–1985 sowie Luftbildpläne 1:25.000 aus dem Jahr 1934 (Bestand RW 0403).

27 www.archive.nrw.de/landesarchiv-nrw.

28 Am einfachsten gibt man gleich auf der Startseite unter »Archivgut finden« die Bestandssignatur sowie »Köln« ein, also: »RW 0229 Köln« oder »RW 0261 Köln«.

29 Eine Auswahl wurde abgedruckt in Matthias Meusch (Hg.): Der Rhein in alten Luftaufnahmen, Teil 2: Kölner Bucht und Niederrhein. Von Brühl bis Emmerich, Jünkerath 2021, S. 30–54; siehe auch die Rezension von Joachim Oepen, in: GiK 70 (2023), S. 374–376.

Abb. 4: Köln-Deutz, Juli 1928. LAV NRW R, RW 0229, Nr. 22650 (Foto: Junkers Luftbildzentrale/Hansa Luftbild GmbH)

Abb. 5: Köln-Neustadt, Hansaring, 28. August 1927. LAV NRW R, RW 0229, Nr. 20526 (Foto: Junkers Luftbildzentrale/Hansa Luftbild GmbH)

Abb. 6: Köln-Mülheim, Mai 1931. LAV NRW R, RW 0261, Nr. 126 (Foto: Richard Kern Luftbild)

Grade der Detailliertheit zeigen. So gibt es etwa eine Panorama-Aufnahme fast der gesamten Stadt vom 28. August 1927 (Abb. 2), viele Bilder stellen einzelne Stadtteile dar, wie etwa die Altstadt rund um den Kölner Dom (siehe Abb. 3), das rechtsrheinische Deutz (Abb. 4) oder auch Mülheim. Die meisten Aufnahmen jedoch illustrieren aus geringerer Höhe einzelne Gebäude oder Gebäude-Ensembles, etwa den Dom mit dem Hauptbahnhof oder dem Dom-Hotel, die Messe, die alte Deutzer Kürassierkaserne, den Friedenspark oder den Rheinauhafen, Siedlungen, Brücken oder Bahnhöfe, mitunter auch Straßenzüge, wie zum Beispiel den Hansaring auf einem Luftbild vom 28. August 1927, aufgenommen also am gleichen Tag wie die oben bereits gezeigte Panorama-Aufnahme (Abb. 5).

Was zeigen uns diese Bilder im Einzelnen? Einige Beispiele seien im Folgenden herausgegriffen. Bekanntermaßen wurde die Stadt im Bombenkrieg des Zweiten Weltkriegs stark in Mitleidenschaft gezogen. Die zu 90 Prozent zerstörte Innenstadt bildete eine Trümmerwüste, was noch auf Luftbildplänen aus dem Jahr 1951 eindrucksvoll und bestürzend zugleich zu sehen ist.[30] Auch

30 Siehe etwa einen Luftbildplan der Kölner Altstadt im Maßstab 1:5.000 vom 24./31. Mai 1951 (Signatur: LAV NRW R, RW 0230 Nr. 185).

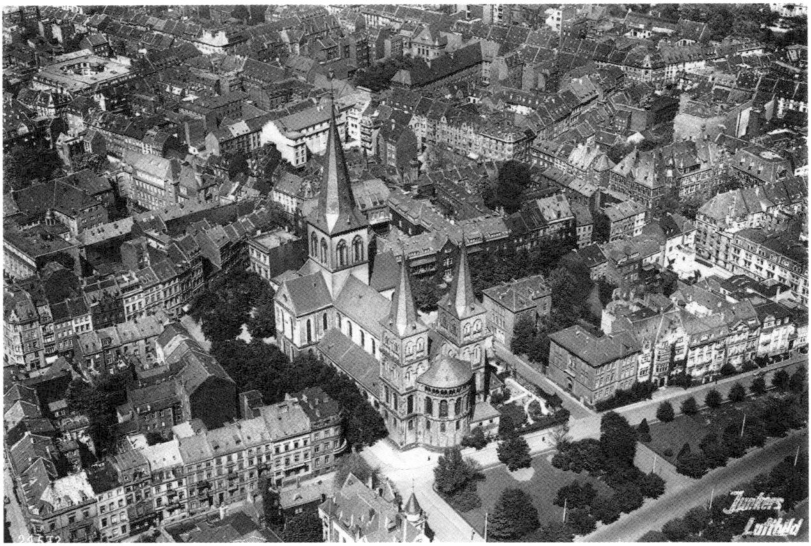

Abb. 7: Köln-Altstadt, St. Kunibert, Mai 1928. LAV NRW R, RW 0229, Nr. 21572 (Foto: Junkers Luftbildzentrale/Hansa Luftbild GmbH)

wenn die Gesamtstadt nur zu circa 40 Prozent zerstört war, so war doch, so Reinhard Matz, »das Ausmaß der Verluste historisch bedeutender Kirchen und profaner Repräsentationsbauten in ihrer originalen oder bauhistorisch gewachsenen Substanz« einzigartig im deutschen Sprachraum.[31] So begegnet uns auf vielen dieser Bilder eine Stadt, wie sie nach 1945 nicht mehr vorhanden war. Schauen wir beispielsweise noch einmal auf die Aufnahme vom Hansaring, wird deutlich, dass der Gebäudebestand im Krieg weitgehend verloren gegangen ist.[32] Auch Bilder von Mülheim aus dem Jahr 1931 präsentieren dem Betrachter eine Stadt, wie sie vor allem nach dem Bombenangriff vom 28. Oktober 1944 nicht mehr existierte (Abb. 6).[33]

Es wird nicht verwundern, dass ein großer Anteil der Aufnahmen den Dom und seine Umgebung (über 50 Bilder) sowie andere Kirchen und Plätze der

31 Reinhard Matz: Alltag und Zerstörung: Köln im Krieg (1940–1950), in: Ders./Wolfgang Vollmer: Köln und der Krieg. Leben, Kultur, Stadt 1940–1950, Köln 2016, S. 17–26, vor allem S. 26.

32 Der auf der rechten Bildseite noch zu sehende Güterbahnhof Gereon wurde allerdings erst ab 1990 abgerissen; heute befindet sich dort der Mediapark.

33 Siehe dazu etwa Katja Matthias: Der Bombenkrieg in Köln von 1940–1945, in: GiK 45 (1999), S. 71–96, S. 76.

Abb. 8: Köln-Niehl, Glanzstoff-Courtaulds GmbH, 1935. LAV NRW R, RW 0229, Nr. 42613 (Foto: Hansa Luftbild GmbH)

Stadt, etwa den Heumarkt mit der Markthalle, den Alter Markt, den Neumarkt oder auch den Rudolfplatz, zeigen. Diese Bilder sind deshalb von Interesse, weil viele der Kirchen und Bauwerke in der stark zerstörten Kölner Innenstadt nach dem Krieg nicht mehr gemäß ihrem vorherigen Erscheinungsbild wiederaufgebaut wurden – als eines von vielen Beispielen sei die Kirche St. Kunibert angeführt (Abb. 7). Andere Gebäude, etwa die Großmarkthalle am Heumarkt oder die alte Kölner Oper, erstanden gar nicht wieder beziehungsweise wurden in den 1950er Jahren abgerissen.[34]

Die Luftbildaufnahmen der Jahre vor dem Zweiten Weltkrieg dürfen aber nicht nur vor dem Hintergrund der verheerenden Zeit danach angesehen und gewürdigt werden, sondern sie zeigen uns davon unabhängig auch das Porträt einer aufstrebenden und prosperierenden Großstadt. So spielen zum Beispiel Bilder von Industrie- und Wirtschaftsbetrieben eine wichtige Rolle, etwa die Klöckner-Werke in Bayenthal, die Glanzstoff-Courtaulds GmbH in Niehl (Abb. 8) oder natürlich auch der Industriehafen und das Gewerbegebiet in Mülheim.[35] Die damals neue

34 Für eine Aufnahme der Großmarkthalle siehe Meusch (Hg.): Der Rhein in alten Luftaufnahmen (Anm. 29), S. 37, für die alte Kölner Oper siehe ebd., S. 34.

35 Siehe ebd., S. 44 f.

Abb. 9: Köln-Deutz, Schiffswerft Gebr. Sachsenberg, Juli 1928. LAV NRW R, RW 0261, Nr. 142 (Foto: Junkers Luftbildzentrale/Hansa Luftbild GmbH)

Abb. 10: Köln, Blick vom linken Rheinufer auf Deutz mit der Messe, 5. Juli 1934. LAV NRW R, RW 0229, Nr. 42415 (Foto: Hansa Luftbild GmbH)

Abb. 11: Köln-Müngersdorf, Sportpark während des 14. Deutschen Turnfests, Juli 1928. LAV NRW R, RW 0229, Nr. 22747 (Foto: Junkers Luftbildzentrale/Hansa Luftbild GmbH)

Abb. 12: Köln-Mauenheim, Siedlung Grüner Hof, Mai 1928. LAV NRA R, RW 0229, Nr. 21522 (Foto: Junkers Luftbildzentrale/Hansa Luftbild GmbH)

Ford-Fabrik fehlt ebenso wenig wie der Ausbau des Niehler Hafens[36] oder die Schiffswerft der Gebr. Sachsenberg in Deutz (Abb. 9). Viel Raum mit einer großen Anzahl von Aufnahmen nimmt die Kölner Messe ein, insbesondere Bilder, die den Zustand nach dem Ausbau im Zuge der großen Presseausstellung Pressa im Jahr 1928 zeigen (Abb. 10). Daneben wurden auch herausragende Ereignisse der Zeit aus der Luft festgehalten, wie etwa das 14. Deutsche Turnfest im Juli 1928 mit seinen 300.000 Sportlerinnen und Sportlern. Von dieser Veranstaltung liegen zahlreiche Bilder aus dem Müngersdorfer Sportpark (Abb. 11) sowie vom Festumzug in der Innenstadt an der Tribüne am Rudolfplatz vor.[37]

Das Anwachsen der Bevölkerungszahlen in dieser Zeit spiegelt sich in den Aufnahmen der vor allem in den 1920er Jahren erbauten neuen Wohnsiedlungen wider, wie etwa dem Grünen Hof und der Nibelungensiedlung in Mauenheim (Abb. 12), der Siedlung Bickendorf II, dem Blauen Hof und der Weißen Stadt in Buchforst oder auch der Siedlung Vogelsang in Ehrenfeld.[38] Für diese Bauprojekte zeichneten fast durchweg Architekten des »Neuen Bauens« wie Wilhelm Riphahn verantwortlich, so dass solche Aufnahmen auch für die Architekturhistorie von großem Interesse sind. Dies gilt umso mehr, als für viele dieser Bauvorhaben Bilder aus unterschiedlichen Zeitabschnitten zur Verfügung stehen. So beflog die Junkers Luftbildzentrale in aufeinanderfolgenden Jahren die verschiedenen Neubau-Siedlungen der Stadt. Am 17. Juli 1926 wurden die Nibelungensiedlung, die Siedlungen Lansstraße/Takuplatz in Neuehrenfeld, Bickendorf II, An den Maien in Poll, die Germaniasiedlung in Höhenberg sowie die rechtsrheinisch gelegene Märchensiedlung überflogen.[39] Im Oktober 1927 fotografierte die Junkers die Siedlungen Bickendorf II, Germania, Blauer Hof in Buchforst und die Märchensiedlung.[40] Etwa ein halbes Jahr später, im Mai 1928, wurden wieder Bickendorf II, die Nibelungensiedlung sowie die Siedlungen Grüner Hof in Mauenheim und An den Maien und die Germaniasiedlung abgelichtet.[41] Anhand solcher Serien lässt sich der jeweilige Baufortschritt in hervorragender Weise nachvollziehen.

Schließlich spielt auch die moderne städtische Infrastruktur eine wichtige Rolle in der bildlichen Überlieferung dieser Bestände. Wir sehen Aufnahmen

36 Siehe ebd., S. 50–52.
37 Siehe für die Veranstaltung im Müngersdorfer Sportpark die Bilder LAV NRW R, RW 0229 Nr. 22741–22753 und für den Festumzug am Rudolfplatz LAV NRW R, RW 0229 Nr. 22761 und 22762. Siehe auch Meusch (Hg.): Der Rhein in alten Luftaufnahmen (Anm. 29), S. 34 und 48.
38 Siehe ebd., S. 49.
39 Siehe die Bilder mit den Signaturen LAV NRW R, RW 0229 Nr. 18112–18128.
40 Siehe die Bilder mit den Signaturen LAV NRW R, RW 0229 Nr. 21112–21121.
41 Siehe die Bilder mit den Signaturen LAV NRW R, RW 0229 Nr. 21513–21534.

Abb. 13: Köln-Ossendorf, Flughafen Butzweilerhof, Juli 1926. LAV NRW R, RW 0229, Nr. 18107 (Foto: Junkers Luftbildzentrale/Hansa Luftbild GmbH)

Abb. 14: Köln-Riehl, Betriebsbahnhof Nord der Kölner Straßenbahn, April 1933. LAV NRW R, RW 0229, Nr. 38775 (Foto: Hansa Luftbild GmbH)

Abb. 15: Köln, Blick rheinabwärts mit Deutzer, Hohenzollern- und Mülheimer Brücke, September 1931. LAV NRW R, RW 0261, Nr. 143 (Foto: Richard Kern Luftbild)

Abb. 16: Köln-Lindenthal, Städtische Krankenanstalten Lindenburg, April 1933. LAV NRW R, RW 0229, Nr. 38772 (Foto: Hansa Luftbild GmbH)

des Flughafens Butzweiler Hof (Abb. 13), ja sogar des Wasserflughafens auf dem Rhein,[42] des 1957 abgerissenen Nordbahnhofs der Kölner Straßenbahn in Riehl (Abb. 14), der Bautätigkeit an der neuen Reichsautobahn Köln-Düsseldorf wie auch der 1932 freigegebenen Kraftfahrstraße in Marienburg, die später zur A 555 werden sollte.[43] Auch die Kölner Rheinbrücken, insbesondere die Deutzer und die Mülheimer Brücke, fehlen nicht (Abb. 15).[44] Es gibt Bilder des Sportparks Müngersdorf, des Golfplatzes in Marienburg,[45] des 1936 eröffneten Eis- und Schwimmstadions im Agnesviertel,[46] der 1927 eröffneten Rundfunksendeanlage in Raderthal wie auch des Emelka-Theaters im Hansa-Hochhaus, das doppelte Bedeutung genießt, als eines der größten und modernsten Kinos Deutschlands wie auch als architekturhistorisch bedeutendes Bauwerk. Interessant ist eine Aufnahme der Städtischen Krankenanstalten Lindenburg in Lindenthal aus dem April 1933 (Abb. 16); wir sehen einen Gebäudebestand, von dem heute kaum noch etwas übrig ist. In stilistischem Gegensatz zu diesen Gründerzeitbauten steht die Neue Universität, die am oberen Bildrand noch zu erkennen ist.[47] Außer der Neuen Universität muss hier auch das St. Elisabeth-Krankenhaus in Hohenlind mit der Kapelle eines Dominikus Böhm genannt werden.[48] Beide Komplexe stellten nicht nur wichtige Maßnahmen der Daseinsfürsorge dar, sondern gelten wie die oben genannten Wohnsiedlungen als wichtige Zeugnisse dieser Phase des Neuen Bauens in Köln und anderen Städten während der Weimarer Zeit.

So zeigen uns diese Bilder nicht nur das alte Köln, das zu großen Teilen im Bombenkrieg untergegangen ist, sondern – und hierin wahrscheinlich eher ihrem ursprünglichen Zweck entsprechend – eine aufstrebende Stadt im Aufbruch in die Moderne.

42 Siehe Meusch (Hg.): Der Rhein in alten Luftaufnahmen (Anm. 29), S. 39.
43 Siehe ebd., S. 30.
44 Für eine Aufnahme der 1945 zerstörten und nicht wieder aufgebauten alten Südbrücke siehe ebd., S. 31.
45 Siehe ebd., S. 30.
46 Siehe ebd., S. 35.
47 Siehe auch ebd., S. 46.
48 Siehe ebd., S. 47.

Buchbesprechungen

Henriette Meynen (Hg.): Die Kölner Stadtbefestigungen. Einzigartige Zeugnisse aus Römerzeit, Mittelalter und Neuzeit. Touren entlang der historischen Stadtbefestigungen, Daun: Regionalia-Verlag 2021, 39,35 €.

Dieses Buch versucht einen Spagat. Es kommt als gewichtiges Coffee Table Book daher, bei dem Gewicht und Format sowie die Ausstattung zu einer Lektüre beim Kaminfeuer mit einer Tasse Kaffee oder Tee einladen – oder diese gar nötig machen. Denn als Reiseführer, der zu Spaziergängen entlang der verschiedenen Kölner Stadtmauern einladen möchte, taugt es aus eben diesen Gründen – Format und Gewicht – gerade nicht.

Auch inhaltlich kann man einen Spagat beobachten, oder besser den Versuch, einen solchen zu unternehmen, denn zum einen gibt es eben diese Rundgänge, bei denen besonders eindrucksvolle, gut erhaltene oder interessante Teile der Mauer und sonstigen Befestigungsanlagen in ihrem äußeren Erscheinungsbild gezeigt und beschrieben werden. Diesen Spaziergängen – und für die neuzeitlichen Befestigungen muss man sagen Spazierfahrten – ist jeweils ein Kapitel mit der Entstehungsgeschichte und dem historischen Hintergrund der jeweiligen Befestigung vorangestellt.

Das Schöne und auch Spannende daran ist, dass auch Orte gezeigt werden, die auf den ersten Blick nicht für jedermann sichtbar sind, etwa Innenhöfe und Konditoreien oder Teile einer typischen Kölner Fliesenfassade. Gleichzeitig ist dies aber auch das Problematische, denn es ist lediglich der Blick auf das Artefakt und nicht dahinter: Man weiß jetzt, was man sieht, mehr aber auch nicht. Die sich mehrfach überlagernden erinnerungskulturellen Schichten aus verschiedenen Epochen und historischen Zusammenhängen, die man besonders gut am Eigelsteintor beobachten kann, werden zwar erwähnt, aber nicht weiter analysiert. Warum hängt das Wrack eines Kutters des Kreuzers CÖLN ausgerechnet in einem stadtseitigen Gewölbe des Tores? Was macht dies mit dem Tor als Erinnerungsort?

Nicht nur fast alle Bauten der römischen, mittelalterlichen und frühneuzeitlichen Befestigungen sind verschwunden. Die Auswirkungen und die Bedeutung für die Kölner Stadtgesellschaft werden bestenfalls angerissen, aber nicht wirklich thematisiert. Die Festungen dienten nun nicht mehr der Verteidigung der Stadt gegen ihre von außen anstürmenden Feinde, sondern waren Teil der preußischen Landesverteidigung, ein Stolperstein für den Feind aus dem Westen. Nicht mehr Erzbischof oder Bürger bestimmten über die Errichtung, den Ausbau oder den Abriss von Befestigungen, sondern der preußische Staat. Was machte das mit den Kölnern? Dies wären wissenschaftliche Fragestellungen, deren Beantwortung aber weit über den engeren Kreis derjenigen, die sich wissenschaftlich mit der Mauer beschäftigen, von Bedeutung wären. So hätte man die Diskussion um den Abriss der Mauer durchaus detailliert ausbreiten können. Gerade daran ließen sich sicher Erkenntnisse über die Kölner Selbstsicht, mithin Identität gewinnen. Das jeweils »Historische Einführung« genannte Kapitel springt daher zu kurz, oder um im Bild zu bleiben: schafft den Spagat nicht.

Nun kann sich der Rezensent eigentlich nicht darüber beschweren, dass die Autoren nicht das Buch geschrieben haben, dass er geschrieben hätte, aber dann muss die Frage erlaubt sein: Wozu ein weiteres Buch über die Stadtmauer, dessen Erkenntnisgewinn sich in engen Grenzen hält, das man – siehe oben – aber auch nicht als Stadtmauerführer mitnehmen kann?

Das letztgenannte Problem ließe sich in der heutigen Zeit mit einem Digitalisierungsprojekt lösen, das die ganze Sache sicher noch anschaulicher machen würde und mit einigem Mehrwert angereichert werden könnte. Selbstverständlich ist ein digitales Modell der Mauer, beziehungsweise der Mauern, arbeitsaufwändig und sehr teuer, dafür aber zeitgemäßer und von großem Nutzen für alle.

Schließlich erscheint die Kapitelgliederung, die eine Unterteilung in Römisch, Mittelalter, Frühe Neuzeit und preußische Zeit vornimmt, inhaltlich nicht allzu viel Sinn zu ergeben. Denn letztendlich änderte sich die Mauer nicht grundlegend zwischen den Epochen, die wir als Mittelalter und Frühe Neuzeit bezeichnen, sondern wurde nur ergänzt und den modernen Anforderungen an Waffen- und Verteidigungstechnik angepasst. Eine Kapitelgliederung nach »mauerimmanenten« Kriterien wäre an dieser Stelle sinnvoller gewesen: römischer Mauer, Mauer von 1106, Mauer von 1180, Bastionierung und preußische Festungswerke.

Den Spagat – so viel bleibt abschließend festzuhalten – schafft dieses Buch über die Kölner Stadtbefestigungen leider nicht.

Christian Hillen, Bonn

Karl Ubl: Köln im Frühmittelalter. Die Entstehung einer heiligen Stadt 400–1100 (Geschichte der Stadt Köln 2), Köln: Greven-Verlag 2022, 513 S., 60 €.

Der zweite, einen Zeitraum von 700 Jahren analysierende Band der Kölner Stadtgeschichte spannt den Rahmen von der römischen Agrippina mit Sitz des Provinzstatthalters zur mittelalterlichen Kathedralstadt Colonia und widmet sich somit einer Metropole, deren topographische Lage an der Peripherie des Imperium Romanum schließlich unter den ottonischen und salischen Herrschern in das Zentrum des Heiligen Römischen Reiches gerät. Chronologisch orientiert an den dynastischen Einteilungen von »regnum francorum«, ostfränkischem Teilregnum und »regnum teutonicum« werden in zwölf Kapiteln wesentliche Aspekte der frühmittelalterlichen Stadtgeschichte immer auch im Kontext reichsgeschichtlicher Konstellationen souverän behandelt. Unter der Fülle an Erkenntnissen, die aus einer umsichtig und abwägend diskutierten archäologischen, epigraphischen und schriftlichen Überlieferung gefolgert werden, seien nur wenige ausgewählte, darunter aber durchaus auch neue Einsichten hervorgehoben. So war die Stadt, die im Verlauf eines jahrzehntelangen Prozesses unter fränkische Herrschaft gelangte, während des 5. Jahrhunderts von keinen umfangreicheren Zerstörungen betroffen, was nicht zuletzt die Ausgrabungen auf dem damals kontinuierlich und vergleichsweise dicht besiedelten späteren Heumarkt gezeigt haben, während die westlichen Areale der ummauerten Stadt deutlich dünner besiedelt erscheinen. Dieser zunächst überraschende Befund aus einer Umbruchszeit wird mit der frühen, dann längerfristigen fränkischen Präsenz und der Existenz einer Königsresidenz mit hieraus resultierender Schutzfunktion erklärt. Überzeugend sind auch die von Karl Ubl geäußerten Überlegungen, dass der um 400 in Köln amtierende Bischof Severin identisch mit einem zeitnah in Bordeaux wirkenden gleichnamigen Oberhirten gewesen sei. Es scheint sehr plausibel, dass Severin als Bischof zunächst am Rhein und dann an der Garonne wirkte, wo er auch verstarb. Nach Severin sollte erst ab den 530er Jahren wieder ein Bischof in Köln amtieren. Und es war im 6. Jahrhundert, als – wie Untersuchungen am Reliquienschrein des Severin aus dem Jahr 948 nahelegen – der halbe Leichnam des als heilig Verehrten nach Köln überführt wurde.

Eine Aufsiedlung des Stadtareals erfolgte im Verlauf des 9. Jahrhunderts. Das Überdauern von römischer Stadtbefestigung einschließlich ihrer neun Tore bis in das 12. Jahrhundert hatte in der Rheinmetropole auch das weitere Bestehen großer Teile des auf die Durchgänge ausgerichteten antiken rechtwinkligen Straßenrasters zur Folge.

Wie Karl Ubl zurecht betont, ist der Umbau der antiken zur mittelalterlichen Stadt nicht allein auf Veranlassung des wirkmächtigen, jedoch lediglich zwölf Jahre amtierenden und zudem häufig abwesenden Erzbischof und Archidux Brun (953–965) in der Mitte des 10. Jahrhunderts zurückzuführen, sondern ein bereits früher einsetzender und bis in das Hochmittelalter reichender langandauernder Prozess. So ist etwa die Annahme einer auf Initiative Bruns erfolgten Erweiterung des Siedlungsareals durch die Rheinvorstadt angesichts archäologischer Beobachtungen revidiert, und auch der auf ihn zurückgeführte Abbruch der antiken Rheinbrücke ist deutlich früher erfolgt. Bruns Herrschaftsanspruch propagierte er aber durchaus selbstbewusst, etwa auf Kölner Denar-Prägungen, die ihn als ersten Kölner Erzbischof beim Namen nennen, wobei – das sei angemerkt – er mit einer derartigen Inszenierung in dem von 890–919 amtierenden Konstanzer Bischof Salomon einen frühen Vorgänger hatte.

Das – wie Karl Ubl es formuliert hat – Markenzeichen »Heiliges Köln« begegnet erstmals unter Hildebald, dem zum Erzbischof erhöhten Kölner Oberhirten (vor 787–818) und engen Freund Karls des Großen. Seit dem späten 9. Jahrhundert wird der Slogan »Sancta Colonia Agrippina« auf Münzen tausendfach bis weit über die Reichsgrenzen hinaus verbreitet. Neben zahlreichen mittels Reliquien importierter Heiligen manifestiert sich das Konzept dann im 10. Jahrhundert in der Legion an verehrten Bischofsgräbern, Ritterheiligen der Thebäischen Legion mit St. Gereon an der Spitze sowie als weiblichem Pendant hierzu den 11.000 Jungfrauen als Gefolgschaft der Heiligen Ursula, die nach Auffindung eines Titulus für eine »virgo« gleichen Namens nach 922 zur Anführerin kreiert wurde. Vergleichsweise selten sind die in anderen Städten häufiger zu findenden Rom-Zitate und Vergleiche mit dem »caput mundi«, sieht man einmal von dem zu Beginn des 9. Jahrhunderts – und nicht später – erbauten Alten Dom ab, der mit seiner enormen Ausdehnung, seiner Doppelchoranlage im Osten und Westen und dem Petrusaltar im Westen eine bewusste Imitation der von Kaiser Konstantin gestifteten Peterskirche im Vatikan darstellte. Die Erklärung dazu dürfte einfach sein: Für Bezüge auf das Zentrum der katholischen Christenheit bestand im Heiligen Köln einfach keine Veranlassung.

Angebetet wurden die unzähligen Heiligen in der großen Zahl an Stiften, Klöstern und Kirchen, welche die Stadt wie einen Kranz umgaben und dies einschließlich St. Marien in Deutz auch auf dem rechten Rheinufer. Auffällig ist dabei einerseits, dass sich kaum geistliche Institutionen in den westlichen Bereichen der antik ummauerten Stadt befinden, die lange kaum oder nur wenig besiedelt waren. Andererseits fällt die vergleichsweise spät erfolgte Etablierung von Benediktinerabteien auf, wobei als mögliche

Ursache der leichtere erzbischöfliche Zugriff auf die Stifte ins Feld geführt worden ist. Unter Erzbischof Brun, der in Lothringen die benediktinischen Reformklöster Gorze und St. Maximin kennen und schätzen gelernt hatte, wurde St. Pantaleon gegründet, es folgten bekanntlich Groß St. Martin und St. Maria in Deutz.

Gegen Ende des für den Frühmittelalterband gewählten Untersuchungszeitraumes lassen sich frühe Anfänge einer Herausbildung zur Stadtgemeinde greifen, wobei die Schöffen des Hochgerichtes zu Beginn des 12. Jahrhunderts in der Überlieferung als »seniores nostre civitatis« erscheinen, deren Gremium aber sicherlich älter sein dürfte. Sie sind die Repräsentanten einer Bevölkerung, die sich damals bereits aus über 10.000 Einwohnern zusammensetzte, mehr als in jeder anderen Stadt des Reiches nördlich der Alpen und bereits als namentlich allerdings unbekannte Akteure (»meliores«) in dem Aufstand gegen ihren Stadtherren Anno 1074 in Erscheinung treten.

Soweit nur wenige hervorgehobene Aspekte aus einer sehr gut lesbaren, profunden Stadtgeschichte Kölns im Frühmittelalter, die gerade auch den von auswärts auf die Rheinmetropole und die vorliegenden umfangreichen Forschungen blickenden Betrachter durch zum Teil schwieriges Terrain auf festen Boden führt, neue sorgfältig abgewogene Sichtweisen als solche kenntlich macht und dabei zu überzeugenden Erkenntnissen gelangt.

Lukas Clemens, Trier

Von Byzanz bis zum Mond. Eine archivische Reise durch zehn Jahrhunderte. Festschrift für Ulrich Helbach, erstellt von den Mitarbeiterinnen und Mitarbeitern des Archivs; Redaktion: Joachim Oepen, Anne Ostermann, Stefan Plettendorf. Köln/ Siegburg: Verlag Franz Schmitt 2024, 119 S., 8 €.

Festschriften sind schon eine ganz besondere Literaturgattung. Vor allem ist es nicht einfach, sie zu konzipieren und hierfür Autorinnen und Autoren zu gewinnen, und für die Herausgeber stellen sich insbesondere Fragen nach der thematischen Ausrichtung: Sollen es Themen des Geehrten sein oder eher Manuskripte aus den Schreibtischschubladen der Autoren? Für den Leser stellt sich die Frage der Anschaffung, sind die Beiträge doch meist heterogen, ja zuweilen beliebig zusammengewürfelt; Festschriften sind nicht selten leider eher Buchbindersynthesen, ja manchmal stellen sie sogar ein Kessel Buntes dar. Und zuletzt: Für den Rezensenten stellt sich die Frage, wie er derartig gemischte Werke überhaupt besprechen soll. Doch nun zum konkreten Buch.

Schaut man auf den Titel des hier vorzustellenden Werkes »Von Byzanz zum Mond«, so scheint diese Festschrift auch sehr heterogene Inhalte aufzuweisen. Was verbindet Byzanz mit dem Mond? Schaut man jedoch genauer hin, klärt sich die Situation. Das Werk ist dem langjährigen Direktor des Historischen Archivs des Erzbistums Köln, Dr. Ulrich Helbach, gewidmet, der in diesem Jahr in den Ruhestand getreten ist. Das Buch ist – und dies ist auch die leitende Idee der Herausgeber – stringent fokussiert auf eben dieses Archiv und seine Bestände. Auf diese Weise gewinnt die Festschrift Konsistenz, denn alle Beiträge rekurrieren auf Archivalien dieses Hauses. Darüber hinaus sind oder waren – und auch dies ist eine Besonderheit dieser Schrift – alle Autorinnen und Autoren Mitarbeiterinnen und Mitarbeiter des Kölner Diözesanarchivs. Insofern liegt bereits eine doppelte Konsistenz vor. Verbindendes Band sind die dort liegenden Quellen. Die breite Themenpalette ist geschuldet, ja natürliches Ergebnis der Vielfalt der dort vorhandenen Archivalien. Gewiss geht es ganz überwiegend um kirchliche Angelegenheiten, aber die Kirche wirkte, gerade in früherer Zeit, in so viele Lebensbereiche hinein, war viel stärker als heute im profanen Leben präsent, sodass natürlich auch die Archivalien diese Buntheit widerspiegeln.

Darüber hinaus ist die zeitliche Spannbreite sehr weit: Vom 10. bis zum 21. Jahrhundert gibt es Quellen, welche hier vorgestellt werden. Auch die Archivalien sind ganz unterschiedlich: byzantinische Siegel, mittelalterliche Buchmalereien, lateinische Urkunden und Amtsbücher, frühneuzeitliche Akten in ripuarischer Sprache und Fotos. In geographischer Hinsicht ist die Schrift nicht nur auf die Rheinmetropole fokussiert, sondern nimmt den gesamten Diözesansprengel in den Blick.

Thematisch geht es unter anderem um mittelalterliche Fälschungen, franziskanische Märtyrer in Äthiopien, Naturkatastrophen, die Beziehung einer Nonne zu einem Priester (ein Beichtvater soll 1789 sich mit jungen Nonnen »im graß herumgewälzet und allerhand leckereyen« getrieben haben), Prominente in Kirchenbüchern, volkstümliche Frömmigkeit, »Eselsbegräbnisse« für Selbstmörder, Fürbittbücher für Jedermann, Passionsfestspiele bei Bonn, durch den Braunkohletagebau abgebaggerte Pfarrorte, ein Schreiben des Raketenpioniers Wernher von Braun, Kolonialismus im 19. Jahrhundert bis hin zu kirchlichen Zwangsarbeitern im NS-Regime.

Mithin ist hier eine eher kleine, aber vielfältige, konsistente und quellenbasierte sowie im Hinblick auf den Geehrten adäquate Festschrift entstanden, welche die enorm vielen Aspekte, die man in einem kirchlichen Archiv finden kann, widerspiegeln.

Wolfgang Rosen, Köln/Bonn

Tobias Christ: 111 mal Köln früher und heute, Köln: Emons-Verlag 2023, 232 S., S/W- u. Farbabb., 30 €.

Die Idee, in einem Bildband zu Köln historische Fotografien aktuellen Fotoansichten (ungefähr) desselben Bildausschnitts gegenüberzustellen, ist nicht sehr originell. Seit der Zeit nach dem Zweiten Weltkrieg mit den umfassenden kriegsbedingten Zerstörungen der kölnischen Bausubstanz gab es immer wieder solche Gegenüberstellungen »Früher und Heute« zwischen Buchdeckeln. Die erfolgreichste Publikation dieser Art war der von Peter Fuchs herausgegebene Band »Köln – damals gestern heute«, der zwischen 1965 und 1998 insgesamt zwölf (!) Auflagen erlebte (zu den Köln-Bildbänden dieser Art vgl. systematisch Werner Schäfke/Roman Neuberger: Köln und seine Fotobücher. Fotografie in Köln, aus Köln, für Köln im Fotobuch von 1853 bis 2010, Köln 2010, S. 99 ff.).

Der hier vorliegende Band von Tobias Christ wählt einen etwas anderen Weg. Die meisten der hier versammelten 111 Beiträge sind zunächst in einer seit 2019 laufenden Serie im Lokalteil des »Kölner Stadt-Anzeigers« erschienen, für die Christ als Autor tätig ist. Der nicht chronologisch und auch nicht topographisch, sondern alphabetisch gegliederte Band enthält zu jedem Thema von »Aachener Straße« bis »Zoobrücke« zwei

Seiten – der erläuternden Textseite ist jeweils eine Fotoseite gegenübergestellt, die früher und heute gegenüberstellt (wobei teilweise das »Heute« nichts mehr vom »früher« erkennen lässt, etwa wenn dem ersten zivilen Flughafen in Ossendorf nun ein Foto des Parkplatzes eines schwedischen Möbelhauses zugeordnet ist, S. 41). Bei den überwiegend anschaulich geschriebenen Essays hat Tobias Christ gut recherchiert und zudem häufig Experten etwa zur Stadtteilgeschichte, zur Technikgeschichte oder zur Sportgeschichte hinzugezogen. Besonders häufig als Ratgeber tauchen hier Dr. Ulrich S. Soénius vom Rheinisch-Westfälischen Wirtschaftsarchiv und als »Spitzenreiter« Dr. Ulrich Krings (1991–2005 Kölner Stadtkonservator) auf. Bei der Benennung als Experten ist bei Krings kritisch anzumerken, dass er in fast jedem Artikel, zu dem er beitrug, als »früherer« oder »ehemaliger« Stadtkonservator vorgestellt wird – nach meiner Strichliste geschieht das 51 mal! Diese redundanten Wiederholungen stören den Lesefluss nicht unerheblich. Bei der Überführung einer Zeitungsserie zu einem Buch hätte das natürlich beseitigt werden müssen! Die Experten und recht wenige Expertinnen bieten häufig interessante Hintergrundinformationen, was den Texten sehr zugute kommt.

Die behandelten Objekte und Themen umfassen neben Erwartbarem (wie Dom, Gürzenich, Eigelsteintorburg et cetera) auch eine größere Anzahl von spannenden Funden des Autors, von denen hier einige kurz vorgestellt werden sollen. So beschreibt er den Clevischen Ring in Mülheim (S. 46 f.), der ehemals ein »schmucker Boulevard zum Flanieren« mit Bronze-Doppelbrunnen war, von dem heute wieder die Bronzefiguren des Schifffahrtsbrunnen am Rande des Wiener Platzes positioniert wurden. Die Straße selbst wurde zur »Nebenstrecke der Autobahn«. Der 1872 gegründete elitäre Herrenclub in der Richartzstraße (»Cölner Klub«, S. 48 f.) ging zurück auf den »Cölner Ruder Club« und vereinigte die »Spitzen der Kölner Stadtgesellschaft« – was vom Selbstverständnis bis heute so geblieben ist. Der Erzbergerplatz in Nippes (S. 74 f.) wird in Analogie zum Rathenauplatz als »Quartierspark der Stadterweiterung« nach 1881 beschrieben – ähnlich wie beim Rathenauplatz erlebte er mehrere politisch bedingte Umbenennungen. Nach der Sanierung von 2003 ist er wirklich wieder eine »Großstadt-Oase« geworden. Die Kaserne Moorslede in Dellbrück, benannt nach einer Gemeinde in Belgien, ist ein Beispiel für heute noch vorhandene militärische NS-Großarchitektur in Köln (S. 126 f.), die nach dem Zweiten Weltkrieg von der belgischen Besatzungsmacht genutzt wurde, bevor dann in den 1990er Jahren die Gebäude vom Zollkriminalamt vereinnahmt wurden.

Einem ereignisgeschichtlichen Kontext widmet sich das Kapitel »Der Krieg in Mülheim« (S. 136 f.), das den verheerenden Luftangriff vom 28. Oktober 1944 aus der Perspektive einer Zeitzeugin beschreibt. An den seit 1908 in Riehl entstandenen »Lunapark« (S. 142 f.) mit seinen an amerikanische Vorbilder erinnernden Attraktionen erinnert heute praktisch nichts mehr – gleichwohl war dieser Park auch Ausdruck eines spezifischen Zeitgeistes der 1920er Jahre (etwa mit dem »Kongo-Kamerun-Negerdorf«). Der »Cöln-Lindenthaler Vergnügungspark« (S. 216 f.) an der Gleueler Straße konnte neben anderen Angeboten mit einem Elektrischen Panoramaturm locken, der die Fahrgäste auf eine Höhe von 70 Metern brachte. Diese wenigen Beispiele zeigen die Stärke des Bandes recht eindrucksvoll – auch Menschen, die sich in Köln und seiner Geschichte der letzten etwa 150 Jahre gut auszukennen glauben, finden in dem Band spannende Beispiele, die zum Nachlesen einladen.

Noch eine kurze Bemerkung zu den meist vom Kölner Fotografen Norbert Breidenstein beigesteuerten aktuellen Fotos. Großenteils sind sie gut gelungen, auch wenn manchmal der gewählte Ausschnitt nicht ganz der älteren Aufnahme entspricht. Problematisch ist aber etwa das aktuelle Foto vom Neumarkt (S. 155), das vom Platz nur die dicht bewaldeten Bäume zeigt – ein Foto aus einer anderen Jahreszeit wäre passender gewesen. Störender sind die bei einer größeren Zahl von Architekturfotografien ins Auge springenden »stürzenden Linien« – bei einigen extremen Beispielen (S. 97, 141, 170, 195) macht man sich fast Sorgen um die Standfestigkeit der Kölner Gebäude!

Kleinere Fehler (Friedrich Wilhelm IV. war 1842 kein Kronprinz mehr, S. 56) halten sich sehr in Grenzen, bei Bewertungen kann man sicher unterschiedlicher Meinung sein (ob das Overstolzenhaus der »wohl vornehmste romanische Bürgerbau Deutschlands« ist [S. 169], könnte mit Blick auf andere Städte doch in Frage gestellt werden). Insgesamt ist der opulente Band eine wirklich anregende Publikation zur Geschichte Kölns, der aufgrund seiner einfachen Handhabbarkeit auch viele Menschen an die abwechslungsreiche Geschichte der Domstadt heranführen kann, die die Lektüre umfangreicher Monographien und Gesamtdarstellungen scheuen.

Georg Mölich, Köln

Ulrich Back: Archäologie im Kölner Dom. Forschungsergebnisse zu seiner Vor- und Baugeschichte, Köln: Kölner Domverlag 2023, 252 S., 193 meist farbige Abb., 10 Pläne, 56 €.

Köln erfreut sich mit seinem Dom eines Wahrzeichens, das die Stadt überregional repräsentiert und für den Nichtkölner geradezu die Rheinmetropole in nuce darstellt. Unsere Stadt und der Dom – sie bilden geradezu eine Symbiose. Das weiß natürlich auch »der Kölner« und der Anblick der Kathedrale schon von weitem auf der Heimreise lässt sein Herz stets höher schlagen. Das ist natürlich sehr bewegend, aber noch schöner wäre es vielleicht, wenn der Durchschnittskölner wüsste, dass dieses Bauwerk auch einen Namen hat und zwar die Hohe Domkirche Sankt Petrus (und nicht einfach nur »Dom«!).

Dass die Kathedrale nicht einfach vom Himmel gefallen ist und eine recht diffizile Vor- und Baugeschichte hat, wissen dennoch die Meisten, aber es tat doch not, diese Geschichte in komprimierter Form einem interessierten Publikum zur Kenntnis zu bringen.

Dies ist jetzt geschehen in einem reich ausgestatteten, hochformatigen Band des langjährigen Leiters der Domgrabungen, Dr. Ulrich Back, der zu Anfang des Jahres 2024 in den Ruhestand getreten ist. Von diesem Werk soll hier die Rede sein. Das Hauptverdienst dieser Arbeit liegt in der offenkundig vollständigen Erfassung und Darstellung nicht nur der Baugeschichte des heutigen Doms und seiner Vorgängerbauten, sondern auch in der Berücksichtigung des Domareals in römischer Zeit, das zu diesem Zeitpunkt ein merkantil geprägter Bereich in der nordöstlichen Peripherie der Colonia Claudia Ara Agrippinensium (CCAA) war (S. 15 f.). Bereits in spätrömischer Zeit muss es im Zusammenhang mit der Erwähnung des ersten uns namentlich bekannten Kölner Bischofs Maternus (313/14) so etwas wie eine erste Kölner

Bischofskirche gegeben haben, aber diese ist bislang archäologisch nicht nachweisbar (S. 29). Auch für die frühe Merowingerzeit gibt es allenfalls Anhaltspunkte, aber keine Beweise für einen solchen Kirchenbau. Was jedoch einen Sakralbau in diesem Bereich wahrscheinlich erscheinen lässt, sind die Existenz der sogenannten merowingischen Fürstengräber (wohl Königin Wisigarde und ein unbekannter Junge) in diesem Bereich (circa 540, S. 33 ff.) und das Vorhandensein des Baptisteriums, das als Ort der damals noch durchgängig praktizierten Erwachsenentaufe nur im Zusammenhang mit einem Gotteshaus zu denken ist (S. 49 ff.). Erst für die Jahrzehnte bald nach 540 ist ein Kirchenbau unter dem heutigen Dom archäologisch gesichert (S. 53 ff.). Spätestens in der Mitte des 7. Jahrhunderts muss es nach dem archäologischen Befund diese Kirche gegeben haben (S. 63). Bedeutend besser ist für uns der sogenannte alte Dom – bisweilen auch Hildebolddom genannt – zu fassen, der auch in einer Illustration im Hillinus-Codex aus dem frühen 11. Jahrhundert dargestellt ist (S. 66, Abb. 53). In der Diskussion um die Datierung dieses Dombaus spricht sich Back unter Vorbehalt für einen Baubeginn bereits in der Zeit des Episkopats des Erzbischofs Hildebold im frühen 9. Jahrhundert aus (S. 72).

Der ursprünglich dreischiffige Bau wurde im 10./11. Jahrhundert zur Fünfschiffigkeit erweitert, am wahrscheinlichsten um 1050 (S. 79 beziehungsweise 81). Die Fünfschiffigkeit behielt auch der Neubau des gotischen Doms ab 1248 bei (S. 131 ff.). Letztlich sind die Motive für diesen ambitionierten Neubau unklar, denn die Überführung der Reliquien der Heiligen Drei Könige, die bereits 1164 erfolgte, dürfte nicht die einzige Ursache gewesen sein, denn neben größeren Pilgerströmen wird auch eine generell zunehmende Volksfrömmigkeit in Betracht gezogen (S. 131). Wie allgemein bekannt, entwickelte sich dieser Neubau zu einer endlosen Geschichte, und für die Zeit nach 1509 sind keine konkreten Bautätigkeiten mehr zu belegen (S. 181). Eine Textpassage aus der »Kleinen Kölner Chronik« von 1528, die für dieses Jahr noch von Bauarbeiten spricht, zitiert wohl nur die Koelhoffsche Chronik von 1499. Auch der Domweiterbau der Jahrzehnte nach 1842 wird, wenn auch eher knapp, abgehandelt (S. 196 ff.). Mit einem Überblick über die Baumaßnahmen nach 1880 sowie den Kriegsschäden nach 1945 bricht die Darstellung etwas abrupt ab (S. 196 ff.).

Hier hätte man doch noch so etwas wie ein Resümee sowie einen Ausblick auf weitere Probleme aber auch Möglichkeiten der weiteren Domgestaltung gewünscht. Wie auch sonst einige kritische Bemerkungen erlaubt sein sollen: Bei allen unbestreitbaren Vorzügen krankt diese Arbeit daran, dass hier offensichtlich ein Fachmann für Fachleute geschrieben hat. Bei der reichlich verwendeten Fachterminologie wäre so etwas wie ein Glossar für den Laien von Nutzen gewesen – schließlich versprach der Verlag nichts weniger als »einen kompakten und spannenden Einstieg in die Archäologie des Kölner Doms« (Klappentext).

Dies ist jedoch nur schwerlich zu bestätigen. Da zudem die Darstellung sehr kleinteilig ist, muss sich der Leser wie im Grimmschen Märchen durch allerlei Hirsebrei essen, um zu grundsätzlichen Erkenntnissen zu gelangen. Dies ändert jedoch nichts an dem Urteil, dass hier ein Grundlagenwerk vorgelegt wurde, dass die künftige Forschung immer wieder mit Gewinn in Anspruch nehmen wird.

Lars Wirtler, Köln

Verena Ummenhofer: Mittelalterbilder der Moderne. Kirchen zwischen Steinsichtigkeit und Farbe, Berlin/München: Deutscher Kunstverlag 2022, 240 S., 35 Abb., 34 Farbabb., 82 €.

Warum sehen Kirchen heute im Inneren so aus, wie sie aussehen? Dieser Frage geht Verena Ummenhofer in der – es sei vorweggenommen: außerordentlich gewinnbringenden – Arbeit nach, ausgehend von den Diskussionen, die seit dem 19. Jahrhundert im Zuge der um sich greifenden Kirchenrestaurierungen geführt wurden und als sogenannter Polychromiestreit in die Geschichte der Denkmalpflege eingingen. Prägend dabei war zu Beginn das Bild eines »steinsichtigen Mittelalters« (S. 7), welches zunehmend aufgeregt von denjenigen verworfen wurde, deren denkmalpflegerisches Wirken auf der Erkenntnis beruhte, mittelalterliche Kirchen seien stets farbig ausgemalt gewesen – zahlreiche historistische und historisierende Ausmalungen zeugten und zeugen davon. Mit diversen Zwischenstufen und Kompromisslösungen vollzog sich schließlich im letzten Drittel des 20. Jahrhunderts erneut die Wende und die Steinsichtigkeit kam zu einer neuen Blüte. Die Autorin verfolgt die Diskussion um das »Mittelalterbild«, welches jede Generation neu für sich definierte, bis in diese Zeit – und die Lesenden ahnen, dass ihr eigenes denkmalpflegerisches Wirken in einer langen Kette von bereits geführten Diskussionen und ausgetauschten Argumenten steht.

Der Band gewinnt dadurch an Profil, dass die Gliederung hier keinem Selbstzweck folgt, sondern über die Oberkapitel hinweg zunehmend an Dichte und Erkenntnis gewinnt. Dabei folgt der Einleitung mit Forschungsbericht, Zielsetzung und Methode (S. 7–15) ein zweites Oberkapitel mit dem Titel »Die Wiederentdeckung von Farbigkeit in mittelalterlichen Kirchen« (S. 17–24). Hier erläutert die Autorin ihre Charakterisierung des Polychromiestreits in seiner Scharnierfunktion, ausgehend von den Vorstellungen des Klassizismus, in dem die »Wahrhaftigkeit durch Materialechtheit« (S. 18) gegenüber der Farbigkeit (der gar eine geistige Unterlegenheit unterstellt wurde) an Bedeutung gewann. Schließlich kommen die Protagonisten des Polychromiestreits in ihren gegensätzlichen Positionen in Frankreich und Deutschland zu Wort. In den folgenden drei Oberkapiteln »III. Mittelalterliche Kirchen farbig«, »IV. Mittelalterliche Kirchen steinsichtig« und »V. Zeitgenössische Ausmalung in mittelalterlichen Kirchen« verfolgt die Autorin anhand von neun exemplarisch ausgewählten mittelalterlichen Sakralbauten diese Diskussion über knapp 150 Jahre. Köln und das Rheinland spielen hier eine entscheidende Rolle: Mit Groß St. Martin und dem Quirinusmünster in Neuss sind im dritten Kapitel gleich zwei rheinische Großkirchen vertreten, im vierten folgen St. Georg in Köln und wiederum Groß St. Martin, im fünften schließen sich St. Severin und St. Aposteln an. Einzelne Restaurierungsphasen in diesen Kirchen werden dabei als charakteristische Beispiele für das jeweils in dieser Generation vertretene Bild vom Mittelalter angeführt. Die Autorin bettet dabei die konkreten Maßnahmen geschickt in die Denkmaldiskussionen und -theorien der Zeit sowohl auf lokaler, regionaler wie auf nationaler Ebene ein und setzt diese Theorien mit den praktisch durchgeführten Ausmalungen in Beziehungen.

An die eher katholisch-didaktisch geleitete Restaurierung von Groß St. Martin in den 1860er Jahren unter August von Essenwein mit seiner »enzyklopädischen Treue zu mittelalterlichen Bildprogrammen« (S. 31) schließt sich die das mittelalterliche Vorbild eher abstrahierende Restaurierung von St. Quirinus in Neuss in den 1930er Jahren unter Willy Weyres an. Weyres Vorgehen stand dabei im Einklang mit der zeitgenössischen

Denkmaltheorie, die unter anderem von Paul Clemen vertreten wurde, und die »dem Alten« durchaus einen »Zugewinn durch zeitgenössische Einflussnahme« zusprach (S. 37). Für die steinsichtigen Kirchen dient die vielfach rezipierte Restaurierung von St. Georg durch Clemens Holzmeister (1927–1930). Deren Betrachtung innerhalb eines größeren Kontextes ist hier durchaus ein Gewinn, der hilft, diese – für Köln sehr herausgehobene – Maßnahme besser einordnen zu können. Das von Holzmeister verfolgte Ziel der Wiederherstellung einer romanischen Form ist hierbei ausschlaggebend für die nun von der Autorin geführte Diskussion um den Zeugniswert der rekonstruierten Form gegenüber demjenigen des Materials, der Substanz. Dies leitet über zu der 1980er-Restaurierung von Groß St. Martin durch Joachim Schürmann, die für diese Zeit eine eher »untypische« Lösung mit sich brachte. Hier spielte die Abwägung zwischen Rekonstruktion und Akzeptanz des malerischen Befundes in der in Köln lebhaft geführten Diskussion die entscheidende Rolle (S. 122–128) – ein Blick in die Kirche heute genügt, um zu sehen, wer sich durchgesetzt hat. Wie schwer sich Künstler und Zeitgenossen mit Hinzufügungen ihrer Zeit taten, zeigt das auf die zwei Kölner Beispiele St. Severin und St. Aposteln ausgelegte Kapitel zu den zeitgenössischen Ausmalungen, die in den 1980/90er Jahren ein »Revival des Zeitgenössischen« erlebten – und deren Ergebnisse jedoch in unterschiedlicher Intensität schon drei Jahrzehnte später wieder zur Diskussion stehen, wie man am Beispiel St. Aposteln sehen kann und wird.

In einem vorletzten Kapitel führt Ummenhofer die Diskussion über die beiden eingeführten Prinzipien des »Fragments« und der »Zeitkapsel« noch einmal eng und erarbeitet anhand verschiedener Beispiele – darunter St. Gereon, St. Georg und St. Severin – deren Bedeutung im Sinne eines »Sonderstatus im Gesamtkonzept« (S. 205). Ihre Schlussbetrachtung mündet in einem Werben für eine kritische, wenngleich sich ihrer Zeitgebundenheit bewussten Denkmalpflege. »Legitimieren kann sich die Denkmalpflege jedenfalls allein durch ihr stetes Ringen um die der eigenen Zeit angemessenen Wahrheit, denn Denkmalpflege speist sich aus der Gesellschaft, in der sie stattfindet und handelt für die Menschen, deren Erbe sie verwaltet« (S. 215).

Die Einordnung der konkreten Beispiele in die große Diskussion anhand einer überzeugenden Untergliederung treibt die Argumentation Ummenhofers konzise voran und öffnet nach und nach den Blick auf die »Spannweite«, die das Thema in sich birgt. Dabei ist es ein Gewinn dieser Arbeit, dass sie den Blick von der figürlichen Malerei ein wenig weglenkt auf die Architekturmalerei, die so wesentlichen Einfluss auf die Wahrnehmung der Räume hat.

Diese sehr unterschiedlichen Beispiele miteinander und mit der ihnen zugrundeliegenden Denkmaltheorie in Beziehung zu setzen und dabei von Kapitel zu Kapitel den Erkenntnisgewinn zu steigern, ist eine eigene Leistung der Arbeit, die zudem sprachlich beredt und mit einem Gespür für wesentliche Zitate und Positionen verfasst wurde. Die Relevanz des Themas der Farbigkeit in mittelalterlichen Kirchen wird aktiven Denkmalpflegerinnen und Denkmalpflegern angesichts der eigenen, auf Gerüsten schon geführten Diskussionen einleuchten; es wäre zu wünschen, dass Ummenhofers Band den Weg unter die Kopfkissen der Beteiligten und breite Beachtung in der Denkmalpflege kirchlicher Bauten findet.

Anna Pawlik, Köln

Mario Kramp: 1794 Köln – Paris. Das Geheimnis der Kölner Stadtschlüssel, Weilerswist: Verlag Ralf Liebe, 2023, 233 S., 24 €.

Kann man ein ganzes Buch über ein paar Schlüssel schreiben? Diese Frage stellt sich unweigerlich angesichts des neuen Werks von Mario Kramp, das anlässlich einer Sonderausstellung erschienen ist, bei der die heute im Pariser Nationalarchiv aufbewahrten Stadtschlüssel im Kölnischen Stadtmuseum gezeigt wurden. Die Antwort ist eindeutig: ja. Kramp gelingt es, anhand eines Objekts exemplarisch Kölner Stadtgeschichte zu erzählen. Dabei gelingt ihm nicht nur eine sehr lesenswerte Schilderung, sondern auch der Spagat zwischen einer populären Ansprache und einer wissenschaftlichen Arbeitsweise mit zahlreichen Anmerkungen – in Gestalt von leider etwas arg gedrängten Endnoten.

Das Buch ist relativ kleinteilig in 37 Unterkapitel von je wenigen Seiten gegliedert. Im Hauptteil sind die Doppelseiten fast immer so aufgebaut, dass links eine oder mehrere meist farbige Abbildungen zu sehen sind und rechts der Text steht. Die Hauptkapitel trennen doppelseitige Abbildungen, die allerdings aufgrund der starken Falz nicht ganz so gut zu betrachten sind. Grundsätzlich fällt das ansprechend moderne Layout des Buchs direkt ins Auge. Das Coverbild hingegen ist indes leicht schwammig, was vor allem die dort dargestellten Schlüssel betrifft.

Im ersten Hauptkapitel schildert Kramp unter dem Titel »Tagebuch einer Eroberung«, wie es 1794 zur Einnahme der Stadt Köln durch die französischen Revolutionstruppen kam. Er stellt dar, wie der Kölner Rat nur von einer vorübergehenden französischen Präsenz in der Stadt ausging und wohl auch deshalb so bereitwillig die Tore der Stadt öffnete. Die Forderung nach einer Übergabe der Stadtschlüssel war ein gängiger Akt, der die Einnahme symbolisch untermauern sollte. Kramp lokalisiert die Stelle des Aufeinandertreffens der Stadtdelegation und des französischen Heeres am 6. Oktober 1794 bei Melaten, von wo aus beide Gruppen gemeinsam bis zum Schlagbaum vor dem Hahnentor zogen, wo der Akt der Schlüsselübergabe vollzogen wurde.

In seinem zweiten Hauptkapitel schwenkt Kramp auf eine Betrachtung der Stadttore und Stadtschlüssel. Er identifiziert die heute im Pariser Nationalarchiv aufbewahrten Kölner Schlüssel als Steckschlüssel, die ein Vorhängeschloss öffneten. Den Umstand, dass an den Kölner Stadttoren Vorhängeschlösser genutzt wurden, erklärt er mit der Pflicht, diese Schlösser regelmäßig auszutauschen – was Vorhängeschlösser einfacher ermöglichten. Diese Art von Schloss ist seit vorchristlicher Zeit bekannt. Kramp sieht es daher als Ausdruck des Traditionsbewusstseins Kölns, dass man noch 1794 derart altertümliche Schlösser nutzte. Er vermutet, dass die den Franzosen übergebenen Schlüssel im 17. oder 18. Jahrhundert hergestellt wurden. Im Anschluss behandelt er kurz die Kölner Stadtbefestigung als den Ort, an dem die Schlüssel ihren Einsatz fanden.

Kulturgeschichtlich lesenswert ist seine Einordnung der Stadtschlüssel als »Kölner Mythos«, bei der er sie in Relation zu Stadtsiegel, Stadtwappen und den Kölner Geschichtsnarrativen um die Schlacht von Worringen und den Kölner Bauern setzt. Danach wechselt Kramp wieder in eine ereignisgeschichtliche Erzählweise und widmet sich den Toren und Schlüsseln im 18. Jahrhundert, gefolgt vom Schicksal der Schlüssel im revolutionären Paris. Hier wertet er die am 11. Oktober 1794 in der Pariser Nationalversammlung präsentierten Schlüssel als »Trophäen, Zeichen der Unterwerfung«. So wurden sie auch bei den Begräbnisfeierlichkeiten für Jean-Jacques Rousseau präsentiert und symbolisch dem Volk übergeben. Vielleicht noch 1794, spätestens aber bis Oktober 1795, wurden sie in das Pariser Nationalarchiv gegeben, wo sie in einem besonders gesicherten Eisenschrank aufbewahrt wurden – was den Wert illustriert, der ihnen beigemessen wurde.

Bemerkenswert ist, was Kramp im folgenden Kapitel über die napoleonische Zeit präsentiert. Denn er lenkt den Blick auf einen weiteren Kölner Schlüssel, der Kaiser Napoleon bei seinem Besuch in Köln am 13. September 1804 symbolisch übereignet wurde, den dieser aber als Gestus milder Herrschaft direkt wieder zurückgab. Kramp gelingt es, diesen Schlüssel im Moskauer Staatlichen Historischen Museum nachzuweisen, wo die Schlüssel diverser Städte präsentiert werden, welche die russische Armee im Krieg gegen Napoleon eingenommen hatte – denn am 15. Januar 1814 waren es zunächst russische Kosaken gewesen, die nach Abzug der Franzosen in Köln einzogen.

Den Schritt in die Moderne vollzieht Kramp anschließend anhand einer Betrachtung der Kölner Bräuche zwischen 1823 und 1933. Hierbei kehrt er vor allem zur bereits zuvor eingeführten Figur des Kölner Bauern zurück, der 1823 die Bühne des Karnevals betrat, anfangs aber noch als individuelle Figur neben Jungfrau und Prinz beziehungsweise Held Karneval. Das älteste Foto eines Kölner Bauern stammt aus dem Jahr 1865 und zeigt ihn mit den am Gürtel hängenden Stadtschlüsseln, die aber nach dem Ersten Weltkrieg wieder aus dem Bauernkostüm verschwanden. Nach einer Schilderung der modernen ›Wiederentdeckung‹ der Schlüssel in Paris kehrt Kramp erneut zur Figur des Kölner Bauern zurück und zeigt in seinem Epilog, wie die Stadtschlüssel 1989 als dessen Attribut zurückkehrten und seitdem wieder fester Teil des Kölner Bauern sind.

All dies ist eine sowohl interessante wie auch informative, gut geschriebene wie informierte Tour durch die Kölner Stadtgeschichte. Kramp weiß überzeugend darzustellen, welche bemerkenswerte Kulturgeschichte sich anhand eines auf den ersten Blick unscheinbaren Objektes erzählen lässt.

Markus Jansen, Köln

Katharina Thielen: Politische Partizipation in der preußischen Rheinprovinz 1815–1845. Eine Verflechtungsgeschichte (Stadt und Gesellschaft, Bd. 10), Köln: Böhlau Verlag 2023, 737 S., 80 €.

Die Saarbrücker Dissertation ist nicht nur wegen ihres großen Umfangs eine anspruchsvolle Lektüre. Die parallele Untersuchung der Verhältnisse in den bedeutendsten Städten der preußischen Rheinprovinz Aachen, Düsseldorf, Koblenz, Köln und Trier erfordert auch ein ständiges gedankliches Springen zwischen unterschiedlichen lokalen Rahmenbedingungen und Personenkonstellationen. Sich dieser Mühe zu unterziehen ist jedoch ein lohnendes Unterfangen, hat die Verfasserin doch einen innovativen Ansatz gewählt, der sowohl die stadtgeschichtlichen Perspektiven erweitert, als auch einen neuen Blick auf die Entwicklung der Rheinprovinz insgesamt zulässt.

Die leitende Frage ist dabei die nach den Möglichkeiten der Eliten der jeweiligen Stadt, der Oberbürgermeister und Stadträte, nach dem Übergang des Rheinlands an Preußen 1815 Einfluss auf Entscheidungen auf Ebene der Provinz und des preußischen

Gesamtstaates zu nehmen, ohne dass ihre Partizipation explizit in einer Verfassung vorgesehen war. Mit dem Partizipationsbegriff wird aber auch nach innen geblickt, denn entgegen aller Rhetorik, für die Interessen der rheinischen Bevölkerung zu sprechen, stellt sich in der Praxis doch die Frage nach den Partizipationsmöglichkeiten der Menschen außerhalb des Notablenkreises an deren Entscheidungen und Aktivitäten. Wenigstens bis 1848 hielten diese jedoch die Zügel mehr oder minder stark in der Hand. Die Steuerung der Geschicke der jeweiligen Kommune im Stadtrat verquickte sich dabei mit über Verwandtschaft, Vereinszugehörigkeiten und so weiter stabilisierte Netzwerke, die zum Teil auch über die eigene Stadt hinauswiesen. Gerade letzteres macht es sinnvoll, die großen Städte der Rheinprovinz parallel abzuhandeln und dabei zu prüfen, wie man sich mit dem Staat koordinierte und welche Spannbreite politisches Handeln bei auf dem Papier gleichen Rahmenbedingungen umfassen konnte.

Dabei waren zahlreiche politische und rechtliche Unsicherheiten zu berücksichtigen, die sich aus dem Fehlen einer Verfassung ergaben. Gerade dieses Vakuum machte es erforderlich, individuelle Lösungen für anstehende Probleme zu finden – die sich übrigens bis in die Schriftgutführung der Verwaltungen und der Protokollführung der Räte auswirkten. Letzteres an zahlreichen Punkten klar herausgearbeitet zu haben, ist ein wichtiger Befund der Arbeit, an dem die künftigen stadtgeschichtlichen Arbeiten nicht mehr vorbeigehen sollten. Bei einem Ratsprotokoll ist etwa nicht einfach der Inhalt als gegeben anzusehen, sondern zunächst seine Form und Anlage sowie das Interesse des Protokollanten und seines Netzwerks zu analysieren. Gerade durch die vergleichende Anlage der Arbeit tritt dieser Aspekt scharf hervor.

Insgesamt waren es die von der Forschung bereits für die Vormoderne intensiv untersuchten Aushandlungsprozesse, die das politische Handeln auch in der ersten Hälfte des 19. Jahrhunderts prägten. Politische Partizipation wurde durch sie hergestellt oder verweigert. Die Notabeln, aber auch die Vertreter des Staates bedienten sich dabei zahlreicher persönlicher Netzwerke sowie sozialer und kommunikativer Strategien, die jeweils den konkreten Verhältnissen und Zielen angepasst waren. Dabei stand jede Stadt zwar zum einen für sich allein. Zum anderen – und das macht die »Verflechtungsgeschichte« des Untertitels aus – war man sich sehr bewusst darüber, dass man in einem Boot saß. Man stimmte sich daher vielfach interkommunal ab. Innerhalb der Städte bildeten wiederum die Räte das einzige gesicherte Forum für Anliegen der politischen Partizipation, das durch den letztlich schwankenden Boden von Familienzusammenhängen und Vereinsleben unterstützt wurde.

Wirklich erfolgreich war man am Ende indes nicht. Die zentralen Fragen im Hinblick auf die Verfassung (inklusive der Vertretung der lokalen Interessen im übergeordneten Rahmen), die Meinungsfreiheit, das Rechtssystem und sicher nicht zuletzt die Besteuerung wurden meist nicht im Sinne der regionalen Elite gelöst. Aber zumindest hatte sie sich in den politischen Prozess eingebracht und so eine Basis für die weitere Entwicklung nach 1848 geschaffen.

Auch aus rein Kölner Perspektive lässt sich die Arbeit mit Gewinn lesen, ohne dass man an sie die Erwartung richten dürfte, eine echte Stadtgeschichte zu ersetzen. Hier waren die überregionalen Netzwerke ausgeprägter als etwa in Düsseldorf oder Aachen, und sie wirkten mit dem Stadtrat als Scharnier stark in das Vereins-, Kultur- und Wirtschaftsleben. Von hoher Bedeutung war auch die Armenverwaltung nicht nur wegen ihrer Leistungen, sondern auch als Ort des Austausches und der Entwicklung politischer Initiativen. Bis 1848 wirkten aber auch noch die alten familiären und politischen Netzwerke der reichsstädtischen Elite nach, auf die man immer wieder zurückgreifen konnte und aus denen sich auch das Selbstbewusstsein vieler Akteure speiste. Jedoch wandelten sich die Verhältnisse und Personenkonstellationen bis zur Jahrhundertmitte so sehr, dass nun neue Formen gesucht werden mussten – wobei mit dem Karneval vielleicht ein Restbestand zumindest an gefühlter Reichsstadtherrlichkeit blieb.

Die Anhänge umfassen auf circa 170 Seiten Angaben zur personellen und sozialen Zusammensetzung der Stadträte, Kurzbiographien und die Rekonstruktion von verwandtschaftlichen und anderen Netzwerken. Diese Daten werden immer wieder im Gang der Untersuchung eingesetzt, stellen aber auch weit über ihren eigentlichen Entstehungszweck hinaus eine wertvolle Ressource für weitere Forschungen aller Art dar. Schon allein deshalb sollte der Band in keiner Bibliothek zur rheinischen Geschichte fehlen. Er wird hoffentlich zahlreiche weitere Forschungen zu Netzwerken und Aushandlungsprozessen, aber auch Tiefenbohrungen in den einzelnen Städten anregen.

Max Plassmann, Köln

Christian Wiefling: Die preußische Personalpolitik am Rheinischen Appellationsgerichtshof bis 1879 – Borussifizierung oder Rheinischer Sonderweg? Köln: Böhlau Verlag 2022, 352 S., 70 €.

Vor dem Hintergrund des preußischen Umgangs mit dem französischen Recht nach Ende der französischen Herrschaft im Rheinland 1815 wird, wie im Titel beschrieben, die Personalpolitik am Rheinischen Appellationsgerichtshof untersucht. Die Untersuchung soll einen Beitrag zur Erforschung der Justizgeschichte des Oberlandesgerichts Köln darstellen. Sie knüpft damit einerseits an Festschriftenbeiträge zum 150- beziehungsweise 175-jährigen Bestehen des Oberlandesgerichts Köln (zum Beispiel Adolf Klein: Die Rheinische Justiz, in: Josef Wolffram/Adolf Klein: Recht und Rechtspflege in den Rheinlanden, Köln 1969, S. 113 ff.) an. Andererseits gibt es viele Bezugspunkte zu der Arbeit von Seynsche zum Rheinischen Revisions- und Kassationshof in Berlin, insbesondere zu den Vorbereitungen des Appellationsgerichtshofs sowie den jeweiligen Justizministern.

Christian Wiefling stellt zu Beginn drei Fragen auf: War das Klima am Gericht eher preußisch oder rheinisch-französisch geprägt? Nutzte das Justizministerium die Personalpolitik, um eine stärker altpreußisch ausgerichtete Rechtskultur zu fördern? Erreichte die Besetzungspraxis von Richtern und Beamten des Öffentlichen Ministeriums die gesteckten Ziele? Auch wenn diese Fragen am Ende nicht explizit beantwortet werden und der Begriff des Klimas ein wenig unklar bleibt, zeigt die Untersuchung, dass zu keiner Zeit eine preußische Prägung des Appellationsgerichtshofs bestand. Vielmehr waren im ganzen Untersuchungszeitraum deutlich mehr rheinische als altpreußische Richter am Gericht vertreten. Die Auswahl der ersten Richter für den Appellationsgerichtshof erfolgte anhand der fachlichen Expertise, wie die umfangreichen Quellen belegen. Die Quellenlage für die folgende Personalpolitik scheint weniger detailliert zu sein, die Zahl der altpreußischen Richter stieg jedoch nicht. Letztendlich waren alle Justizminister an der Funktionsfähigkeit und Stabilisierung des Gerichts interessiert.

Aufgebaut ist die Arbeit nach einführenden Kapiteln zum französischen Recht im Rheinland und zur Entstehungsgeschichte des Appellationsgerichtshofs hinsichtlich der Personalpolitik zwischen 1819 und 1838 anhand der Amtszeiten der jeweiligen Justizminister (Drittes Kapitel, S. 87–311). Vorangestellt wird dabei eine kurze Darstellung des Lebenslaufs des Ministers und eine Einschätzung der rechtspolitischen Ansichten. Allerdings scheinen letztere wenig Einfluss auf die Personalpolitik gehabt zu haben, da selbst Minister wie Kamptz, die eine ablehnende Haltung zur Beibehaltung des rheinischen Rechts hatten, über die Personalpolitik nicht auf eine Borussifizierung hinwirkten.

Einen Schwerpunkt der Arbeit stellt die Untersuchung der Personalpolitik bei der Errichtung des Appellationsgerichtshofs unter dem Gesetzesrevisionsminister Beyme dar. Beyme war selbst von August bis November 1818 ins Rheinland gereist, um sich persönlich ein Bild zu machen. Eine maßgebliche Rolle bei der Vorbereitung der Aufnahme der Tätigkeiten und der Auswahl des Personals spielte zudem Daniels (dessen Lebenslauf bereits im zweiten Kapitel zur Entstehung ausführlich dargestellt wurde, S. 49 ff.). Die Auswahlkriterien können anhand der umfangreichen Personalakten und Briefwechsel gut dargestellt und analysiert werden, Notizen finden sich zu Herkunft, beruflichem Werdegang, fachlicher Qualifikation und Ausbildung, Erfahrung im französischen Recht und Vertrauen der rheinischen Bevölkerung. Die Lebensläufe der Richter, die für die Aufnahme der Tätigkeit am Appellationsgerichtshof ausgesucht wurden, spiegeln ihre fachliche Expertise wider. Die altpreußischen Richter wurden in den Senaten an die letzte Rangposition gesetzt, sodass sie keinen großen Einfluss ausüben konnten.

Maren Sievert, Düsseldorf

Alma Hannig/Christian Meierhofer/Georg Mölich (Hg.): 1870/71. Der Deutsch-Französische Krieg in transnationaler, regionaler und interdisziplinärer Perspektive (Deutschland und Frankreich im wissenschaftlichen Dialog/Le dialogue scientifique franco-allemand, Bd. 13), Göttingen: V&R unipress/Bonn University Press 2024, 481 S., 50 €.

Der Deutsch-Französische Krieg von 1870/71 wird von der Forschung traditionell gegenüber den beiden Weltkriegen gerne aus dem Blick verloren, sodass er trotz seiner hohen Bedeutung in seiner eigenen Epoche zu den vergessenen Kriegen gezählt werden kann. Dem konnte im Jubiläumsjahr 2020/21 zwar ein wenig abgeholfen werden, jedoch litten bekanntlich Tagungen, Ausstellungen und sonstige Aktivitäten stark unter den Einschränkungen der Coronapandemie. Umso verdienstvoller ist es, wenn wie im vorliegenden Fall das Beste aus der Not gemacht wurde: Der Band versammelt Beiträge, die für eine abgesagte Tagung im Kölnischen Stadtmuseum vorgesehen waren, mit den Ergebnissen einer digitalen Vortragsreihe der Universität Bonn. Damit bietet er sowohl lokale und regionale Themen, als auch das große Ganze aus französischer und deutscher Perspektive. Das ist in gewisser Weise ein Wagnis, besteht so doch leicht die Gefahr, Aufsätze als bloße Buchbindersynthese zusammenzufassen, ohne dass ein roter Faden erkennbar wäre. Hier ist aber immer wieder der Brückenschlag zwischen den einzelnen Ebenen der Analyse gelungen, sodass die transnationale und regionale Sicht auf die Dinge in eine Wechselbeziehung treten und die konkreten Folgen, Wahrnehmungen und mentalen Verarbeitungen des Krieges plastisch hervortreten lassen (während das militärische Geschehen und die große Politik nicht im Fokus stehen). Dass das nicht in jedem Fall gleich gut gelingt und dass eine solche Herangehensweise niemals alle Themen abdecken kann, die von Interesse gewesen wären, versteht sich von selbst – schmälert aber nicht den Wert des Bandes, der gerade in seiner Gesamtschau eine anregende und zu weiteren Forschungen herausfordernde Lektüre darstellt.

Einer den Forschungsstand zusammenfassenden Einleitung der Herausgeber folgen 17 Einzelbeiträge. Behandelt werden: Die Ursachen und Folgen des Krieges (Ulrich Lappenküper), das Verhältnis Preußens zur wie auch immer gedachten deutschen Nation (Ute Planert), die deutsche Besatzung in Frankreich (Oliver Stein), rassistische Kriegsdeutungen (Frank Becker), deutsch-französische akademische Diskussionen (Corentin Martin), Karl Marx, Friedrich Engels und die Internationale (Jürgen Herres), Fotografie und Malerei (Paul Mellenthin, Thomas F. Schneider, Katja Protte), die Belagerung von Belfort (Oliver Schulz) sowie 1870/71 in Ausstellungen (Eva Muster). Die Beiträge mit einem engeren Köln- und Rheinlandbezug bilden mehr als eine Ergänzung dieser allgemeineren Darstellungen. Vielmehr zeigen sie teilweise recht eindringlich, wie sich das große Geschehen vor Ort niederschlägt und wie differenziert Themen wie die sogenannte Erbfeindschaft, Nationalismus und sogar Rassismus (der 1870/71 doch eine größere Rolle als bisweilen gedacht gespielt hat) betrachtet werden müssen, wenn sie aus den akademischen Diskursen in die damalige Lebenswelt übertragen werden müssen. Mario Kramp macht das mit einer Zusammenfassung seines Buchs zu französischen Kriegsgefangenen in Köln deutlich, und Joachim Oepen kann zeigen, dass die Kölner Katholiken durchaus zwischen den Polen Kriegsbegeisterung und einem sehr unguten Gefühl schwankten. Julia Letow beschreibt die Selbstmobilisierung von Ärzten und Medizinstudenten der Bonner Universität, die ähnlich wie manche Priester teilweise einem freiwilligen Kriegseinsatz geradezu entgegenfieberten, von dem man am Ende kaum sagen kann, ob es mehr um die Sorge um die verwundeten Menschen oder um ein nationalistisches Statement ging. Ein direkt deutsch-französisches Thema behandelt Ralf-Olivier Schwarz, indem er den Kölner Wahl-Pariser Jacques Offenbach untersucht. Er steht exemplarisch für die engen kulturellen Verbindungen, die durch den Krieg und die auch geistigen Verwüstungen, die er auf beiden Seiten angerichtet hat, gekappt und verbogen wurden. Offenbach galt jedenfalls den einen als Deutscher, den anderen als frankophil, und er saß mit dem mit Macht durchbrechenden Nationalismus zwischen den Stühlen. Etwas unangenehm mag manchem heutigen Karnevalisten die von Philipp Hoffmann aufgearbeitete Erkenntnis sein, dass die Gründung der Blauen Funken ein pro-preußisch-deutsches und pro-militärisches Statement aus dem Herzen des Karnevals war – der sich niemals dem Zeitgeist entziehen kann. Zu optimistisch scheint daher auch die Einschätzung, dass die Roten Funken sich der antimilitaristischen Kritik verschrieben hätten. Tobias Hirschmüller betrachtet schließlich die Bismarck- und Reichsgründungsgedenktage in Köln. Er bestätigt erneut den den ganzen Band durchziehenden Befund, dass von den Meistererzählungen von Erbfeindschaft, Nationalismus, rheinischem Preußenhass und katholischer Resistenz abgerückt werden muss, sobald man konkrete Menschen und Lebenswelten in den Blick nimmt. Hirschmüller fasst dies gut mit dem Hinweis darauf zusammen, dass auch eine nationale Erinnerungskultur letztlich vor Ort mit Leben gefüllt werden muss – dass sich also »die Konstruktion der Nation auf der lokalen Ebene« (S. 406) vollziehe. Das anscheinende Wagnis, in einem Sammelband nationale Diskurse mit lokaler Geschichte zu verbinden, erweist sich so als wegweisend für weitere Forschungen, die über diesen Spagat nicht nur die Epoche der Reichsgründung deutlich besser als bei der Besetzung nur eines dieser Pole verstehen können. Dass gerade Köln aufgrund seiner Größe, seiner verkehrsgünstigen Lage, seiner damaligen Wirtschaftskraft, seiner Ausstrahlung als Medienstadt und religiöses Zentrum und anderer Faktoren dabei ein gut gewähltes lokales Beispiel ist, lässt auf weitere Untersuchungen hoffen, die zugleich die nationale wie lokale Geschichte voranbringen.

Max Plassmann, Köln

Fotografen sehen Köln. Glasnegative 1875–1960 aus dem Rheinischen Bildarchiv Köln, bearbeitet von Katja Hoffmann, herausgegeben für das Rheinische Bildarchiv von Johanna Gummlich, Köln: Emons-Verlag 2023, 320 S., ca. 270 Abb., 55 €. Selten gibt es Ereignisse, die eine Buchveröffentlichung im Rückblick in einem völlig anderen Licht erscheinen lassen. Am 6. April dieses Jahres wartete der Kölner Stadt-Anzeiger mit der Nachricht auf, dass Johanna Gummlich von der Leitung des Rheinischen Bildarchivs (RBA) entbunden sei. Fast anderthalb Jahrzehnte stand die promovierte Kunst- und Fotohistorikerin dem RBA in Leitungsfunktion vor. Unter ihrer Ägide gelangen zahlreiche Ankäufe und Übernahmen, unter anderem den Vorlass des Fotokünstlers Herbert Döring-Spengler. Zudem verantwortete Gummlich die Herkulesaufgabe eines Archivumzugs in das neu errichtete Gebäude am Eifelwall, in dem nach dem verheerenden Einsturz auch das Historische Archiv der Stadt Köln eine neue Bleibe gefunden hat. Dass der örtliche Zusammenschluss der beiden für die Rheinmetropole so bedeutenden Archive nicht zufällig, sondern mit einem Willen zur Umstrukturierung verbunden war, ließ sich schon zu Beginn des Jahres 2023 erahnen. Während das RBA in seiner Außendarstellung weiter als autonom agierende Institution sichtbar bleiben sollte, wurde es intern zu jenem Zeitpunkt faktisch in die städtische Nachbarinstitution eingegliedert. In der Konsequenz war dieser unmerklich vorgenommene Vorgang äußerst folgenreich, wie die Personalie jetzt zeigt.

Vor der skizzierten Folie liest sich der Fotoband »Fotografen sehen Köln«, den Johanna Gummlich in herausgebender Funktion letztes Jahr in Zusammenarbeit mit der Autorin Katja Hoffmann veröffentlichen konnte, mit einem Mal wie ein Vermächtnis. Ein Eindruck, der sich auch deswegen aufdrängt, weil der opulente Band in seinem archivarischen Zugriff auf das Thema geradezu paradigmatisch aufzeigt, wie fotografische Bestände als historische Quellen und Artefakte befragt und ausgewertet werden können. Was die Bildanalyse betrifft, erhebt der Band in seinem selbstgestellten

Vermittlungsauftrag also gewissermaßen den Anspruch einer Archivarbeit par excellence. »Glasnegative 1875–1960 aus dem Rheinischen Bildarchiv« lautet folgerichtig der Untertitel des Bands, der die Materialität des fotografischen Bildträgers in den Fokus rückt. Inwieweit Untersuchungen zu den materiellen Spezifika fotografischer Aufnahmen tatsächlich zu Erkenntnissen beitragen können, belegt der Band anhand zahlreicher Einzelfälle. Unter anderem an der berühmten »Materialplatte« des vollendeten Kölner Doms, einem Glasnegativ im spektakulären Großformat von 70 × 90 Zentimetern, das wohl nach 1886 von Theodor Creifelds junior angefertigt wurde. Vom Turm von St. Martin aufgenommen, gibt das imposante Negativ in bis dato unerhörtem Detailreichtum den Blick frei auf das Südportal, das Domhotel und die südliche Domumgebung. Die Option des »Zooming« deckt freilich ein weiteres Narrativ auf. Auf einem der Dächer gegenüber dem Domportal nimmt ein Fotograf mit seiner Großformatkamera ein Dombild auf, während er selbst von einem Beobachter auf der Schönscheidt'schen Dachterasse in Augenschein genommen wird. Über solche Vergrößerungen und vergleichende Bildanalysen, aber auch über Textkommentare weiß der Band seinen Zugriff auf das Negativmaterial durchweg nachvollziehbar und reizvoll zu vermitteln.

»Fotografen sehen Köln« ist in drei Teile gegliedert, die chronologisch angelegt sind und von »den frühen Jahren« über den »Weg zur Moderne« bis hin zu den »Nachwirkungen« des Zweiten Weltkriegs reichen. Die Unterkapitel folgen dabei einer autorenbasierten Anordnung, die einmal mehr auf eine Produktionsperspektive des Bildmediums ausgerichtet sind. Namhafte Fotografennamen wie August Sander, Werner Mantz und Hugo Schmölz stehen neben weitgehend unbekannten Protagonisten, darunter Emil Hermann, Ernst Altmann und Josef Josuweck. Als einzige Frau findet Margarita Neiteler Erwähnung, eine Röntgenschwester am Elisabeth-Krankenhaus in Köln-Hohenlind, von der eine Dokumentation der zerstörten Domkathedrale in den Jahren ab 1945 und 1948 erhalten ist. Immer wieder nimmt sich der Band die Freiheit, in seinen Motiven bildessayistisch auszuschweifen. Im Falle von Neiteler öffnet sich über eine Doppelseite der Blick einmal spektakulär auf die Ruinenkulisse der Stadt. Auf der Folgeseite wiederum zeigt er die unscheinbare Rückseite eines Positivabzugs aus dem Besitz der Kölner Dombauhütte, auf dem mit schwarzer Tusche Neitelers Name geschrieben steht. Man lernt, dass sich hierüber erst die Autorenschaft des Bildmaterials ableiten lässt. Im Nebeneinander von akribischer Recherche und ästhetischem Bilderleben gelingt dem Buchwerk dann auch ein gekonnter Spagat, der gleichermaßen Connaisseure wie interessierte Laien anzusprechen versucht. »Fotografen sehen Köln« ist ein Buch der Entdeckungen. Dies befördern ein souveränes Layout, für das Ralf Reiche verantwortlich zeichnet, und eine überdurchschnittliche Druckqualität.

Gerüchten zufolge soll Ende des Jahres die Leitungsstelle des RBA neu besetzt werden. Man kann nur hoffen, dass dieser Person die notwendige Planungs- und Handlungsfreiheit eingeräumt wird, das Rheinische Bildarchiv, welches zu den bedeutendsten Bildarchiven Deutschlands zählt, in die Zukunft zu führen. Im Jahr 2026 feiert es sein 100-jähriges Bestehen.

Christoph Schaden, Köln

Guido von Büren/Horst Wallraff (Hg.): Zwischen »Führer« und Freiheit. Bombenkrieg und »Befreiung« an der Rur, Regensburg: Verlag Schnell & Steiner 2023, 304 S., zahlreiche Abb., 30 €.

Die Zerstörung von Düren und Jülich am 16. November 1944 durch einen massiven taktischen Luftangriff der Alliierten hat sich tief in das Gedächtnis der beiden Städte und der Region eingegraben: Auf Wunsch der amerikanischen Streitkräfte, genauer der Führungen der 1. und der 9. US-Armee, die in einer Bodenoffensive – der sogenannten »Operation Queen« – die Rur überwinden und in Richtung Rhein vorstoßen sollten, vernichtete das britische Bomber Command am Nachmittag dieses Tages beide Städte nahezu vollständig. Das erhoffte – jedoch nicht erreichte – militärische Ziel dieses Angriffes war es, der Bodenoffensive das Terrain vorzubereiten, die deutschen Nachschubverbindungen zu kappen und den von den alliierten Streitkräften gefürchteten Stellungskrieg zu vermeiden.

Diese Flächenbombardements, ihre Folgen und die Fragen, die diese schrecklichen Ereignisse aufwerfen, waren 2019 Anlass einer Ausstellungs- und Vortragsreihe des Museums Zitadelle Jülich und des Stadt- und Kreisarchivs Düren. In dem gemeinsamen Projekt ging es darum, das Geschehen nach 75 Jahren kritisch zu reflektieren und den Luftkrieg »in einen weiten geschichtlichen und erinnerungskulturellen Horizont« einzuordnen, wie die Bürgermeister der beiden Städte, Frank Peter Ullrich und Axel Fuchs, in ihrem Vorwort zu diesem großformatigen Abschlussband des Projektes betonen: »die Zerstörung unserer beiden Städte [war] nicht schicksalhaft, sondern Konsequenz verbrecherischer Politik des Nationalsozialismus« (S. 6).

Zum Kontext der NS-Herrschaft und des Zweiten Weltkriegs bietet der erste Teil der Publikation zwei Aufsätze. So schildert Helmut Irmen die politisch motivierte Strafjustiz des 1941 geschaffenen Sondergerichts Aachen (S. 16–37). Die von ihm zudem zusammengetragenen Daten zu den Aachener Sonderrichtern – sowohl Vorsitzenden Richtern als auch Beisitzern – und zu den bei dem Sondergericht tätigen Staatsanwälten bieten dabei mit ihren Hinweisen zu Vor- und Nachkriegskarrieren auch Anknüpfungspunkte für die weitere Forschung. Die Erforschung der Zwangsarbeit in der Region während des Zweiten Weltkriegs hat in den letzten Jahren – zum Beispiel mit den Untersuchungen von F. A. Heinen (2018), Dieter Lenzen (2019) oder Rüdiger Vermöhlen (2022) – wichtige Fortschritte gemacht. Im vorliegenden Band steuert Marcell Perse in diesem Zusammenhang »eine archäologische Annäherung an die Zwangsarbeiter- und Kriegsgefangenenlager Jülich-Süd, Siersdorf und Arnoldsweiler« bei (S. 38–69). Der Jülicher Museumsleiter stellt dabei die Funde und Befunde vor und verdeutlicht so nicht nur den Beitrag, den die Archäologie zur Erforschung der Lager und der dort festgehaltenen Menschen leisten kann. Die von Perse erforschten Relikte verdeutlichen auch, dass gerade Kriegsgefangene sowie zivile Zwangsarbeiterinnen und -arbeiter den Folgen des Luft- und Bombenkriegs nahezu schutzlos ausgesetzt wurden – eine bisweilen bis heute ignorierte Tatsache.

Kernstück des Bandes ist der zweite Teil über den Luft- und Bombenkrieg an der Rur. Zunächst verschafft mit Ralf Blank der wohl beste Kenner des Luftkriegs an Rhein und Ruhr im Zweiten Weltkrieg dem Leser einen Überblick über die Thematik, der es ermöglicht, die Zerstörung der beiden Mittelstädte sowie weiterer Kommunen im Düren-Jülicher-Land im November 1944 in das Luftkriegsgeschehen insgesamt einzuordnen (S. 72–95). Die frühen Vorbereitungen auf den Luftkrieg, seine Auswirkungen auf den Jülicher Raum und die aus materiellen Überresten in der Gestalt abgestürzter Flugzeuge zu gewinnenden Informationen zeichnet dann Robert Claßen nach (S. 96–139). Die Herausgeber Guido von Büren und Horst Wallraff haben ebenfalls eine wichtige Studie beigesteuert (S. 140–187): Bevor sie die Zerstörung von Düren und Jülich beschreiben, stellen sie die Entwicklung der Luftkriegsstrategien im 20. Jahrhundert und die Erkenntnisse der historischen Forschung über den Luft- und Bombenkrieg an der Rur und im Deutschen Reich vom Ersten Weltkrieg bis in den November 1944 dar. Die dann folgende, ausführliche und auf ganz unterschiedlichen Quellen basierende Schilderung der grausigen Auslöschung der Städte steht somit nicht isoliert, sondern in einem breiten Kontext – und sie verzichtet bewusst nicht auf die Zitierung schrecklichster lokaler Quellen, sondern kontextualisiert auch diese, etwa mit einer pathologisch-anatomischen Untersuchung von Opfern aus Hiroshima (S. 159). Hervorzuheben ist, dass von Büren und Wallraff zum Abschluss – wiederum multiperspektivisch – die Frage der politischen, militärischen und ethischen Rechtfertigung des sogenannten »moral bombing« diskutieren.

Unter dem Titel »Bildgewaltig« beschäftigt sich Bernhard Dautzenberg mit den Fotos, die von der Zerstörung der beiden Städte überliefert sind und die im Rahmen des Ausstellungsprojektes gezeigt wurden (S. 188–203). Sein aufschlussreicher fotohistorischer Aufsatz führt in die Quellenkritik und die historische Bildanalyse ein, skizziert die Entwicklung und Nutzung der Kriegsfotografie sowie der Kriegs- und Kriegsbildberichterstattung und präsentiert dann eine erste Analyse der zur Zerstörung von Düren und Jülich vorliegenden Militär-, Presse- und Amateurfotografien. Eine Auswahl dieser zum Teil weltbekannten Bilder, die von Militärfotografen, von offiziell akkreditierten zivilen Fotografinnen und Fotografen, von Künstlern und Künstlerinnen sowie von Amateuren aufgenommen wurden, haben Dautzenberg und Judith Hages in einem hervorragend reproduzierten Dokumentationsteil zusammengestellt (S. 210–237). Den mehrere Generationen betreffenden Traumatisierungen und psychologischen Folgen des Luft- und Bombenkriegs widmet sich der nachdenklich stimmende Beitrag von Thomas Hax-Schoppenhorst (S. 238–245), während Moritz Wild den Wiederaufbau und die städtebaulichen Planungen der Nachkriegszeit in den Altkreisen Düren und Jülich skizziert (S. 238–259).

Den dritten Teil des Bandes bilden zwei Beiträge zur Erinnerungskultur: Ben und Konrad Schöller nehmen die seit mittlerweile vielen Jahren umstrittene »Erinnerungslandschaft Nordeifel« (Stichworte: Hürtgenwald, »Westwall«, Gedenkorte oder -tafeln et cetera) und in diesem Zusammenhang insbesondere das Wirken einiger lokaler Geschichts- und Heimatvereine kritisch in den Blick (S. 262–273). Das Ergebnis ihrer Analyse, welches der Rezensent teilt, ist leider bedenklich: Da wird das Kriegsgeschehen in der Region häufig weder kontextualisiert noch differenziert betrachtet, sondern romantisiert; da werden historische Fakten und wissenschaftliche Forschungsergebnisse konsequent ignoriert, während stattdessen der apologetische Mythos der »sauberen Wehrmacht« im öffentlichen Raum weitergetragen wird; da wird NS-Propaganda unreflektiert und ohne Kontext reproduziert; da werden sogenannte Ritterkreuzträger – »geehrt« aufgrund ihrer »Feindflüge« und »feindliche[n]« Abschüsse – unkommentiert neben Trägern des Bundesverdienstkreuzes angeführt; da werden die Kampfhandlungen der Wehrmacht in der Nordeifel zur »Abwehrschlacht«, während der von Deutschland begonnene, rassenideologisch und imperialistisch motivierte Angriffs- und Vernichtungskrieg schlichtweg ausgeblendet wird, sodass letztlich sogar die Unterschiede zwischen Tätern und Opfern verschwinden – die Liste ließe sich fortführen. Besorgniserregend ist die Tatsache, dass all dies nicht nur aufgrund von Unerfahrenheit in der Geschichtsarbeit oder Unbedachtheit geschieht, sondern dass in diesem Raum zum Teil offenbar auch geschichtsrevisionistische Akteure am Werk sind.

Wie eine mustergültige Gestaltung von (nicht nur lokaler) Erinnerungskultur aussehen sollte, verdeutlicht der sich anschließende prägnante Essay von Malte Thießen. Er stellt die Frage, was heute »gutes Gedenken an den alliierten Bombenkrieg« sei (S. 274–279). Zunächst skizziert er die bereits in der NS-Zeit als Durchhaltepropaganda beginnende Erinnerungsgeschichte an den Bombenkrieg, die mit in den Blick genommen werden sollte. Im Zweiten Schritt verweist Thießen darauf, dass »gutes Gedenken« die ganz unterschiedlichen Opfergruppen der alliierten Flächenbombardements einbeziehen muss. Drittens sollte man sich auch die Versuche der Sinn- und Identitätsstiftung des Bombenkriegs verdeutlichen – etwa als neuer städtischer Gründungsmythos im Wiederaufbau oder als Friedensmahnung, zum Beispiel in den 1960er oder 1980er Jahren. Thießen zeigt abschließend auf, was »gutes Gedenken« ausmachen kann: »Es geht um Gedenken, das sich nicht auf eindeutige Botschaften und einfache Sinnstiftungen beschränkt; ein Gedenken, das Ambivalenzen und Widersprüche nicht zudeckt, sondern zum Thema macht; es geht also um Gedenken, das den Bombenkrieg einbettet in die ganze Geschichte zwischen »Bombenkrieg und ›Befreiung‹«. Die Bomben, das machen Düren und Jülich mit ihrer heutigen Erinnerungskultur deutlich, fielen eben nicht aus heiterem Himmel« (S. 279).

Beschlossen wird der Band durch die Dokumentation der eindrucksvollen Fotoausstellung »ÜberLeben in Jülich« des Fördervereins »Festung Zitadelle Jülich e. V.« von Rüdiger Urban (S. 282–287) und eine Schlussbetrachtung von Georg Mölich (S. 288–289).

Angesichts der immer weiter schwindenden Anzahl persönlicher Betroffener werfen von Büren und Wallraff in ihrer Einleitung die Frage auf, »wie das Erinnern an die Geschehnisse künftig zu gestalten ist, wenn es nicht zu einem starren Ritual werden soll. Denn das Erinnern an die Geschehnisse am Ausgang des Zweiten Weltkriegs in unserer Region ist unerlässlich, um sich die Errungenschaften und Leistungen von mehr als 70 Jahren Demokratie bewusst zu machen« (S. 8). Der lesenswerte Band gibt eine überzeugende Antwort: wissenschaftlich fundiert, multiperspektivisch und auf historischer Forschung sowie gesicherten Fakten basierend.

Stefan Wunsch, Vogelsang

Gesa Funck/Gregor Schwering: »Wir waren hochgemute Nichtskönner« – Die rauschhaften Jahre der Kölner Subkultur 1980–1995, Köln: Verlag Kiepenheuer und Witsch 2023, 28 €.

Das titelgebende Zitat »Wir waren hochgemute Nichtskönner« ist eine Einschätzung des Künstlers Peter Bömmels, der rückblickend auf sein Schaffen in der »Mülheimer

Freiheit« blickt. Die 1980 gegründete Künstlergruppe war eine wichtige Ausprägung der »Jungen Wilden«, die den Ruf der Kunststadt Köln international bis in die US-amerikanische Kunstszene tragen sollte und so wie die Musikzeitschrift Spex und die Kneipenkultur fester Bestandteil der Kölner Subkultur der 1980er und frühen 1990er war.

Obwohl sich die verschiedenen Kunst- und Kulturszenen und Orte überlappen, ist das Buch klar gegliedert: Das erste Kapitel handelt von der »Popstadt«, abgehandelt anhand der Geschichte der Musikzeitschrift Spex, das 2. Kapitel von der »Ausgehstadt« »Köln am Tresen«, das 3. Kapitel von der »Musikstadt« »Mekka des Techno« und das 4. Kapitel von der »Kunststadt«, abgehandelt anhand der Ausstellungen und weiterer Faktoren, die den Aufstieg Kölns zur einzigen deutschen Kunstmetropole der 1980er und 1990er beförderten.

Dabei sind die verschiedenen Strömungen, die sich gegenseitig befruchteten, inhaltlich nicht streng abzugrenzen. Gemeinsam war den Protagonisten jedoch die Abneigung von Karneval, Kölsch-Rock und Konzeptkunst und oftmals eine Vorliebe für Punk oder Postpunk. Köln wurde in den späten 1980er und frühen 1990ern nicht nur eine Zeit lang das Techno-Mekka Deutschlands, sondern war auch in den 1980er Jahren das Zentrum für zeitgenössische Kunst: Wohn- und Schaffensort vieler Künstler und bis heute Sitz namhafter Galerien, des Kölnischen Kunstvereins und des Museum Ludwig sowie Stadt der erfolgreichen Kunstmesse »art cologne«, die 1967 als »Kölner Kunstmarkt« gestartet war.

Es waren die »Jungen Wilden«, die gegen die in den 1970er Jahren vorherrschende Konzeptkunst, einen unbefangenen spielerischen Zugang zu Malerei und Skulptur pflegten. Die erste Ausstellung der »Mülheimer Freiheit« in der Galerie Maenz wurde vom SPIEGEL-Kritiker Jürgen Hohmeyer verrissen, jedoch stand am Ende: »Zu befürchten ist: eine neue Kunst«, was wiederum die Neugier des Publikums erst recht entfachte und die bis dato völlig unbekannte Künstlergruppe zur Speerspitze einer neuen Kunst-Revolte adelte. Ausstellungen unter anderem in München, Basel, Edinburgh und New York folgten. Das lockte Künstler und Galeristen aus dem In- und Ausland nach Köln, unter anderem Martin Kippenberger, der einen bohemienhaften Lebensstil pflegte und vorzugsweise im Café Broadway in der Ehrenstraße Hof hielt. Wichtige Galeristinnen und Galeristen sorgten für einen Austausch, in dem sie in den USA nach Talenten Ausschau hielten, die gern in Deutschland ausstellen wollten. Köln bekam den Ruf einer »Muss-Adresse«, eine Artbridge über den Atlantik sorgte für Austausch und »der Kurswert für deutsche Gegenwartskunst stieg rapide an« (S. 301). Das hatte sich bereits einige Jahre vorher mit Künstlern wie Kiefer, Baselitz, Penck, Richter, Lüpertz oder Polke angekündigt.

Dass gerade Köln sich zum Zentrum für zeitgenössische Kunst entwickeln sollte, kam nicht von ungefähr: Ausgehend vom Engagement des Kölner Galeristenehepaars Stümke und deren Kontakten zur Pariser Szene wie Matisse, Picasso, Miró oder Ernst entwickelte sich in Köln eine Offenheit zur Gegenwartskunst, die ausgeprägter war als im Rest der Republik. Außerdem gab es mit der Pop-Art Sammlung von Peter Ludwig und seinem spektakulären Museum so viel hochrangige Pop-Art, wie an keinem anderen Ort. Auf diesem Boden kam es dann auch zu einem Boom zeitgenössischer Kunst. Als dieser 1990 jäh endete, kam es mit der Köln-Show zu einer großen Gemeinschaftsausstellung namhafter zeitgenössischer Galerien. Das Konzept war, vorwiegend US-amerikanische Künstler mit identitätspolitischen Positionen zu zeigen, von denen viele später berühmt wurden. In den Erzählungen der Zeitzeuginnen und -zeugen bildete die Wiedervereinigung und die Hauptstadtentscheidung 1991 eine tiefe Zäsur. Ein vorher nicht für möglich gehaltener »Berlin-Sog« sorgte dafür, dass viele Künstlerinnen, Künstler und Galerien Köln in den 1990er Jahren in Richtung Berlin verließen.

Neben der Kunststadt spielten für das Phänomen der Kölner Subkultur der 1980er und frühen 1990er Jahre weitere Zutaten eine große Rolle, zu denen neben der Musikzeitschrift Spex auch Platten-Labels, Konzerte und Plattenläden gehörten. In den frühen 1990ern geht es um Köln als »Mekka des Techno«. Funck und Schwering spannen einen langen Bogen bevor sie von Punk und New Wave auf Acid House und Techno kommen: In Köln fängt für sie die Entwicklung mit der Stollwerckbesetzung und den vielen Proberäumen in der verlassenen Schokoladenfabrik an. Über Popmusik englischer Prägung geht die Reise über Acid House dann zu einem weiteren US-amerikanischen Ableger der House Musik: Dem Techno, der 1990 parallel zu Berlin und Frankfurt auch in Köln Fuß fasst. Während in Berlin vor allem die Loveparade und die Clubszene zum Markenzeichen werden, macht sich die Domstadt vor allem als Produktionsstandort in den 1990er einen Namen. Mit dem »Sound of Cologne« (1998) wird auf Initiative von Manfred Post, des Rockbeauftragten der Stadt, eine Doppel-CD produziert, die verschiedene Tendenzen und Stile widerspiegelt.

Ein weiterer unverzichtbarer Bestandteil jener »rauschhaften Jahre« in Köln waren Clubs und Kneipen, wobei im Kapitel über die »Ausgehstadt Köln« nicht nur die Geschichte des mit einem Foto auf dem Einband verewigte »Blue Shell«, sondern viele weitere Orte dargestellt werden.

In der Mitte des Buches gibt es einen zwölfseitigen Teil mit Erinnerungsfotos. Außerdem befinden sich im Einband (am Anfang und am Ende) Karten mit den Orten, wo gefeiert wurde sowie die wichtigsten Ausstellungen und Konzerte stattfanden: Vorne sind die »Hot Spots« im Belgischen Viertel und in der Nähe des Neumarkts aufgeführt und hinten die Locations über das Stadtgebiet verteilt. Dabei fällt auf, dass nach Einschätzung der Autorin und des Autors kein einziger der seinerzeit angesagten Orte rechtsrheinisch lag. Dass »Köln ein Dorf ist, das sich als Großstadt ausgibt« (324), kam der Domstadt zugute: Die angesagten Ausgeh- und Ausstellungsorte lagen eng beieinander und waren praktisch fußläufig erreichbar – ein großer Vorteil beim Wechsel der Kneipen-, Kunst- und Feierstandorte.

Außerdem steuert auch der langjährige Lektor und Verleger von Kiepenheuer und Witsch, Helge Malchow, persönliche Erinnerungen bei und ergänzt das Bild um eine weitere Facette, die Popliteratur. Er sieht die 1980er und frühen 1990er in der Kölner Club- und Kunstszene sowie seinen Verlag als »Startrampe« für viele Autorinnen und Autoren, die bis heute aus der bundesdeutschen Literaturszene nicht wegzudenken sind. Als wichtigste Bücher der »Kölner Werkstatt dieser Jahre« schätzt er »Sexbeat« (1985) von Dietrich Diederichsen und den bei Suhrkamp 1983 erschienen Roman »Irre« von Rainald Goetz ein.

So sind am Ende des Buches die Faktoren benannt, die eine so spannende Mischung ergaben, dass sich ein paar Jahre »der Weltgeist tatsächlich nach Köln verfügt« hatte, wie Dietrich Diederichsen, der langjährige Spex-Chefredakteur feststellt. Das Buch basiert zum großen Teil auf Interviews mit ehemaligen Protagonisten und Protagonistinnen. Neben der Collage von Interviewzitaten werden Einschätzungen und Ausschnitte aus Medienberichten verwendet und Romanpassagen eingeflochten.

Einige kritische Anmerkungen zu dem sehr süffig zu lesenden Buch sind jedoch zu machen: So sind zwar die Interviews und die Interviewpartnerinnen und -partner am Ende angeführt, es fehlt jedoch ein Verzeichnis der sonstigen Quellen und Literatur. Ebenso fehlt es an einem Personen- und Ortsregister – gerade da sich die Themen und Szenen Kunst, Kultur und Ausgehen in der Domstadt am Rhein mischen und überlappen, wäre so ein einfacher Zugang für Querverweise und Bezüge möglich gewesen. Auch wäre es schön gewesen, wenn man den Rückblick von Malchow besser in den Gesamttext integriert hätte – so hebt er sich stilistisch und inhaltlich vom übrigen Text ab. Spannend wäre auch gewesen, wenn man die Trends, die in den 1980ern in Köln zusammenfielen, auch auf ihre Auswirkungen beispielsweise auf die Medienstadt Köln und das in den 1990er folgende popkulturelle Phänomen untersucht hätte, das eng mit dem Musiksender Viva und dem Aufstieg der Popkomm verbunden ist.

Aber alles in allem bleibt ein spannendes Kölner Zeitgeistphänomen der 1980er und frühen 1990er Jahre. Diese Subkultur auf eine spannende Art in dieser Collage zusammengefasst und gedeutet zu haben, ist das eigentliche Verdienst von Funck und Schwering. Dies weist über die Kohorte der popkulturell beflissenen sogenannten Boomer hinaus und hat das Kulturleben eben nicht nur in der Domstadt, sondern national und international bereichert.

Anselm Tiggemann, Köln

Bernd Imgrund: 1211 Wohnungen. Wie Chorweiler vor den Heuschrecken gerettet wurde, Köln: Greven-Verlag 2023, 96 S., 10 Abb., 16 €.

Chorweiler. Für mich als Kind in den 1990er Jahren war das ein Paradies. Ein Abenteuer. Die Wochenenden mit Freunden im Aqualand. Spaziergänge durchs Einkaufszentrum mit der Oma, die im nahen Heimersdorf wohnte. Oder der U-Bahnhof, von dem ich als Kind einmal träumte: der Bahnhof als Kulisse eines Star-Wars-Films mit mir als strahlendem Helden. Aber ein wichtiger Aspekt meiner Kindheitsperspektive war eben, dass ich hier nur zu Besuch war. Und nach jedem Abenteuer hier wieder nach Hause fuhr, nach Nippes.

Ein urbaner Traum sollte Chorweiler einmal werden. Eine »Neue Stadt« im Norden Kölns. Weit weg von der überfüllten Innenstadt, auf der grünen Wiese. Davon träumte man schon unter Oberbürgermeister Konrad Adenauer in den 1920er Jahren. Doch Hyperinflation, Börsenkrach, Naziherrschaft und der Zweite Weltkrieg verhinderten zunächst die Realisierung bis in die Nachkriegszeit.

Hier setzt die Arbeit von Bernd Imgrund über Chorweiler an. Das 96 Seiten starke Büchlein ist keine leichte Lektüre. Es beschreibt hauptsächlich den 17-jährigen Prozess ab dem Jahr 2005, wie die Stadt Köln in den Besitz der insolventen und zwangsverwalteten Bergstedt-Immobilien in Chorweiler kam, mit Vorgeschichte und Ausblick.

So dicht wie sich die Hochhäuser um den Pariser und Liverpooler Platz in Chorweiler reihen, so dicht ist auch das Werk des Autors geschrieben, der mit Kölsch getauft wurde. Und das ist keine Metapher, Bernd Imgrund wurde tatsächlich von seinem Vater in der Kneipe seiner Tante mit dem flüssigen Gold der Domstadt getauft.

Chronologisch führt der Autor durch die Geschichte dieser »Neuen Stadt« und dann speziell durch die der besagten 1.211 Wohnungen in der Osloer Straße 3–7, Stockholmer Allee 5–31 und Florenzer Straße 2–22. Von den besagten ersten Planungen in den 1920er Jahren bis zu den Herausforderungen der Wohnungsnot in der Nachkriegszeit. Planerisch war Chorweiler gut durchdacht. Damals wurden hier moderne Wohnungen gebaut. Ebenso Schulen, Kindergärten, Kinder- und Jugendeinrichtungen sowie ausreichend Erholungsflächen wie Parks und Sportanlagen sowie ein großes Einkaufszentrum mit angeschlossenem Bahnhof, in dem S-Bahnen und Stadtbahnen der KVB einfahren.

Doch viele Faktoren führten bereits in den 1970er Jahren zu einem langanhaltenden Niedergang: unter anderem die Suburbanisierung und damit ein Fortzug mittelständischer Einwohner auf das Land und damit ein Überhang sozial schwacher Gruppen. Daraus entwickelte sich ein Teufelskreis von Eigentümerwechseln durch private Investoren, oft finanziert durch lokale und regionale Geldgeber und Kreditinstitute mit öffentlichen Darlehen, den Bernd Imgrund am Beispiel der 1.211 Wohnungen der letzten privaten Eigentümerin Marietta Bergstedt detailliert und anschaulich darstellt. Dieser Teufelskreis führte schließlich zu den katastrophalen Zuständen, die Chorweiler bereits in den 1990er Jahren endgültig zum sozialen Brennpunkt werden ließen.

Im Mittelpunkt des Buches steht damit der Kampf der Stadt Köln ab 2005 um die 1.211 Bergstedter Wohnungen. Viele Hürden galt es für die Befürworter des Erwerbs zu überwinden. Finanzielle, politische und rechtliche Fragen und am Ende auch ein Gerichtsverfahren mit den Kleinaktionären der GAG, die den gemeinsamen Kauf der Stadt Köln und der eigenen Wohnungsbaugesellschaft am Ende fast noch einmal zu Fall gebracht hätten.

Was Bernd Imgrund mit diesem Werk geschaffen hat, ist eine zusammenfassende und kohärente Geschichte der Ereignisse und Zusammenhänge. Eine Art moderner Chronist. Allerdings ist das Thema keine leichte Kost. Die politischen, rechtlichen, juristischen und finanziellen Verstrickungen in den 17 Jahren zwischen der Zwangsverwaltung 2005 und der endgültigen Übernahme 2022 lassen dem Leser manchmal den Kopf rauchen. So wie es sicherlich in vielerlei Hinsicht den damals Beteiligten und manchmal vielleicht auch dem Autor des Buches ergangen ist.

Als Kölner lässt einen das Schicksal dieses Veedels nicht kalt. Entsprechend vorsichtig bis leicht optimistisch ist der Blick des Autors und einiger Beteiligter in die Zukunft Chorweilers. Die Sanierung der 1.211 Wohnungen ist bereits weit fortgeschritten und soll 2028 abgeschlossen sein.

Die bereits in den 1960er Jahren geschaffenen Besonderheiten der ehemaligen »Neuen Stadt« dürften sich im weiteren Verlauf des 21. Jahrhunderts bei entsprechender Pflege zu einem Standortvorteil entwickeln: Chorweiler verfügt über eine gute infrastrukturelle Anbindung an Stadtbahn, S-Bahn und Autobahn, fußläufige Einkaufsmöglichkeiten für die Bewohner sowie Schulen und Kindergärten in unmittelbarer Nähe.

Als Freund der Zeitgeschichte habe ich mich auch über den zweiten Teil des Buches gefreut, der 14 Seiten umfasst. Hier lässt Bernd Imgrund Zeitzeugen unkommentiert zu Wort kommen. Ob Kleinaktionär bei der GAG, Sozialarbeiterin oder natürlich auch Politiker – sie kommen zu Wort und bieten ein breites Meinungsspektrum zu den damaligen Ereignissen und Abläufen. Auch wenn heute in der Stadt weitgehend Einigkeit darüber herrscht, wie gut die ganze Sache mit der Rettung der 1.211 Wohnungen gelaufen ist, merkt man doch, dass die Gräben zwischen allen damaligen Beteiligten noch nicht ganz zugeschüttet sind.

Willem Fromm, Köln

Autorinnen und Autoren

Andreas **Altena**, Köln – Prof. Dr. Lukas **Clemens**, Universität Trier, Mittelalterliche Geschichte – Dr. Heidrun **Edelmann**, Köln – Willem **Fromm**, Köln – Dr. Christian **Hillen**, Bonn – Reiner **Hülsheger**, Roetgen – Prof. Dr. Joseph P. **Huffman**, Messiah University, Mechanicsburg (USA) – Dr. Markus **Jansen**, Frechen – Dr. Michael **Kaiser**, Max Weber Stiftung – Deutsche Geisteswissenschaftliche Institute im Ausland, Bonn – Sandro **Kenda**, Köln – Stefan **Lewejohann**, Kölnisches Stadtmuseum – Dr. Matthias **Meusch**, Landesarchiv NRW, Duisburg – Prof. Dr. Carla **Meyer-Schlenkrich**, Universität Münster, Historisches Seminar, Abteilung für westfälische Landesgeschichte – Georg **Mölich**, Köln – Alina **Ostrowski**, Universität Passau, Lehrstuhl für Digital Humanities – Dr. Anna **Pawlik**, Erzbistum Köln, Fachbereich Kunstdenkmalpflege – Dr. Max **Plassmann**, Historisches Archiv der Stadt Köln mit Rheinischem Bildarchiv, Köln – Theresa **Rose**, Köln – Dr. Wolfgang **Rosen**, LVR-Institut für Rheinische Landeskunde und Regionalgeschichte, Bonn – Dr. Christoph **Schaden**, Köln – Dr. Maren **Sievert**, Düsseldorf – Dr. Anselm **Tiggemann**, Köln – Lars **Wirtler** M. A., Köln – Stefan **Wunsch** M. A., NS-Dokumentation Vogelsang

Informationen und Hinweise

»Geschichte in Köln« (GiK) entstand 1977/78 als studentische Zeitschrift am Historischen Seminar der Universität zu Köln, das erste Heft erschien im April 1978. Das damalige Konzept, neben etablierten Autoren auch Beiträge von Studierenden zu veröffentlichen, erwies sich als überaus erfolgreich, da so wichtige Forschungsergebnisse einer breiteren Öffentlichkeit zugänglich gemacht werden konnten. Die ab Band 48 als umfangreicher Jahrgangsband publizierte Zeitschrift enthält Aufsätze, Miszellen und Rezensionen. Der Schwerpunkt liegt auf der kölnischen Stadtgeschichte und der rheinischen Landes-, Regional-, Stadt- und Ortsgeschichte, wobei in GiK durchaus auch Beiträgen mit übergreifendem Ansatz oder zur vergleichenden Stadtgeschichte ein Forum geboten wird. Dabei wird das Prinzip beibehalten, Beiträge aus dem Entstehungskontext wissenschaftlicher Qualifikationsarbeiten neben Aufsätzen etablierter Historikerinnen und Historiker zu veröffentlichen.

Seit 1998 wird sie in Verbindung mit dem Verein Freunde des Kölnischen Stadtmuseums e. V. herausgegeben. GiK ist auch Jahresgabe für die Mitglieder des »Fördervereins Geschichte in Köln e. V.«.

Der Kreis der Herausgeber verfügt über eine breite fachliche Expertise und übernimmt daher selbst die redaktionellen Aufgaben. Jeder zur Publikation eingereichte Beitrag durchläuft einen festen Prozess der Qualitätssicherung. Gemäß dem Vieraugenprinzip werden die für die jeweilige Thematik einschlägigen Herausgeber zu Redakteuren bestimmt, die einen Beitrag in intensiver Rücksprache mit dem Autor zur Publikation vorbereiten.

In der Zeitschrift wird aus Gründen der besseren Lesbarkeit das generische Maskulinum verwendet. Weibliche und anderweitige Geschlechteridentitäten werden dabei ausdrücklich mitgemeint, soweit es für die Aussage erforderlich ist.

Hinweise für Autorinnen und Autoren finden sich unter
http://www.geschichte-in-koeln.de/die-zeitschrift/infos/